今/日/海/淀/教/育/丛/书

今日海淀

课程(中学版)

JINRI HAIDIAN KECHENG (ZHONGXUEBAN)

尹丽君 陆云泉 王建忠◎总主编

北京师范大学出版集团
BEIJING NORMAL UNIVERSITY PUBLISHING GROUP
北京师范大学出版社

图书在版编目(CIP)数据

今日海淀课程：中学版 / 尹丽君，陆云泉，王建忠主编. —北京：北京师范大学出版社，2016.8

（今日海淀教育丛书）

ISBN 978-7-303-20434-2

Ⅰ. ①今… Ⅱ. ①尹… ②陆… ③王… Ⅲ. ①课程建设－教学研究－中学－海淀区 Ⅳ. ①G632.3

中国版本图书馆 CIP 数据核字(2016)第 104397 号

出版发行：北京师范大学出版社　　www.bnupg.com

　　　　　北京新街口外大街 19 号

　　　　　邮政编码：100875

印　　刷：北京京师印务有限公司

经　　销：全国新华书店

开　　本：730 mm×980 mm　1/16

印　　张：32.25

字　　数：520 千字

版　　次：2016 年 8 月第 1 版

印　　次：2016 年 8 月第 1 次印刷

定　　价：66.00 元

策划编辑：徐　玥　　　　　　责任编辑：李轶斐

美术编辑：王　蕊　纪　潇　　封面设计：楠竹文化

责任校对：陈　民　　　　　　责任印制：李汝星

总　序

《今日海淀教育》丛书的编辑和出版标志着海淀教育进入了深化发展的新阶段，是继 2008 年《海淀教育改革与发展》丛书之后，又一反映新时期海淀教育全面贯彻党的教育方针，全面深化教育改革的重要成果，为我国区域推进教育事业改革与创新提供了宝贵借鉴。

近十年来，海淀教育追求"公平、质量"和"内涵提升"，是我国教育事业深化发展的真实写照。在北京市全面深化教育改革的进程中，海淀总是稳步向前，从全国首批课程改革实验区，相继成为教育部"中小学教育质量综合评价改革实验区"、教育部《义务教育学校管理标准（试行）》实验区、教育部首批全国中小学心理健康教育示范区、中国教育学会"海淀区基础教育国际化实验区"、教育部"区域综合信息化试点"单位。是改革为海淀教育发展带来生机与活力，促进海淀教育不断迈上新的台阶。

海淀积极利用科技引领经济与社会发展的独特环境，发挥高等教育资源密集的先天优势，主动应对中关村国家自主创新示范区核心区与全国科技创新中心核心区融合发展的趋势，努力满足人民群众对基础教育高水平的需求与高标准的要求，秉持教育优先发展的战略地位，树立大教育观，全面统筹区域教育资源，努力扩大区域教育规模，稳步推进教育改革创新，全区各级各类教育实现协调发展，教育优质均衡发展水平显著提升，区域教育整体质量继续处于领先地位。

海淀注重科研引领发展，"十二五"期间承担了城区义务教育均衡发展、探索城乡教育一体化发展的有效途径、基础教育办学体制改革、基础教育课程教材改革实验、探索拔尖创新人才培养模式、高中特色发展实验、中小学德育内容方法和机制创新 7 个国家级基础教育体制改革项目。同时，积极探索"因人、因事、因需"设题，倡导解决区域和学校教育教学实际问题的教育科学研究，推进和夯实了教育科研基础和实效，在国家级教学成果评奖中，荣获特等奖 1 项，一等奖 3 项，二等奖 4 项。以课题实验项目为载体，以改革创新推动教育发展，已成为海淀促进教育健康可持续发展的重要模式。

海淀注重教师队伍和教育管理队伍的专业发展，从满足不同类别学校干部和教师数量的要求，到全面提升干部教师的学历层次；从基础学历结构的改变，到全面、完整、合理的专业素养结构的提升；从职前培训，到不同层次干部教师专业培训和继续教育，特别是成立敬德书院，开展系统的中华优秀传统文化培训课程，为干部教师专业发展注入了强大精神动力。海淀教育凝聚了一代又一代教育工作者的实践智慧与领导者的战略眼光，一支忠诚于党的教育事业的干部教师队伍正承担起发展海淀教育事业的历史重任，充满着使命、激情、奋斗与担当。

海淀教育走以课程建设为核心的内涵式发展道路，坚持"政策导向、整体协调、项目引领、自主创新"的课程建设与管理思路，以立德树人和整体育人为核心，注重学校课程结构创新，注重课程改革的先期探索与整体推进，充分发掘和利用地域资源优势，开发了一批精选的地方与校本课程，逐步形成具有海淀特色的基础教育课程教材体系，促进学生全面而有个性的发展，培养具有优秀传统文化底蕴、深厚家乡地域情感、积极心理品质、坚实科学与文化素养、良好体育艺术修养、勇于创新探索、富有国际视野和爱国之心的"海淀学子"。

海淀坚持依法治教，逐步建立和完善了义务教育的管理体制和投入保障机制，使教育公平和质量保障基础更加稳固。公办为主的学前教育得到大力发展，义务教育优质规模不断扩大，多元开放的普通高中教育体系已经形成，现代学校制度与治理体系正在建立。义务教育入学政策更加规范，校企共育的职业教育人才培养模式已经建立，残疾儿童随班就读支持保障体系更加完善，民办教育健康发展，社区教育和终身教育推进更加活跃。各方共同参与的育人机制初步形成，各级教育衔接和优质教育资源共享得到明显加强，海淀学习型社会水平和质量稳步提高。海淀教育为海淀区乃至北京市及全国的经济社会发展，为提高海淀区的国民素质，培养优秀人才，做出了不可磨灭的贡献，使海淀区成为我国的人力资源强区。

"十三五"是适应时代进步与发展，深化教育领域综合改革的关键时期。海淀作为北京教育首善之区，在全面建成小康社会，实现中华民族伟大复兴中国梦的进程中，正面临着深化教育领域综合改革、扩大优质教育规模、建设多层次教育体系的艰巨任务，建设一批新优质学校和特色品牌学校，以更高标准推进教育综合改革试验区建设，在教育基础设施、师资水平、教育质量三个方面继续保持全国一流。值此，回顾过往，总结规律，明确方向，强化前进的动力，具有特别重要的意义。海淀区及时做出编辑出版《今日海淀教育》丛书的决定，无疑会对北京市及我国教育事业的改革与发展产生深远的影响。

我们相信在新的历史起点，海淀的教育事业一定会在探索中前行，不断迎接新挑战，创造新经验，实现新发展。

2016 年 3 月 7 日

前　言

在长期的课程改革与学校课程建设工作中，有两个特征逐步凸现出来：一方面一些学校坚持课程创新，探索新的育人模式，实现了更高层次的教育公平和质量提升，也促使区域课程管理必须高站位；另一方面有的学校的课程建设还停留在散点、碎片化状态，存在片面追求数量，质量不高等问题。对此，2015年上半年海淀区教委陆云泉主任提出"要致力于发现、推广学校精品课程"；2015年两委一室下半年工作要点再次强调："整合课程资源，探索建立海淀区精品校本课程资源库。"为落实区教委"关于精品课程建设"的重要精神，我们认真梳理多年来积累的课程建设成果，提出基于学生核心素养培养的特色、精品课程建设与整体优化的管理对策。

我们认为：基础教育阶段"特色和精品课程"广义上指学校课程的优质化；具体则指向学校设置的每一门课程具有独特的育人品质。特色和精品课程建设，是一个从课程研发到课程教学实施、评价的持续历程，从课程管理与实践范畴涵盖国家课程的校本化实施，以及自主研发的地方和校本课程，从课程结构上指向完备的课程体系，从课程功能上指向培养学生的核心能力和必备品格，从实施效果上经过了教育教学检验，效果显著，具有较大的影响力。

我区特色和精品课程建设的指导思想是：认真贯彻落实教育部《关于全面深化课程改革落实立德树人根本任务的意见》（教基二〔2014〕4号）精神，充分发挥课程整体育人功能，加强核心素养导向的精品课程建设，努力培养学生适应终身发展和社会发展需要的必备品格和关键能力。其工作推进主要有四个目的：一是总结特色和精品校本课程建设经验，促进海淀教育优质均衡特色发展。校本课程研发是学校课程建设的重要切入点，从整体来看，多年来的校本课程建设促进了学校特色和学生个性发展，但校际之间发展不平衡，有的有实效有特色，深受学生喜爱；有的课程缺乏内涵和吸引力，效果不佳。这就需要区域推介和推广好的课程，建立特色和精品校本课程资源库，以更高水平的课程建设促进海淀教育优质均衡特色发展。二是提炼特色和精品课程研发实施策略，大力推进学校课程优质化。课程是实现育人目标的重要载体，特色和精品课程研发与实施是学校办学定位的理性选择。其研发实施应打破课程层级壁垒，从课程管理范畴涵盖国家课程的校本化实施，以及自主研发的地方与校本课程。要充分发挥多方资源优势，提升课程的综合性、开放性、实践性与创新水平。三是探索核心素养导向下的学校整体课程建设，提升课程育人品质。学校课程整体建设就是要探索与学校育人目标相契合的学校课程方案优化、实施，以及特色和精品课程研发、资源统筹和教学改进的鲜活经验，通过课程建设与课堂教学展示，全面认识课程在培养学生实践能力、创新精神和社会责任感的核心价值，以此引发良性互动和深度参与，有力带动和鼓舞更多的学校着力核心素养指向的课程建设。四是建立和完善特色和精品课程共建共享机制。机制创新是激发课程活力的重要保证，要进一步发挥统筹规划、协同推进的优势，进一步积极发现精品课程，搭建学校特色和教师专业发展平台。教师参与课程建设能够更快的走上专业发展道路，要积极发现优秀教师和优秀课程建设团队，发现课程亮点，大力培育和推广特色和精品课程，促进学校办有特色和教师专业发展。

基于对学校课程建设的认识，我们思考如何以核心素养导向学校课程整体优化？如何以特色和精品课程建设支撑学生核心素养的提升？这是当下全面深化课程改革，落实立德树人根本任务的重大课题，是每一个学校提升课程育人品质急需思考和探索的问题，也为区域推进课程建设提出了新的挑战。

首先要研究素养，明确愿景。价值导向是学校课程建设始终要面对的命题。课程建设的明晰导向是"以学生为本"，"为了每一个孩子的终身发展"。这提示我们，评判课程的品质应该首先看课程是否关注学生，是否为学生提供必需的素养发展可能。《教育部关于全面深化课程改革落实立德树人根本任务的意见》(教基二[2014]4号)明确学生应具备的适应终身发展和社会发展需要的必备品格和关键能力,突出强调个人修养、社会关爱、家国情怀,更加注重自主发展、合作参与、创新实践。基于对核心素养的研究,我们初步确定区域课程核心目标:即培养具有优秀传统文化底蕴、深厚家乡地域情感、积极道德心理品质、坚实科学与文化素养、良好体育艺术修养、勇于创新探索、富有国际视野和爱国之心的"海淀学子"。核心素养导向的学校课程是丰富的,是对特定年龄段学生的课程需求、学习兴趣、学习风格和特点加以研究和调查,这种丰富应该在课程类型上多样化,而不是同一维度上课程的数量化增加;学校课程是统整的,一门门有质量的课程超越孤立的课程,建立连贯、统整的关联,帮助学生看到事物之间的联系和规律,并把所学知识与实际生活联系起来。这需要相当长时间的积淀和努力才有可能达到,因为这涉及所有参与课程建设的教师对课程的理解、评估与调整,只有当所有教师与课程一起成长,才有可能达此目标。

第二要整体思考,统筹规划。中小学课程改革从总体上看,整体规划、协同推进不够。具体表现是区校课程规划滞后于实际课程建设、滞后于学生和社会发展需求,缺乏顶层设计。我们注重整合区校育人资源,协调各方力量,遵循"人文海淀"、"科技海淀"、"绿色海淀"的课程理念,加强了整体思考和统筹规划的力度。一是加强整体研究与推进。高中自主课程实验从学校课程规划做起,由课程结构到课程整体优化。2012年海淀区率先启动小学14所学校"课程整合 自主排课"实验项目,从学校课程整体规划入手,让学生学习更有价值的课程、让学生喜欢课程。随后在区教委领导下,还开展了九年一贯制课程建设和小、初、高一体化育人模式研究与实践,进行了整体优化的积极探索。二是注重课程资源统筹与研发。一方面重点研发《走近圆明园》《中学生知识产权教育》《海淀历史与文化》等课程教材资源,供学校结合各学科落实10%综合实践活动选择使用,以主题研学、参观考察、活动体验、分享交流等形式,激励学习动机,突出课程的主题化和综合化,增强课程与社会经济发展及学生生活的联系,逐步建立内容开放、学段衔接,具有海淀特色的基础教育课程体系,培养学生的创新精神、实践能力和社会责任感,全面提升学生综合素质。另一方面统筹各类优质课程资源。包括每年坚持录制课改新教学课堂实录，并在此基础上利用这些资源开展微课与教学研究；通过高中协作体和跨校选修平台的建设，促进资源统筹和共享等。三是学校自主创新，努力创办有特色和整体优化的学校。如在小学阶段，注重为学生一生幸福奠基，有的学校形成了以道德素养、人文素养、科学素养、健康素养、艺术素养为目标架构的课程体系。有的初中学校突出自主性素养，着力建构培养学生自主参与、自主行动和自主能力的课程结构。高中阶段是学生个性形成、自主发展的关键时期，是一个人世界观、价值观、人生观形成的重要时期，《国家中长期教育改革和发展规划纲要（2010—2020 年）》提出了促进普通高中多样化发展的要求，而多样化和精品化的课程建设是高中特色化和多样化的一个重要的承载和支撑点。学校课程建设实践说明，海淀区部分学校的课程建设逐步进入整体优化的新阶段。其标志是学校课程整体规划，顶层设计，不是散点、碎片化的开发，而是由改变个别课程或某一部分学科和课程的传统教学模式和学习模式，到面向整个学校的所有课程、所有的学科以及整体和系统进行优化，不仅是注重某一个班级、某一个项目，而是力求对整个学校的教学改革进行优化，形成结构性的优势进而带动教育教学的整体提高。课程建设是一个有序的系统，从一门门单个课程到形成课程群再到构建课程体系，其背后的支撑点是学校的办学理念和育人目标，这是对学校课程内在结构的整体把握，也是整体优化课程建设的价值导向。

第三要完善机制，协同推进。课程建设走向素养化、特色化、精品化和整体优化，需要突破一师一校一地的视野、思维和能力局限，需要有合理的机制和规范的制度，以保证其有序、稳步、科学推进。从区域和学校层面确立了五项机制。一是区教委领导下课改办计划总结交流机制。通过定期例会，分析课程建设需求、趋势和整体优化重点工作，计划行政、业务和研修部门工作要点，注重总结和经验分享，提炼和反思问题。二是项目管理机制。建立区级项目管理工作规范，实行项目负责人研究责任制，按时提交项目计划总结，积极组织项目研究，适时下校指导进展，组织展示与成果提炼。三是队伍建设机制。以重点团队建设和现场范例培训带动整体优化，提升干部教师课程领导力、实施力。以课程整合、自主排课典型经验推进整体优化；以课程建设先进单位团队的经验促进整体优化；以课程建设研究成果示范推动整体优化。四是市区校联动机制。市区校联动协同贯通了课程改革政策、理念和要求，融合了三级课程建设主体的共同愿景，形成了多方互动学习交流平台，市区校各自找到了切入点、作用点，形成了协同一致的课程建设合力。区域起到了承上启下的管理、研究、指导和协调作用，反过来也促进和提升了课程建设的领导力和影响力，学校师生则站在了舞台的中央，充分释放整体优化、特色和精品课程建设的实践效果，即有学校课程规划方案、有专业教师具体实施、有学校课程管理评价制度、有相关课程设施资源、有独具特色的鲜活经验。五是评价激励机制。组建专家、行政、教研、科研等组成的评价组，对校本课程审议及跟踪改进。2010 年海淀区建立了对校本课程的备案审议制度，也逐步完善了区域对学校课程的管理。目的是规范校本课程研发，形成校本课程特色，进而导向精品课程建设。校本课程备案审议主要审学校的课程文件，包括课程开发方案、学科课程纲要以及相关课程资源、总结、报告等。审议的专业性主要体现在反馈意见的撰写上，我们组织了专家支持的区域联动审议协作组，在专家指导下行政教研科研共同形成反馈意见，重点指向实践改进。突出解决对校本课程设置粗放、理解偏颇、实施随意等问题，两轮审议集中指出了十余个影响校本课程质量的误区和不足，包括一味编写教材、一味追求门类数量、课程实施欠缺整合。特别是有些课程缺乏和育人目标的联系、课程边界过窄、课程资源不足等。跟踪改进主要是指学校落实反馈意见的实际行动与效果。我们通过集体回复意见、联合下校跟踪，督促学校改进校本课程开发方案和课程纲要，不断增强精品校本课程建设的效果。

第四要建立标准，分层实施。一是校本课程审议标准。我们通过建立审议标准、组织反馈意见和跟踪改进，引导精品课程建设。二是特色和精品课程标准。即有课程目标、课程内容、教学实施、课程评价、专业教师、固定课时、课程资源等。具有示范和辐射推广价值。三是建立核心素养与课程建设的关联，课程围绕学生的核心素养展开；学生的核心素养体现在课程实施之中；保证每一门课程服务学生的核心素养。

课程建设正在走向素养化、特色化、精品化和整体优化。整体优化是课程建设的路径选择，核心素养是课程建设的价值定位，特色和精品是课程建设的实践策略。价值定位引领路径选择，实践策略支撑价值定位，路径选择和实践策略互为映征，之间相携共生，标示着教育改革和课程建设追求公平、质量的本质要求。致力于学校课程品质提升，就要努力为学生提供知识内涵丰富、能力拓展突出、情感体验深刻，能够引领思想行动、影响学生长远发展的特色和精品课程。这展现了课程发展的美好前景，而教育的机会寓于课程之中，这依赖于区域和学校课程管理对策的落实和不断更新。

编者

2016 年 3 月

目　录

语言与文学领域

人文与社会领域

经济与生活领域

数学与科学领域

技术与创新领域

语言与文学领域

  课程是学校教育的核心，课程结构是学生素养结构的美好愿景。语言与文学领域在中学整体课程结构中居于基础与核心地位，是大语文观视野下语文学习的整体范畴。王力先生在阐述语言与文学的关系时说：语言是文学的第一要素，没有语言就没有文学，最好的作品是用最优美的语言写成的。语言修养是文学审美的基础条件。他还谈了语汇、语音、语法与文学的密切关系。索绪尔在《印欧语的起源》一书的序言中写道：研究语言绝不能脱离对文学和美学的关注。在基础教育阶段，将语言与文学当作一个课程领域，反映了语文教育课程价值的综合性、人文性和实用性特征。

  教育部《关于全面深化课程改革落实立德树人根本任务的意见》（教基二〔2014〕4号）指出：明确学生应具备的适应终身发展和社会发展需要的必备品格和关键能力，突出强调个人修养、社会关爱、家国情怀，更加注重自主发展、合作参与、创新实践。这为语文课程改革提出了更高的要求。《中国学生发展核心素养（征求意见稿）》提出了学生应具备的九大素养，其中社会责任、国家认同、人文底蕴等方面的指标，都可以纳入语言与文学领域对学生核心素养培养的主要标准，语言与文学领域应致力于学生语文素养和文化品格的形成与发展。

  语言与文学领域在课程标准上主要体现在对学生四大核心素养的培育上，分别是语言建构与应用、思维发展与品质、审美鉴赏与创造、文化传承与理解，在原来语言、审美能力的基础上，更加强调思维的发展与文化的传承。语言与文学领域的课程应该是开放而富有创新活力的。应当密切关注学生的发展和社会现实生活的变化，尽可能满足不同学校、不同学生的需求，确立适应时代需要的课程目标，开发与之相适应的课程资源，形成相对稳定而又灵活的实施机制，不断地自我调节、更新发展。

北京市教育委员会《关于印发北京市基础教育部分学科教学改进意见的通知》（京教基二〔2014〕22号）对中学语文学习提出了明确的要求：初中加强词句的理解和使用，强化学生语文阅读和写作的基本能力。高中突出基础性和选择性，全面提高读写能力、独立思考和批判性思维能力。

《北京市中小学语文学科教学改进意见》强调：传承经典，把中华传统文化经典、革命历史题材作为语文阅读和写作教学的基本素材，初中积极引导学生认识我国统一多民族国家的历史文化传统。通过与课内古诗文相关联的作家、作品，增加学生国学经典的阅读数量。为学生推荐表现中国人民为了解放事业前赴后继、英勇斗争的革命历史作品，有效对学生开展革命传统教育。高中积极引导学生感悟中华优秀传统文化的精神内涵。可以采用专题学习的形式，加深学生对中华璀璨国学文化、悠久历史文化的了解，教育学生弘扬民族精神，传承民族文化，发扬传统美德。可以基于校本课程，选择经典国学作品以及重要革命文献，有重点地指导学生进行研读。还要求切实加强学科思想、经验培养，在运用中学习语文。初中要聚焦语言运用，引导学生掌握随文学习的基本词汇、语法知识、常用的修辞方法，体会实际运用效果。要重视听说读写的结合，加强语文学习与生活实际应用的联系。高中鼓励学生养成独立思考、反思批判的习惯，课堂上提倡以相互交流和思想碰撞为特征的多重对话，注重在实践中提高学生运用语言文字的水平。

关于阅读素养强调：初中扩大学生阅读视野，提升学生的思维品质。提倡整体阅读、主题阅读、比较阅读，读懂一般科技类和说明类文章。高中引导学生研读文本，品味优秀作品，感受作品的思想和艺术魅力，发展想象力和审美能力。提倡专题阅读、比较阅读，读懂社科类和评论类文章。强调要有效加强学生写作能力培养：初中培养学生乐于表达、善于表达，鼓励以日记、随笔等形式积累写作素材。引导学生多角度观察生活，丰富情感体验，积极运用多种表达方式反映生活。要培养学生的思辨能力、口头表达能力，以及适应现实生活需要的实用类文章的写作能力。高中培养学生的观察能力、想象能力和表达能力，指导学生运用"微写作"等形式反映、分析和解决实际问题。鼓励教师当面批改学生习作。提倡写作教学与阅读教学的结合，实现相互促进。

教育部《完善中华优秀传统文化教育指导纲要》（教社科〔2014〕3号）也

对中学加强中华优秀传统文化教育提出了明确的要求。初中阶段，以增强学生对中华优秀传统文化的理解力为重点，提高对中华优秀传统文化的认同度，引导学生认识我国统一多民族国家的文化传统和基本国情。临摹名家书法，体会书法的美感与意境；诵读古代诗词，初步了解古诗词格律，阅读浅易文言文，注重积累、感悟和运用，提高欣赏品位；知道中国历史的重要史实和发展的基本线索，理解国家统一和民族团结的重要性，认识中华文明的历史价值和现实意义；欣赏传统音乐、戏剧、美术等艺术作品，感受其中表达的情感和思想；参加传统礼仪和节庆活动，了解传统习俗的文化内涵。引导学生尊重各民族传统文化习俗，珍视各民族共同创造的中华优秀文明成果，培养作为中华民族一员的归属感和自豪感。高中阶段，以增强学生对中华优秀传统文化的理性认识为重点，引导学生感悟中华优秀传统文化的精神内涵，增强学生对中华优秀传统文化的自信心。阅读篇幅较长的传统文化经典作品，提高古典文学和传统艺术鉴赏能力；认识中华文明形成的悠久历史进程，感悟中华文明在世界历史中的重要地位；认识人民群众创造历史的决定作用和杰出人物的贡献，吸取前人经验和智慧，培养豁达乐观的人生态度和抵抗困难挫折的能力；感悟传统美德与时俱进的品质，自觉以中华传统美德律己修身；了解传统艺术的丰富表现形式和特点，感受不同时代、地域、民族特色的艺术风格，接触和体验祖国各地的风土人情、民俗风尚，了解中华民族丰富的文化遗产。引导学生深入理解中华民族最深沉的精神追求，更加全面客观地认识当代中国，看待外部世界，认识国家前途命运与个人价值实现的统一关系，自觉维护国家的尊严、安全和利益。

语言与文学领域的课程建设要努力落实立德树人的根本要求，认真贯彻《完善中华优秀传统文化教育指导纲要》和《北京市中小学语文学科教学改进意见》，应基于学校育人目标和语文学科核心素养，为学生打造多元多维度、能满足学生个性化需求的语文学科立体课程体系，提供古今中外、文学文化应用、研读实践相结合的全方位的课程设置与选择。语言与文学领域的拓展课程研发应更加重视语文应用、实践类课程的建设与发展。首先，要注重语言运用综合能力的培养。时代发展，对人才的言语交际能力提出新的要求，言语是思维的外壳外显，所以发展言语表达能力也是发展思维。一个具有现代精神的完整的人，应该要有批判思维的意识、良好的思辨能力、演讲与辩论的表达力，敏捷的言语应变力等，这些能力靠传统的写作教学等课程已无法满足，因此要采取多种形式开设读书俱乐部、组织文学社、演讲与辩论选修课，为学生提供言语实践的时间和机会。这样学生在广泛深入参与实践的过程中，言语思辨力得到发展，在对新闻时事热点不断聚焦辩论的过程中，他们关注现实的意识、天下情怀都得到提升。创设全方位的语言与文学学习环境，精心设计各年龄阶段的系列文化活动，比如诵读经典诗词、文化游学、名著阅读系列活动等，让学生在更为广阔的时空中学习语文，感受生活中的文化、文化中的语文，在实践中用好语文，夯实语文素养和文化品格。

　　语言与文学领域编入的三个精品课程着力于提升优秀语言修养和传统文化基础，志于培养学生热爱中华文化的情感和增强传承中华文化的使命与责任，其课程立意深远、内容丰富、价值独特、效果良好。走进国学课程作为一门拓展类语文校本选修课，通过对国学经典"德、文、言、行"四个方面的学习实践，建构中国人的文化精神和生命力量。语文记叙文写作课程贯彻《高中语文课程标准》，让学生学会多角度地观察生活，丰富生活经历和情感体验，对自然、社会和人生有自己的感受和思考，通过阅读与鉴赏、表达与交流等学习活动，更好促进语言建构与运用、思维发展与提升、审美鉴赏与创造，力求有个性、有创意的表达。传统文学作品的美学解读课程注重从传统文学的文、史、哲、思等视角挖掘和彰显课程的价值，了解一些典型作品和我国古代文学史的基本脉络，学会阅读方法和思辨意识，对于丰富学生的文学知识、拓展视野、开拓思维模式等很有裨益，能有效培养和提升对于文学作品的解读能力和审美意识，全面提高语文学习的综合素养。

走进国学课程

北京理工大学附属中学

一、开发背景

国学进入基础教育领域，是自 20 世纪初蔡元培先生宣布废止在中国各级学校读经以来的一项重大政策调整。它的意义非同寻常，既不是一些思想陈旧的人所说的"复古"，也不是一些浮躁之士理解的应对社会不满应试教育所采取的权宜之计或作秀，它有深刻的文化含义。随着国际交往的日益密切，越来越多的中国人开始反躬自省中华民族的特质。于是，以儒学为主旋律的国学日益成为中国文化的最强音。

但在基础教育领域里，国学教育处于刚刚起步阶段，在实践的宽度和深度方面还有待深入。人教版普通高中课程标准实验教科书的选修系列，真正能够落实到具体教学的是《中国古代诗歌散文欣赏》和《中国文化经典研读》，而在具体教学时，老师们更多的重心还是具体课本内容的讲解和升学考试内容的引导。对人文方面的引导，鉴于课时有限，很多时候不能展开，只能是顺便为之，不得不说是一种遗憾。初中版语文教材还没有选修教材。

北京理工大学附属中学张红老师作为中学语文教师和班主任，致力于对中国传统文化的传承工作，本着"生斯国土，学是国学"的原则，以弘扬国学、培心正魂为宗旨，拓展语文教材传统文化内容，开设"走进国学"校本课程，经过多年的探索，构建了相对成熟、具体可行的"三级五线传统文化教育体系"，并已初见成效。

二、课程性质

《国家中长期教育改革和发展规划纲要（2010—2020 年）》指出中学阶段教育"是学生个性形成、自主发展的关键时期，对提高国民素质和培养创新人才具有特殊意义。""创造条件开设丰富多彩的选修课，为学生提供更多选择，促进学生全面而有个性的发展。"《语文课程标准》（实验稿）总目标第一条是在人文学科课程学习过程中，培养爱国主义感情、社会主义道德品质，逐步形成积极的人生态度和正确的价值观，提高文化品位和审美情趣。其中特别强调要认识人类先进文化的丰厚博大，吸收中华民族文化智慧。

"走进国学"就是体现了这一国家教育精神的一门以培心正魂为目的的拓展类语文校本选修课。它是对基础课程的拓展，是针对爱好国学的学生开展的重在深入和拓展的课程，主要以儒学为主要内容，引导学生感受中华民族的无限魅力，品悟文化内涵的深厚绵远，追寻一个民族得以绵延发展甚至发扬光大的生生不息的根和魂。在这里，学生将对一些文化名人有更客观的认识，将看到那些被蒙尘的国学大儒、精神导师们一个个渐渐展露出他们巍峨如泰山的精神气质。

三、课程目标

作为一门拓展类语文校本选修课，"走进国学"的总体目标是要引导学生客观了解中国文化中的重要组成部分——儒学，培养学生热爱中华文化的情感，增强龙的传人的根的意识，培养传承中华文化的责任感。

这一目标主要体现在德、文、言、行四个方面。德，即道德操守；文，即知识的学习；言，指语言表达能力；行，则是指参与社会活动的综合实践能力。这四个方面，不仅体现当代语文教育的内涵，而且也符合中学生青春期心理健康教育需求。国学经典不仅是中国悠久传统文化的明证，也是每一个中国人的立身处世之本，更是我们不可或缺的精神力量。

"走进国学"的课程目标在内容上具体体现为如下层面：

1. 了解国学发展概貌。

2. 了解孔子生平事迹。

3. 了解儒学发展概貌。

4. 熟读《论语》。

5. 选读《孟子》《大学》《中庸》。

6. 涉猎《弟子规》《孝经》《笠翁对韵》等。

四、课程内容及实施

(一)总体规划及课程主体内容

1. 适合对象：七、八年级学生

2. 课时安排：每周两课时，周四开设，两节连堂，将诵读、理解、感悟以及应用相结合。

3. 活动安排：可以开展"国学手抄报展览"、"国学经典书法展览"、"国学经典知识讲座"、"国学课本剧展演"、"国学诗歌朗诵会"、"国学读书汇报会"、"国学演讲比赛"等活动，还可结合重大节日，以节日为主题，进行设计(如"清明节诗歌颂唱会")，可根据时令季节设计，可家校互动，为学生提供广阔的国学学习天地。

(二)课程内容

第一阶段：

学段：七上

内容：国学概论、孔子其人

第二阶段：

学段：七下

内容：《论语》研读及创作表演

第三阶段：

学段：八上

内容：孟子其人、《孟子》选读及创作表演

第四阶段：

学段：八下

内容：儒学概貌纵横：

1. 儒学是如何在百家争鸣中凸显魅力。

2. 儒家在重要历史朝代的起伏命运。

3. 儒家思想为何能够成为封建社会的统治思想。

4. 对儒家思想的客观评价。

课程示例："儒学传承弟子袭"教学设计（第八课时）

教学目标：

1. 比较集中地交流对仲尼主要弟子的理解。

2. 感悟儒家精神及其生生不息的传承因素。

3. 将课堂所学与中国当今文化现象"国学热"接轨，感受国魂，激发学生的爱国热忱。

教学步骤：

一、导入：文化寻根——儒学热潮

当今中国，外国文化铺天盖地，本土文化日渐迷失。越来越多的中国人开始反躬自省："中华民族的特质是什么？""我们的根在哪儿？""我们的国魂何在？"而最能代表中华民族文化理念的，是儒家与道家，其中又以儒家的影响最为深远。于是，以儒学为主旋律的"国学"日益成为中国文化的最强音。

以"走进国学"为平台，我们学习了儒家经典《论语》《孟子》《大学》《中庸》，我们研读了《于丹〈论语〉心得》。现在，我们再从儒学不断传承的角度，来深切地感受儒家的思想实质，来领略仲尼弟子的特质和风采，并由此来体会他们将儒学传承下去并发扬光大的巨大贡献。

二、儒学思想——仲尼弟子

（一）首先，我们一起概要的回顾一下 儒家的思想实质 。请看屏幕。

1. 儒家精神实质

儒家思想的精神实质，简言之，就是五个字——仁义礼智信。其中的核心思想是——"仁"。关于仁，孔子因材施教，针对不同的学生有不同的解释：樊迟问仁。子曰："爱人"。颜渊问仁。子曰："克己复礼为仁。一日克己复礼，天下归仁焉。为仁由己，而由人乎哉？"

关于"义"，子曰："君子喻于义，小人喻于利。""不义而富且贵，于我如浮云。"孟子进一步阐释"义"道："生，亦我所欲也，义，亦我所欲也，二者不可得兼，舍生而取义者也。"

关于"信"，"子以四教：文，行，忠，信。"子曰："人而无信，不知其可也。子曰："言必信，行必果。""老者安之，朋友信之，少者怀之。"

2. 儒家经典

• 四书：《大学》《中庸》《论语》《孟子》

- 五经:《诗》《书》《礼》《易》《春秋》
- 六艺:礼、乐、射、御、书、数

(二) 儒学传承

儒家思想是如此的博大精深,那么,儒学是如何传承、生生不息、绵延至今的呢?司马迁在《史记》中说:"孔氏述文,弟子兴业,咸为师傅,崇仁厉义。"由之,我们可以知道,在传承孔子创立的儒家学说方面,仲尼弟子功不可没。也就是说,假如孔子没有这些忠实的弟子,他个人或许依然可以成为圣人,但其学说则未必能如后来那样流传久远与广大。

1. 风采各异众弟子

关于仲尼弟子,记载较详的当属司马迁的《仲尼弟子列传》。下面请同学们打开学案,在你自己已做批注的提示下,将这则材料再重温一下,并将准备与同学们交流的材料整理一下。

学生活动:下面,我们就来交流一下自己喜爱的孔门弟子的情况,感受孔门弟子的风范及儒学精神的生生不息。首先,我们来个热身猜谜。孔子弟子三千,贤者七十二。术有专攻,风采各异。在《仲尼弟子列传》中,我们了解了部分仲尼弟子的风貌。为了明确这些弟子的独特性,为了体现出他们独特的风采,许多同学设置了一些人物谜语,下面,我们先来听一听,猜一猜。

(1)体验式诵读:结合我们已有的学习和阅读体验,根据阅读提示,我们可以放声吟诵自己的所思所感。下面谁来为大家即兴吟诵一下自己的心声?

(2)学生吟诵。

(3)体验式表演+编导及演员谈创意及表现效果。

有一些同学自由组合,依据材料,结合以前对《论语》的体验,编写了两个小短剧,并表演出来,录制成了视频。下面我们就请这两组同学的代表,将他们的视频打开给同学们看,然后,请他们给大家稍微介绍一下创作的初衷。

观看视频。根据自己对某些情节的阅读理解,揣摩人物的性格、神情和言行举止,自由组合表演一个片断。

演员:①对扮演人物的理解(包括年龄、性格、与孔子的关系)。②对自己表演情况满意与否(是否很好地塑造了人物形象)?③对道具的选择或处理情况。

教师总结：这些孔门弟子由于学有所长、术有专攻，这便为儒家的后来发展埋下了伏笔。

2. 儒学传承弟子行

下面，结合我们学案的第二则材料《孔门弟子的基本状况及其分化过程》，大家就孔门弟子传承儒学的情况来填空：

（1）读材料

（2）填空：

• 《诗经》之学由孔子授<u>子夏</u>，六传而至<u>荀卿</u>。

• 《书经》之学由孔子授漆雕开。

• 《易经》由孔子授<u>商瞿</u>，再传而为子弓，复三传而为田何。

• 《春秋》之学自<u>左丘</u>明作传，六传而至<u>荀卿</u>。《公羊》《穀梁》一出于夏授<u>公羊高</u>，一出于夏授<u>穀梁赤</u>。

• 曾子作《孝经》以记孔子论孝之言。

• 师说无传，惟孔氏世传其书，九传而至孔鲋。

• 《礼》《乐》三经，孔门弟子传其学者尤多。例如：

曾子、子游、孺悲皆深于《礼》。

六国之时，传《礼经》者复有公孙尼子、五史氏诸人，而孔门弟子复为《礼经》作记（如子夏作《丧服记》），又杂采古代记礼之书以及孔子论礼之言，荟萃成书（即今《大戴礼记》《小戴礼记》）。

子夏、子贡等皆深于《乐》。

七十子之徒作《大学》。

子思作《中庸》。

子夏诸人荟萃编纂《论语》。

子夏之徒赓续《尔雅》，以释六经之言。

总而言之，儒学后来的发扬光大绝不是偶然的，就其学术渊源而言，实得力于孔子的因材施教以及孔门弟子的学有所长、术有专精。

3. 儒学的变化和发展

• 随着社会的变化与发展，儒家学说从内容、形式到社会功能也在不断地发生变化与发展。儒学有四个比较明显不同的历史发展阶段。

• 孔子、孟子、荀子等为代表的先秦原始儒学。

- 两汉政治制度化宗教化儒学。
- 宋、明、清时期性理之学的儒学。
- 近现代新儒学。

三、自我比照——共塑美好

儒家学说在日常生活中已经成为人们为人处世的儒家哲学，主要表现在以下几个方面：

- 儒家哲学重人的自身修养，要与身边的人建立一种和谐的关系。
- 对待父母亲属要孝顺，"父母在，不远游"。"今之孝者，是谓能养"。对待长辈要尊敬礼貌。
- 做人有自知之明，尽分内事，"君子务本，本立而道生"。朋友之间真诚守信，"与朋友交言而有信"。对待他人要博爱，"幼吾幼，以及人之幼。老吾老，以及人之老"。
- 统治者要仁政爱民，"为政以德"。为官者要清廉爱民。
- 尊重知识，"朝闻道，夕死可矣"。善于吸取别人的长处，"见贤思齐焉，见不贤而内自省也"。
- 提倡人要到达温、良、恭、俭、让的道德境界。

四、结语

深层体会儒家思想及其传承，可以丰富我们的思想，指引我们的人生，为我们的人生定位，让我们的生命得到安顿。由此来说，我们都可谓儒家弟子了。虽然学识有限，但我们愿尽自己所能，为我们国学的发扬光大和生生不息略尽绵薄之力。

最后，请同学们大声读出屏幕上的这一段话，这是老师对大家的殷切期盼："愿我们血液中流淌着儒门弟子的儒雅和学识，愿我们心中激荡着孔门的刚烈和勇猛，愿我们言行中充满着儒家的仁义礼智信，愿我们在与世界文化的接轨中，以中华大地为根，以儒学精神为魂，吸纳百川，凸显特色，使自己的知识日益丰富，成为在天地间昂然屹立的中国人"。

老师为你们鼓掌，为你们的心齐如一，声音洪亮。

老师为你们鼓掌，为你们的精神焕发，意气昂扬。

老师为你们鼓掌，因为从你们明亮的眼眸，老师看到了中国的希望！

赏菊　　　　　登高佩茱萸·簪菊花　　　　吃重阳糕饮菊花酒

一、有关重阳节的诗句和对联

1. 诗句填空

九月九日忆山东兄弟

王维

独在异乡为异客，每逢佳节倍思亲。

_____，_____。

过故人庄

孟浩然

故人具鸡黍，邀我至田家。

绿树村边合，青山郭外斜。

开轩面场圃，把酒话桑麻。

_____，_____。

采桑子·重阳

毛泽东

人生易老天难老，_____，

_____，_____。

一年一度秋风劲，不似春光，

胜似春光，寥廓江天万里霜。

12

2. 对联欣赏

上联：年高喜赏登高节。

下联：秋老还添不老春。

上联：登高喜度老年节。

下联：赏秋畅饮菊花酒。

二、老人节说"老人"

(一)"老人节"由来

1. "重阳节"怎么与老人联系起来了？

2. 农历九月九日是什么时候被定为"老人节"的，有何意义？

(二)讲说孝道

1. 个体生命：你把我养大，我陪你变老

(1)配乐图文朗诵：

当你还很小的时候，

他们花了很多时间，教你用勺子、用筷子吃东西，

教你穿衣服，系鞋带，扣扣子，

教你擦鼻涕，擦屁股，

教你洗脸，教你梳头发，

教你做人的道理。

你是否记得，

经常逼问他们你是从哪里来的？

你是否还记得，

你们练习了很久才学会的第一首儿歌。

所以……

所以当他们有天变老时，

请你紧紧握住他们的手，

陪他们慢慢地走……

当他们想不起来或接不上话时，

当他们啰啰唆唆重复一些老掉牙的故事，

请不要怪罪他们。

当他们开始忘记系扣子、绑鞋带，

当他们开始在吃饭时弄脏衣服，

当他们梳头时手开始不停地颤抖，

请不要催促他们，

因为你在慢慢长大，

而他们却在慢慢变老。

只要你在他们眼前，

他们的心就会很温暖。

如果有一天，

当他们站也站不稳，

走也走不动的时候，

请你紧紧握住他们的手，

陪他们慢慢地走。

就像，

就像当年他们牵着你一样……

(2)听《超级演说家》"80后"少女感恩父母演讲《你把我养大我陪你变老》

2. 民族传承：中华文明传统

(1)《孝经》

夫孝，德之本也，教之所由生也。

教民亲爱，莫善于孝。

(2)《弟子规》

弟子规，圣人训，首孝悌，次谨信。

3. 先贤示范：二十四孝故事

(1)故事两则

亲尝汤药

汉文帝刘恒，汉高祖第三子，为薄太后所生。他以仁孝之名，闻于天下，侍奉母亲从不懈怠。母亲卧病三年，他常常目不交睫，衣不解带；

14

母亲所服的汤药，他亲口尝过后才放心让母亲服用。他在位24年，重德治、兴礼仪、注意发展农业，使西汉社会稳定，人丁兴旺，经济得到恢复和发展，他与汉景帝的统治时期被誉为"文景之治"。

印证经典：亲爱我，孝何难（《弟子规》）

点拨要义：亲情是血脉牵系。

孝感动天

舜，传说中的远古帝王，五帝之一，姓姚，名重华，号有虞氏，史称虞舜。相传他的父亲瞽叟及继母、异母弟象，多次想害死他：让舜修补谷仓仓顶时，从谷仓下纵火，舜手持两个斗笠跳下逃脱；让舜掘井时，瞽叟与象却下土填井，舜掘地道逃脱。事后舜毫不嫉恨，仍对父亲恭顺，对弟弟慈爱。他的孝行感动了天帝。舜在历山耕种，大象替他耕地，鸟代他锄草。帝尧听说舜非常孝顺，有处理政事的才干，把两个女儿娥皇和女英嫁给他；经过多年观察和考验，选定舜做他的继承人。舜登天子位后，去看望父亲，仍然恭恭敬敬，并封象为诸侯。

印证经典：亲恶我孝方贤（《弟子规》）

点拨要义：亲情不是交易。

(2)对待二十四孝要去其糟粕，取其精华

(三)怎样做才是有孝道

1."孝"的本义

善事父母者，从老省，从子，子承老也。

2. 经典指导

• 身体发肤，受之父母，不敢毁伤，孝之始也。立身行道，扬名于后世，以显父母，孝之终也。

• 孝子之事亲也，居则致其敬，养则致其乐，病则致其忧，丧则致其哀，祭则致其严。五者备矣，然后能事亲。事亲者，居上不骄，为下不乱，在丑不争。居上而骄则亡，为下而乱则刑，在丑而争则兵。三者不除，虽日用三牲之养，尤为不孝也。

(四)我国老人普遍现状

1. 相关链接一：

近几年，我国老龄人口更是以每年3.28％的速度增长，约为总人口增长率的5倍。

专家预计，到2030年我国空巢老人家庭比例或将达到90％。

2. 相关链接二：

2005年3月，75岁的中科院院士、被国际医学界誉为"世界断肢再植之父"的陈中伟教授，在上海独居的家中意外坠楼不幸去世。

在山东济南，一周内有三位空巢老人自杀；福州的一位空巢老人因为太想念儿女，屡次轻生，在重阳节时跳楼自杀。

3. 小组讨论：

下面的观点对吗？

(1)孝顺是以后的事，我们现在只要好好学习就行。

明确：《弟子规》有云：弟子规，圣人训，首孝悌，次谨信，泛爱众，而亲仁，有余力，则学文。行孝不能等。否则，也许会有"子欲养而亲不待"的终生遗憾。

(2)孝顺就是能给父母很多的钱花，给父母买大房子住。

明确：孝顺更多需要的是孩子的陪伴。

(3)孝顺老人就是老人说啥是啥，老人想怎样就怎样。

明确：孝顺并非愚孝。当老人的说法和要求有过错时，"亲有过，谏使更，怡吾色，柔吾声，谏不入，悦复谏，号泣随，挞无怨。"

(五)思考，我们能为长辈做些什么？

三、重阳节承诺

做一张孝敬卡，在卡片上，请写上你对长辈感恩的话语，写下你对他们的承诺。

四、结语

《孝经》有云："教民亲爱，莫善于孝。"今天我们借着重阳节谈了谈孝道的话题，但"重阳老人一日重，传统孝道终生行"，希望同学们能把今天所学落实到具体行动上。同时，也希望同学们记得"老吾老，以及人之老；幼吾幼，以及人之幼。"儒家说过"修身、齐家、治国、平天下"，只有把自己的品德培养好，才能够促使家庭和睦；然后推己及人，就能促使社会和谐。就让我们从学校做起，从家庭做起。

最后，不要忘了，今天是重阳节、老人节，不要忘了给长辈做一张孝敬卡，表达自己的爱心、敬意，作出自己切实的承诺！

附一：专家评课

本节主题班会抓住当天是重阳节的契机，传统文化的融入经典、丰富，班会内容处理符合学生年龄特点，令人很有收获。尤其以下几处的处理非常好：

一、"讲敬老说孝道"部分，从个体生命、民族传承、先贤示范三个方面来处理，层层深入，说服力强，很有感染力。

二、对个体生命发展轨迹解说敬老时，运用的图片文字既符合孩子年龄特点，易于接受；又内容真挚，感人至深，令人不由得潸然泪下，很容易引起共鸣。

三、尤其喜欢"小组讨论：下面的观点对吗?"部分所设置的三个问题：

（一）孝顺是以后的事，我们现在只要好好学习就行。

（二）孝顺就是能给父母很多的钱花，给父母买大房子住。

（三）孝顺老人就是老人说啥是啥，老人想怎样就怎样。

这三个问题切中中国实际情况的三种情况，让现场听课的老师们也都不由地思考，对学生起到了很好的引导作用。

四、前面关于重阳节的抢答部分，主要是客观性内容，易于把控，交给学生主持；当学生出现处理不当时，班主任老师适时出面点拨；后面关于孝道部分，主观性内容较多，不易把控，就由老师掌握。这样安排很好，既能锻炼学生，又很好地体现了老师的主导作用。

总之，题目鲜活，生动地体现了主题；内容层层推进，重点内容水落石出；借着重阳节既传承了传统文化内容，又很好地渗透了尊老、敬老的重点内容。

附二：家长反馈

一、班会前：

夏萱莅家长：张老师，很感谢您昨晚留了与家长讨论重阳节的作业。

17

夏萱筑是个表面安静，内心波涛汹涌的孩子，从小学五年级开始就进入青春期。因为她的叛逆期来临，也因为我和她爸爸的忙碌，时常我们之间会有一些不愉快。孩子叛逆是正常的事情，也是她长大的体现。她的一些想法经常让我们觉得欣慰，但很多时候我们家长的好心好意在她眼里也可能是唠叨和限制。您留的其他作业她自己完成即可，不需要我们插手，但是这种与家长讨论传统节日的作业给了我们一个了解祖国文化，同时又相互了解的平等机会，至少在我家是如此的。我俩交流时，当我说到父母陪你长大，你要陪父母变老时，她动容了。也许她体会父母的辛劳还不够多，但是看到了姥姥姥爷辛勤的劳动和日益衰老。我喜欢这种和孩子交流的作业，谢谢。

二、班会后：

吴文凯家长：孩子回家做了"孝心卡"，有封皮，有内容。图片如下：

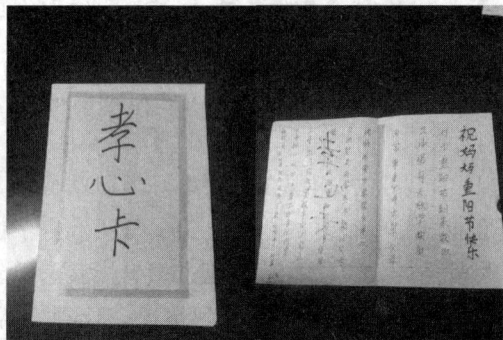

李伯涵家长：孩子承诺努力学习，不让父母过多费心。

辛宇家长：回家后和我们一起做的晚饭。

黄文芃家长：昨晚芃芃给姥姥姥爷打电话问候节日快乐了，姥姥姥爷很高兴，很感动。谢谢老师！

付开杰家长：付开杰承诺要多干家务活，帮家长减轻负担！

高鑫洋家长：昨天我病了，孩子很是懂事，自己处理内务，今早临走的时候，充满深情的拥抱了我，弄得我现在还幸福着呢……谢谢您！您的工作真辛苦！孩子最该拥抱的是您！

张语清家长：晚上特意给姥姥姥爷按摩，我们非常感动。非常感谢老师的教导，让孩子和父母之间建立很好的情感沟通。感恩，感谢！

五、课程实施效果

国学是文化之根，民族之魂。国学经典蕴藏着中国五千年的智慧精髓，它沉淀于历史的长河，而又升华于现代社会，既是延续传统的纽带，又是开创未来的阶梯。在中学生中开展国学教育，是以社会主义核心价值体系建设为根本，弘扬中华民族精神和优秀民族文化，让学生在传统文化的滋养中建立道德行为规范，提高文明素质，形成正确的价值观、人生观，用国学经典传统文化之光，照耀指引孩子们健康成长，并让他们受益终生。

学生们反映获益良多，通过这些内容的学习，拓宽了他们的文化视野和思维空间，引导他们思考人生价值和时代精神，增强了他们的使命感和责任感，培养科学精神，提高文化素养，努力形成自己的思想、行为准则。走进国学传承国学、培心正魂的初衷已经初见成效。

家长们也常常有感于孩子精神、行为的良好发展而向老师表示感谢。

校本课程"走进国学"一直是学生们喜爱的课程，学生由之生发出许多有关的人生理想。例如：李佳轩同学有感于"为天地立心，为生民立命，为往圣继绝学，为万世开太平"的博大胸怀，考入北京大学后进入哲学系专门研究张载的思想，并一直参加国学社团"耕读社"；孟小然同学有感于中国音韵的变化，考入香港中文大学后专门研究音韵；金伟同学考入中央财经大学后，还在参加国学方面的社会调查。

同事评价：张红老师热爱中华优秀传统文化，多年来在语文教学的实践过程中，一直自然巧妙、卓有成效地融入中华优秀传统文化的教育。特别是结合自身优势，开发走进国学校本选修课程，培养了学生的民族自豪感、使命感和责任感，带给同行很多启示和鼓舞。

经过《走进国学》的教学实践，再次充分证明：中华经典教育是应试教育的最好补充，是真正的素质教育，是开发智慧的教育，是传承中华文化的教育，是固本培元培养创新人才的教育，是实现中华民族伟大复兴的教育。

课程评述：

走进国学是理工附中初中部以张红老师为主开发的拓展类校本选修课程，旨在提升学生的人文积淀和审美情趣。此课程主要体现出如下特点：

一、课程立意深远，充分体现了当前教育改革及课程改革的精神。

本课程在性质上属于经典研读类的传统文化校本课程，是对教育部《完善中华优秀传统文化教育指导纲要》、北京市新拟定的中高考改革方案及《北京市中小学语文学科教学改进意见》等各级教育政策与文件精神的具体落实和实践探索，旨在解决当前语文教学中存在的"优秀传统文化内容彰显不足、经典文学作品阅读量不够"等问题，以拓展性的经典文本的研读提升青少年学生的人文素养。这是传统文化教育的核心性的课程，是培育具有君子品格和公民素养的现代中学生的重要依托和基本保障。

二、课程内容较为完备，实施过程扎实有效。

本课程是从 2007 年开始研发的。经过多年的探索实践，已经形成了较为完备的课程内容，积累了较为丰富的实践经验。在内容上，主要以《论语》《孟子》的研读为核心，同时通过"国学概论"和儒学概貌纵横等宏观内容的讲述将《论语》《孟子》放在更开放的时间的纵、横轴中，为正确地理解儒家经典提供了更为宏阔的历史背景和多元视角。在实施上，课程在七、八年级以每周两课时的方式来扎实推进，产生了比较切实的影响，获得了师生及家长的广泛好评。

三、课程凸显实践性，在知行合一中育心导行。

为者常成，行者常至。学习经典的根本在于化育品性，育心导行。因此，本课程通过构建"三级五线"传统文化教育的实施策略，在研读经典的同时，还辅之以经典书法展览、国学课本剧展演、国学演讲比赛等活动，同时还结合重大节日开展各种形式的实践活动，为学生提供了广阔的学习天地。这是深得传统文化教育要旨的，有效地克服了传统的传统文化教育过程中知行脱节的问题和弊端，有助于实现传统文化教育育心导行的根本目标。

走进国学课程还可以将经典的相关内容与实践活动的设计更加紧密地结合起来，形成"讲解＋实践"的较为固定的专题教学模式，进一步提升课程内容的系统性，让教学更加扎实有效。

（张晓玉　海淀区教育科学研究院）

语文记叙文写作课程

北京市十一学校

北京市十一学校从 2010 年暑假开始进行高中记叙文写作课程建设，次年开始开展"运用仿写提高学生写作水平的实践研究"课题（海淀区教育科学"十二五"规划教师重点课题，编号 2010CJJ0658，已经结题），编写高中记叙文写作课程用书，并在持续多年的课程实施中不断修改完善。

一、开发背景

北京大学中文系副主任漆永祥先生曾说："在我看来，记叙文更能体现学生语文功底与写作水平，在目前议论文假、大、空泛滥的环境下，高考作文命题适当向记叙文偏移，更符合学生的生活实际，也许会取得不错的效果。""我提倡学生多写记叙文，打下语言文字最基础的功底。"我们理当高度重视记叙文的写作。

多年来，高中作文教学重视议论文写作而轻视甚至忽视记叙文写作，往往把记叙文写作当做是为议论文写作奠定基础。这样的认识与做法都是偏颇的。在高考作文尊重学生的差异性，为学生提供选择性以真正体现高考公平性的新形势下，我们要高度重视记叙文的写作，擅长记叙文写作的同学完全可以展现自己的才华。

北京市十一学校近年来进行"普通高中育人模式创新及学校转型的实践研究"（获首届国家教学成果特等奖），而"学校转型是以构建选择性的课程体系为基础的"（《学校转型：北京十一学校创新育人模式的探索》，教育科学出版社 2014 年 4 月出版），语文课程体系立足于学生自主学习，尊重学生的差异性，给学生提供选择性。高中记叙文写作课程应运而生。

二、课程性质

作文，绝不只是考试的需要，而是现代文明人的一种生命形态，一种生存状态。帕斯卡尔说，人是会思想的芦苇；笛卡儿说，我思故我在……人是有思想情感的生物，拥有表达思想情感的语言文字，于是，写作就成为人类独有的活动，运用语言文字表情达意就成为每一位现代文明人必须具备的基本素养。记叙文写作是高中学生写作的一种基本样式，在高中阶段切实有效提升学生的记叙文写作素养意义重大。

语文课程是学习语言文字运用的综合性、实践性课程。高中记叙文写作课程是面向普通高中阶段的、与九年义务教育记叙文写作相衔接的写作课程，是为希望进一步提升自己记叙文写作能力的普通高中学生提供的选修课程。高中记叙文写作课程，旨在让学生进一步提高记叙文写作素养，能正确、熟练、有效地运用祖国语言文字表达思想情感，为终身学习和有个性的发展奠定基础。作文与树人的统一是高中记叙文写作课程的基本特点。

三、课程目标

记叙文主要是指记人、叙事、写景、状物一类的文章。具体地说，它是借助叙述、描写、抒情等手段记叙社会生活中的人、事、景、物的情态及其发展过程，用以表现作者的思想、抒发作者的某种感情的文章。高中记叙文写作课程，不仅要培养高中生写作一般记叙文的能力，还包括提高学生写作游记、散文、寓言、小小说、科幻小说等体式的素养；高中记叙文写作课程贯彻《高中语文课程标准》的精神，让学生学会多角度地观察生活，丰富生活经历和情感体验，对自然、社会和人生有自己的感受和思考，通过阅读与鉴赏、表达与交流等学习活动，在语言建构与运用、思维发展与提升、审美鉴赏与创造等方面都获得进一步的发展，力求有个性、有创意的表达，不仅仅让学生为考试赢得理想的成绩，而且为可持续发展奠定良好的基础。

四、课程实施

(一)课程安排

北京市十一学校语文课程设置分"基础语文"和"分类选修"两类，前者是必修，每周 3 节课，后者为选修，每周 2 节课。"高中记叙文写作"是分类选修课程之一，为希望提升记叙文写作素养的高中学生提供课程选择。

高中记叙文写作课程在四年制高一、高一、高二年级开设,每周2节课连排,一个学期(两个学段)32节课完成。

(二)课程实施

我校在几个年级的学生选课平台上发布高中记叙文写作课程说明,与其他课程一样供学生根据自己的实际情况自由选择。

学生在规定时间内从学校选课平台选择分类选修课程。只要选择"高中记叙文写作"的学生达到10人以上,就开设该课程。高中记叙文写作课程每个教学班以24人为限。

各年级的语文老师一般承担高中基础语文课程3个教学班的教学任务和高中分类选修课程2个教学班的教学任务。喜欢记叙文写作课程的老师承担高中记叙文写作课程教学任务。任课教师按照课表在自己的语文功能教室上课,学生根据自己的课表走班上课。

高中记叙文写作课程实施过程中,大约四分之三的时间用于学生学习范式内容,揣摩范文,学习借鉴,讨论交流,精心构思,自由写作,互相评改;四分之一的时间用于老师点拨、讲评。

大致流程是:单周的两节课学习高中记叙文写作课程用书的相关内容,完成相应的片段写作,老师相继进行点拨、指导。例如,学习了"构想创意化"的内容后,有如下片段写作练习:

1. 把"○"想象成一轮满月,然后以满月为重点,再用天幕、云彩、柳梢等作为陪衬,就构成一幅美丽的画面。请把"○"想象成另一事物,以之为主体,加上适当的陪衬,描写出一个充满诗情画意的画面。不少于200字。

2. 阅读下面文字,仿写一段文字。

绵羊开了家发廊。刺猬第一个光临,绵羊给刺猬烫了跟自己一样的卷发。刺猬气坏了,他的"头发"是防敌的武器,这下可没用了,于是告到工商局,吊销了绵羊的执照。

绵羊又改行开了缝纫店。乌鸦第一个光临,绵羊给他缝了一身跟自己一样的白衣服。乌鸦气坏了,他的家族从未有穿白衣服的,又告到工商局,绵羊的执照又被吊销。

绵羊接着又开了家饮食店。狐狸第一个光临,绵羊给他做了一份自己爱吃的炒青菜。狐狸气坏了,他一贯吃荤菜,青菜怎么吃?一怒之下,狐狸把绵羊的营业执照砸了个稀巴烂。

绵羊又开了家体育运动中心。_____

_____

_____

双周的两节课进行完整记叙文的写作练习，例如，学习了"构想创意化"的内容后，学生从下面任选一题写一篇记叙文，不少于800字。

1. 假如我与心中的英雄生活一天。

自选一位英雄，展开想象，叙述你和他（她）在一起的故事，写出英雄人物的风貌和你的情感。

2. 当_____遇见_____。

在横线上填写广为人知的现实人物、历史人物或文学作品中的人物形象，时代、国籍不限；想象要合理，主旨要鲜明。

3. 阅读下面的文字，根据要求作文。

醉心于古文化研究的英国历史学家汤因比曾经说过，如果可以选择出生的时代与地点，他愿意出生在1世纪的中国新疆，因为当时那里处于佛教文化、印度文化、希腊文化、波斯文化和中国文化等多种文化的交汇地带。

居里夫人在写给外甥女涵娜的信上说："你写信对我说，你愿意生在一世纪以前……伊雷娜则对我肯定地说过，她宁可生得晚些，生在未来的世纪里。我以为，人们在每一个时期都可以过有趣而且有用的生活"。

如果可以选择的话，你愿意出生在什么时代什么地方？请写一篇文章，描写你想象中的生活。题目自拟。

4. "地球上的最后一个人独自坐在房间里，这时，突然传来敲门声……"以此开头，进行续写。立意自定，题目自拟。

5. 阅读下面材料，以"幻想"为题写一篇文章。

孙悟空的筋斗云，哪吒的风火轮，都是神奇想象的产物，寄寓了人类渴求飞速前进的美好愿望。谁能想到，晚清幻想小说《新中国》预言百余年后在上海陆家嘴一带举办万国博览会，法国科学幻想小说家凡尔的梦想"从地球到月球"，在今天会成为现实？幻想源自人类的求知本能，展现了人类非凡的想象力。幻想推动现实，幻想照亮生命，幻想是快乐的源泉……

6. 欣赏下面漫画"参观实验田"，发挥想象，写一篇科学幻想小说。

内容与转基因相关。

完整记叙文的写作采用"竞写→互评→自省→讲评→反思"的五环节模式，提高作文效率：

【竞写】公布作文题目后，学生开始审题、构思……写完后标上完成的时间，交给老师。老师按照时间先后将学生姓名写在黑板上。学生不甘落后，争先恐后，要和其他同学竞争，又要和自己竞争，争取这一次作文比上一次完成得更快更好，每一次都是超越。

创设竞争氛围，每次作文都是一次竞争。竞争气氛能激发写作动机，提高写作效率。

【互评】教师每收到两篇作文，就让两位作者交换评改，依次两两交换。教师利用收作文的间歇可以快速浏览部分作文，及时了解作文情况。

学生交换评改，要求用红笔，写眉批，旁批，总评。要指出成功之处，肯定成绩，也要改正错别字，病句，指出不足之处，尽可能提出改进方法。要实事求是，力求准确到位。批改后署名，以示负责。

要评改，就必须用心阅读，思考。在亲身写作实践之后，看看别人是怎样立意选材、谋篇布局的，可以活跃思维，启发思想，取长补短。

【自省】交换批改后，作文返还作者手中，学生阅读自己的文章，看同学的批注和修改意见，正确的要虚心接受，不赞成的可以写出自己的理由，并可与交换评改的同学在课后当面交流意见。

在互评和自省中，学生都会有自己的看法。自觉不自觉地将自己的作文和同学的作文进行比较，在比较中取长补短，学习提高。

完成自省后，作文当天由课代表收齐送给老师评阅。

【讲评】作文当天，老师可以浏览作文，检查作文互批、自省的情况，可以加少量评语。挑出典型，做好讲评的准备。

下一次作文课，老师针对作文的情况和学生互评、自省的情况进行有针对性的讲评，解决一些普遍性的和较为深层的问题。

反馈越及时，效果越好。

【反思】学生在老师进行作文讲评之后，再审视自己的作文，进行反思，写出作文后记，记下得失。也可在此基础上再作修改，有的甚至须要重作。

在具体操作中，注意以下几点：

◎训练的初始阶段，部分写作速度慢的学生可能在课堂上还没有写完作文，要求他们课后自己找互评伙伴，完成互评、自省。

◎每次评改，除了常规性的要求外，一定要有一个重点，要让学生明确要求，重点关注。

◎普遍性的问题、深层次的问题，老师可以在讲评中通过典型例子，引导学生一起攻克。此环节要充分发挥教师的主导作用，给学生以切实的引导。

◎个别同学的作文或评改问题较大，可以找学生面批、面谈。

◎讲评时可让座位相邻的学生4人一组，轮流阅读作文及互评、自省，集思广益。

高中记叙文写作课程实施过程中，任课教师最好与学生共同写作，下水知晓深浅，指导切中肯綮。叶圣陶在《"教师下水"》一文中旗帜鲜明地提倡语文教师下水，"希望老师深知作文的甘苦，无论取材布局，遣词造句，知其然又知其所以然，而且非常熟练，具有敏感，几乎不假思索，而自然能左右逢源，这样的时候，随时给学生引导一下，指点几句，全是最有益的启发，最切用的经验。学生只要心领神会，努力实践，作一回文就有一回进步。"

五、实施效果

高中记叙文写作课程鼓励学生积极参与生活，体验人生，认识自我，认识世界，激发了学生的写作兴趣，学生的观察能力、想象能力、思维能力和表达能力得到培养，学生能表达真情实感，能自由地表达，部分学生能有个性地表达、有创意地表达。

高中记叙文写作课程满足了部分学生的迫切需要，仅近两年选修高中记叙文写作课程并顺利结业的就达265名学生。

以下是我校近两年选修高中记叙文写作课程并结业的学生名单：

2013—2014学年下学期【高一】49人

2014—2015学年上学期【高一】70人　【高一、高二】24人

2014—2015学年下学期【高一】13人　【高一、高二】23人

2015—2016学年上学期【高一】22人　【高一、高二】41人

【高二、高三】23人

《高中记叙文写作》提供系列化写作范式供学生写作借鉴，循序渐进，先模仿借鉴，后自由创造，符合写作能力提升的规律。选修"高中记叙文写作"的同学认真阅读教材，学习优秀范文，揣摩作文升格，他们的作文越来越有灵性，表达越来越巧妙，学生作文质量普遍提高，涌现出许多精彩的习作，有的在报刊发表，并有一些优秀习作被选入写作校本教材，成为课程资源。

写作选修教材《高中记叙文写作》保证了我校写作教学有序、有效。任课教师有本可依，循序渐进。

以下是雷其坤老师指导的学生近年来发表的部分习作：

学生姓名	作品题目	发表刊物	发表时间
韩友友	摇滚与青春	作文周刊	2014.02.12
曾佳琪	三叶草	作文周刊	2014.07.16
王闳灏	崂山·石	作文周刊	2014.07.04
孙铭伟	烟花雨	作文成功之路	2014.07—08
邱宇萌	珍惜·挽留·回味	作文成功之路	2014年01期
庞若竹	残荷	作文评点报	2014年40期
夏天茹	花禅	初中教育研究	2014年06期
陈雨涵	丑柑	北京考试报	2014.11.15
庞若竹	去看荷	北京考试报	2014.11.01
夏天茹	指尖上的深爱	考试指南报	2014.11.12

续表

学生姓名	作品题目	发表刊物	发表时间
谭江宁	爆肚上的深爱	考试指南报	2014.11.12
陈康欣	新与旧	中学生阅读	2015 年 03 期
庞若竹	残荷	中学生阅读	2015 年 03 期
王健佑	新	作文周刊	2015.02.05
陈康欣	新	作文周刊	2015.02.05
曾佳琪	一个让我又爱又恨的人	阅读与作文	2015 年 07—08 期
刘明澈	一个让我又哭又笑的人	阅读与作文	2015 年 07—08 期

六、管理与绩效评估

(一)课程管理

学校教务处对各年级高中记叙文写作课程实施的时间、教室等进行统一安排。

学校课程与教学研究院对课程的开发与课程用书的编写提供保障。

语文学科主任闫存林老师负责高中记叙文写作课程任课教师的安排。

学校实行课程首席教师制，高中记叙文写作课程由高中写作课程首席教师雷其坤负责该课程的开发及实施事宜，与各年级承担"高中记叙文写作"教学任务的老师组成纵向教研组，进行过程性与终结性监控。

承担"高中记叙文写作"的老师对学生进行过程性评价；学生通过评教评学对任课教师做出评价。

(二)课程绩效评估

高中记叙文写作课程实行过程性评价与终结性评价相结合的方式，学生结业达标赋 2 学分。

过程性评价占 40%，终结性评价占 60%。

过程性评价可以灵活设置评价指标，如：

学习态度 10%，从资料准备、学习投入、练习状况等方面考核。

学习活动 20%，从课堂学习、讨论、发言等方面考核。

学习效果 10%，从完成的作文与创作的作品等方面考核。

过程性评价在教学过程中进行。根据过程性评价，加强个别化指导。

终结性评价一般采取在规定时间内完成写作任务的形式。终结性评价试题由课程负责人命制。

最后由课程负责人合成过程性评价与终结性评价成绩，并在网上发布总成绩与学分。

七、课程创新

高中记叙文写作课程立足于学生的学习来设计写作活动，尊重学生的主体地位，突出记叙文写作的重点与关键，切合高中学生实际，适合学生学习。校本教材《高中记叙文写作》每个模块分为"佳作借鉴"与"作文升格"两个部分。"佳作借鉴"又分为若干写作范式，如"波澜起伏，扣人心弦"模块的佳作借鉴部分，分为"运用抑扬""借助误会""设置悬念""利用巧合"等范式，分别选取范文，加上评点，供学生学习借鉴。"作文升格"部分，一般有"题目"、"导写"、"原文"、"诊断"、"升格"、"评点"等内容。既重视引导学生对佳作学习借鉴，以阅读促进写作，又引导学生关注习作的升格，感悟写作的门道；训练方式灵活多样，写作练习循序渐进。

高中记叙文写作课程尊重学生的差异性，系列化写作范式体系给学生提供了选择性，能满足不同学生的需要，有利于促进学生个性化发展。

学生按照范式序列循序渐进进行写作练习，改变了盲目无序的状况，能切实提高作文教学效率。

经过多年的探索与实践，我们构建符合学生年龄特征与认知水平的系列化写作范式体系，每种范式配上典型范文，加上简要评析，适合学生学习、借鉴，就像学习绘画、书法、唱歌、跳舞都要经历"模仿"一样，写作中的"模仿"也有重要意义。模仿是形成和提高作文能力的有效途径，正如张志公先生在《谈作文教学的几个问题》中所说："模仿，是学习的必经之路。"梁启超在《中学以上作文教学法》中也说："我不敢说，懂了规矩之后便会巧；然而敢说懂了规矩之后，便有巧的可能性。又敢说不懂规矩的人，绝对不会巧；无规矩的，绝对不算巧。"先模仿，后创造，这符合写作能力提升的规律。以之指导学生进行写作练习，能有效激发学生的写作兴趣，消除学生对写作的畏难情绪，能切实发展学生的写作能力，提高学生的写作水平。

现代图式理论认为，图式是人的外显行为的内在心理结构，是人的某种知识和能力在大脑中结构化的表征，人们是否具有某种能力可以从他大脑中是否具备某种图式得到解释。提供系列化的作文范式指导学生进行写作练习，学生学习范文可从中获得写作某一类文章的基本规律和知识，形成写作某类文章的写作图式，学生进行仿写则是写作图式的运用。学生头脑中的写作范式越丰富并能灵活运用，写作能力就越强。

学生选择自己喜欢的写作范式，借鉴范文写法进行写作，完全不妨碍写自己熟悉的生活，家事国事天下事皆可激扬于笔端。

我校高中记叙文写作课程的有效经验已经产生一定的影响。高中记叙文写作课程负责人雷其坤老师，认真履行海淀区中学语文学科带头人与海淀区教师进修学校兼职教研员职责，愉快接受教师进修学校杨华老师、周曼云老师和邱霞老师安排，近年多次在海淀区进修学校做记叙文讲座：

2013.09.25，《高一作文教学整体规划与实施策略》。

2014.12.03，《高中记叙文写作教学建议》。

2015.04.08，《记叙文写作中的艺术化处理》。

2015.11.18，《高中记叙文写作范式及其指导》。

校本教材《高中记叙文写作》在多年的实践中不断修改完善。2015年，作为北京市十一学校学术委员会第一批项目的"雷其坤写作教学研究室"开展深入研究，对高中记叙文写作范式序列进行系统梳理，最终定稿为《高中记叙文写作范式》一书，分为如下10个模块。以下是10个模块的一级目录与二级范式目录：

一、人物个性化

（一）刻画肖像·揭示心理

（二）展现行为·描写语言

（三）巧妙衬托·鲜明对比

（四）侧面突出·反常凸显

二、事件曲折化

（一）合理倒叙·意外逆转

（二）一波三折·周而复始

（三）设置悬念·安排抑扬

（四）巧用误会·妙用巧合

三、景物独特化

　　（一）动态描写·静态描写

　　（二）简笔勾勒·繁笔细描

　　（三）同中显异·异中见同

　　（四）借景抒情·托物言志

四、情感真诚化

　　（一）本色感人·变异传情

　　（二）内心独白·真情呼告

　　（三）同向强化·多向生发

　　（四）直白抒发·含蓄表达

五、趣味高雅化

　　（一）天真童趣·亲密逗趣

　　（二）自嘲情趣·幽默风趣

　　（三）褒贬妙趣·言外意趣

　　（四）审美趣味·人文情怀

六、意蕴深刻化

　　（一）由此而思彼

　　（二）由物而思人

　　（三）由事而思理

　　（四）由果而思因

七、角度新奇化

　　（一）侧面落笔·对面着墨

　　（二）我化为他·他化为我

　　（三）物观察人·物人互观

　　（四）人化为物·物化为人

八、谋篇精巧化

　　（一）顺序合理化

　　（二）线索明晰化

　　（三）结构灵活化

　　（四）关键魅力化

九、表现艺术化

　　（一）虚实相喻·物人相喻

每个模块若干范式，有的范式还分为若干子范式，如"构想创意化"模块中"故事新编"范式，分为顺向推演、逆向生发、同向强化、多向延伸、同类组合、嫁接出新6种子范式。每种范式配上典型范文，加上简要评析，供同学们写作借鉴，分格训练，有序推进，"仿"中求"化"，"仿"而后"巧"。这样做符合写作能力提升的规律，行之有效。

下面是模块七《角度新奇化》中的"我化为他"范式的内容与学生学习之后写出的作品：

我化为他

本来叙写的是自己亲身经历的事情，或者叙写自己亲眼所见、亲耳所闻的事情，却以第三人称来叙述，最后才交代某人就是"我"。这样行文，别有韵味。

（1）叙述者是文章所要表现的主体。

何刿《那就是我》："……他就哭丧着脸站起来，裤子湿了一大块。好心的杨老师总是帮他把裤子洗干净。班上有个女生家就住在学校里，杨老师便打发女生回家取一条裤子来给他换上。于是在一年级开头的两三个星期里，长塘里小学一乙班总有一个穿着带花边的女装裤的小男生，那就是我。"

【范文】

这家伙

这家伙瘦得像一条老豇豆悬摇在秋风里。别可怜他，他精神好得很，一天到晚，信口雌黄，废话特多。他那乌鸦嘴一九五七年就惹过祸了，至今不肯自噤。自我表现嘛，不到黄河心不死！

说他是诗人，我表示怀疑。

他根本谈不出写诗经验。有哪些写诗的年轻人在会上诚心诚意向他取经，他却惊惊诧诧、支支吾吾啥都谈不出来。那副窘态就别提了。其实写诗经验很容易谈。谁请我谈，我就大谈特谈，而且随时谈。传帮带嘛，有责任嘛。他谈不出来，证明他肚子里没有货。没有货就不谈，也算实事求是。可是他怏怏了老半天，嗨，居然谈起来了。他发言说（表情非常诚恳）："我有一条宝贵经验，就是字迹清清楚楚，不要草得龙飞凤舞，稿面干干净净，不要改得乌鸡皂狗。多年来我一贯这样做，所以我的投稿，编辑看了，首先印象不错，相信我是认真写的。我有半分好处，编辑也能发现。这条宝贵经验使我获益不浅。此外便没有任何经验了。"他的这条所谓经验引起哄堂大笑，有喝倒彩的，有鼓反掌的。这老傻瓜，他还洋洋得意，站起身来频频鞠躬。我真替他脸红！

试问，他算什么诗人？

说实在话，这家伙缺乏诗人的气质。看见一束花，他不去联想青春啦爱情啦，倒去细看花蕊，研究什么雌雄同花异花。看见一只鸟，他不去联想蓝天啦自由啦，倒去调查它的古名和洋名。某些风景绝佳，大家都醉了，他一点也不醉，倒去观察山林的滥伐和水质的污染。游泳，他只觉得好玩，一点也联想不到风浪与拼搏。爬山，他只觉得太累，一点也联想不到崎岖与攀登。诗人的气质嘛，就是疯疯傻傻，如梦如醉。他缺乏的正是这个。

看这家伙怎样写诗，实在有趣。他在一张废纸上面涂涂抹抹，一句句的慢慢拼凑，一字字地缓缓雕琢，真是老牛拉破车呢，嘴里还要嘟嘟哝哝，就像和尚念经，看了叫人心烦，又常常停下笔查字典，一点也不爽快。

总而言之，这家伙不是写诗的材料。

这家伙最怕我。每次去看他，他都躲入镜子，和我对骂，就是不敢出来。

（流沙河）

【借鉴】镜中之像，即文中的"他"，才是本质上的流沙河。"我"对"他"的审视，既有作者与自己灵魂的对话，又有社会上的一些人对流沙河的不理解。作者用反讽笔法，看似处处贬抑，实际上表现了诗人的为人、个性、责任感。作者"藏"得巧妙，好像是在说他人，直到结尾才揭开谜底："这家伙最怕我。每次去看他，他都躲入镜子，和我对骂，就是不敢出来。"给人异峰突起的美感。

（2）叙述者不是文章表现的主角，叙述者通过亲身经历来表现主角的品格。

广民《小小的善》，写一位满脸稚气的农村青年去南方上大学，在火车上口渴难耐，便买了一听健力宝，但他不知道怎样打开。一位妇女虽然并不渴，但故意打开一听健力宝让青年看。通过一件小事，表现了一位普通妇女的善良。结尾才说，"那位男青年就是我，那年我18岁"。"小小的善"惠"我"良多，"我"心存感激。

【范文】

弃婴

80年代初，一个江南小镇。

婴儿哇哇的哭声在清冷的午夜听起来特别的凄惨。

木门"吱——"地开了，一个男人探出头来，看见了脚底的婴儿。他眉头一皱，呆了几分钟，然后下定决心似地"嘭"地关上了门。

里屋的灯亮了。女人支着身子笑了起来，小声地询问：

"怎么了？"

"门口有个娃娃……"

"娃娃？"

她迅速披上衣服走出门去。再进来时，那婴儿已在她手中抱着。

"你咋把她抱进来了？呵！还是个女娃。"

"外面天冷，娃娃会凉着。"

"抱了咱就得养她啊！"男人有些不情愿。

女人沉默。她不是不知道家里穷，何况女孩又不中用。她矛盾着，并不出声，只低头逗着孩子。孩子"咯咯"地笑了。女人抬起头："咱养她，行不？"

"咱家没钱，你又不是不知道！"男人烦躁地搓着双手。

"没钱就可以让娃娃死掉？"女人激动起来。

一个"死"字令男人震撼了。好一会儿，他才喃喃地说："看这挂挺乖巧，我也心疼，可咱拿什么养她？我也知道这是条人命，可这年头，哪都有人扔娃娃，咱总不能都抱了来吧！咱连自己也喂不饱呢！"

"我不管，总之这娃儿碰了我，我就要养她！"女人反常地坚持。

男人叹了一口气，从女人手里接过婴儿，摸摸她红红的脸蛋，又叹了口气。

"算了，养就养，最多咱再苦点，反正也苦惯了。怎么说这是一条命啊！只是这娃跟了咱们，苦了她了！"

女人放下心来，笑了。

长夜就这样过去……

那个女娃儿，就是我。我已经不在乎亲生父母是谁，养父母以他们心灵的选择赐予了我生命，他们就是我的爸爸妈妈。我爱他们！他们是我一生一世的爹娘！

（一考生）

用本人他化法来叙述一个婴儿经历的事情，无疑是合适的，甚至可以说是高明的。文章对贫困夫妇捡到弃婴最终决定收养的"心灵的选择"热情讴歌，表达了"我"对朴实而伟大的养父母的深深爱戴。作者将故事的情节集中在极短的时间，不枝不蔓。用对话推动情节的发展，展示人物丰富而复杂的内心活动和塑造人物形象。人物语言富有个性，惟妙惟肖地展示出这对夫妇内心的矛盾和选择。末段才说"那个女娃儿，就是我"，增强了故事的真实性。结尾直抒胸臆，增强了文章的感染力。

学生学习范式内容，揣摩范文写法，精心构思，放胆写作。

【习作】

一个让我又爱又恨的人
北京市十一学校　曾佳琪

这个人瘦削，眼睛不大却目光锐利，在眼球的一转一轮中散发着咄咄逼人的煞气；但一笑煞气便泯灭为清冷的灵动。这个普通、平凡女孩，从某种意义上讲，又那样的不像一个高中女孩。

唉，这个人，怎么就那样不识时务和不会看眼色。她因此吃的亏还不够吗？上次考试，她的同桌偷偷作弊，别人大多也看见了，可人家说什么了？没有！偏她一下子眉头皱起，敲人家的桌子警告他。见他不听，她本该不再管下去了，可她呢，依然眉头紧锁，故作镇定，但泛白的脸色和颤动的双手泄露了她内心的痛苦、愤慨和挣扎。最终她仍是举起了手，向老师检举他作弊。在他气愤和同学们愕然的目光中，她心里一定也很难受吧。唉，你这人，惯做出头鸟。你难道不晓得老师对这种事也是睁只眼闭只眼吗？偏你要管闲事，损失了朋友不说，也没有人感谢你呀！

"值得吗？"

值得。这样于他是有好处的，改正了他的陋习。况且，考试崇尚的是公平。

　　哎！这个人怎就如此不见棺材不掉泪，嘴硬又倔强如此，以后上了社会不吃亏才怪，这样的棱角分明，既伤人也伤己啊。可她闪烁着坚毅的眼神和紧抿的嘴唇，分明在呐喊着：我不乐意变成圆滑者！我不能对错误的事熟视无睹！趁着她还没把这句话嚷出来，我赶紧捂住了她的嘴。你说这人怎这般幼稚！高中生了看待事物还这么棱角分明，怎就不能变通一点？现在她真是能得罪人，见到一点错误的事情都要犀利地指摘。难怪人缘总是不好。这可恶的家伙！

　　除去了那扎人的棱角和刻薄的嘴，她却有一颗柔软而善良的心。她见不得别人受苦。每每看见他人的苦难辛酸，她也情不自禁地流下眼泪来。记得一年冬天，雪如樱花漫天，风如刀一般刮着人的肌骨。桥底下躺着一个残疾人。在这凛冽的寒意中抖作一团。她只是碰巧路过，偶然一瞥那人破旧的衣衫和钞票零落的瓷碗，立即刹住了脚步。怜悯从她的眼角眉梢漫开，她迅速低下头去。我知道她一定又红了眼圈。片刻她便掏出了兜中所有的钱小心地放入碗中，生怕吵醒了那人的小憩。她稍一抹眼角，便大踏步地隐没在一片素白的世界中。这傻姑娘！你把坐车的钱都捐了出去，你得在雪中跋涉三站地啊！我心疼地掸去她头发上的雪："值得吗？"值得。我仅仅损失了短短的一程车，而对于这个可怜的人也许意味着一天三餐的着落啊！那对于我损失何其小，对于他的帮助何其多！看着她笑得天真快乐的脸，我也爱怜地笑了。

　　就是这样一个让我又爱又恨的人。每当我在是非中难以取舍，我便跑到镜子前，看着她问道："值得吗？"她勾起唇，弯着清澈的眼，笑得天真：值得！

　　【评点】文章用第三人称"她"行文，好像在写别人，读到结尾才知道作者写的是自己，给人新奇之感。文章叙写了勇敢检举考试作弊的行为、尽其所有帮助寒冬里的残疾流浪者两件事情，表现一个高中生的正直品格与仁慈之心，感情真挚、思想健康。似贬实褒，有趣味。语言生动活泼，表达有特色。全文用"总→分→总"的结构，开头总领全文，设置悬念；主体部分，夹叙夹议；结尾总括全文，照应标题和前文，深化主旨。放胆为文显个性，领异标新二月花。

　　人们常说，好文章是改出来，但怎么修改，却往往语焉不详。《高中记叙文写作范式》一书附录了"高中记叙文升格示范"，从10个方面提供记叙文升格的具体案例：

一、仔细审题，精心选材(《生活的浪花一朵朵》升格示范)

二、深入思考，锤炼立意(《新》升格示范)

三、选材典型，前后对照(《老规矩》升格示范)

四、情节曲折，细节传神(《爆肚》升格示范)

五、渲染衬托，凸显主体(《邂逅》升格示范)

六、明晰线索，突出主旨(《水痘》升格示范)

七、由物及人，生发哲理(《丑柑》升格示范)

八、突出特点，丰厚意蕴(《淡然若云》升格示范)

九、故事新编，推陈出新(《愚公新传》升格示范)

十、漂亮开头，精彩结尾(《妈妈说谎》升格示范)

有案例以供揣摩，学生就有例可循，自然有助于破茧成蝶。

以下为"高中记叙文升格示范"案例之四的具体内容：

情节曲折，细节传神

记叙文贵在"曲"与"细"。所谓"曲"就是要曲折，文似看山不喜平，平铺直叙讨人厌，波澜起伏吸引人。所谓"细"，就是要细致，要有生动传神的细节。

【原稿】

爆肚

北京市十一学校　谭江宁

我从小就是一个吃货，喜爱各种美食。老妈倒也不吝啬，一有时间她就会带着我去吃遍各种佳肴。

有几次，她带我去吃老北京小吃，每次问服务生有什么特色菜时，都会包含炒肝、炸酱面、爆肚什么的。而我从第一次吃到正宗的老北京爆肚时，就深深地爱上了它，这道菜可谓色香味浓，清脆滑爽。当然，在老妈面前，我毫不掩饰我对这道菜的享受之情。每次这道菜一上来，我就立刻扑上去，一阵猛吃。

但我有时会很迷惑地望向妈妈，问她为什么不怎么吃。每当这时，她总会笑笑说："妈妈不是特别喜欢吃爆肚。"每次她这样说，我倒也不会多想，就把整盘爆肚都独吞了。

有一次家庭小聚，同样也是在老北京小吃店里。我外婆外公和我们一起。按照惯例，我们点了一份爆肚。那时我太小，也不大懂得规矩，爆肚一上来我就开始抢着吃。当我发现自己行为过分时，便有意识地把剩下的爆肚分给家人吃。可这时，外婆笑眯眯地看着我说，"我们几个都不喜欢吃爆肚，还是你自己吃吧。"每当这时，我都会满心欢喜地捧着那半盘菜给吃个精光。那种小小的满足感是非常幸福的。

待我长大了些后，更懂些事了后，有一次和妈妈还有她的几位大学同学一起吃饭。巧的是，居然还是在那家老北京的风味小吃。

妈妈让她的同学帮着点菜，并出去上洗手间了。

点菜时，有一位阿姨拿着菜谱对我说："想当年啊，我和你妈是大学的闺蜜时，就经常吃老北京的小吃。我记得你妈特喜欢吃爆肚，每次必点呢！嗯，这回也一定来一份爆肚！"

我惊了一下，问："您说我妈原来最爱吃爆肚？"

她有些不解："对啊，我当时和她可好了，这点绝对不假。"

我蓦地陷入了沉思，我仿佛明白了妈妈不爱吃爆肚的原因。不过，我也感受到了更深层次的情思，那就是妈妈对我的爱啊！

【诊断】借一道美食，表现母亲、外公、外婆对"我"的深爱。在妈妈的一次同学聚会上，我才明白了真相，深切地感受到深沉的爱，情节发展自然合理。

但是，文章也存在不足：一是行文缺少波澜，情节不够起伏曲折；二是缺乏生动传神的细节描写，文章内容显得单薄，缺乏感染力。

升格策略：

（一）增加行文的波澜。行文要波澜起伏，方法可灵活多样：可以使用倒叙或插叙等方式，也可以运用悬念、巧合、抑扬等手法。本文可以改为倒叙，开头写外公外婆聚餐的情节，将静态的交代改为动态的描写，并借此设置悬念，以增加行文的波澜。

（二）增加感人的细节。一个精彩的细节可以胜过许多笔墨。作文时生动细致的描写某个细节，可以淋漓尽致的表情达意。文中的妈妈原来非常喜欢吃爆肚，那么，与外公外婆聚餐时外公外婆会不会夹些爆肚给自己的女儿吃？"我"知道了妈妈喜欢吃爆肚的真相后，仅仅感受到妈妈的爱还不够，再吃爆肚时会有怎样的行动？这些地方，都可以增加细节，使文章更有意味。

【升格】

妈妈原来喜欢吃爆肚

爆肚端上来了，我迫不及待狼吞虎咽起来。外婆给妈妈夹了一筷子，妈妈又夹给我了。外婆想说什么，外公轻轻拍拍外婆的手。妈妈对着外婆外公笑了笑。

我发现大人们都看着我吃爆肚，赶紧让大家都吃。外婆笑眯眯地看着我说，"我们几个都不喜欢吃爆肚，还是你自己吃吧。"我满心欢喜地把一盘爆肚吃个精光，那种小小的满足感是非常幸福的。

我从小就是一个吃货，喜爱各种美食。老妈倒也不吝啬，一有时间她就会带着我去吃遍各种佳肴。有几次，她带我去吃老北京小吃，每次问服务生有什么特色菜时，都会包含炒肝、炸酱面、爆肚什么的。而我从第一次吃到正宗的老北京爆肚时，就深深地爱上了它。这道菜可谓色香味浓，清脆滑爽。当然，在老妈面前，我毫不掩饰我对这道菜的享受之情。

从此，妈妈带我到这家老北京小吃店里吃爆肚都成了我的享受。每次这道菜一上来，我就立刻扑上去，一阵猛吃。我有时会很迷惑地望向妈妈，问她为什么不怎么吃。每当这时，她总会笑笑说："妈妈不是特别喜欢吃爆肚。"每次她这样说，我倒也不会多想，就把整盘爆肚都独吞了，一饱口福。

我逐渐长大，更懂事些了。有一次和妈妈还有她的几位大学同学一起吃饭。巧的是，居然还是在那家老北京的风味小吃。

妈妈让她的同学帮着点菜，并出去上洗手间了。

点菜时，有一位阿姨拿着菜谱对我说："想当年啊，我和你妈是大学的闺蜜，我们经常吃老北京的小吃。我记得你妈特喜欢吃爆肚，每次必点呢！嗯，这回也一定来一份爆肚！"

我很惊讶，问："您说我妈原来最爱吃爆肚？"

她有些不解："对啊，她老跟我抢着吃呢。"

我心里一颤：因为我太爱吃爆肚，妈妈就貌似不喜欢了？我突然想起，外婆给妈妈夹爆肚的情景……

开席了。爆肚端上来了，妈妈给她的闺蜜夹了一筷子，热情地招呼大家用餐。我赶紧给妈妈夹了一筷子。妈妈愣了一下，欣慰地笑了。阿姨对妈妈夸一句："瞧女儿多有孝心呀！"

我的脸火辣辣的。

【评点】与原文相比，文章明显升格。文章采用倒叙手法，开头不再是静态叙述，而是动态描述，并设置悬念，吸引读者。结尾不仅写我领悟到妈妈的爱，还写"我"给妈妈夹爆肚，阿姨夸奖"我"有孝心，"我"感到脸红，行文波澜起伏，引人入胜。

增加的细节富有表现力。"外婆给妈妈夹了一筷子"，意味着外婆是知道妈妈喜欢吃爆肚的。"妈妈又夹给我了"，表现了因为"我"喜欢吃爆肚，妈妈就舍不得吃。"外婆想说什么"？这是一个悬念，可以推测，外婆想说的是"你以前不是挺喜欢吃爆肚吗"之类的话；"外公轻轻拍拍外婆的手"，这是什么意思？这也是悬念，外公明白妈妈的用心，轻轻拍拍外婆的手，阻止外婆说出来；外婆也心领神会，没有说出来，而说"我们几个都不喜欢吃爆肚"。这样的细节具有丰富的表现力，耐人寻味。后来，在妈妈的同学聚会上，从妈妈的闺蜜口中得知妈妈原来非常喜欢吃爆肚，"我突然想起，外婆给妈妈夹爆肚的情景"，这既是行文上的前后照应，又为下文中"我"的转变做好了铺垫。"妈妈给她的闺蜜夹了一筷子"，照应前面"她老跟我抢着吃"。"我赶紧给妈妈夹了一筷子"，表现出"我"在领悟到妈妈对"我"的深爱之后对妈妈的爱。"妈妈愣了一下，欣慰地笑了"，既照应前文"我"独吞爆肚的情节，又表现了妈妈对"我"的变化而深感欣慰。"我的脸火辣辣的"，既表现了听到夸奖后的羞涩，更多的是为自己以前独食爆肚而不好意思。这些精彩的细节描写，着墨不多，但具有表现力和感染力。文章洋溢着浓郁的生活情趣，表现出深厚的情感。

长期以来，高中缺乏一套适用的记叙文写作教材，《高中记叙文写作范式》书稿已经交教育科学出版社出版。随着此书的出版发行，我校高中记叙文写作课程必将产生更为广泛的影响。

课程评述：

十一学校目前高中语文课程体系分为基础语文与自选课程两大类。基础语文着力于学生的基本语文素养，强调基础性和均衡性；而自选课程着眼于学生的个性发展，为学生在学习选择上提供更多的平台。

《高中记叙文写作》即是其中的一门。这门课程的主责人是雷其坤老师，雷老师在作文教学方面颇有研究，已经出版了包括《中学作文高效教学》等几部作文教学专著，在中学语文界有很大的影响力。当然课程的研发也不仅仅是雷老师一个人的行为，他的背后拥有一支强大的团队。以语文特级教师闫存林为学科主任的十一语文团队是一支学术水平高、业务能力强、奉献精神强、合作意识强的富有研究意识的团队。他们在研究的基础上，针对十一学生的个性特点开发了富有分层及类别特点的语文课程，很大程度上使每一个学生可以针对自己的学习需要来选择适合自己的课程。

而作文教学在中学语文课堂上一直缺乏科学的指导。在很多情形下，中学作文教学流于形式，效率不高。学生一篇一篇去写，教师花费很大的力气一篇一篇去判，写批语，然而现实的情形是，学生拿到作文后看一下自己的分数便扔在一边，很少有学生结合自己的作文问题来进行第二次的修改。于是接着进入下一次的作文训练中。这样，看似学生不断去写，教师也不断去判，然而，很大程度上学生是在一个层面上不断重复，缺乏成就感。但也有个别学生有着非常突出的作文能力，无论是遣词造句，还是思想深度，都会高于同龄学生。于是在一个班级里，学生作文水平参差不齐，但面对的训练题目以及训练要求是统一的。这样便出现了一个矛盾，教师在写作教学上怎样定位：是面向那些仍然不会作文的学生，还是面向那些作文能力好但还有若干问题的学生？其二，学生的写作兴趣与写作倾向不一样。有的学生偏向理性，喜欢议论；而有的学生却喜欢叙述描写。我们无法让每一个学生都在一种文体上都能出色地表现。但我们常规的课堂上无法很好地实现学生写作的个性化需求。

而十一学校的语文自选课程就比较好地解决了这个问题，在学生的个性化需求方面做了有益的探索。

《高中记叙文写作》就是为那些喜欢在叙述描写上发挥一技之长的学生搭建的一个平台。学生自由选择课程，于是上课的积极性就有了很大的提升，因为他们是根据自己的写作倾向以及兴趣来报这门课程的。

这门课程有着比较严谨的训练体系并在教学中逐渐完善：人物个性化、事件曲折化、景物独特化、情感真诚化、趣味高雅化、意蕴深刻化、角度新奇化、谋篇精巧化、表现艺术化、构想创意化等若干模块组成了记叙文写作的基本训练目标。每个模块分为"佳作借鉴"与"作文升格"两个部分。"佳作借鉴"又分为若干写作范式。这样，学生在范式的基础上循序渐进，既掌握了记叙文写作的一般要领，而且在写作中提升了兴趣。

这门课程在十一高中语文中深受学生的欢迎。每次选课阶段都有大量学生选择，语文组不得不控制人数。这一方面说明了学生在记叙文写作方面有着较高的需求，另一方面也说明这门课程开设的质量经过了数届学生的检验。

（闫存林　北京十一学校语文学科主任特级教师）

传统文学作品的美学解读

北京市第一零一中学

一、开发背景

文学作品的阅读有深浅层次之分。浅层次的阅读是消闲，是基于兴趣的浏览；深层次的阅读是情境的解读，是一种艺术的再创。一篇文质兼美的文学作品，只有通过读者的鉴赏和相互交流，才能进入一种连续变化的审美经验之中。作品在创作活动结束之际并未完成，因为真正的鉴赏活动还必须调动起读者的全部审美经验和艺术修养，对作品中的各种空白和未定之处加以填补。"一千个读者心目中就有一千个哈姆雷特"，这句话正揭示了读者在文学作品欣赏中的积极性和创造性作用。当前在这个快速阅读的时代当中，我们的阅读方式少了与作者文字意蕴的交流，更少了对文学作品的美学解读，基于此，我校与北京大学老教协合作，聘请卢永璘教授为主讲人，为中学生的阅读方法、阅读能力提供更深层次的指导，旨在提升中学生对于文学作品的深层解读能力和美学欣赏能力。

通过一学期的授课，使学生掌握中国传统文学史的基本脉络，了解中国传统文学的美学特点，知晓重要的作家、作品，阅读一定数量的原文文本，并具备初步的文学分析、审美、品鉴能力。

除介绍传统文学基础知识、通行说法外，本课程还将结合学界的最新研究成果，通过"设置议题"的形式，为课堂增添更多的思想性与趣味性。每课都会设置一至两个与文学史、文学理论、美学理论等相关的议题，用于教师发散讲解、课堂互动讨论或学生课后研究。这些议题注重深浅适度，有的虽然貌似生僻，但在学术史上很重要，能丰富学生对文学史的认识；有的乍看起来是常识，但经过深入分析后，却可能颠覆常人对这一问题的看法。这些"头脑风暴"式的学习体验是本课程的亮点，对学生培养文学兴趣、拓展眼界视角、锻炼思维能力都有一定的帮助。

二、课程性质

本课将简要介绍中国历代传统文学的基本内容及其源流关系，重点赏析其中代表性的精品名篇，旨在培养学生阅读和鉴赏经典作品的能力，激发同学们自主学习传统文学的兴趣。

人是生存在社会上的个体，这种生存是以理智和情感为指导的，具有方向性和目的性。作为与万物共生的人，他的最基本的使命是为自己的存在寻求意义，我是谁，我为什么而生，我为什么而活着？而文学作品具有文化影响力和精神感召力，其最基本最伟大的功能就是给予精神意义。

文学不是哲学或宗教，它不提供生存的理论，而是以它对世界的感悟保障人类的精神永远有一个支点，这个支点即理想。不管是在精神迷茫的时候，还是在情绪晦暗的时候，或者在我们陷入迷狂的激动时刻，文学总会给予我们可靠的心灵指引。人们通过阅读，以至聆听和观看文学，领悟到人生或世界的真善美，点燃起心中的信念和理想，寻找到个人的生存目标……从古至今，从中国到外国，概莫能外。

研读文学作品，可以从各种视角，有各种方法。本课程着重于审美解读，即品味其中丰富的艺术美、意境美，从而提升语言的敏感性和想象力。

三、课程目标

传统文学作品的价值常常是由两极组合而成，一极是未定性的，一极是读者阅读过程中的具体化，这两极的合璧才是文学作品的完整价值。任何文学作品都不是决定性或自足性的存在，而是一个多层面的充满空白的图式结构。如果离开了读者的介入，它就无法产生独立的意义。文本的意义产生，只有靠读者阅读的具体化才能实现。有人认为文本只是一个空框，它需要读者往里填充意义和内容。文本本身的价值和视阈是有限的，而读者的视阈永无止境。我们可以这样说，任何文本离开读者都无法存在，它还是一个未完成的文学作品。甚至还可以说，延续不断的阅读价值，已远远超过文学作品本身的价值。

因此本门课程旨在培养学生能够在"感悟、迁移、领会、赏析"四个方面慢慢升华，逐步提升对传统文学作品的美学解读能力。

四、课程实施

（一）课程安排

　　《传统文学作品的美学解读》是由北京一零一中学与北京大学老教协合作，通过卢永璘教授亲自编撰教材，与学校教师团队逐步打造精品课程。本课程为高中年级的校本选修课程，补充学生课本知识，提升学生的人文素养以及文化底蕴，使中学生在泛阅读中，领略真正的阅读魅力，体会更深层的美学剖析。

（二）课程实施

　　学习对象为初高中人群；课堂教学采用"反转课堂式教学模式"；学生需要参与课上小讨论及撰写感悟或小论文等；采用过程性评价方式，结合学生平时表现和期末学习成果，进行多角度联合评价。

表1　《传统文学作品的美学解读》选修课程

学期		每学期 （共5个月，18课时）	课程评价
主要内容		传统文学作品的美学解读	（1）平时表现＋期末成绩："平时表现"是课堂参与讨论的成绩；"期末成绩"为每学期期末的小论文成绩。 （2）将小论文的优秀成果编辑成册展示。
第一阶段	具体内容	一、先秦文学简介 "诗三百"的"压卷之作"应属哪一篇？ "切磋琢磨发慨深，孔门施教重歌吟。" 二、两汉文学简介 汉乐府《上邪》中有"山无棱"之说吗？ 《古诗》："弃捐勿复道，努力加餐饭"指的谁和谁？ 三、六朝文学简介 南朝民歌《西洲曲》、北朝民歌《木兰辞》孰美？ 名著《文心雕龙》赏析（这个书名是什么意思？）	
	时间分配	第1～2个月	
	课时分配	按照历史的轨迹，每两课时进行一个历史时期的传统文学介绍，并在一个历史时期结束时通过课后作业为学生提供话题供学生讨论。	

续表

学期		每学期 （共5个月，18课时）	课程评价
主要内容		传统文学作品的美学解读	
第二阶段	具体内容	四、隋唐五代文学简介 "李杜诗篇万口传，至今已觉不新鲜"此说法对吗？ "疑是银河落九天"和"万古长如白练飞"孰美？ "锦瑟无端五十弦"和"成由勤俭败由奢"孰美？ 五、两宋金元文学简介 "红杏枝头春意闹"、"云破月来花弄影"，美在哪里？ "多情却被无情恼"、"似花还似非花"赏析 "可怜今夕月，向何处，去悠悠"悟到月绕地转之理？ "问人间，情是何物"赏析	
	时间分配	第3～4个月	
	课时分配	按照历史的轨迹，每两课时进行一个历史时期的传统文学介绍，并在一个历史时期结束时通过课后作业为学生提供话题供学生讨论。	
第三阶段	具体内容	六、明代文学简介 "滚滚长江东逝水"——明词赏析 "却原来姹紫嫣红开遍"——明曲赏析 "三言二拍"、"四大名著"美在哪里？ 七、清代文学简介 纳兰词赏析 《聊斋志异》短小鬼故事赏析 王国维《人间词》《人间词话》赏析	
	时间分配	第5个月	
	课时分配	按照历史的轨迹，每两课时进行一个历史时期的传统文学介绍，并在一个历史时期结束时通过课后作业为学生提供话题供学生讨论。	
参考书目： 《中国文学史》，游国恩等主编，人民文学出版社 《中国文学史参考资料简编》，北大中文系，北京大学出版社 《中国文学史》，袁行霈主编，高等教育出版社 《中国文学作品选注》，袁行霈主编，中华书局			

（三）研究课题

课题层次	课题名称	课题介绍
先秦文学	"文学"是什么？	文学是什么？文学是金戈铁马，气吞万里如虎的豪放和洒脱；文学是帘卷西风，人比黄花瘦的婉约和细腻；文学是飘然思不群的浪漫和绮丽；文学是合为时而著，合为事而作的现实和真实。 文学是什么？文学是"为人性僻耽佳句，语不惊人死不休"的千锤百炼；文学是飘然思不群的清新俊逸；文学是"吟安一个字，捻断数茎须"的苦吟诗章；文学是文章本天成，妙手偶得之的神来之笔。 文学是什么？文学是范仲淹先天下之忧而忧，后天下之乐而乐的忧民意识；文学是岳武穆"壮志饥餐胡虏肉，笑谈渴饮匈奴血"的爱国之情；文学是谭嗣同"我自横刀向天笑，去留肝胆两昆仑"的悲壮之音……
	《诗经》是谁写的？	《诗经》是中国最早的诗歌总集，收入自西周初年至春秋中叶大约五百多年的诗歌(公元前11世纪至前6世纪)。另外还有6篇有题目无内容，即有目无辞，称为笙诗，又称《诗三百》。先秦称为《诗》，或取其整数称《诗三百》。西汉时被尊为儒家经典，始称《诗经》，并沿用至今。汉朝毛亨、毛苌曾注释《诗经》，因此又称《毛诗》。《诗经》中的诗的作者，绝大部分已经无法考证。其所涉及的地域，主要是黄河流域，西起陕西和甘肃东部，北到河北西南，东至山东，南及江汉流域。诗同乐不能分。
	《诗经》真的是"民歌总集"吗？	古诗，是我国古代最早的文学体裁，它起源于生产劳动。原始人类在从事集体劳动时，常常是音乐、舞蹈和诗歌三位一体。依照舞蹈的动作节奏，劳动的人们常常唱着歌谣，这种歌谣就是诗歌。诗歌在劳动中起着协调节奏、统一力量、减轻劳累的作用。就是"嗨哟嗨哟"的号子，也是简单的歌谣，它是原始人最初的唱歌，是后来诗歌产生的基础。

续表

课题层次	课题名称	课题介绍
先秦文学	孔子删诗辨	"删诗"指的是春秋时期，诗歌是很多的，据司马迁说有3000多篇，后来孔子十取其一，整理成集，就剩下了305篇。"删诗"问题是《诗经》学史上的一大公案。唐代以前没有什么争论，但是，从唐代一直到清代大致上争论了1000多年，直到近当代，大家才基本上有了比较一致的看法，认为孔子的"删诗"不能够成立。
两汉文学	楚辞的"发现"和屈原的"建构"	按照文章的风格，赋被分为三类：屈原之赋（注重抒情）、荀子之赋（注重状物）、陆贾之赋（注重骈辞）——《汉书·艺文志》（这是中国古代正史中最早系统地对图书进行记录和分类的文献） "楚辞"好比赋的世界中的独立王国，享有独特的名字、独特的写法、独特的领地，并且简称为"辞"，而其他的赋依然朴素地叫做"赋"，所以后人在指广义的赋的时候，就把"辞赋"连起来称呼，而在指狭义的"赋"的时候，就单独指司马相如、扬雄那样的赋，不带楚辞玩儿。今天我们课堂讲的是赋的全貌，所以用了"辞赋"这个全称。
	策论文、史传文学	策论文兼有"策"和"论"两种功能，"策"就是对策，"论"就是议论，策论文是古代的臣子就某个问题发表议论、提供对策而写的文章，主要是为了回答皇帝的询问。 汉代文学中另一种气象宏大的文章当属史传文了。"史"是一个很古老的字，（甲骨文），本意是用笔记录，（与甲骨文"聿"字的关系），引申为"事"，又引申为"吏"，所以在古代文化中事件、管事的人、对事件的记录是统一的，作为官吏，既要处理事件，又要留存关于事件的文书，这些文书在后人看起来，就是历史。
	中国文化的历史性与历史精神	中国精神是中华民族的心理特征、文化传统、思想情感的综合反映和共同的价值理念。它的历史内涵为天人合一的宇宙精神、仁者爱人的道德精神、自强不息的奋斗精神、万众一心的团结精神和开创博纳的创新精神；它的现代性特质是马克

续表

课题层次	课题名称	课题介绍
		思主义的中国化所赋予的更加科学理性的时代内涵。中国精神的主体性建构，依赖于精神自觉、精神自信和精神自省三者的辩证统一。
六朝文学	文人阶层、文人集团与文人形象	早在东汉后期，士大夫中就出现了一些世家大族，他们累世公卿，专攻一经，门生、故吏遍天下，在察举、征辟中得到优先，是一个在政治、经济和文化上占据了特殊地位的阶层。士族的势力在曹操掌权时一度受到抑制，到了魏和西晋重新兴起。魏文帝曹丕建立九品中正制，因为中正官把持在士族手中而形成"上品无寒门，下品无势族"（《晋书·刘毅传》）的局面。士族子弟经过中正品第入仕，形成世代相传的贵胄；而寒门庶族几乎失去了入仕的机会。进入东晋，士族门阀的势力更加强盛，特别是一些高级士族控制了中央政权，形成"王与马，共天下"（《晋书·王敦传》）的局面。
唐代文学	从"唐人选唐诗"谈文学鉴赏的时代性	唐诗在整个唐代文学中，乃至在整个中国文学史和中国文化史中都是一个鲜明的象征，我们对于唐诗太熟悉了，几乎达到了妇孺皆知的地步，"床前明月光"、"春眠不觉晓"这样的诗句，恐怕在全国有至少十亿人能背出，堪称全世界知名度最高的诗句了。唐诗为什么这么受人欢迎？当然是因为人们觉得它美、能代表自己的心情，可唐诗为什么那么美呢？
	中国文学的"复古"与"革新"	中唐的古文运动，宋代的诗文本新运动、明代的前、后七子复古运动等，它们大都打着复古之名而行革新之实，复古与革新这一矛盾是那样和谐地共存。
宋元文学	"词是宋朝最重要的文学形式"，这种说法对吗？	从北宋初到南宋末著名的有：晏殊、欧阳修、张耒、柳永、苏轼、周邦彦、秦观、晏几道、贺铸、李清照、朱敦儒、张元幹、辛弃疾、陈亮、张孝祥、姜夔、吴文英、周密、刘克庄、陈人杰、刘辰翁. 以上主要按时间排列，兼考虑派别、风格、关系等，其他如黄庭坚、晁补之等也写词但不是他们着力的地方，也不是他们主要出成绩的地方。

续表

课题层次	课题名称	课题介绍
	八股文真的一钱不值吗？	对于社会，最大的现实是政治，对于个人，最大的现实是肚皮，二者最佳的结合途径便是做官，做官的入门凭证就是一手漂亮的八股文。明清之际，涌现出很多的八股文大家，其中最出名的便是被推崇为"明文第一"的归有光。当时的人也像今人一样，会编很多的教参教辅来卖钱，像归有光这样的名家，顶着他的名义编的书销路是很好的。 "八股文"在今天人们的心中是一个贬义词，说你写文章很"八股"，那是说你的文章空洞无物、形式僵化刻板。可是，我相信大家是没读过八股文的，一切批评都是"空对空"。

五、课程实施效果及评价

（一）实施效果

通过学习传统文学作品的美学解读课程，重点赏析其中代表性的精品名篇，旨在培养学生阅读和鉴赏经典作品的能力，激发同学们自主学习传统文学的兴趣。研读文学作品，可以从各种视角，有各种方法。本课着重于审美解读，即品味其中丰富的艺术美、意境美。每年校本选修可实施学生单向兴趣选择，课程考虑到授课效果每学期招收 30 名学生，根据学生自由选择的结果可看出本门课程均为满员开课，且受到学生课后的良好评价。

案例 1：我对《诗经》的理解与感受（中关村中学　于畅）

在选择"传统文学的美学解读"这门课程前，我便十分热爱中国传统文学，对《诗经》更是情有独钟。"青青子衿，悠悠我心"。

我喜欢《诗经》的深情，那是远古人们以纯净之心镌刻在时光之上的词句，即使在几千年以后，仍是无数人心中的月光水岸。在这里可以驻足、流连、遐思。或许只是诗三百，就可以让我们沉醉到时光的尽头。这里的爱情是无邪，是思量。我以为，最深情莫如《诗经》。"蒹葭苍苍，白露为霜"，这是《诗经》的画面，萧索而凄美；"关关雎鸠，在河之洲"，这是《诗经》的声音，空灵而清绝；"执子之手，与子偕老"，这是《诗经》的誓言，愿得一心人，白首不相离；"及尔偕老，老使我怨"，这是《诗经》的哀怨，酸楚而悲情。

阅读《诗经》，走近《诗经》的世界，如同在闲适的午后邂逅最别致的情怀，遇见最美的风景，若说世间所有的美好都在其中也不为过。这里有流水断桥，芳草斜阳；有云霞满天，炊烟袅袅。我在《诗经》中，看到鸡犬相闻、牛羊满地，看到男耕女织、春种秋收。每一幅画面都美到极致，而《诗经》的美丽不仅在于"此曲只应天上有"的高雅清冽，更美在她的烟火人间，美在最安静而平凡简单的幸福。平凡到仿佛每个人都可以拥有，都值得守护，却高雅到让人惊艳，可望而不可即的纯粹爱情。

我愿意相信世间一切美好事物的存在，也一直相信，那些住在《诗经》里面的人深爱着脚下的大地，在宁静的世界里倾心相爱、相聚别离。几千年以后，他们仍然悠然地生活，即使时光已经陈旧，沧海已经桑田。于是文字诗词记录下的，不仅是亘古存在的美好情感，更是一个时代的呼吸与生命。

白露茫茫，芦苇苍苍，这样的场景如烟云般缥缈清逸。"所谓伊人，在水一方"。诗中的男子在水边，将自己的思念摆在霜露凝重、草色凄凄的深秋，而在水一方的女子清丽脱俗，不惹尘埃。《诗经》中多是这样的意境，那么轻盈却令人感动。我们的爱情那么纯粹，即使是哀愁的思念也是别致的美丽。或许有的时候，时刻有人思念便是莫大的幸福。心里被世间最纯洁伟大的情感充斥，不再空虚冷漠，微微笑对，那是幸福暖融融的温度。这或许便是"犹抱琵琶半遮面"的美，不张扬不热烈，只是轻轻雅雅、平平淡淡足矣。

"关关雎鸠，在河之洲。窈窕淑女，君子好逑。"一直很被这首诗感动，其实爱情本可以就这样的简单而纯净，我们在最温柔的时光相遇，轮回很远，我们打开心扉让爱情住进去，那时我们还不曾想过天长地久，只为刹那的心动与喜欢。爱情的甜苦喜忧跃然纸上，没有刻意的雕琢，少了许多浮华与空洞，于是更加晶莹精致。似乎通过一首简单的诗眼前浮现很多浪漫的画面，她在水中采摘荇菜，衣袂飘飘，纤手轻轻，而他在远处安静地看着她，神情恍惚，潋滟的水光连着那美丽的相逢故事。那样的爱情是令人向往的，少了浮躁，多了清淡，那时车马很慢，一封信的距离很远，仿佛相遇一人便是携手一生。《诗经》中记录的不是生平事迹，也少有爱情故事，更多的是一种令人神往的情感，那样纯粹而美好。瞬间即永恒。

"生死契阔，与子成说。执子之手，与子偕老。"这是《诗经》中最古老的誓言，然而生离与死别却不叫我们在一起。这是一个庶民对心仪女子的求爱，战争的烽火让多少人背井离乡、流离失所，"一将功成万骨枯"，有多少人将生命留在沙场，又有多少人因为战乱衰白了鬓发。我不愿死去，我们说好共同守护"与子偕老"的诺言，一生路尽蓦然回首，我是如此眷恋这人世，即使她曾经满目疮痍。《击鼓》的忧伤弥漫了整部《诗经》，卫国的风，千年不息地吹，吹红了我们的眼睛。"你若不离不弃，我定生死相依。"爱情穿越千年的时光，温暖我们的心。

《氓》是《诗经》中少见的长诗，更是少见的叙事完整的诗，《氓》算是弃妇诗的翘楚。诗中的女子以无比沉痛的口气，回忆了恋爱生活的甜蜜，以及婚后丈夫虐待和遗弃的痛苦经历，读之情深意切，催人泪下。相聚离别，有时候需要千回百转，有时候只需要流年变换。时光是最无情的刀剑，能够切碎年华，也可以斩断爱情。红尘之中，我们因相遇而心动，以为可以相随到老，可是若干年后，突然发现爱情早已不是原来的模样，曾经的幸福早已散落满地。如花美眷，终究抵不过似水流年。《氓》是一首感情真挚的诗，自汉代以来，却为学者所不齿，那些经学儒生不在意女子所受的苦，却多以道德规范来观测此诗，认为是"刺淫奔"之作，多为道貌岸然。白居易曾这样评价《氓》的悲剧性，"为君一日恩，误妾百年身。寄言痴小人家女，慎勿将身轻许人！"

《诗经》是炎黄子孙灵魂的象征，是中华民族文明的源泉，那些远古时代先民们的吟唱，那些纯净心灵里迸发出的奇思妙想，滋润了后世几千年的文人骚客。她全面地展示了中国周代时期的社会生活，真实地反映了中国奴隶社会从兴盛到衰败时期的历史面貌。那是几千年前的智慧，先人将真实美好的情感用文字记录，《诗经》中的文字无不散发着清幽的墨香，我们似乎能从中体味到悠扬优雅的词韵，这是《诗经》其文化价值及历史价值的体现，空灵的文字，幽深的意境，精神的智慧，如一泓清泉，涤荡俗世的纷扰，洗去俗世的尘埃。我热爱《诗经》，热爱其中最纯粹、最别致的情怀。

案例 2：赏、诵《论语》之感悟（人大附中　薛华赛鼎）

此次利用暑假时间，有幸在校级选修平台选修了北京大学卢永璘教授讲授的"古代文学美学解读"这一课程，收获颇多，感触也颇深，也由衷赞叹我国古代的博大精深的灿烂文学世界，同时也折服卢老师精通中国古代文学的渊博知识。

畅想21世纪的当下中国和当下的我们，一切都是快速运转甚至可谓急速运行，许多行业都是机械操作，甚至机器人上岗的时代；当承担着国家基础知识体系构建的中国基础教育被功利和应试扭曲了的今天；当数字化、网络化带来的"信息爆炸"占领人们的头脑、占用人们的时间时；当中华民族迈向和平崛起、民族复兴的伟大征程时，中国古代文学的美却依然深深地吸引着无数像我这样的莘莘学子，我们迷恋于中国古代文学之诗、词、赋等的修辞、语言和韵律；感动着其表达出的协调、和谐及曼妙。

沉醉于中国古代文学的海洋中，赞叹着诗、词、赋的美以外，令我辗转思索和举手佩服的当属孔子的《论语》。仔细品读、细心揣摩由孔子的弟子和再传弟子追记孔子的言行思想编纂而成的儒家思想和中国文化最重要的典籍——《论语》时，我的心境不知不觉地从狭隘到宽广；内心从反感到喜爱；情绪从烦闷到畅快。孔子的思想，渐渐沁入了我的心脾。

我想谈及儒家学说，先要说说其是什么。儒家学说由孔子创立，最初指的是司仪，后来逐步发展为以尊卑等级的"仁"为核心的思想体系，儒家的学说简称儒学，是中国影响最大的流派，也是中国古代的主流意识。此处就来浅谈我对《论语》的个人理解与点滴感受。

《论语》讲的是"做人"的规范和准则：孔子主张"为政以德"，他认为治国要以道德教化为基础，为改变当时"天下无道"的局面，恢复社会安定，先生提出以"仁"字为核心的道德思想体系，并终身致力于道德教育。他提出的"孝"、"梯"、"忠"、"信"、"恭"、"宽"、"敏"、"勇"、"直"等一系列道德规范。

"仁"是孔子思想学说的核心。为"仁"，应该做到"己所不欲，勿施于人"，这是一种深刻的人本主义哲学思想，这种思想贯穿于孔子思想学说的各个方面。孔子特别强调"仁"的价值和作用。他认为，"仁"既是每个人必备的修养，又是治理国家、太平天下所必须遵循的原则，他教导学生以坚韧不拔的精神向"仁"的方向努力。他在倡导"仁"、"德"的基础上，进而提出了一种"大同"的社会理想。"大同"的理想难以实现，孔子退而提出"小康"社会的理想。孔子也非常推崇周室的"礼教"。在春秋战乱之时，孔子在鲁国从小就对"礼"感兴趣，也对"礼"深有研究。"礼"本来是祭祀的规矩和程序，但经过孔子的重新诠释，它在思想意义上的价值就被凸显出来，孔子将它在思想上的指导性，从外在的"礼"引向内在的心性范畴——"仁"，就是将"礼"与人的心性相联系起来，"礼"应当从人的本性出发，而不再是向鬼神表示敬意，儒家的礼教从外在的表象转而以内在的心性为根本，这一转变有着非同寻常的意义，儒家认为社会普遍的伦理准则就是"礼"，人的一生就要对"礼"进行学习，才能革除人的本能的感官欲望。孔子说"不学礼，无以立"，人不学习礼乐文明，就如同禽兽一样只是一种本能的存在，所以学"礼"是立世之本，由"礼"引深到"仁"。"礼"是在社会关系中体现的一种和谐的规则，"仁"则是在这种社会关系中体现出的个人内心的和谐的状态，它是一个人遵从"礼"的崇高品质。

"仁"就是立人之本，它是人的本性。人的自我修养就是培养"仁"，让"仁"显露出来，所谓仁者就是爱人，孔子是通过忠、恕、孝、信等范畴加以表述的。儒家的"道"就是求本，本立而道上。儒家没有先验，孔子不谈鬼神。儒家的"本"就在天地自然的合理性。儒家追求的社会性，其理论依据就是自然性。几千年，儒家怎么也打不倒的原因，就在于它所求的"本"，也是自然朴素、颠扑不破的。"孝"在中国古代占有很重要的地位，无论是平民布衣，抑或是王孙贵族，几千年来都恪守孝道。这形成了中国不同于他国的家庭文化，对社会的繁荣稳定有很大的积极的促进作用。

赏、诵《论语》，给人留下深刻印象的孔门弟子有：率直鲁莽的子路、温雅贤良的颜回、聪颖善辩的子贡和潇洒脱俗的曾皙等，都称得上个性鲜明，聪颖过人。孔子因材施教，对于不同的学生，因考虑其不同的素质、优点和缺点、进德修业的具体情况，给予不同的教诲。表现了诲人不倦的可贵精神。

另据《颜渊》记载，同是弟子问仁，孔子有不同的回答：

答颜渊："克己复礼为仁。"

答仲弓："己所不欲，勿施于人。"

答司马中："仁者其言也讱。"

答子路："又父兄在，如之何其闻斯行之！"

答冉有："闻斯行之。"

这不仅是因材施教教育方法的问题，其中还饱含孔子对弟子的高度的责任心！

赏、诵《论语》，让我学到很多，受益匪浅。《论语》之中告诫的：孝敬尊长、对人施以爱心，以及求学的道理，我已默记于怀。既要做到孝顺父母、尊敬师长和长辈，善待、宽恕别人，同时要多多求学上进，好学不倦，做一个通达事理，精通学问和善良的人，懂得感恩与人，懂得回报社会。

此所谓："君子怀德，小人怀土；君子怀刑，小人怀惠。""君子喻于义，小人喻于利。""见贤思齐焉，见不贤而内自省也。"……

(二)评价过程

传统文学作品的美学解读课程的校本教材经过卢永璘教授及其团队的合作，制作成网课，通过跨校选修平台为 200 余名学生提供了精品课程，并在学期末对 200 余名学生进行了考核，完成了跨校选修平台学分的授予工作，效果显著。

1. 学生的学习评价

评价应客观地记录和描述学生学习状况和完成课后作业、行为习惯的形成过程。本课程倡导如下评价方法：

观察：在自然状态下，有目的、有计划地观察学生登录平台后接受网络授课的次数和时间，以及对每节课所学知识的反馈，所表现出来的情感、态度、能力和行为，并记录下来，作为对学生进行评价和引导的依据。

描述性评语：在平台中与学生进行充分交流的基础上，用描述性的语言将学生在传统文学某一方面的表现写成评语。评语应采用激励性的语言。

考查：考查方式应灵活多样，如小论文、文学作品评析等，以对学生传统文学的美学解读课程的学习程度做出评价。

2. 教师的教学评价

对教师的教学评价，应采用多元、开放的评价方式，强调教师对自己教学工作的分析与反思。要关注教师是否采取灵活多样的教学方式，是否注意保护学生的学习积极性和激发学生安全健康成长的愿望，是否完成教学任务、实现课程目标。

为了全面、客观地评价教师的教学，要与其他课程的评价改革制度和方法结合起来，建立以教师自我评价为主，学生、同事、学校领导、家长共同参与的教师评价制度。

课程评述：

现在的中小学生忙于课业，能够静下来用心读书的时间较少，即使有些时间也不见得都喜欢读书特别是文学类书籍，从而人文素养和视野就较为缺乏，这已经成为当前广为关注的一个突出问题和现象。《传统文学作品的美学解读》这门课程的研发与开设，无疑是十分有价值的，也非常契合当前我国基础教育课程改革的大方向。通过这门课程的学习，可以使学生们了解我国古代文学史的基本脉络，了解一些典型作品，学会一些阅读方法和思辨意识，对于丰富学生的文学知识、拓展视野、开拓思维模式等诸方面都大有裨益。更直接的效益，应该体现在学生语文课业之外的有益补充和拓展，培养和提升对于文学作品的解读能力和审美意识，全面提高语文学科的综合素养。课程的主讲人是一流高校的教授，学识渊博、积淀深厚，教学有道、治学有方，从教学设计方案来看，目标明确，系统完善，抓住核心作品，剖析阅读要点，体现出高度的课程设计和驾驭能力，这门课程广受学生们的喜欢，具有实用和推广价值。

（韩宝江　北京教育科学研究院博士后、副研究员）

人文与社会领域

　　人文意即人性和教养，指向人类思想、文化、价值和精神的具体表现，目的在于为人类构建一个意义世界和精神家园，使心灵和生命有所归依。"人"与"社会"在本质上具有一致性和不可分割性，正如让·皮亚杰所说：尽管在理论上可以将人文科学与社会科学区别开来，而在实际中，"不可能对它们作出任何本质上的分别"，所谓的社会现象，主要"取决于人的一切特征"，而人文科学在这方面或那方面又都是社会性的，因而在实际生活中，人们往往是将它们作为一个整体加以讨论的。人文与社会领域作为整体嵌入中学课程结构的完整体系，有利于促进学生基础道德、健康人格和人文素养的全面提升。

　　从广义上讲，人文与社会领域的课程定位就是培育学生的人文素养。学术研究中，关于"人文素养"的概念有多种，综合而言，人文素养是指知识、能力、观念、情感和意志等多种因素综合而成的内在品质，表现为"人之所以为人"的人格、气质和修养。换言之，人文素养是指一个人在人类优秀文化培育下所形成的道德品质、文化品味和精神品格，是一个人掌握和运用人文科学知识水准的具体体现。人文教育是世界教育倡导的方向。2015年，联合国教科文组织公布了一个重要的报告，即《反思教育：向"全球共同利益"的理念转变》。该报告着眼于全球共同利益，提出了人文主义教育观。该报告认为，维护和增强个人在其他人和自然面前的尊严、能力和福祉，应是21世纪教育的根本宗旨。人文主义价值观作为教育的基础和目的，包含尊重生命和人格尊严，权利平等和社会正义，文化和社会多样性，以及为建设我们共同的未来而实现团结和共担责任的意识。要用这些价值观来教育学生，着眼于全球的人文主义教育有助于实现新的发展模式。

　　课程是育人最重要的载体，课程改革是教育改革的核心。从这种意义上说，给学生提供什么样的课程，就可能培养学生什么样的品格。近年来课程改革的取向更加关注育人导向，强化了社会主义核心价值观教育，注重学生理想信念和核心素养的培养，关注学生的学习质量与生活状态，突出对学生道德品质、学会学习、创新精神和社会实践能力的培养。从三维目标的划分，走向聚焦核心素养的培养，是育人观上的重要转变。综观世界教育改革动态，教育标准的改革也从过去重视学科内容、教学过程，逐渐转向重视学习领域，重视学生核心素养和学科核心能力的培养。对学生发展核心素养的关注，是当前深化课程改革、落实立德树人根本任务的必然要求。

中学课程结构中设计人文与社会领域的课程，要以社会主义核心价值体系为导向，旨在促进学生正确思想观念和良好道德品质的形成与发展，为使学生成为有理想、有道德、有文化、有纪律的社会主义合格公民奠定基础。要切实提高学生参与现代社会生活的能力，逐步树立建设中国特色社会主义的共同理想，形成正确的世界观、人生观、价值观，为终身发展奠定思想政治素质基础。积极开展人文与社会领域拓展型精品课程的研发与实施。要合理利用互联网等传播媒介，初步养成积极的媒介批评能力，提升媒介素养，学会理性利用现代媒介参与社会公共生活。要积极建设学生发展指导中心，开展学生人生规划教育，了解不同劳动和职业的特点及其独特价值，做好升学、择业和创业的心理准备。要通过多种形式的社会实践，促进学生理解遵守社会规则和维护社会公正对于社会稳定的重要性，正确认识和理解社会矛盾，理解发展与稳定的辩证关系。要积极参与公共生活、公益活动，自觉维护公共利益和遵守公共秩序，有为他人、为社会服务的精神。要努力学习和践行做一个负责任的公民，知道责任的社会基础，体会承担责任的意义，懂得承担责任可能需要付出代价，知道不承担责任的后果。要注重活动体验和感受个人成长与民族文化和国家命运之间的联系，提高文化认同感、民族自豪感，以及构建社会主义和谐社会的担当意识。加强对青少年学生的中华优秀传统文化教育，要以弘扬爱国主义精神为核心，以家国情怀教育、社会关爱教育和人格修养教育为重点，着力完善青少年学生的道德品质，培育理想人格，提升政治素养。

人文与社会领域的课程以人文关注为核心，旨在培养学生人文精神、提高学生人文素养。海淀区中学这一领域的精品课程鲜明地体现了人文教育的特征，突出了对学生人文素养和全面素质的培养。

第一，人文与社会领域的课程开发着重正心笃志、崇德弘毅为重点的人格修养教育。如品行课程的研发围绕培养阳光大气、文明有礼的上地实验人全面展开，内容拓展更加广泛，涵盖心理健康、法律规范、道德知行、家庭社会和时事国情等。紧密结合学生生活、学习和发展实际，兼顾学生当下成长和未来生存与发展，与学校的教育理念和三级自主管理体系密切联系，是一门注重引导、重视体验、强调团队、尊重个性、贯通知行的综合课程。

第二，人文与社会领域的课程开发致力解决实践问题、立己达人为重点的社会博识教育。引导学生正确处理个人与他人、个人与社会、个人与自然的关系，学会心存善念、理解他人、尊老爱幼、扶残济困、关心社会、尊重自然，培育集体主义精神和生态文明意识，形成乐于奉献、热心公益慈善的良好风尚，培养学生做高素养、讲文明、有爱心的中国人。"博识课程"以"博闻广见、卓有通识；内外兼修、知行合一"为基本理念。培养学生多看、多听、多思考、多实践的习惯，在此基础上积累常识、习得知识、增长见识、锻炼胆识、学会赏识。这些既能有效解决实践教育缺失的问题，又能补强人文教育，还能够给学生搭建宽厚的知识框架，对全面落实立德树人，培养学生核心素养具有综合效果。

第三，人文与社会领域的课程开发注重课程整合融通融合，突出社会责任、家国情怀和实践创新发展。走进圆明园课程站位独特，努力挖掘圆明园的历史价值、文化价值和科学价值。从历史维度汲取沉痛教训，以国家的衰落为最大的耻辱；从文化的视野确立发展的眼光，增强自豪感和国家认同，培养爱国情感，树立民族文化自信，做有自信、懂自尊、能自强的中国人；从科学与创新发展的层面，注重课程整合和课程创新的深度广度，使圆明园与多学科融通融合，在研究与实践中，采取浸润式的学习方式，将历史、地理、政治、数学、文学、生物、美术、英语等学科内容融为一体，各学科老师共同工作，在一个课题项目内包含着多学科的内容探究。打破学科界限，进行综合素质训练，培养学生敢于挑战、质疑和批判的精神，勇于追求真理的创新思维和创新精神。

另外，这三门课程经过了多年多轮研究与实践，研发与实施协同创新特征突出、专业团队比较强，辐射影响广泛。

人文与社会领域的课程就学习方式而言，以问题为导向，常采用合作学习、小组讨论、成果交流等学习方式，课程提出的问题往往会多于提供的答案。这种课程建立在文化理解的基础上，提倡尊重差异，反对一切形式的定型观念和偏见，注重价值引导和道德辨析。因而，在培养学生的文化自信、全球视野、尊重理解、人文情怀等方面，具有独特的育人价值。人文教育是一种通识教育，当今大学也非常重视人文教育，人文类课程应成为贯穿每个人终身发展的必修课程。因为，不管一个人长大后从事什么职业，人文素养是必备的素养，它是在一定知识基础上构建一种积极的价值体系，是德育的核心。因此，人文素养的培养要贯穿基础教育，使学生发展更为健全，更好地适应未来社会的变化，并为终身发展打下良好的基础，实现以个体的人文素养，促进社会的良好运行，发挥教育的个体发展和促进社会进步的双重功能。

品行课程

北京市上地实验学校

一、开发背景

1. 基于夯实和延伸国家德育课程的功能

中学德育校本课程开发是指在国家及地方制定的德育课程纲要基本精神的指导下，以提高学校的办学质量，形成学校的办学特色和培养学生的基本能力及完善他们的情感、态度、价值观为目的，在学校现场发生的，整合学校内外可利用或可开发的德育资源，学校成员（包括学校所有领导、老师、学生）独立、自主开发德育课程的活动。它有利于中学道德资源的重新配置，弥补德育国家课程体系的不足，提高德育的实效性，充分发挥社区、学校独有的人文、自然资源，创建有特色的学校，培养有个性的学生，还利于德育教师专业自主权的发展。

2. 基于学校育人目标和良好师资基础

我校一贯奉行"为学生终生发展负责"的态度，认真积极地推行课程改革，并在各方面取得了优异的成绩。坚持"德育为首、教学为中心、健康第一"的办学理念，"把学生培养为自信、自律、文明、高雅的上地实验人"是我们的德育目标，为了贯彻落实学校的教育理念和德育目标，促进学生主体性的发展，真正满足学生未来生存与发展的需要，需要学校继续深入地进行课程改革，在德育方面，不仅要充分利用国家教育部规定的思品课、学科教学对学生进行教育，更需要开发一套具有我校特色的德育课程，推动和实现我校办学理想和目标，否则学校德育工作的目标与学生的实际教育情况相脱离，达不到教育的效果。

我校历来重视德育工作和班主任队伍的建设和培养，班主任队伍已经成为我校高素质教师队伍中的一队精兵强将，特别是近 3 年来学校组织全体班主任参加的区级课题——提高班主任效能的研究，使班主任的思想素养、理论水平和实践能力都有很大程度的提高，为开发和实施特色德育课提供了师资上的保证，为新课程的开发和实施提供了充分的人员和物质条件。

3. 基于发现和解决学生成长中的实际问题

我校是一个初中校，大多数学生年龄在 12 岁到 15 岁，正处于由儿童期走向青春期阶段。青春期，是人生的一个关键时期，学生的自主意识和独立性增强；同时随着生活环境的扩展，他们逐步走向社会化，对人、社会、自然的认识突飞猛进，心理、身体等方面属于半成熟、半幼稚状态，学习上又面临着巨大压力，是问题多发时期，他们迫切需要思想方面的引导。社会高速发展或剧烈动荡相结合，很多问题一下子摆在面前，对他们思想造成很大的冲击；我们学校又处在北京中关村高科技园区这样一个特殊的环境中，学生的思想和行为既有其他学校学生的共性又有其特殊性，所以十分需要一套与学生的实际情况相结合的德育校本课程，开展有针对性的教育，引导和帮助他们逐渐建立正确的人生观和价值观，同时帮助他们解决成长过程中遇到的各种困难。让德育的内容与学生的实际生活更密切联系，德育渗透到学生生活中，真正使德育成为学生精神生活的需要。

二、课程性质

校本德育课程属于思想品德教育综合课。既具有一定的学科性也有一定的活动性。它的教育内容、目的与思想品德课大致相一致，但又有广泛性和鲜活性。

1. 教育形式的不同

校本德育课程的实施方式是：课堂与活动二者结合的方式。以学校的思品大课为主，围绕主题辅助开展各项活动来达到教育效果。

2. 教育内容更加广泛

除了包括思想品德四个方面（心理健康、法律、道德、国情），还包括校情、学习、校规校纪或部分社会问题。本课程是与学生的生活实际密切联系，兼顾学生的当今和未来生存及发展的需要，与学校的教育理念和管理密切相关的一门综合课程，内容广泛。校本德育课程一方面包括了思想品德大课和活动两条线。思想品德大课包括思想品德教育的各个方面，如公民教育、心理教育等，还包括学习方法、社会的现状、科学知识等；活动方面包括学生活动，如组织学生参加的捐书活动，师生参与的歌咏活动等校外研究型拓展游学课程。

本课程开发涵盖初中三年。

三、课程特点

1. 教育内容的针对性

针对学生中需要解决的一些主要问题，针对社会上的一些现象，和学生可能发生的问题进行相关教育。本课程还有很强的灵活性，结合母亲节、父亲节、教师节、国庆节等进行相关的感恩教育。在教育实践中，我们摸索了一套稳定性和灵活性相结合的方法。思想品德教育的教学内容具有系统性、全面性，是思想品德课的延伸与补充。

2. 教育效果的实效性

校本德育课程的实施者是班主任，实践证明，班主任是学生思想品德教育的引导者，也是班级的管理者，只有他们有效地进行德育的情况下，才能培育出良好的班风和学风。创建班级优良的文化，也更有利于班级的管理。班主任参与了学生生活的各个方面，可以在所有的教育环节上不断地落实、强化，达到最佳的教育效果。

3. 教育方式的多样性

由于是班主任主导的教育方式，同时开展各项学生的爱的活动，学生参与面更广，除了课堂教育以外，老师还可以调动多种资源，利用各种时空进行前置教育和后续教育，所以教育的方式方法和手段灵活多样，有更大的发挥空间。

四、课程目标

本课程以加强初中学生思想品德教育为主要任务，帮助学生提高道德素质，形成健康的心理品质，树立法律和规则意识，增强社会责任感和实践能力，引导学生在遵守基本行为准则的基础上，追求更高的思想道德目标，弘扬民族精神，树立中国特色社会主义共同理想，逐步形成正确的世界观、人生观和价值观，为使学生成为有理想、有道德、有文化、有纪律的好公民奠定基础。

五、课程实施

1. 学校统领指明方向

德育校长带领德育处，组织开发品行课程，确定课程整体内容和原则，同时下放给各年级组开发的自主权。每学期开学初，在学校德育校长的主持下，召集德育处主任、年级组长商议内容，根据学校的具体情况，对德育校本课程开发进行整体规划和指导。

2. 年级组具体开发

年级组根据学校要求、年级目标、学生身心特点，确定本年级的具体课程内容、教育方式方法；通过班主任教师个体和集体备课相结合的形式，确定具体的教育方案；开发适合自己班级情况的课程。

集体备课制：集体备课是开发品行课一种最有效的方式。这种方式充分发挥集体智慧，集思广益，取长补短，同时还做到了以老带新，以新促老，减少教师的劳动强度，也促进老师们育德能力提高。

学校根据学生生理和心理及各方面的发展情况，按年级将全校分为三个备课组，每个年级组织老师们开展集体备课活动。首先，年级组组建由部分骨干班主任组成的核心备课小组，开学初，核心备课组老师们一起商讨，确定本学期品行课的计划，并根据老师们的特点，初步确定课程的备课人。在学期中，年级组根据具体情况，调整和补充。

对于每一节课，年级制订教育目标、基本的教育内容和框架，在没有借鉴的经验和相关资料缺乏的前提下，备课的老师精心构思，集思广益，做到备具体的内容、备方法、备学生，制作幻灯片，准备相关资料，然后向全体老师说课，其他老师提出建议和意见，完善备课内容，老师们再结合班级的具体情况，进行补充调整。这样形成既有统一的教育目标、重难点，又有每个老师个性的精品课程。

3. 分阶段实施

根据学校确定三个年级的培养目标即七年级——塑造自我，八年级——挑战自我，九年级——超越自我，确定三个年级品行课的具体内容。

面对七年级新生如何让他们了解学校，尽快适应初中生活，为三年后实现自己的理想奠定基础而设定了五个篇章十九节课的课程。

表 1　塑造自我(七年级)

	时间	内容	课时	学习形式	备注
入学篇	第1节	认识新同学、争做军训优秀营员	5课时	活动教学法	军训一周每日总结是入学教育重要环节
	第2节	1. 结合《我的成长手册》学习"学生在校基础性发展目标" 2. 学习填写"我的成长手册" 3. 认识我的新校园	3课时	结合法	
礼仪篇	第3节	学习学生仪表规定 学习行为规范	1课时	结合法	适应新的学校文明礼仪入门会展示优秀自我
	第4节	课堂文明礼仪	2课时	结合法	
	第5节	个人礼仪	1课时	结合法	
	第6节	升旗礼仪	1课时	结合法	
	第7节	卫生礼仪	1课时	结合法	
	第8节	家庭礼仪	2课时	结合法	
制度篇	第9节	自我评价"成长手册"	1课时	讨论教学法	明确的规章制度要让学生参与制定
	第10节	违纪行为扣分标准处罚条例	1课时	讨论教学法	
	第11节	中学生日常行为规范	1课时	讨论教学法	
	第12节	学习《中学生守则》	1课时	讨论教学法	
自信篇	第13节	我就是我!	1课时	演讲教学法	树立自信在新集体中格外重要
	第14节	人人争当三好学生	1课时	讨论教学法	
	第15节	"上地之星"集体评选	1课时	讨论教学法	
	第16节	做学校的主人——我的青春风采	1课时	结合法	
学习篇	第17节	学习习惯养成	1课时	结合法	优秀的学习品质养成
	第18节	天道酬勤	1课时	案例教学法	
	第19节	自律使人优秀	1课时	案例教学法	

　　八年级在延续七年级教育内容的基础上，针对学生特点设定了五个篇章十四节课的课程，内容的设置上既巩固七年级的成果又开设青春、责任、爱国等主题教育。

表2 挑战自我(八年级)

	时间	内容	课时	学习形式	备注
礼仪篇	第1节	礼仪课情景问答	1	竞赛法	巩固七年级好习惯
	第2节	我为文明细节打分	1	讨论教学法	
青春篇	第3节	让你的青春快乐起来	1	活动教学法	客观认识青春期
	第4节	让青春的世界天晴日朗	1	活动教学法	
	第5节	男儿当自强	1	案例教学法	
	第6节	献给花季女孩	1	案例教学法	
爱国篇	第7节	我骄傲我是中国人	1	案例教学法	爱国
	第8节	学习感动中国人物 弘扬爱国主义精神	2	案例教学法	
	第9节	我心中的伟人	1	案例教学法	
责任篇	第10节	挑战自我	1	结合法	责任意识培养
	第11节	责任为家 感动上地	1	结合法	
	第12节	国家兴亡 我有责任	1	结合法	
集体篇	第13节	解同学矛盾 创和谐集体	1	活动教学法	和谐集体
	第14节	良好性格的作用	1	活动教学法	

　　九年级面对繁重的课业任务，品行课更重视学生的目标规划、建立自信；重视心理疏导，有效陪伴，感恩意识的培养，挑战自我，实现人生目标等。分设四个章节十一节课。

表3 超越自我(九年级)

	时间	内容	课时	学习形式	备注
目标篇	第1节	"路在脚下"——九年级学年时间规划和主要活动	1	案例教学法	目标规划清晰
	第2节	"为梦想，脚踏实地"——设定九年级学习总目标和阶段目标	1	讨论教学法	
心理篇	第3节	"为什么要用功读书"	1	活动教学法	心理疏导贯穿九年级始终
	第4节	学科小游戏——我是学科王	1	活动教学法	
	第5节	尊重——从认识自我开始	1	案例教学法	
	第6节	再续"前"缘——接纳自己	1	案例教学法	

续表

	时间	内容	课时	学习形式	备注
心理篇	第7节	坚持的力量	1	案例教学法	
	第8节	挑战自我——"没有粗心这回事"	2	案例教学法	
	第9节	站在"高岗上"	1	案例教学法	
感恩篇	第10节	"回眸一生"感恩父母相伴	1	结合法	结合毕业季
	第11节	我的校园——我的第二个家	1	结合法	
	第12节	感恩有你——老师同学	1	结合法	
超越篇	第13节	"璀璨华章"——九年级自我评价	1	活动教学法	激励
	第14节	"长风破浪在此时"——冲刺中考	1	活动教学法	

校外研究型拓展游学课程：

校外研究型拓展游学课程主要是各个年级根据不同德育主题的实践课，分为国内篇和国外篇。旨在于课程探索和发现的旅程中增进学识，培养品质，开阔视野，丰富学生人格养成和知识形成的各种元素，达到"读万卷书，行万里路"的目的。

表4 上地实验学校校外研究型拓展游学课程一览表

序号	课程名称	地点	时间
1	英伦风的课堂礼仪、环保课程	英国	2010.8
2	新加坡教育面面观	新加坡	2011.8
3	美国社会的历史、人文、环保课程	美国	2013.8
4	走进我们身边的联想	中国	2011.10
5	西柏坡——革命圣地我们来了	中国	2013.5
6	为秀美山河而读书	中国	2016.1

六、课程实施效果

很多到过我校的家长和各界人士评价我校学生时说：上地实验学校的学生阳光、朝气、有礼貌。我们老师感觉到学生从思想上更有责任感、懂得感恩，热爱学校、班级、热爱老师，热爱自然，思想境界更高了，能够积极面对各种困难；行为上、仪容仪貌上更加规范，组织纪律性更强，学校的各项活动更加积极踊跃地参加，创造性得到了极大的发挥，为我校各项工作的开展提供了保障，学校的教学成绩也取得了很大进步，融洽了师生关系、生生关系、老师与家长的关系。据追踪调查我校毕业学生在高中校 80％ 都成为班干部，学生的表现得到了多个学校的高度评价。

1. 教师的反馈

通过品行课给学生提供了很多正确的思想观点和方法，不仅能解决学生目前所遇到的一些问题，还对学生今后一生的成长有利，让学生思考，学会做人，学会做事。礼仪课的内容贴近学生的实际，解决实际问题，学生们很喜欢。

成欣凤老师、王艳芬老师、刘海侠老师说：品行课对七年级的中小学衔接很有帮助，使学生很快地适应初中生活，养成良好的行为习惯，为培养良好的道德修养提供了极大的帮助。一定程度上疏导了学生的心理问题，解决了升入初中以来的一些思想问题，也帮助同学们学会沟通。

礼仪课对提高班主任的教育和管理能力帮助很大。集体备课提高了对礼仪课的认识，学习到其他老师先进的教育教学理念和方法。每一次站在讲台上，都胸有成竹。

2. 学生的感想

自进入初中以来，有许许多多令我难忘的课，然而最让我印象深刻的就是七年级时的那节心理课，它让我逐渐懂得了每个人的独特性。那天，心理老师风尘仆仆地走进了我们班。刚一打上课铃，同学们满怀着好奇和紧张，不知道这位新老师今天会为我们带来什么样的一课。老师在上课之初，首先带领我们做了一个小游戏：看核桃。老师让我们仔细观察自己的核桃，有怎样的花纹、怎样的手感，什么样的颜色等。我不禁有些疑惑："核桃有什么好看的？怎么个看法？"

拿到了自己的核桃后，我按照老师的要求仔细观察。这核桃的花纹有粗有细，三条最粗的纹路极为明显，形状像一个橄榄球似的，两头有些尖。深棕色的核桃摸起来冰冰的、凉凉的，还有些粗糙，唯一的一个缺点就是表面有一个仿佛虫蛀一样的大坑。我吃过许多核桃，却从未这么仔细地观察过核桃。没过多久，老师就把大家的核桃收了上去，我却开始对这个核桃有些恋恋不舍了。

接下来一个环节，老师让我们从收上来的核桃里挑出自己的那一个，大家都一窝蜂地挤上去，生怕自己的那个被别人拿错。看着这些相貌相似的核桃，我也有些迷惑了："到底哪个是我的呢?"我急切地在那堆核桃里寻找我自己的。在仔细地辨认和寻找之后，我终于拿到了"失而复得"的核桃，心里不禁一阵欣喜。拿着这个核桃，那个"大坑缺点"在我眼中仿佛荡然无存，只感觉到了它的优点。

老师告诉我们，通过这个游戏，主要想告诉我们每个人生命的独特性。每个人都是最完美的，都是有优点有缺点的。每个人要根据自己的个性，发挥自己的优势，选择一条适合自己的、独特闪光的成才之路，展示自己的风采，为社会贡献自己的智慧和才能。

七、品行课课程管理与绩效评估

(一)课程管理

本课程的评价有别于其他的学科评价。既要注重过程又要注重结果，结果是关注学生思想道德的提高和行为上的改变。

1. 坚持的原则

(1)课程评价必须坚持正确的思想价值导向，有利于促进学生良好思想品德的形成。评价要真实、公正、可信，要客观记录和描述学生的学习状况和思想品德发展状况及发展需要，调动学生学习的积极性，增强学生的自信心和进取意识。

(2)评价既要重视学生对本课程基本知识的理解和运用，更要考查学生在思想品德课程的学习过程中，是否开始形成了好公民所应有的态度、能力、价值观和行为。

(3)对学生思想品德课程的学习评价不仅要重视结果，更要注重发展、变化和过程，要把形成性评价与终结性评价结合起来。要注意给予学生足够的机会展示他们的成绩。

(4)要重视学生、教师和家长在评价过程中的作用，使评价成为学生、教师、家长等共同参与的交互活动，使评价过程成为促进学生、教师共同发展的过程。

(5)要重视对学生评价的反馈。反馈是评价的重要组成部分，不论采用何种评价方式或方法，评价结果都应反馈给学生。对学生评价的反馈可以是正式的，也可以是非正式的；反馈既可以是及时的，也可以是延时的，重要的是要把握时机，促进学生的品德行为发展。

2. 评价方式

(1)学生评价

调查：通过各种调查表，大面积地让学生对学校校本德育进行评价。可以学生全部参加，也可以随机抽样，同时也可以根据不同群体进行调查。

谈话：教师通过与学生各种形式的对话，了解学生对本课程的意见与建议。以便迅速调整教育内容和教学方法。

(2)教师评价

目前供本课程开发和实施的经验和资料比较少，我们尚处于探索之中，再说品行课的内容，无论是教育的内容还是形式都要更加贴近学生的实际，也希望礼仪课更高效，这就需要我们集思广益，并不断地反馈和反思。所以我们在教育过程中经常与学校、老师、学生一起商议。一方面我们认真领会、贯彻学校的教育思想和理念，所以我们常与学校各处室特别是德育处一起沟通，了解他们的要求，以及对我们年级的希望。另一方面我们重点与班主任们一起商议和沟通，每学期都要做相应的礼仪课调查，收集老师们对礼仪课的意见和建议，并归纳总结，又重新反馈给老师们。我们年级通过单独的老师了解、部分老师研讨、全体老师的总结等方式全方位地了解，如七年级上学期在老师们学期总结中，增加了礼仪课的总结内容。

每个老师按以下的内容填写。

A. 礼仪课上课的方法、体会和收获。

B. 上礼仪课遇到的困难，今后改进的方法。

C. 你对下学期礼仪课的内容、方法上有哪些建议？

D. 根据班级情况自己进行的礼仪课内容？

E. 下学期你能承担的礼仪课备课内容？

老师们都根据情况进行了非常真实地填写，对年级校本德育课程的开发和实施的整个过程进行了高度的评价，同时也指出了还需要改进的地方。年级组综合所有老师的意见，进行归纳提炼，充分肯定老师们的工作成绩。

(二)课程绩效评估

以人为本，遵循规律，关注学生发展过程，让每一位学生都体验并享受自身成长的过程。

北京市上地实验学校学生综合素质评价内容指标

年级： 班级： 姓名： 学号：

年 月 日

评价项目	评价要素	关键表现	好 A	较好 B	一般 C	待提高 D	总评
			等级				
A1 道德品质	B1 文明礼貌	1. 尊老爱幼对师长有礼貌					
		2. 与同学友好相处					
		3. 言行文明					
	B2 遵纪守法	4. 具备法律常识					
		5. 遵守法律法规					
		6. 遵守中学生日常行为规范					
	B3 正直守信	7. 真诚待人					
		8. 诚实守信					
		9. 不做损人利己的事情					
		10. 不弄虚作假					
	B4 关心集体	11. 珍视集体荣誉					
		12. 维护集体利益					
	B5 热爱劳动生活	13. 尊重劳动者和他人劳动成果					
		14. 积极参加力所能及的公益活动					
A2 公民素养	B6 家庭责任感	15. 尊重并关心家庭所有成员					
		16. 理解尊敬父母长辈					
		17. 履行应尽的家庭义务					
	B7 社会责任感	18. 有为他人和社会服务的愿望					
		19. 积极参加社区服务活动					
		20. 关心社会问题					
		21. 乐于帮助他人					
		22. 节约资源					
		23. 保护生态环境					

续表

评价项目	评价要素	关键表现	等级				总评
			好 A	较好 B	一般 C	待提高 D	
A2 公民素养	B8 自尊自律	24. 维护自己的收益					
		25. 有错即改					
		26. 自觉完成学习任务					
		27. 抵制不良诱惑					
		28. 学会自主管理和自我保护					
A3 学习能力	B9 学习兴趣	29. 有学习的好奇心与求知欲					
		30. 能够独立完成学习任务					
		31. 努力克服学习中的困难					
	B10 学习方法	32. 有良好的学习习惯					
		33. 有适合自己的学习方法					
		34. 能够设计自己的学习					
	B11 探究能力	35. 能够独立思考					
		36. 善于提出问题和解决方法					
		37. 掌握研究的策略与方法					
A4 交流与合作	B12 团队精神	38. 乐于参加集体活动					
		39. 能够为实现集体目标付出努力					
		40. 善于与他人合作共同完成任务					
	B13 积极进取	41. 热爱生活					
		42. 能够自我激励					
		43. 明确学习和发展目标					
	B14 沟通与分享	44. 能运用多种交流方式进行沟通与合作					
		45. 能自我约束					
		46. 善于与他人分享					

续表

评价项目	评价要素	关键表现	等级				总评
			好A	较好B	一般C	待提高D	
A5 运动与健康	B15 身体素质	47. 精力充沛					
		48. 具备健身的能力和一定的运动技能					
	B16 健康心理状态	49. 意志坚强					
		50. 能够自我评价和自我调节					
		51. 能够保持乐观的生活态度					
	B17 健康生活方式	52. 坚持锻炼身体与参加体育活动					
		53. 讲卫生并有良好的生活习惯					
		54. 无不良嗜好					
A6 审美与表现	B18 审美情趣	55. 具有健康的审美情趣					
		56. 热爱生活、自然、艺术和科学					
	B19 艺术活动	57. 积极参加各种艺术活动					
		58. 有艺术作品					
	B20 审美表现	59. 善于发现美、欣赏美和珍惜美					
		60. 愿意创造和表现					

北京市上地实验学校学生综合素质评价报告单

年级：　　　班级：　　　姓名：　　　学号：

　　年　月　日

姓名		性别		班级		学号		
评价类型	道德品质	公民素养	学习能力	交流与合作	运动与健康	审美与表现	分主体评价等级	总等级
个人自评								
家长评价								
同学互评								
教师评语								

续表

姓名		性别		班级		学号	
自我评语						奖励/处分情况	
家长评语						是否属实	
班主任评语						是否属实	

学校综合素质评价工作委员会(校章代)
年　　月　　日

八、课程创新

　　社会主义核心价值观作为先进文化的核心，是引领社会风尚的一面旗帜，是贯穿于教育发展的一条红线，是确保社会主义事业薪火相传、繁荣发展的迫切需要，对实现中华民族伟大复兴的中国梦有着重要的实践价值。德育校本课程的下一步创新要把社会主义核心价值观教育摆在学校工作的首位，创新载体、活跃形式、丰富内涵，并贯穿学校各项工作的始终。充分发挥社会主义核心价值观对学校办学理念的引领作用；充分发挥社会主义核心价值体系对班主任工作的推动作用；充分发挥各类实践活动的推动作用。使社会主义核心价值教育在学校，在课堂形成一种体系教育。

课程评述：

1. 弥补了国家课程的不足。实现了学生德育培养目标从"共性"到"个性"的转变。

上地实验学校的品行课程是在国家及地方制定的德育课程纲要基本精神的指导下，充分发挥社区、学校独有的人文、自然资源，立足于学校的培养目标及办学特色，立足于学生的身心发展和社会化成长，由学校德育教师充分发挥专业自主权，在时空上重新整合学校德育要素及资源配置开发的校本课程。以品行课程的开发与实施为载体，学校的教育理念和"培养文明、高雅、自律的上地人"德育目标真正落到实处。

2. 课程内容以健康自我的形成与发展为主线，落实了学生品德发展的主体地位。

思想品德的形成过程是一个自主建构和有效引导相结合的过程。初中学生年龄上正处于由儿童期走向青春期阶段。学生的自主意识和独立性增强；根据埃里克森的"人格发展阶段论"正处于"自我同一性危机"阶段。认识自我，整合自我就成为这一时期最为重要的发展任务。品行课程的主要内容恰恰是围绕"自我"这个主题来设计的，从七年级的"塑造自我"，八年级的"挑战自我"，到九年级的"超越自我"。以自我成长为核心概念，整合了学生发展中的群体与社会规则、交往与人际关系、学业与人生规划等主要问题，以青春期心理体验为基础，引导其精神成长与品格形成。很好地保持了自我建构与有效引导之间的张力。

3. 课程实施和评价形式丰富多彩，实效性强。

品德是由知情意行四个要素构成的，这也决定了品德教育的方式应该是丰富而贴近生活实际的。品行课程很好地兼顾了"思"与"行"，"讲授讨论"与"实践体验"之间的关系。评价的主体多元，既有学生的自我感受，又有学校的客观考量。有道理的澄清与开放式讨论，有行为的训练与技能培养，还有态度的激发与体验。符合思想品德的形成规律。同时也整合了家庭学校和社会资源，形成了良好的师生互动与家校互动的模式。

（张红　北京教育学院校长研修学院副教授）

博识课程

首都师范大学附属中学

一、开发背景

21世纪的竞争归根结底是人才的竞争，而人才的培养要靠教育，但从"钱学森之问"中，不难发现我们培养人才的模式尚存在问题。基础教育阶段学生学习囿于书本和教室，学习方式单一，被动接受较多，知识获取途径少，课业负担较重，无暇关注社会，以致学生缺乏好奇心和探究精神、实践能力弱，"眼高手低、高分低能"现象较为普遍。

首都师范大学附属中学（下文简称"首师大附中"）于2001年成立了初中创新教育实验班，开设了特色校本课程"博识课程"，每周安排半天（约4学时），带领学生走进各类场馆，进行现场教学活动。十三年间，课程不断更新、日臻成熟，实现了首师大附中素质教育的123培养目标：一种意识（责任担当意识），两种精神（勇于探索精神、团队合作精神），三种能力（自主学习能力、动手实践能力、创新思维能力）。学校又贯彻了《国家中长期教育改革与发展规划纲要（2010—2020年）》提出的"面向全体学生、促进学生全面发展，着力提高学生服务国家服务人民的社会责任感、勇于探索的创新精神和善于解决问题的实践能力"的教育战略思想。首师大附中的博识课程，已发展成有影响力的品牌实践课程。

二、课程概况

（一）课程着力解决的问题

1. 转变学生的学习方式：现行的学校教育以固定在校园内的课堂教学为主，形式以课堂教师的讲解为主。学生的学习方式相对单一，个人主动获取知识的意愿和途径少，实践性知识缺乏，对学习的知识应用能力不足。

2. 提升学生的实践能力：学生长期习惯于接受式的学习方式，导致明显和共性的问题就是学生的学习动机不足，求知欲不强烈，缺乏探索精神和创新精神，这对国家提出的培养创新人才是非常不利的。

3. 促进学生的全面发展："智商高情商低"、"合作意识、责任意识淡薄"、"情感冷漠缺乏感恩"这些问题都是学校教育中亟待解决的问题。"说教式"的灌输难以真正走进学生内心，而传统的课程和教育教学手段缺乏有效的价值观引领，缺乏有效的思想教育途径，导致部分学生的发展不全面。

如何让有形的校门不再成为学生获取知识的障碍，"博识课程"从人才培养模式方面拓宽了渠道，改变了人才培养模式的单一问题，学校课堂走向社会这个大课堂，充分利用了社会资源。

(二)课程目标

柯纳尔在《二十世纪的教育》中指出："教学的重心由教材移向学生"。首师大附中校本课程内容建设目标一直定位于紧密贴合学生需要，解决现有学校课程体系中存在的问题，促进学生学有专长、全面发展。

"博识课程"以"博闻广见、卓有通识；内外兼修、知行合一"为基本理念。取名"博识"，博，指的是广博、渊博；识，有知识、认识、见识等含义，旨在希望培养学生多看、多听、多思考、多实践的习惯，在此基础上积累常识、习得知识、增长见识、锻炼胆识、学会赏识。

"博识课程"是一门"走出去"与"请进来"、校内外教育相结合，通过参观访问、专家讲座、交流探讨、实践操作、论文撰写等环节，融自然科学与人文科学为一体，兼有学科融合、研究性学习、社会大课堂性质的综合校本课程；是一门让学生走出学校，不断接触祖国深厚的文化积淀和科技发展成果，丰富学生的文化积累、社会实践，拓宽学生的人文、科技视野，培养学生的社会责任感、合作精神、创新精神等，进而为学生建立良好的素质结构打下坚实基础的课程。

(三)课程的理论基础

1."全面发展观"理论

夸美纽斯在《大教学论》一书中，提出了泛智教育的理想，希望所有的人都受到完善的教育，使之得到多方面的发展，成为和谐发展的人。《国家中长期教育改革与发展规划纲要》中提出了"面向全体学生，促进学生全面发展"的目标，确立了"社会育人，育社会人"的教育理念。

博识课程不仅注重知识的获得，更注重对学生的情感熏陶和价值观引领，注重挖掘潜力、提升能力，促进学生的全面发展。

2."做中学"理论

杜威强调学生的本能和兴趣，他认为，"从做中学"时，必须排除由于外部强制或命令的行动。所以，建议取消讲授，主要采用答疑和活动作业。陶行知提出的"教学做合一"也不是专门针对科学教学。他更强调做生活中的事，做社会中的事。

博识课程的基本理念是通过学生的实践性学习达到"知行合一"的教学效果。

3. 情境教学与建构主义理论

情境教学法是指在教学过程中，有目的地引入或创设具有一定情绪色彩的、以形象为主体的生动具体的场景，以引起学生一定的态度体验，从而帮助学生理解教材，并使学生的心理机能得到发展的教学方法。情境教学法符合科学的知识建构，符合建构主义提倡的以学生为中心，让学生积极主动地学习。

博识课程的特色就是把课堂放到具体的场馆情境中去，通过情境的熏陶激发学生主动探索的欲望。

(四)课程核心理念

1. 校内与校外相结合

校内外教育在内容、形式、方法和时间上是存在差异的。校内教育由于受学生认知水平、阶段学习目标设定、教学资源等因素的制约，学习形式相对固化。而校外教育由于资源的丰富和教育形式的不断变化，对学生认知和情感的冲击更为直接和强烈，学习形式显得更为开放与活泼。校内外教育相结合，更符合学生动态学习的特点。

"走出去"与"请进来"相结合，博物馆丰富的资源，灵活多样的课外教学形式，使学生开阔了眼界，激发了求知欲，培养了探索精神。博识课程作为校内教育形式的补充，更有利于调动学生学习的积极性，提高学生实地调查研究、解决实际问题的能力，更好地适应社会。

2. 理论和实践相结合

由于社会劳动分工所致，理论者和实践者形成了各自的思想和行为方式，理论和实践的疏离在所难免，并不是所有的理论都能很好地指导实践。我校博识课程的设置就有意识地避免了这个问题。择善从之，选择先进的理论指导实践，大胆在实践中形成并丰富自己的理论，"知行合一""全面发展""情境教学与知识构建结合"，努力让学生做到博闻广见、卓有通识。

(五)课程特色

1. 一个地位的凸显——学生主体地位

课堂的主体是学生。博识课程颠覆了传统课堂教学的模式，学生成为了课堂的主人。从课前的自主结组到学习重点的确定，从分工协作到参观学习，从搜集资料到汇报展示等环节，无论是学习时间的分配还是空间的确定，抑或目标的实现，学生都享有极大的自主权。

2. 两种能力的提升——学习能力与实践能力

学生学习能力得到提升。社会课堂的实践，使学生从中体验到了做课堂主人的感觉，逐渐养成了"我的课堂我做主"的主动学习的意识，而这种意识一旦迁移到校内课堂，学生的思维就会活跃起来，积极思考，大胆质疑，勇于挑战的精神就会被激发，学习能力自然而然得以提升。

学生实践能力得到提升。参观天文馆，结合地理知识，学生小组合作制作了"天体运行模型"；参观科技馆里的静电现象和法拉第笼，结合物理知识，学生学会了用金属盒屏蔽手机信号；参观建筑博物馆，学生完成了各种"轴对称"图形的绘制……这些动手能力久而久之就会在学生身上发生化学反应，这种变化就是实践能力。

3. 三个维度的结合——知识、能力、体验

博识课程将知识、能力、体验三个维度有机地整合在一起，使学生在体验中理解并运用

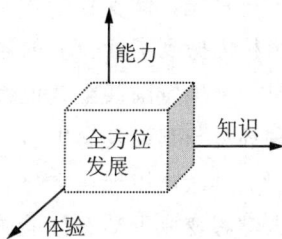

知识，在体验中提升素质能力，而知识与能力又反过来丰富学生的体验。在这种循环往复中，学生最终获得可持续发展的能力。如果说书本知识是死知识，那么通过博识课程体验得来的知识则是活知识。这些知识是学生在动态中获得的，不仅理解深刻透彻而且记忆准确长久。

4. 四个特色的呈现——"课程常态化"、"主题系列化"、"指导专业化"和"学生自主化"

首师大附中"博识课程"形成了明确的"四化"课程思路，即："课程常态化"、"主题系列化"、"指导专业化"和"学生自主化"。课程常态化是指把博识课程作为一门校本的必修课程排入学生的正常课表，周周都有博识课程；主题的系列化即所有年级的博识课程按不同主题有计划有针对性地开展，避免课程的随意性和盲目性；指导的专业化是指博识课程在专家专业化的指导下进行，确保各环节的科学和高效；学生的自主性是指博识过程中和博识的成果展示环节，所有工作由学生自主设计安排，给学生充分展示的舞台。

5. 学科整合，体现学科实践特色

博识课程另外一个特色就是与学科教学整合，由学科教师策划实施，还可进行统一活动，同时由几个学科共同参与。前者体现学科特色，后者注重学生兴趣特长。十五年来，已经形成了一套比较成熟的博识学案，这些学案就是学科主导的博识课程。

2015年，《北京市实施教育部〈义务教育课程设置实验方案〉的课程计划（修订）》明确规定："中小学校各学科平均应有不低于10％的课时用于开展校内外综合实践活动课程。"其实，我校与学科整合的博识课程早已实践了这一规定。

（六）课程创新

博识课程最大的创新点在于培养模式的创新。主要体现在以下几点：

首先，体现在学习环境的创新上。课堂由固定封闭变为开放流动，由校内搬到了社会上的各类场馆。场馆里的展品、仪器、文字、工作人员、环境氛围甚至其他参观者都给学生提供了一种特殊的学习环境，这种环境与其说是学生学习的环境不如说是学生体验的环境。

其次，体现在学习方式的创新上。学生的学习由课堂上的静态记忆式学习变成了动态体验式学习，由被动的倾听变成了主动实践。由个体学习为主变成小组合作学习为主，在小组成员相互依存的模式下，学生们由原来的竞争关系转化为合作关系，实现了生生互动、团结协作的局面。学生们也由此学会了接纳不同的观点，欣赏别人的智慧和才能，提高了人际交往的能力。

最后，体现在多元评价方式的创新。由单一的结果性终极分数评价转变到全方位过程评价。评价分为教师评价、学生自评和互评，这种评价不再是评价者对被评价者的单向刺激反应，而是评价者与被评价者之间的互动过程。学生在评价时进行对照和比较，既看到优点也看到不足，激发了学生内在的潜能，提高了学生的自我调控能力，促进了学生的主动发展。

三、课程的过程与方法

（一）课程的具体内容

博识课程的具体内容为：在我校七年级、八年级两学年共安排 70 次（约 280 学时）课程，开展约 30 个主题的博识教学内容，每周安排半天（约 4 学时），带领学生走进各类场馆，进行现场教学活动。目前与我校签订合作协议的博识资源单位近 20 家，学生们在全市 70 多个场馆开展各类博识活动。每次博识主题以不同的场馆资源为中心，围绕场馆主题开展讲座、参观、课题研究和成果展示等教学活动。通过对各类场馆的参观和研究，使学生了解教材所学知识在生活中的产生；了解各学科知识的综合应用状况；掌握在实践活动中解决问题的一般方法；通过有针对性的参观讲学，使学生理解中国文化的博大精深、开阔学生视野，拓宽知识领域。

博识课程的师资由两部分构成：对于一些与学科内容贴近的主题，通过学科整合的方式，由学科教师进行相关的教学设计和活动设计；对于一些有专业难度的知识内容，工作组聘请校外的专家到校进行针对性的讲座指导。目前，每学年博识课程聘请到学校的各行各业专家 20 多位，有的已经成为我校博识课堂的特聘教师。

首师大附中在多年实践的基础上已开发出《博识课程开发指南》《博识课程教学设计案例》《博识课程宣传简介》《博识学案集》《博识课程手册·行走在北京》等课程资源。

在博识课程的开发和实施过程中，学校领导高度重视教育、教学等各个部门通力配合，积极整合各方面的教育、教学资源。课程开发小组制订了详细的工作计划并明确责任分工(见表1)，确保博识课程在我校初中顺利实施。

表1　博识课程工作组织分工

小组	工作职责
博识课程建设领导小组 组长：沈杰 副组长：张国平　阮翠莲　丁伯华	负责课程开发与实施的组织、安排、指导协调工作
资源开发小组 负责人：丁伯华	对外联络各类博识场馆、专家，建立基地
策划实施小组 组长：丁伯华 成员：初中年级组、班主任、学科教师	负责博识课开发过程的具体策划、实施，过程设计、组织
专家指导组 成员：特聘专家、家委会代表	负责咨询、审查、提供帮助

(二)课程的实施步骤

每个场馆的博识过程通常分为：课前准备、实施参观、成果展示与评价三个阶段。在实施博识工作的过程中，每个博识主题的课程准备通常分为以下八个阶段具体实施：

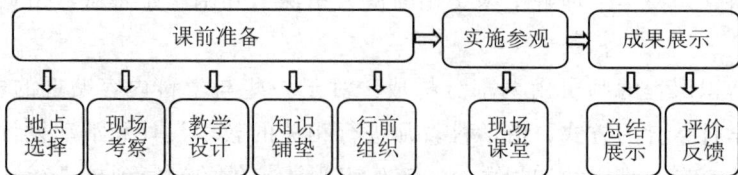

1. 地点选择。注重挖掘校外场馆资源不同于校内课堂教学的教育功能。年级组通常会根据场馆性质对博识课程进行主题设计和分类，确定合适的博识场所。根据场所形式课程可分为：博物馆类、科技馆类、人文故居类、展览馆类、纪念馆类、拓展基地类等。不同的年级可以根据本年级特点和需求形成特色的场馆设计。（以表2为例）

表 2 2012—2013 七年级博识课程系列化主题设计

序号	主题系列	活 动 场 所
一	军事之旅	中国人民解放军三军仪仗队
		中国人民革命军事博物馆
		中国航空博物馆
		学校：军事专题博识课讲座与小结
二	自然之旅	北京世界花卉大观园
		北京天文馆
		北京自然博物馆
		学校：自然专题博识课知识竞赛
三	历史长河	北京故宫博物院
		国家博物馆
		学校：历史长河年级演讲比赛
四	民俗之旅	北京农展馆——非物质文化遗产生产性保护成果大展
		首都博物馆
		学校：手工艺制作课程
五	绿色生活	节水馆
		中国气象局
		玉渊潭公园
		学校：绿色生活总结展示
六	艺术之旅	陶然亭
		北京植物园写生
		中华世纪坛英国现代绘画展
		学校：艺术专题交流展示
七	收藏系列	中国钱币博物馆
		大钟寺古钟博物馆
		学校：收藏系列交流拓展
八	名人故事	恭王府
		北京宋庆龄纪念馆
		北京宣南文化博物馆
		学校：名人故事小结展示

序号	主题系列	活　动　场　所
九	科技之旅	中国航空博物馆
		大钟寺古钟博物馆
		中国科学技术馆
		汽车博物馆
		学校：科技之旅总结展示
十	时代之旅	地铁六号线花园桥站
		首都钢铁公司遗址公园
		电影博物馆
		学校：时代之旅交流展示

2. 现场考察。正式确定场馆后，需要对场馆进行全方位的现场考察，考察内容包括：行车路线及所用时间；场馆布局及展品分布；参观展品的选择；参观注意事项等。考察后，将情况整理成书面材料，配以图片、场馆参观指南等相关素材。

3. 教学设计。教学设计分为教案、学案。教案设计不仅包括一般课程教学设计的所有元素，同时包括场馆的分布及参观注意事项。学案的设计紧扣主题，围绕参观场馆设置问题，注重激发学生自主探索学习的意识。

4. 知识铺垫。知识铺垫主要从两个方面实施，一是根据教学设计，由学科教师在课堂上进行相关的知识讲解，为博识参观做好知识铺垫；二是参观前利用校内课时，通过邀请博物馆专家或相关工作人员或志愿者为学生开设讲座，讲解场馆的设置、功能、特色、最佳参观路线、馆藏珍品等，帮助学生做好前期知识储备。

5. 行前组织。从安全角度出发，通常在行前教育过程中每个班被划分为5～6人组成的多个博识"行动小组"，设立组长和责任老师。并给每位学生下发"博识外出学生须知表"（见表3），表上设有博识过程中的必要信息和常见问题处理方法。

表3 博识外出学生须知表

博识地点：		博识日期：
出发时间：		集合返回时间：
年级负责人电话：		班主任电话：
小组指导老师电话：		所乘车辆司机电话：
所乘车辆牌号：		博识场馆咨询电话：
博识的注意事项：		
参观本馆的观众应该有什么样的参观礼仪？		
要留意博物馆内各类提示牌		
本次博识哪些地方禁止拍照？哪些环节禁止使用闪光灯？		
哪些环节有场馆讲解人员？		
场馆内的路线图		

6.现场课堂：在参观过程中鼓励学生通过自主研究，小组讨论、询问讲解员或其他参观者等方式进行探索式、合作式学习。

7.总结展示：学生可以通过撰写论文、制作PPT、设计手抄报、知识竞赛、拍摄短片、手工制作等多种形式和开放性的方式来评价博识的学习成果；每学期结束，通过博识课论文、博识课小报评比，利用演讲比赛或作文比赛等形式对博识成果进行宣传和评比。

8.评价反馈：博识课程的评价主要有三个方面：

①每次博识后班主任老师根据学生学案任务完成的情况进行评价；

②博识展示课上，年级组对学生的各种展示成果进行评价；

③每次博识课后学生利用"博识课学生自评表"进行自评总结。（见表4）

每学期结束后，老师统计每个博识主题，学生在三个维度的综合评价，评选出"博识小能手"等奖项，对博识效果不好的学生进行单独的沟通指导。

表4 博识课程学生自评表

姓名		博识主题	
你完成本次博识课学案上老师要求的任务了吗？			
本次博识课你觉得年级、老师和场馆的哪些工作环节还可以改进？提出你的建议。			
如果要给没有去过该博识场馆的同学一些推荐，你的建议是什么？			
本次博识课你最大的收获是什么？			
本次博识课你对自己的表现满意吗？最令你难忘的是什么？			

附：学案和学生小论文

故宫访学

——历史学科社会实践课程·博识参观

师者，当如蝉蜕嚣埃之中，自致寰区之外。以传道授业解惑为本，以修身养性树人为志，不可沽名而忘。沉浮喧嚣之中，守得本心，难能可贵。

如今的历史教育，形形色色，众说纷纭。有言灵活于形为重，有言深究于内为重；有言当以"教"重，有言当以"史"重。各有利弊，各有论派。历史教育本就是"人"的学问，难以统一，也属正常。教师若肯深入钻研，以人为师，孜孜不倦，便终会得心应手，融会贯通。

教育之道，当如"诗人疾之不能默，丘疾之不能伏"般，勇于直面，敢于思索，发引人深省之言，创行有深意之新，担启发民智、传道树人之责。

——首都师范大学附属中学历史教研组

目录

实地调研

◇ 参观现状

1. 每周二下午，故宫对中小学生团体免费开放，但需要向宣教部(010—85007417)提前预约。

如果能更改时间，则最优；其余时间，无需预约，亦没有优惠。旺季价(不含珍宝馆、钟表馆)为学生票40元(必须出示学生证)，成人票60元。

2. 10月31日以前皆属旺季，参观团体较多；开始售票、开放进馆时间：8:30，止票时间：16:00；停止入馆时间：16:10，清场时间：17:00。

所有环节应提前布置好，一旦解散就难以传达；加之进出道路全部得步行前进，所以要求各班有序前行；最好14:00前能够全部到达故宫内，16:30集合离开。

3. 自2011年7月2日起，故宫博物院实行自南向北单向参观路线：午门(南门)只作为参观入口，观众一律从午门进入故宫；神武门(北门)只作为参观出口，观众参观结束后可由神武门或东华门(东门)离开故宫。

估计校车只能在长安街短时间停留，所有学生需从地下通道过安检，经过天安门。为了加快通行时间，尽量不带书包，水可能需要试喝。参观前最好能拿到票，以避免拥堵；

各班在长安街下车后，不要停留，直接带入(拿到票的话)午门，在金水桥与太和殿之间的空地等候；(若拿不到票)在端门与午门之间等候；离开时最好在神武门外集合离开，但由于路边有栅栏封路，还得咨询司机师傅哪里可以停车、上车。

4. 讲解费用较为高昂，20人团体/小时，100元，每增加5人，即要增加50元；导览机一人一台20元左右。(讲解处电话：010—85007427)

5. 由于场馆较大，容易散乱，必须进行前期教育，确保学生了解基本的历史知识。建议各博识小组挑选一人，提前查阅资料，承担讲解任务，以便博识参观确有收获；如果学校能发放扩音器就最好；建议招募志愿者，提前在指定区域等候，以指导本年级参观队伍。

推荐路线

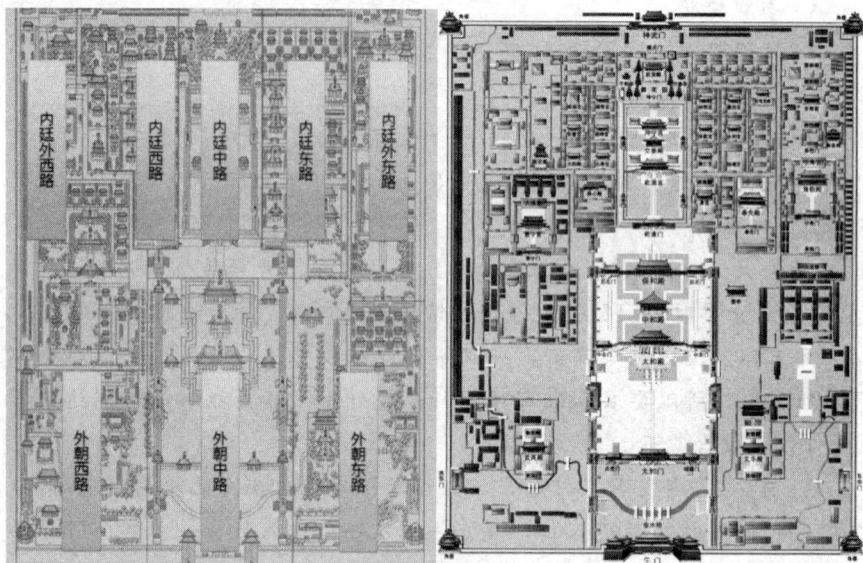

1."皇室威仪"（中路：太和殿—中和殿—保和殿—乾清宫—交泰殿—坤宁宫）

通过解读六大宫殿的名称由来、建筑风格等，了解六大宫殿的主要功用，进而知晓其背后所蕴藏的皇家仪礼。

2."千年丹青"（外朝西路：武英殿）

了解自晋至清末主要书画流派，从传世之作中洞悉历史沧桑，感悟书画名家的人生起伏，及其所折射出来的时代特点。

3."欧斋墨缘"（内廷东路：延禧宫）

4. 各小组也可自行设定，上交博识方案

学前培训

1. 观看"世界遗产在中国"纪录片

各班抽出时间（周二至周四），至少确保将两集纪录片看完。

另外，可给学生推荐"十二集故宫纪录片"，根据所定路线挑选相关专集。

2. 培训博识课代表、志愿者和讲解员

每班 2 名博识课代表辅助历史老师（夏艳芳）布置、分配和督促课前任务；每班招募志愿者 5 人，负责场馆、路线服务，按提前分配的任务，提前行动；每个博识小组，即实践课程学习小组，选派 2 名讲解员，参加课前培训。

博识课代表职责：

①参与博识前期准备，提前布置任务。

②商定博识路线，准备预选方案。

③分配讲解任务，制订志愿者计划。

④检查解说稿，模拟讲解。

⑤制订班级完成计划，强调班级纪律。

⑥做好后期检收，博识学案（全组一份），博识笔记（每人一本），博识小组集体照片及参观花絮。

志愿者职责：

①了解并牢记年级志愿者要求，景区讲解介绍。

②佩戴指定标识，注意维护学校形象。

③设计年级传单：爱护文物、博物馆参观须知、保护环境等。

④确定自己执勤岗位，不得擅自脱离岗位。

⑤监督学生不文明行为，提醒、制止、记录。

⑥路线导引，通知提示等。

⑦应对突发情况，及时联系带队老师。

讲解员职责：

①自写导游词，有主、次之分，不必面面俱到。

②提前找博识课代表预演、练习，确保脱稿通畅。

③语言要贴近同龄人，文明得体，吸引同学。

④确保整组行动，不得解散队伍。

⑤留下讲解视频、照片记录，全年级交流展示。

⑥服从年级整体安排，有责任意识，准时集合。

故宫简介

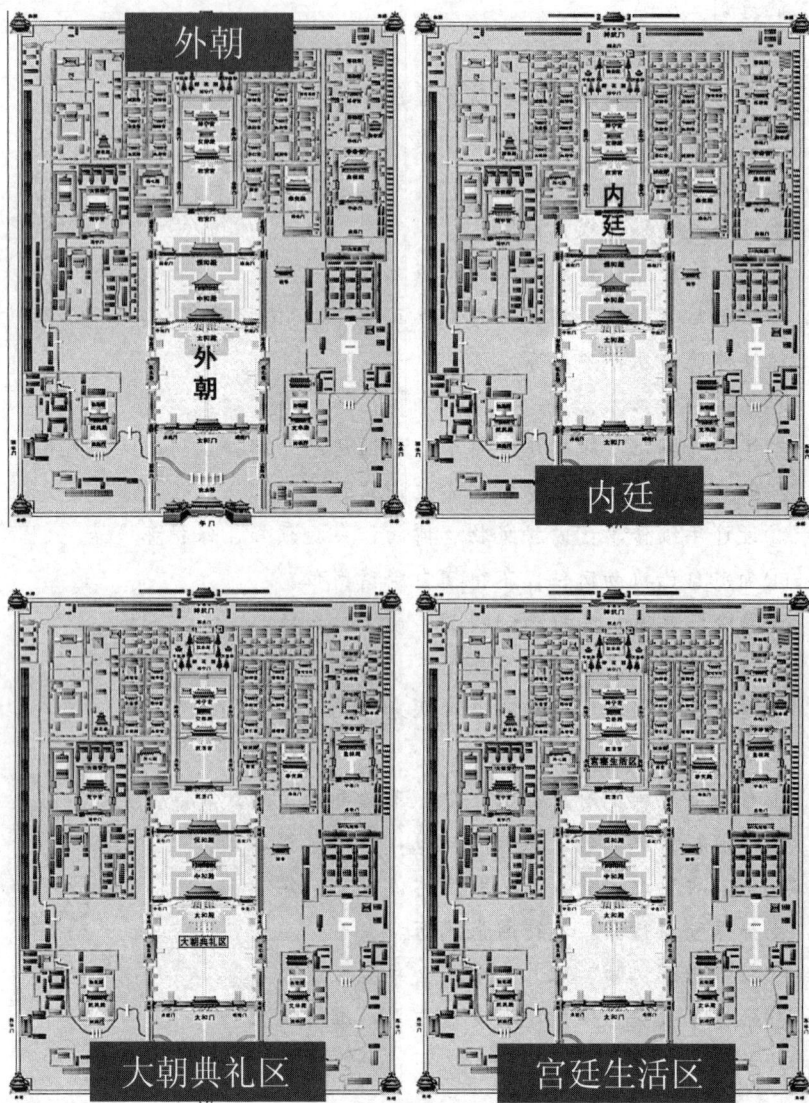

外朝

内廷

大朝典礼区

宫廷生活区

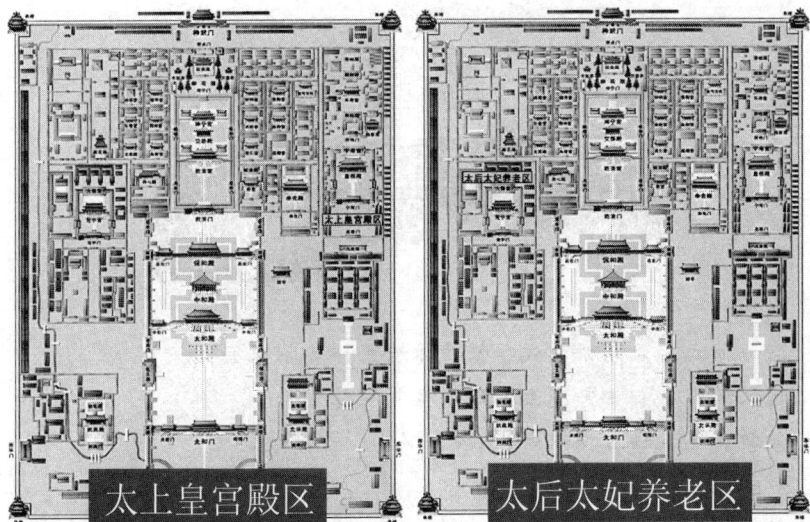

太上皇宫殿区

太后太妃养老区

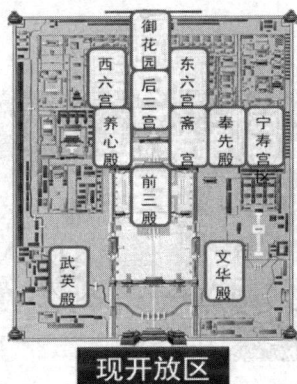

现开放区

1. 城池区
2. 前三殿区
3. 后三宫区
4. 文华殿区
5. 武英殿区
6. 养心殿区
7. 斋宫区
8. 奉先殿区
9. 东六宫区
10. 西六宫区
11. 御花园区
12. 宁寿宫区

课程安排

水墨之韵

课程形式：互动讲授式、情境体验式、实物探究式

授课教师：夏艳芳

教学班级：2个博识小组(18人)/八年级3班

教学地点：武英殿

教学内容：

1. 中国美术史简介

2. 故宫书画院藏品介绍

宫史之趣

课程形式：互动讲授式、情境体验式、实物探究式

授课教师：首都师范大学研究生

教学班级：每班博识课代表(14人)

教学地点：前三殿、后三宫

教学内容：

1. 宫殿的修建

2. 王朝的历史

榫卯之美

课程形式：自主探究式、小组合作式 　　授课人员：小组讲解员

教学班级：各个博识小组/(2013级)八年级1班至八年级7班

教学地点：故宫建筑群

教学内容：

1. 中国宫殿建筑特点

2. 宫殿功用

3. 传统寓意

水墨之韵

北京故宫博物院藏有 14 万多件书画藏品，是世界上收藏中国书画最多的博物馆，占世界公立博物馆藏中国绘画的四分之一。今天我们将要欣赏的是故宫收藏的一些古代绘画精品，其中大多数是清朝乾隆皇帝最珍爱的收藏。通过这些绘画作品的鉴赏，我们可深入了解画中人物的精神及绘画主题和绘画技法等。

中国绘画的类别主要有人物画、山水画和花鸟画。据所用技法分类，可分为工笔画、写意画，介于两者之间的则是兼工带写的画法。工笔画以精谨细腻的笔法来描绘景物，如宋代佚名的碧桃图页；而写意画则是一种草草而成、富有天趣的水墨画，有点像西方的速写，它是文人画家最喜欢运用的绘画技法，比如元朝赵孟頫的秀石疏林图卷。还有一种大写意画，线条疏散，遗形取神，多为泼墨粗画，如明末画家徐渭的墨葡萄轴。兼工带写的画法具有既工整、又有些随意的特点，如北宋画家崔白的寒雀图卷。在古代中国，从事绘画活动的人主要是皇帝及其皇室成员、朝廷和地方上的文官以及艺匠三大类，在艺匠中还包括许多宫廷画家。到 20 世纪中叶，历代有姓名记载的画家大约有 10 万多人。

为了让大家了解中国绘画艺术的高超，体

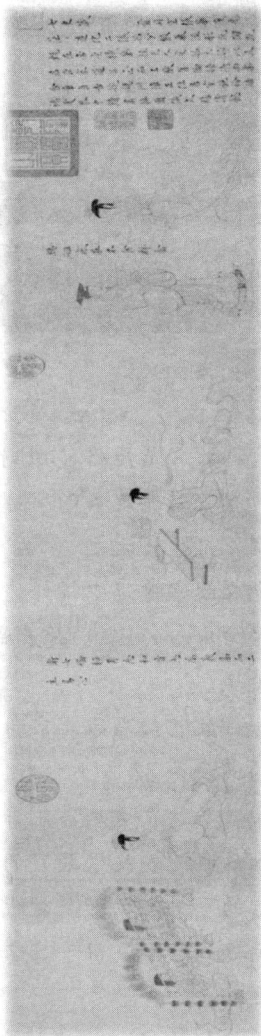

会千年丹青的水墨之韵，我们重点来学习几幅传世名画，希望大家能够从中感悟一二。

宫史之趣

故宫是严格按照封建宗法礼制设计规划的，前面三个大殿为外朝，是皇帝处理政务的地方；后面的宫殿群则为内廷，住着后宫嫔妃，是皇帝家庭生活之所。"左祖（太庙）右社（社稷坛）"和传统的阴阳五行学说，也在故宫建筑中得到运用。依照中国古代的星象学说，紫微垣（即以北极星为中心的区域）是天帝居住之处，天人对应，所以皇帝的宫殿被称为紫禁城。

故宫雄踞于北京的中轴线上，将北京城分为东、西两部分，城墙内的面积约 72 万平方米，现存建筑面积 15 万平方米。明、清两代 24 位皇帝就居住在这里，几百年多少军国大策都由此发出，改变着一代代中国人的命运。关于故宫的文献与实物异常丰富，可惜的是，独缺建筑设计者的资料。在那个时代，工匠的社会地位不高，虽说初建时有几百万人的建筑大军，留下姓名的却屈指可数，至于设计者是谁，就更成了历史之谜。

1402 年，一直镇守北方的燕王朱棣费尽心机，终于夺取了自己侄儿建文帝的天下，当上了大明王朝第三个皇帝。据说，当朱棣的军队攻破都城应天府(今江苏省南京市)时，建文帝在火海中下落不明。朱棣从此留下了一块心病，总是担心建文帝会从某个地方冒出来。4年后，以丘福为首的大臣，建议在北京修建一座新的宫殿，朱棣非常开心，毫不犹豫地答应了。一场浩大的工程于是拉开了序幕。

朱棣先派出人员，奔赴全国各地去开采名贵的木材和石料，然后运送到北京。珍贵的楠木多生长在崇山峻岭里，百姓冒险进山采木，很多人为此丢了性命，后世留下了"入山一千，出山五百"来形容采木所付出的生命代价。开采修建宫殿的石料，同样很艰辛。现在保和殿后那块最大的丹陛石，开采于北京西南的房山。史书记载了运送它时的情景：数万名劳工在道路两旁每隔一里左右掘一口井，到了寒冬腊月气温足够低时，就从井里汲水泼成冰道，用了 28 天的时间，才送到了宫里。此外，还要在苏州烧制专供皇家建筑使用的方砖——金砖，山东临清也要向北京运送贡砖。这些各地的材料大部分经由大运河船运而来，因此才有了"先有大运河，再有北京城"这句俗语。

而关键是如此宏伟的建筑群，究竟出自哪位设计师之手呢？

据目前流传最广的说法，故宫的设计者是明代一位杰出的匠师，姓蒯(kuǎi)名祥。他生于洪武三十一年(1398 年)，卒于成化十七年(1481 年)，苏州吴县(今江苏省吴县)香山人。曾任故宫博物院古建部高级工程师的于倬云先生认为，年纪轻轻的蒯祥进京时，宫殿的修建已是热火朝天的关键时刻，不可能这个时候才开始设计。真正的设计者是名不见经传的蔡信。

榫卯之美

故宫拥有世界上现存规模最大、保存最完整的古代宫殿建筑群，真实展现了以木结构为主体的明清官式建筑技术与艺术的最高成就，是明清官式建筑集大成者。故宫位于北京城中心。布局依据《周礼·考工记》中所载："左祖、右社、面朝、后市"的原则，建筑在北京城南北长八公里的中轴线上，南北取直，左右对称。现在故宫左前面的劳动人民文化宫，以前是皇帝祭祀祖宗的太庙；右前面的中山公园是皇帝祭祀土神和谷神的社稷坛；前面有朝臣办事的处所；后面有人们进行交易的市场。"礼"的考究，配合巧夺天工的建筑技艺，故宫是当之无愧的王者之地。

无需任何五金件或胶水，通过各种嵌套结构就可以把木制零件牢牢固定在一起，作为中国传统建筑与家具工艺中的精髓，榫卯结构可以说是高级版的立体拼图。遗憾的是这种工艺变得越来越小众，即便是专业的木工设计师也不一定了解所有榫卯结构，而且书籍上的榫卯结构图都是平面图，想要还原成立体结构没那么简单。好在，在我们的身边，有那么一群对榫卯结构非常感兴趣的同学，他们担当我们的向导，带我们观赏故宫的一瓦一木，为我们解说这传承千百年，却渐被遗忘的技艺。

"官式古建筑营造技艺"是我国非物质文化遗产，传统上，这套营造技艺包括"瓦木土石扎、油漆彩画糊"八大作，其下还细分了上百工种。在封建等级制度之下的古代建筑从材料、用色到做法，都要严格遵循营造则例，代表最高等级的紫禁城无疑是这一整套营造技艺的登峰造极之作。作为官式木建筑的顶峰之作，故宫主要采用中国北方地区大量使用的"抬梁式"大木结构体系，以木材制作柱、梁、斗拱、檩、椽等主要承重构件，由相互垂直的椽、檩承托上部屋面荷载，通过梁架与斗拱传递到木柱，最后将全部荷载传递到基础。

皇家建筑的工艺技术，包含着繁复而细致的奥秘。用来保护木构件的地仗，由岩石颜料、桐油、砖灰、猪血、麻布等古老材料构成；一块砖，以斧子、刨子、磨头、扁子、刀具等反复砍制打磨，最后以尺度量，每一块砖的尺寸都要精确到毫米。这些讲究自有其道理。比如，故宫大殿的屋顶，都不是一根斜直线，而是一根向下凹、有弧度的曲线。这条曲线由几条折线所组成，形成缓急不同的坡度。这是为了下雨排水而设计的，"吐水疾而流远"，当大雨来临时，雨水可以顺势蹿出去，而不是沿着檐面徘徊，侵入琉璃瓦的缝隙造成漏雨。而故宫的整个排水系统，至今仍是明清时期修建的排水明沟和暗沟，新中国成立后仅修建了污水管线。历经将近600年，许多地下管网仍在发挥重要作用。通过纵横交错的明沟暗渠，雨水很快可以流走。无论下多大的雨，在故宫内也不会发生积水现象。

学生博识小论文案例1

北京市民节水情况调查报告

七年级(1)班　李涵

一、基本情况

为全面了解北京市民节水情况，2012年3月27日下午首都师范大学附中七年级在北京市玉渊潭公园开展了节水情况调查。为完成此次工作，我随机抽取了20位人员进行调查。20位人员中有游人、公园工作人员及商业网点的摊主。问卷的内容包括与居民生活密切相关的洗衣、洗菜、洗浴、洗车、马桶冲水等日常用水情况，了解北京市民的节水意识，为全面节水体会建议。

二、数据分析

1. 洗衣类型

在参与调查的20份问卷中，有60％的市民使用滚筒式洗衣机，30％的市民使用涡轮式洗衣机，10％的家庭经常手洗，无人使用干洗。涡轮式洗衣机和手洗比滚筒式洗衣机省水，因此可以从改变洗衣方式方面着手节水。

洗衣类型分布如图 1 所示：

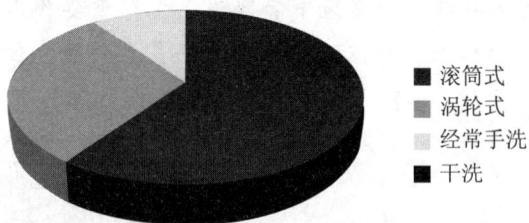

图 1　洗衣类型分布图

2. 洗衣次数

在参与调查的 20 份问卷中，有 55% 的市民洗衣服一般洗 2 次，40% 的市民洗衣服一般洗 3 次，5% 的市民洗衣服一般洗 4 次，无人把衣服洗 4 次以上。正确处理洗衣次数与清洁度的关系是节水需要关注的重要环节。

洗衣次数分布如图 2 所示：

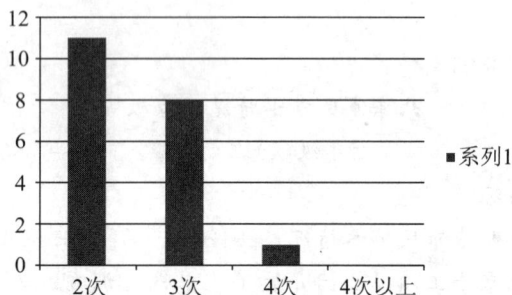

图 2　洗衣次数分布图

3. 漂洗余水用途

家庭漂洗剩下的水能干什么？20 位参与调查的居民的回答情况是这样的：5% 的居民选择了下次洗衣用，10% 的人有时下次用，40% 的人倒掉，45% 的人用于其他，明确表示下次使用的人仅占调查人数的 5%，说明北京居民对于漂洗余水用途的认识有待提高。

漂洗余水用途分布如图 3 所示：

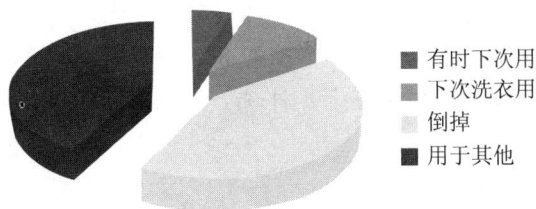

图3 漂洗余水用途分布

4. 洗浴方式

对于洗浴方式，70％参与调查的人使用间断淋浴，15％的人使用不间断淋浴，15％的人使用盆浴，间断式淋浴是洗浴方式的主流。

洗浴方式分布如图4所示。

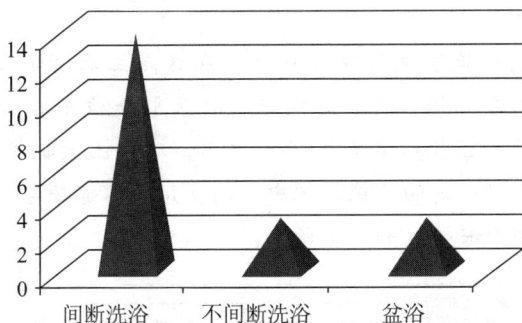

图4 洗浴方式分布图

5. 洗浴时间

在参与调查的市民中，没有人的洗浴时间小于10分钟，每次洗浴用时10～15分钟的占35％，每次洗浴用时15～20分钟的占25％，每次洗浴用时20～25分钟的占35％，只有5％的人每次洗浴时间超过25分钟。

洗浴时间分布图如图5所示：

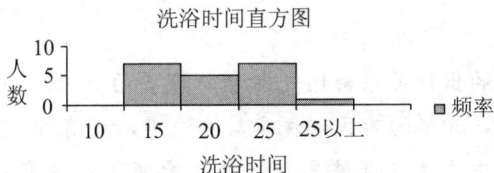

图5 洗浴时间分布图

6. 洗菜方式

在参与调查的市民中，10%的市民用淘米水洗菜，30%的市民用自来水冲洗，60%的人用盆接自来水冲洗，说明在洗菜的过程中，市民已具备了节水意识。

洗菜方式的分布如图6所示：

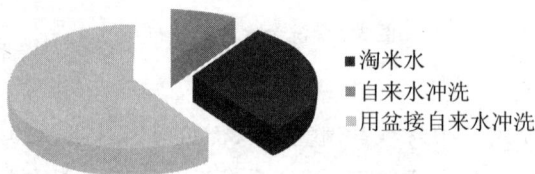

■淘米水
■自来水冲洗
■用盆接自来水冲洗

图6　洗菜方式的分布图

7. 马桶冲水

马桶和人们的居家生活密不可分，在这点上北京市民做得怎样呢？从回收的问卷上看：50%的家庭使用了自来水分档冲水，25%的家庭使用自来水不分档，25%的家庭使用了中水。从以上数据来看，北京市民对于马桶节水有了一定的认识，但中水的使用还不够普遍。

马桶冲水的分布情况如图7所示：

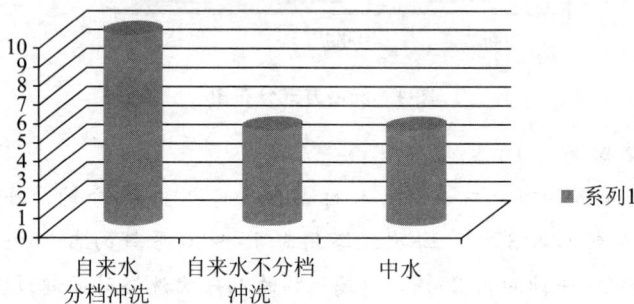

■系列1

自来水分档冲洗　　自来水不分档冲洗　　中水

图7　马桶冲水的分布情况图

8. 洗车方式

汽车和人们的出行关系密切，在参与调查的20位市民中，20%的市民自己擦洗车辆，30%的市民到洗车店去洗车，还有50%的参与者无车。说明在有车市民中去洗车店洗车是主流，要想节约洗车用水，就需要抓好洗车店的节约用水。

洗车方式分布如图8所示：

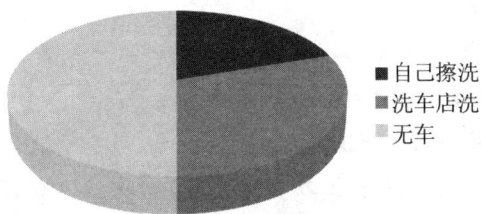

图8　洗车方式分布

9. 家庭人均月用水量

人们生活离不开水，问卷的最后对每家用水的情况进行了盘点，总体情况如下：在参与调查的市民中，家庭人均月用水量低的每月2立方米，最高的每月25立方米，是最低的12.5倍，差异较大，家庭人均月用水量的平均值为7.94立方米。

家庭人均月用水量如图9所示：

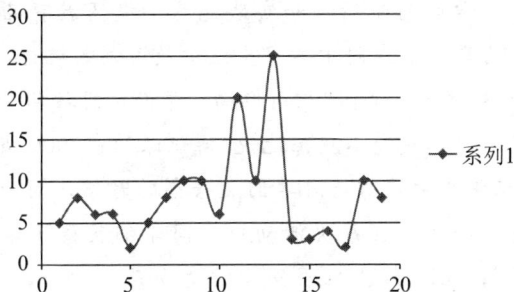

图9　家庭人均月用水量分布图

三、建议

从以上分析可以看出：北京市民用水具有如下特点：

1. 市民对于节约用水有了一定的认识，并在生活中注意节水；

2. 中水的使用还不够普遍；

3. 家庭人均用水量差异较大。

为做好节约用水工作，可从如下几方面入手：

1. 加强宣传，在全体市民中深入宣传节水的必要性，让节水的意识深入人心；

2. 倡导使用中水；

3. 加强市民用水研究，使居民用水既方便生活又有利于节水。

四、课程效果

1. 学生培养成效显著

从 2001 年开设博识课程以来，已有十余届学生受益。历届学生对博识课程的认识高度一致：无比喜欢，终身受益。

在首师大附中博识课承担教育部课题"初中校本化课程开发与研究"过程中，在对博识课程实效性的问卷调查中，课题组研究发现：我校初中两个年级共计十二个班 96％ 的同学对博识课的开设表示感兴趣，几乎所有家长对我校开展的博识课表示认同和肯定。在我校承担的国家级教育体制改革项目"探索拔尖创新人才的培养模式"的课题研究过程中，针对我校高一年级本校生源（经历过博识课）和外招生源（未开设博识课）所做的创新思维和创造性人格量表多维度测试结果显示：开展博识课的学生在创造性思维和创造性人格特征多个维度的指标显著高于外招学生。

走出校园课堂，在开放的社会大课堂中博览、实践，学生们视野开阔，该课程对培养学生创新精神和实践能力，提高教育品质发挥了重大作用，也日渐成为学生们在附中学习生涯中最深刻的记忆：

2001 级学生王肇宁曾说："在斯坦福大学面试时被问及中学阶段受益最大的课程是什么时，我毫不犹豫地说'博识课'"；2006 级学生王宇豪曾说："每次上博识课的时候都是同学们最兴奋的时候，因为一次次的博识课是同学们难得的经历，在每次活动中，同学们获得了学校课堂无法获得的知识、能力"；2008 级张世辰同学的感受是："博识课的实践活动使我们受益匪浅，不仅开阔了视野，也让我们充分体会到了同学之间酣畅淋漓的友谊与淋漓尽致的团队协作精神，让我们体会到了团结的力量和快乐"。

2. 课程示范辐射面广

博识课程开设十五年来，无论是四所分校还是大学附中协作体中的其他七所中学，抑或祖国各地来参观交流的兄弟学校，无一例外对博识课程表现出浓厚兴趣，要求我们从课程开发、课程实施、课程评价、成果展示、资源共享等方面介绍经验，提供支持。

3. 社会影响广泛深远

博识课程的开发和实施得到了良好的社会反响：

2007 年 6 月 25 日中央一套，6 月 26 日少儿频道播出电视专题片首师大附中《新鲜"博识课"》，引起社会广泛反响。

2009 年 4 月 9 日《北京晨报》等媒体报道了博识课的实施。

2010 年 12 月 28 日《北京考试报》，中国教育在线专题报道博识课。

2011 年 3 月 7 日新华每日电讯 14 版报道专题文章：《首师大附中以培养学生"博闻广见、卓有通识"为目标，推进素质教育》。

2012 年 4 月 9 日《现代教育报》报道专题文章：《北京中学开设博识课，将课堂搬进博物馆》。

博识课程在十多年的实践中也获得了很多的荣誉和成绩：

2002 年起我校承担教育部"十五"重点课题"初中阶段校本课程开发与校本化课程实施行动研究"下辖子课题"博识课的校本化开发"的研究任务。教育部基础教育司高中教育处刘月霞处长、中央教科所教育理论部主任方晓东、北京市教委基础教育处李弈处长充分肯定我校博识课。

2008 年 9 月，北京市中小学启动社会大课堂建设，首师大附中积极响应，创新实施校本课程"博识课"。

2011 年、2013 年我校因博识课荣获海淀区社会大课堂工作优秀单位。

2011 年 11 月我校博识课的开发与实施获"北京市基础教育课程建设优秀"成果评选二等奖。

2013 年 9 月获得第四届基础教育教学成果奖二等奖。

五、困惑与思考

1. 人数增加组织难度大。由于我校初中办学规模不断扩大，参与博识课程的人数越来越多。人数的增多对于在集体外出的组织协调难度越来越大。

2. 安全问题始终凸显。由于学生为未成年人，自我保护能力相对较差，遇到突发事件应急处理能力不足，所以大规模学生的集体外出存在安全隐患。

3. 场馆接待能力有限。博识课程所选取的参观地点既要考虑到场馆的历史积淀、文化品位又要满足知识性、趣味性、体验性的要求，但目前北京市此类场馆多地处城区，规模较小，很多根本无法同时接待 300 人以上年级活动。

4. 如何更好地整合学科教学，或者学科教学怎样更好地利用博识课程进行综合实践，这是下一步学校教学和教研部门要着力思考的问题。

此外，由于学校教学任务繁重，教学与教科研部门的老师都承担着繁重的教学任务，教材研发的条件、能力和精力都有限，所以，综合实践活动课程如有一套系统的教材会大大增强教学效果。

"纸上得来终觉浅，绝知此事要躬行"。十五年的尝试实践有力证明：博识课程这一门综合实践活动课程，既具有先进课程理念又具有卓异教学效果，既具有超前的创新性又具有扎实的可行性，具有可持续发展的辉煌前景。《北京市义务教育课程设置实施方案》也佐证了我们十五年的努力探索是积极的、有前瞻性的。

十五年的探索，十五年的积累，十五年的收获。一路走来，历经坎坷，但我们首师附中全体教职员工将进一步总结成功经验，扬长避短，再接再厉，将这一优质课程不断推向更高的境界。博识课程将在更广阔的教育教学区域内发扬光大，不断绽放出熠熠光彩，不断凝结出累累硕果。

课程评述：

首师大附中从课改之初就创建了博识课，历经15年的实践探索，构建了完整的课程形态，对解决长期困扰我国的实践教育、创新教育和责任教育等问题具有突破性成效。

一、理念先进，站位高远。"博识课程"以"博闻广见、卓有通识；内外兼修、知行合一"为基本理念。博，指的是广博、渊博；识，有知识、认识、见识，旨在培养学生多看、多听、多思考、多实践的习惯，在此基础上积累常识、习得知识、增长见识、锻炼胆识、学会赏识。这些既能有效解决实践教育缺失的问题，又能补强人文教育，还能够给学生搭建宽厚的知识框架，对全面落实立德树人，培养学生核心素养具有综合效果。

二、要素完整，体系健全。博识课程发端于创新，重在实践，全方位进行课程化建设，建构起了完整体系：一是"1234"课程设计，二是70家结构化资源场馆，三是10个系列内容板块，四是三阶段、八环节实施步骤，五是问题解决问题驱动的教学策略，六是全方位的学习评价，七是基于核心素养的成效表达，八是"123"课程文化的追求。

三、流程清晰，操作性强。博识课程从主题设计、目标设计、内容设计、组织方式，到资源开发、教学流程、展示交流、评价反馈等，已形成一套完整清晰的操作路线图。

四、资料丰富，研究精深。博识课从顶层设计，到每个环节的安排，都既有理论引领，又有工具支持，积累了丰富的方案、课例和课程模板，提炼出了精到的机制和模式，并在多年实践的基础上开发了《博识课课程设计》《博识课开发指南》《博识课教学设计案例》《博识学案集》《博识课手册——行走在北京》等课程资源。

五、开放多元，可再创生。博识课作为一种平台课程，具有通识性、实践性、建构性、综合性和开放性，承载了学科实践教学，承载了主题教育，承载了技能培养，承载了教师专业发展，承载了学校特色建设。每位教师实施中都有很大的创生空间，可以创造新的自己的故事、色彩和生命。

六、多校借鉴，反响良好。经过多年的建构，"博识课"示范辐射范围不断拓展，不但首师大附中的七所分校都开始实施，还有全国各地前来参观学习的兄弟学校在推广。同时，该课程社会影响也很广泛和深远，2002 年起学校承担教育部重点课题"博识课的校本化开发"，受到教育部基础教育司、中央教科所、北京市教委等领导、专家的充分肯定，部分经验做法在全国、全市推广。

（吕文清　中关村学院）

走进圆明园课程

清华大学附属中学

一、开发背景

《国家中长期教育改革发展纲要》（以下简称《纲要》）中提出："把育人为本作为教育工作的根本要求"、"核心是解决好培养什么人，怎样培养人的重大问题……着力提高勇于探索的创新精神和善于解决问题的实践能力。"同时纲要还强调"坚持能力为重"、"强化能力培养"。教法上注重"学思结合，倡导启发式、探究式、讨论式、参与式教学"。根据《纲要》的要求，清华附中决定在七年级开设专题性的校本课，利用我校独特的资源——与附中毗邻的圆明园遗址，在七年级学生中开设走进圆明园的校本课程，以圆明园为平台，对学生进行跨学科的综合训练。

走进圆明园是一门在七年级开设的校本课程，为期一个学年，每周两课时。课程从 2009 年开始筹划，自 2012 年开始实施，至今已是第 4 个年头，上课学生总计 480 人次，平均 120 人次/学年。

（一）开发本门课程的思考

1. 环境因素：因材施教，突出特色。清华附中毗邻的圆明园是一座宏伟的园林，让学生亲临真实的历史场景之中，去实地领略这所园林在建筑、艺术、园林、地理、生态等方面丰富的内容是很有价值的。

2. 课程因素：施展先进教学理念的平台。本课程采取体验式教学方法，强调以学生为主体的理念，教师提供平台，让学生将已有知识和新知识融为一体，并在不断地提出问题、思考问题和解决问题的过程中前进。这不仅让学生可以主动地建构知识，也可以成为他们学习适应社会的一种过程。

3. 文化因素：将学科知识综合化。本课程采取浸润式的教学方法，将历史、地理、政治、数学、文学、生物、美术、英语等学科内容融为一体，各学科老师共同工作，在一个课题项目内包含着多学科的内容。使学生在最自然的环境中从认知到热爱，不仅学习知识，对圆明园这座著名的园林有全面的认识，也在这个过程得到能力的培养和见识的提高。

4. 学生因素：与学生的成长需要结合在一起。走进圆明园课程尊重学生的能力，承认他们的选择。最大程度地给学生提供选择自己喜爱学习内容的机会，在课程第三个阶段——思考圆明园时，为每个学生量身定制他们选择的内容。

5. 教师因素：给青年教师提供施展他们能力的舞台。清华附中有着一支优秀的青年教师队伍，他们怀揣理想、充满激情，有着深厚的学科专业背景，走进圆明园课程使这些青年教师除了日常教学工作之外，还能以课题导师的身份带领学生共同就感兴趣的问题进行探究，指导学生参与基本的探究过程，并完成相应的任务。

6. 社会因素：和社会上有识之士一起做课程。我们集结了清华大学建筑系、清城睿现数学科技研究院等单位的老师和专家们，他们特有的专业知识和高度的社会责任感让我们的学生受益匪浅。

二、课程目标

1. 打破学科界限，进行综合训练，培养学生的创新思维和创新精神。

2. 学生在学习研究中，发现和发展自己的特长。

3. 激发学生兴趣爱好，让他们边学边玩，学中有玩，玩中有学。并在学习过程中培养学生的质疑和批判精神，敢于挑战、追求真理的精神及创新思维的精神。

4. 注重学生的能力培养

包括：敏锐的观察力；丰富的想象力和联想力；较深刻的分析、综合、归纳、概括、应用能力；清晰的逻辑推理能力；准确的判断能力；善于用语言（口头、文字）表达的能力；超前的思考问题、发现问题、探究问题、解决问题的能力。

5. 初步懂得什么叫研究，怎样进行研究。

三、课程设计及实施案例

教育的本真是天然和自然，走进圆明园课程根据学生的年龄和心理特点由浅入深地分为三个阶段：

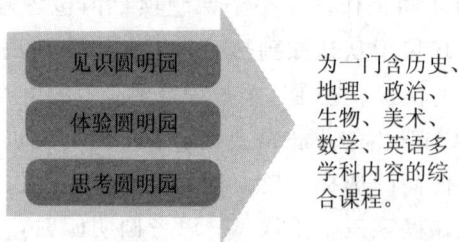

见识圆明园
体验圆明园
思考圆明园

为一门含历史、地理、政治、生物、美术、数学、英语多学科内容的综合课程。

（一）见识圆明园——提供让学生通过探索建构知识体系的平台

虽然圆明园与清华附中毗邻，但学生们对其内涵了解甚少，相当多的学生对圆明园的认识甚至只局限在"西洋楼"。面对这种情况，我们先是通过课堂内的各种讲座帮助学生全方位地认识圆明园，引导学生以此为基础综合性地学习原来在课堂上没有获取的知识。从地理地貌到南北方园林的比较、从建筑风格到中西方园林的特点、从火烧圆明园的历史到当今关于被抢文物回归的新闻，从历史学、博物学、地理学、时事政治、文学艺术和生物学等方面全方位覆盖，使学生立体感知圆明园。授课方式也不再是教师为主，或者单纯的灌输性学习，任课老师给学生们提供相关资料以及便于学生独立思考和发挥的学案，创设一种讨论和思考的氛围，进而促进学生主动学习。

【案例1】在学生原先的认知中，火烧圆明园是英法联军做的，但对此说法历史界也有一些不同的声音。老师给学生们资料，帮助他们"像历史学家那样思考"，这种带着问题进行的自主性思考对于学生而言是很重要的锻炼。内容也不再局限于某一学科，而是对学生进行跨学科的综合训练，激发学生兴趣爱好。在这个过程中培养学生的质疑和批判精神，敢于挑战、追求真理的精神及创新思维的精神。这里引用一段学生写在作业中的话：

我们之前一直相信权威的观点，即英军焚毁圆明园是为了掩盖丑恶罪行。但现实和资料证明，这是很不恰当的。课上在老师的带领下，我们找到一些可以说明问题的证据：

A. 英军焚毁圆明园前张贴的布告：兹为责罚清帝不守前约及违反和约起见，决于九月初五焚烧圆明园。

B. 英军将领额尔金声明：此举还将使中国与欧洲怅然震惊。

以上两条可以说明，英军焚毁圆明园一来是为了责罚清帝不守国际公法，二来是为了报复清帝国扣押虐杀巴夏礼等 39 名使节之辱，三来是看上了中国充裕的资源，想要找借口夺取。在布告中，英军声明要焚毁圆明园，然而《圆明园词》中写的是清朝的宦官贵族自己放火烧的，矛盾，《圆明园词》推翻。看来只有了解第二次鸦片战争，才能对这一事件有正确的认识。可这言论错误的根本又在于哪里呢？我想，大概是因为有了太强烈的民族感情色彩吧。历史，我们都在这里追求真相，但如果你有太多的私人感情，恐怕就会被其蒙蔽，以至于误入歧途。在追求真理这一过程中，我们应该学会理智而清晰地分析判断，也许只有这样才能找到蛛丝马迹。历史的长河中，只有客观地分析，设身处地地思考，才能挖掘真相。老师如是教导我们。

历史，是由客观、真实、缜密、细致、真相以及推理构成的。只有用心体会它才能有所收获。记得老师上课时和我们说过一句话："向后看才能向前进。"所以，只要我们用心了，相信就一定会向前走。可以说，这个焚烧圆明园的过程及英法联军与清帝国不断地战争和谈判，两方一直处于两个世界，英法联军不停地提出清方违反国际公法，但事实上，清方因为闭关锁国，甚至根本不知道国际公法是何物。我们不能改变历史，也不能一味地谴责历史，我们应该永远抱着客观的态度，正视历史，面对历史，用历史给予我们的教训改变未来。

（张未未）

虽然学生对历史分析的观点、方法和结论与严谨的史学研究存在一定距离，但通过这样形式的一系列课程，学生们在思维方法和学习理念上有了进步，他们不是被动地接受知识，开始学会质疑权威的观点，学着努力去探索和发现未知。这种通过自己的思考得到知识的学习方式，让他们产生了愉悦感，从而更积极主动地参与到后续学习之中。最后每位学生以英语小导游的形式选择自己最感兴趣的一个话题做了汇报，他们把在课堂中学到的知识进一步内化，或是用英文进行口头表述，或是以同龄人喜爱的方式制作英语导游图。同学们汇报的内容和形式都让我们感觉到他们能力的提高，这为课程的进一步深入打下基础。

（二）体验圆明园——在富有生机、充满朝气和乐趣的环境中学习

现行的教育中，学生最缺乏的是体验式学习，在有项目内容的体验

中进行探究是真正符合学生学习需要的方式，从设计初始，我们就认定注重体验与感知，进而才能理解和思考，放手让学生进行实践活动是必要的。

紧张激烈的定向越野是对体力和智慧的考验，唇枪舌战的辩论是口才和团队合作的较量，种藕活动是身体力行的一次体验，英语表达是个人风采的一次展现，含经堂测绘和完成样稿更是对学生在数学、物质与能量测量、阅读古代文献、图形复原等方面综合性的考验……通过各种寓教于乐的方式，帮助学生在快乐中更好地学习，在快乐中更好地成长。

【案例2】一名学生在完成含经堂测绘和建筑图绘制后写下感悟：

在走进圆明园的课程里，我们进行了一项实地考察：在老师的带领下做含经堂实地测量。事先我们进行了充分的准备工作，由建筑研究院的老师们给我们讲了中国古建筑的基础知识，并提供了《清工部工程做法则例》等文献让我们课下阅读。老师给我们的资料是古文版的，很难理解，我足足花了将近三小时才把整个资料的意思搞清楚，又通过与网上所查资料对比收获了新的东西。我们从这些古代文献中了解了清代建筑结构尺寸的规定，掌握计算方法，学习识读建筑的平面、立面、剖面图。在我们初步理解清代建筑设计的基本要求后，踏勘含经堂遗址。以3～4人小组为单位，选择一个单体建筑遗址进行小组体验测绘工作。在老师们的指导下测量遗址台基、踏步尺寸、柱础位置、柱径各部分尺寸，标示清楚，详细记录。这个过程对我们是一个挑战——记得第一次我们组因为数据测量不完整，过于想当然，只测了一个柱础的半径就把它当作所有柱础的半径进行下一步测量了，导致数据错误，又记混了数据，结果在核对验算时发现数据有误，只得重新测量，还好后来成功重测了。测量结束后，建筑研究院的老师现场讲解遗址与建筑的关系。根据《清工部工程做法则例》中的规定，结合现场记录的数据，大致推算出建筑各部分的尺寸，复原古建筑的主要形象。复原工作比较艰辛。下一步就是计算了。我先在草稿纸上大概画一个草图，借助计算器算好数据并在草稿纸上标好之后再往白纸上誊抄，这样保证万无一失，一幅完整的复原图就画完了。这不禁令我们感叹中国古代建筑学的精密与智慧，更为我们的祖先感到骄傲！

这次活动让我收获了很多。首先，让我懂得了做事要脚踏实地，不能空想与臆断；科学需要十分精准与清晰的逻辑和实践，否则会导致前功尽弃。如果我们不再重新测量就不能绘制出复原图。其次，我懂得了团结与合作的重要。我们组分设了记录员、测量员和计算员，所有组员都积极参与，同心协力，绘图时大家一起解释疑难，互帮互助，最终高效优质地完成任务。最后，我懂得了成功需要坚持和不懈的努力。前面对古文资料的查找虽然很艰辛但也让我们组取得了突破性进展。

（王莛然）

对于一个高难度、高思维含量的任务，我们的学生依然接受挑战并出色地完成了测量。在学生的感悟中，我们看到了他们的动手能力和思考能力获得了锻炼，看到他们发自内心地对知识的渴望，并肩合作完成任务后的欢喜，还有对祖先智慧的景仰。

(三)思考圆明园——为学生创造提出问题、独立思考、相互合作交流并呈现成果的机会

在前两个阶段的准备工作完成后，进入学生独立思考和学习解决问题的阶段，本阶段为期一个学期。

在感知和认识圆明园之后，孩子们开始尝试着提出在圆明园中他们感兴趣的问题，我们顺势而为，进入课程第三阶段——"思考圆明园"，让学生就自己感兴趣的问题在老师的指导下做研究性学习。我们认同学生是价值的创造者、思考者与问题的解决者，在学习中以自主性的思考进行探究性学习。以小见大，从细微处见精神，是我们在"思考圆明园"中坚持的原则。对于七年级学生而言，我们更在意的是培养他们进行研究的态度，对如何做研究有所感觉，品尝到研究的味道，学习如何查阅文献，知道论文是什么及如何写论文……我们是从学生成长的长远目标出发，为他们将来能够进行真正的研究打下一个良好的基础。在老师们指导学生进行研究性学习的过程中，不仅增加学习的广度，也注重学习的深度。在七年级的学习中，让学生们喜爱自己正在做的研究，并在后面的学习阶段对相应的知识不断补充和修正，这种学习的习惯和乐趣才是学习者最为可贵的成长收获。

清华附中有一支强大的教师队伍，教师们有着各种不同的研究背景，比如法国史、清代经济、景观地理、清代外交政策、中西融合建筑，还有生物和美术方面等。我们根据学生想要进一步探讨的内在需求，在教师中选择相应的老师组建师生小组，进行导师指导下的研究性学习。导

师通过与学生对话了解学生的需求，师生共同确定要探讨的具体话题，在每周一次的小组对话中进行思维的碰撞——学生之间、学生与导师之间进行切磋，并提出进一步的问题，提出新的任务，在课下通过查阅资料、调查和思考在又一周的讨论课上各抒己见，最终达成共识。在这种自由、发散、开放性的讨论中，学生们增长了见识、训练了各种能力。最后，学生们以小论文的形式呈现自己的成果。

圆明园不仅以它的历史意义闻名，生态系统也较为完整，是当下著名的观鸟胜地。那这个区域的生态环境是什么样的？感兴趣的学生在生态学家的带领下研究这个"万园之园"里的生态系统和群落，从中发现了物种的类型、分类及基本特征。通过样方调查和资料阅读，学生们不仅知道在课本上提到的个体、种群、群落和生态系统的具体含义，而且对各种常见的植物也有所了解。学生认为这种把自己置身于大自然中的方式，不仅更深刻地理解了课本中所学的知识，而且也培养了自己的实践能力，体会到了在科学研究中，认真观察、实践、反复思考的重要性。学生们最后撰写的论文分别对种群、群落从类型到数量、分布及整体特点都进行了详细的说明，既有文字分析，也有数据结果说明。

对圆明园建筑感兴趣的学生们与有着美术研究背景的老师们组成小组，由清华大学从事古代建筑研究的老师专门给学生做讲座，并通过到现存古代建筑的颐和园进行实地考察、去研究所参观等活动了解古代建筑风格，师生们还多次对圆明园进行细致的考察，通过在 iPad 上开发的圆明园相关软件进一步了解细节。最后他们用专门的建筑软件把将自己所认识的古建筑呈现出来。对于初步完成的作品，师生多次讨论、几易其稿，最后形成令人满意的成果。从文化角度到审美角度，这些作品都有所体现，学生们的构思独特，蕴含了不少中国传统文化的元素，得到专业老师们的高度称赞。

通过这个阶段学生们得到了什么？我们还是从学生的感悟中去体会。

【案例3】在完成研究性学习的过程中，我学到了许多。每周一次，老师组织我们进行小组研讨，就一个问题进行充分的讨论。启发我们得到一些和原来所知的不一样的东西，培养质疑和创新的能力。我觉得这个过程中自己的收获是通过思考学会一些东西，而不是老师一味地给你灌输知识。自己主动思考，是我们特别需要的本领。在写论文的时候，最主要的方式就是去实地调查，每人查一些资料，我们汇集以后再来讨论。

这样可以从同学的身上汲取许多收获，学到自己不知道的内容。意见有分歧了，我们进行讨论，然后学会了更多的东西。当我们发现查到的资料和我们已知的矛盾或者逻辑相悖时，我们就慢慢开始去质疑并且去怀疑这些专家说的到底是不是最准确的。每个人的思想都经历了很大的变化，从刚开始的畏惧到好奇，中间经历了一些挫折，但当论文定稿之后，每个人都收获了很大的成就感。同学之间的帮助、课程的吸引力、研究本身的乐趣、学会发现新问题是我从这门课中感受最深的。

（高江滢）

学生们想探讨的话题内容广泛，经过一个学期师生共同的努力使他们对感兴趣的问题有了更深的理解和认识。从他们完成的论文或综述中也反映了学生们开阔的思维和一定的深度。学生们对讨论的问题产生许多联想，并可以对所获得的知识进行迁移和运用。他们的思考是开放的、灵活的、具有综合性的，探讨的问题已不仅是课程内"英国火烧圆明园的原因"，而是扩展到政治、历史、外交、艺术等多方面。在这个过程中既有知识的扩展，又有学生们思考问题的广度，这需要学生多种能力的运用，是非常可贵的。论文的撰写、修改，不仅需要他们阅读、想象等形象思维能力，而且需要他们运用分析、综合、概括、逻辑推理等抽象思维能力，他们要动脑、动手，学思结合。尽管学生的文章是稚嫩的，但他们敢想、敢于提出自己的观点并和别人探讨的精神是可嘉的。正是在这个过程中，学生们的各种能力得到全面的培养和训练。

我们认同结果是过程的自然呈现原则，尊重学生的意愿和想法，创造条件实现他们在实际观察后的所思所想。每个人的感情都很丰富，也都有变化。学生用一张图像表达出了他们在研究中的心理变化和感受：

【案例4】刚开始上课的时候，我被课程的难度吓到了。要看很多文献，最主要的是，用英文！但是随后的第一次和老师会面打消了我的疑虑，老师平等地看待并尊重我们的想法和看法，让我们去掉恐惧感。之后，由于对历史的好奇及兴趣，我越来越喜欢这门课了。可是随着难度的加深和英语的运用，我渐渐对自己失去了信心，感情也滑落了。到了最后的写论文阶段，由于我的坚持，在困难中又找到了快乐，情感从而升华到了最高点。有三个方面的原因：一、同学；二、这门课的吸引力；三、研究本身。

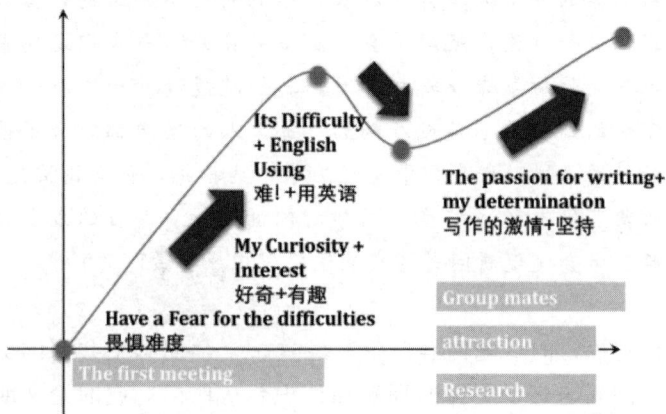

Its Difficulty
+ English
Using
难！+用英语

My Curiosity +
Interest
好奇+有趣

The passion for writing+
my determination
写作的激情+坚持

Have a Fear for the difficulties
畏惧难度

Group mates

attraction

The first meeting

Research

第一次上课老师就把我们拉出去了。这没什么好奇怪的，因为很多组都出去了。但是我们发现目的地是一个非常古老的地方——清华大学图书馆。图书馆有一种很典雅的气息，并且书卷的气味很浓烈，激起了我们很强的求知欲。我们去那里是为了借书。老师们仅是告诉我们怎么做，让我们自己研究借书的方法，也让我们自己确定研究主题，几乎凡事都是我们自己做的，连论文都完全是自己写的。

这，就是指导与讲授的区别。结果，自然是不同的，一个是"自主"的，而另一个则是"标准化生产"，没有了自己的思想。我觉得含有自己思考的作品是不能用时间来衡量的，它代表了一个人的价值观，与大众化的东西显然不是一个档次。指导与讲授的区别就是个人与标准的区别。我们有幸接受了前一种教育，受益匪浅。而这带来的是我们的自学和自主能力"飙升"，也是日后不可或缺的能力。

我们再来看看这门课到底有什么样的吸引力。

第一，比较亲切。没有那么多条条框框。当然，这个过程很享受。

第二，因为我们自己形成了个人的观点，在讲述时同学会提出很多问题。这就相当于一个小小的辩论：我们会拼命为自己的观点撑腰，这也加深了我们对问题的思考。

第三，历史本身是很美丽的，我们又可以一起去领略它，自然是一种强大的吸引力。

从课程当中，我们学会了绞尽脑汁在规定的时间内完成工作，不管用什么方法；而且还学会了很重要的一点——自学，这是一种特别好的习惯，我本人就受益匪浅；在人际交往层面，我们重新认识了每个人，课程提供了一个自由交流熟悉的平台；最重要的，也是学弟学妹们最关心的——它能为未来的学习提前培养能力，打下坚实的基础。

（尹昕儒）

通过这种心态变化，可以看出学生参与课程是认真而有收获的。

四、课程内容

课程总体安排如下：

第一学期

表 1　走进圆明园课程实施计划

阶段	涉及科目	内容
第一阶段：见识圆明园 以圆明园为背景，用学生参与互动的方式学习一些相关知识	初步认识圆明园	请专家或对此有研究的老师对圆明园总体做介绍。
	博物学	请北京大学擅长博物学的教授做讲座，让学生知道什么是博物学，怎样在圆明园中体验博物学。
	地理	作为皇家园林的圆明园其建造的特点是什么？比较南北方园林结构的特点。
	政治	作为当今一个热点关注问题——十二兽首今在何方？联系拍卖的时事新闻，让学生以辩论的形式思考要不要以拍卖的形式将其回归。
	历史	人们常说英法联军火烧圆明园，实际情况是什么样的？引导学生像历史学家那样思考问题，得出自己的观点。
	艺术	圆明园的建筑是独具特点的，以西洋楼为例，其建筑特点是什么？东西方建筑各有什么特点？西方几个著名的建筑阶段的特点是什么？圆明园的建筑是如何将东西方建筑融合的。
	生物	圆明园是著名的观鸟胜地，以此为话题，邀请著名的鸟类学者讲述观鸟知识。
	综合	作为遗址公园，如何用来发现和体验其博大的内涵和厚重？专家们用独特的方法再现圆明园，使学生可以直观性地体验，请专家讲述再现圆明园的过程对学生后面的学习富有启发性。

续表

阶段	涉及科目	内容
第二阶段：体验圆明园 在了解圆明园概况后，让学生在体验式的活动中进一步认识圆明园，强调快乐、好奇和兴趣，突出整体、游戏参与、乐趣和自然	圆明园定向越野	安排圆明园定向越野，以完成任务书加竞赛的形式，让学生初步认识圆明园。 具体方式：分配任务书，以小组为团队进入圆明园完成任务，最后以完成任务的速度和质量作为竞赛的指标。通过学生玩的活动，完成对圆明园一些区域的了解。
	辩论赛	流失海外的圆明园文物是否要高价回归？这个话题引起社会广泛关注和争论，是与否各有说法，把这个话题交给学生，让他们去讨论，结论不重要，关注这个过程中学生的思考与表达以及面对问题如何去解决的过程。
	到圆明园种藕观荷	现在圆明园赏荷很著名，其实在建造圆明园时，设计者对不同的建筑结构栽种的植物很有讲究。现在仅以赏荷为代表了，其实从选种、种荷、观花、种藕整个过程学生并不是很清楚，提供让他们认识和实践的机会，也对如何赏荷有个认识。参加种藕还可以享受春天的圆明园。
	含经堂测量	含经堂遗址给学生提供了丰富的可以追究的资源。让学生通过学习清代建筑规则——《清式营造算例》，然后进行实地测量，再根据规则完成圆明园建筑复原图。在古文、测量、数学、美术方面有一个综合性的训练，也体验了小组合作的重要性。
	探秘狮子林	仿照苏州狮子林并注入皇家元素的圆明园狮子林现在满目疮痍，但里面丰富的地理、历史、建筑、测量等方面的知识可以供同学们去观察和思考并收获。
	在谐奇趣中寻宝	西洋楼中的残石中有丰富的内涵，是历史的见证也是中西文化融合的生动说明，在专家的引导下以完成任务书的形式，在谐奇趣中寻找那逝去的辉煌和中西融合的见证。

续表

阶段	涉及科目	内容
	洋话连篇圆明园	以给国外的同年龄人做英语导游的身份，想一想如何把自己所知的圆明园讲解给这些外国小游客听？什么样的形式最可以让听众接受？试着把现成的导游册重新构建出来。
	手绘萌说圆明园	以美术绘画的形式，将所学所得以绘画的形式进行表达，什么样的表达最可以被人接受和欣赏，也是一个值得思考的问题。

第二学期

	内容	意图及目标
第三阶段：思考圆明园	准备一：如何用英语表达	恰当结合讲座知识并融入自己独立思考和实地考察感悟以英语表达。题目丰富而实用，有建筑、历史、园林风格、圆明园文物等方面。
	准备二：如何查阅资料	为什么要查阅资料？我们目前擅长或乐意从百度百科等途径查资料可靠吗？我们应该从什么途径查阅可以让人信服的材料？如何查？老师带领学生边讲边实践，初步掌握查阅文献的本领，为后面的研究性学习做好准备。
	准备三：参观的学问	参观是一个很有讲究的活动，走马观花是得不到收获的，该如何进行参观，怎样的做法让你最有收获？事先的准备、完成任务书、在现场听讲、与专家的讨论，样样不可少。
	思考圆明园启动 按照学生进一步学习的意愿分不同的研究方向，在导师的带领下确定要研究的内容、明确研究的方法和过程，每周一至两次和导师共同讨论的时间，对上次布置的工作进行分享和讨论，就"我们已经获得哪些收获"、"还准备做什么事情"等方面有一个分享过程。并确定接下来的工作，最后以不同的形式（综述、论文、电脑制作等）呈现研究成果。 （详见《思考圆明园——清华附中校本课程走进圆明园研学习作》一书）	

五、师资队伍

走进圆明园课程集结了校内外强大的教师和专家学者队伍。

课程总策划：方妍(清华附中党委书记)

课程顾问：颜家珍(清华附中历史特级教师)

课程设计：韩星

表2　走进圆明园校本课程教师团队

校内教师	地理教师：张伟　伊娜　赵鹏　谷丰 数学教师：刘向军 语文教师：赵岩 历史教师：朱培　王敏　张馨月　王静　费小建　王峰　宋薇　马红红 政治教师：刘露　朗艳　邱磊　黎颖　叶海波 美术教师：吴雅蒂　关君　裘昀 英语教师：姜頔　李冰清　刘知南　王安琪 生物教师：韩星　袁小茜　寇正　李明　王星玮
校外专家	清城睿现数字科技研究院：贺艳　倪瑞峰　高明 清华同衡遗产研究中心：尚晋 清华大学建筑学院：黄蔚新 北京大学：刘华杰　王琰　巫兰 中国科学院青藏所：姜丽丽 中国科学院动物所：朱磊 中国科学院大学：王艳芬　庞哲 故宫博物院：果美侠　王文涛 哈罗国际学校：李明

几年来，校内教师和校外专家已经成为固定的队伍，在课程不同阶段引领学生完成相关的学习任务。老师们在指导学生之前都要进行充分的准备，例如在第一阶段"见识圆明园"时，老师们对于讲课的内容、形式等都进行反复的磨课。每节课与授课内容相关的老师都去听课，任课老师在课后都能进行认真的反思，老师们做这项任务十分认真，相互的交流成常态，有时是课后交流，有时利用网络交流，单是交流积累的文稿就达十万余字。在学生进圆明园进行实地考察或完成课题之前，老师们也要多次前往进行切磋和设计。在指导学生进行文献研究时，课题老师要进行大量前期资料的阅读。

六、课程评价

本课程有完整的评价体系，注重课程过程，注重学生自主性和能动性，关注每一位上课学生的态度和收获。

(一)过程性评价

1. 完成任务单：在讲座和参观环节设计相应的任务单，以学生为主体的形式让学生思考和活动，并填写任务单的内容，教师可以了解学生的学习态度和收获。

2. 小组分享：每次导师带领学生研学后都有布置读书、查阅文献的任务，学生以 PPT、口头表达或书面完成任务，并在专题小组内进行分享。教师可以根据学生的表现给予恰当的指导。

3. 以英语表达方式汇报前期学习收获：完成阶段性学习之后，会组织学生将前一个阶段自己最感兴趣的问题用英语进行表达，学生可以用画画的形式、PPT 演讲的形式展示，教师有统一的评价表对每一位学生的表现进行评价。

4. 辩论赛：在完成一个主题之后，组织学生进行辩论，在生动活泼的氛围中评价学生对相应问题的思考程度和收获。

(二)终结性评价

课程结束时，根据研学的内容不同，要求每一位学生完成相应的结题，方式可以是论文、综述，也可以是一件电子作品或美术作品。下面将三年来(2012—2015 学年)学生的终结性成果归纳如下：

表3　走进圆明园课程学生作品

1. 实地考察类	(1)脚下地炕高上学问——冬天皇帝如何取暖 (2)真问题，真方法，真研究——含经堂戏楼的测量 (3)圆明园植物的调查 (4)绮春园鸟类调查

续表

2. 文献研究类	(1)历史是科学也是艺术——火烧圆明园背后的外交事件 (2)把指挥棒交给学生——西方传教士对近代中国影响初探 (3)小事件管窥大政局——清朝同治年间重修圆明园研究 (4)管中窥豹可见一斑——从国家兴衰看圆明园 (5)从文本阅读走向对话——圆明园资金来源估计 (6)档案中的真实——火烧圆明园中英法两国的关系 (7)以兴趣为导向,以小见大引发思考——由观水法石雕屏风图案引发的思考 (8)圆明园中的风水——以北京皇家园林和苏州园林为例,探讨南北方园林的差异及原因 (9)追忆那逝去的万园之园——公众对于圆明园流失文物的看法及其原因分析 (10)融情于境,立体思维——浅析观水法石雕屏风图案所折射的国家发展理念
3. 主题研究	(1)层台云集梨园乐——"观演" (2)皇子不做逍遥游——读书 (3)乘对行令,布政亲贤——理政 (4)飞檐反宇夺天工——建筑 (5)学习设计旅游产品了解圆明园图案内涵

七、课程效果

(一)课程建设成果显著

1. 圆明园管理处为本课程举办了展示会,并出资在圆明园游客最为密集的地区——三园交界处立了6块 3m×5m 的展示板介绍"走进圆明园课程"。

2. 本课程具有可复制的模式,如完成了丰台区学校的"走进卢沟桥"的课程设计。即一种利用学校周边特有的资源,引领学生见识、体验和思考具有梯度的学习活动,在参与中将多学科整合,训练学生观察、查阅文献、分析和解决问题等方面的能力,以及不畏惧困难、认真求实的精神。使他们在参与中不仅学到知识,获得能力,而且领略历史悠久且博大精深的文化,渗透爱国主义情怀。按照这个思考,西湖的雷峰塔、西安的大雁塔、北京的胡同都可以采取这一模式展开学习活动。

3. 2014 年 9 月，清华附中走进圆明园课程学生代表应邀参加了由国际文化遗产记录科学委员会（ICOMOS-CIPA）、中国古迹遗址保护协会（ICOMOS China）、清华大学建筑学院和美术学院等共同主办的"第三届文化遗产保护与数字化国际论坛（CHCD）"。在清华大学建筑学院建筑历史与文物保护研究所所长王贵祥教授主持的"薪火相传，青少年与文化遗产"的版块中，同学代表用英语介绍了他们在为期一年的校本课程走进圆明园中的学习过程、成果和感悟。还有学生代表以表演的形式展示了他们对于农耕文化的学习收获，受到中外学者的广泛好评。

4. 2015 年 4 月，在圆明园研究会主办的沙龙上介绍走进圆明园课程。

（二）媒体报道

1. 中央电视台、北京电视台都报道了相关的消息，《中国教育报》《中国教师报》等平面媒体也进行了相应的报道。

2. 2014 年 10 月，清华附中参与本课的师生代表接受 BBC 专访。

（三）做公开课

1. 2015 年 5 月，在《中国教师报》举办的"全国中小学课堂教学创新成果博览会"上做公开示范课"向历史学家那样思考"，到会人数约 150 人。

2. 2015 年 10 月，在北京市"首都特色地方课程开发与管理模式实验研究"走进海淀市级研讨活动中，做走进圆明园课程 4 节，"西洋楼里的融合与创造"、"东西南北赏园林"、"像历史学家那样思考"、"含经堂戏楼的数学测量"。到会人数共计约 240 人次。

3. 走进圆明园课程成为来清华附中参观培训教师的讲座内容之一。也是近两年来清华附中新教师培训班讲座的内容。

（四）发表成果

本课程也使教师得到更大的施展和锻炼的机会，发表文章若干，走进圆明园内容经整理加工，成稿将于 2016 年年初由上海科技出版社出版发行，共计 84 万字，分两本，记录了走进圆明园课程的设计思路和实施的方案、过程及学生的研究习作。

表4 走进圆明园校本课程教师公开发表作品一览表

序号	作者	形式	题目	字数	出版时期	出版刊物(出版社)
1	记者	报道	《当学生遇到圆明园》	2000字	2013.6	《看历史》
2	王敏	论文	《像历史学家那样思考》	5000字	2013.4	《看历史》
3	方妍 韩星	论文	《万园之园里促生的高阶学习》	5000字	2013.12	《北京高中教育研究》
4	项目组	论文	《走进圆明园校本课程的设计与实施》	4500字	2013.11	《海淀教育》
5	张馨月	论文	《听学生讲历史故事》	5000字	2014.10	《海淀教育》
6	项目组	著书	《见识和体验——清华附中走进圆明园实践》	约42万字	2015.7	上海科技出版社
7	项目组	著书	《思考圆明园——清华附中走进圆明园研学习作》	约42万字	2015.7	上海科技出版社
8	C13级	光盘	走进圆明园学生实践分享会实况	1小时	2015.4	北京师范大学出版社

(五)受到家长和各方认可

1. 家长眼中的走进圆明园课程

七年级第一学期，走进圆明园项目课题组给每位家长发了一封信，家长从而了解到课程设置的内容、形式、目的以及意义，观听了上一届上这门课的学生做汇报，感触颇多。附中借助毗邻圆明园的优势，对学生进行综合素质的培养，加强学生的实践能力，养成思考和创新的习惯。我对这一种以教师指导和学生自主、合作学习相结合为主要形式的方式很是赞成。

孩子们走进圆明园的课程已经结束了，第一学期以圆明园为话题介绍生物、政治、历史、地理、美术一些基本常识和研究方法，第一学期孩子们从自己的兴趣出发，在团队老师的带领下进行某一专题的、比较深入的探究活动，学生小组合作，查阅、收集并分析资料，进行实验研究，实地参观、考察。在这个过程中，孩子们在老师的带领下享受着学习的快乐。带着几个问题访问了一些孩子，他们的感受大致如此：

（1）这门课与其他课程的不同：教学方式灵活，其他课程更贴合课本，这个课程涉及学科内容多，一个兴趣组用到的知识不仅仅是本学科的内容，是交叉学科，内容延伸多。

（2）学习方式：更多的是走出课堂，不只是单纯教室里课堂的学习，实物调研可以帮助他们更好地了解所讲的内容，理论实践相结合。比如古代建筑组，深入了解本小组的研究内容，包括古建筑与现代建筑在地基、结构、特色等方面的差异。

（3）在研究方法方面：学习了怎样查文献，怎样在众多文献中搜寻自己需要的内容，学会了项目申请书的撰写，对将来的科研会有帮助。

（4）作业方面：作业很灵活。

（5）收获：体能的锻炼，实地考察需要体能；了解了本组课题相关的很多知识，不是死学习，很有趣，很快乐。生物组有的同学立志要当生物学家了，生态组有的同学原来不情愿参与不是自己选的项目，但是现在感觉很好，确定样方的观察方式很好玩。

家长的感受与孩子的视角不太一样，以下是从家长的视角来看孩子在这个过程中的收获：

（1）在学习内容上以圆明园为载体涉及了生物、政治、历史、地理、美术一些基本常识和研究方法。而后孩子们从自己的兴趣出发，在团队老师的带领下进行某一专题的、比较深入的探究活动。

（2）在教师队伍上，学校给孩子们组织了一支非常好的老师团队，多是来自名校的年轻教师，也有名校毕业已经工作的老师，给孩子们带来新理念，孩子们借此机会也吸收了很多课堂之外的知识。比如古建筑组，他们到老师工作的地方参观学习，看到老师和他的同事们如何使用软件开发，拓宽了视野，也激发了孩子们的创新意识。

（3）在学习方式方面，深入浅出，寓教于乐。从孩子们的感受就可以看出，他们很高兴地学习着，享受着这个生动的、开放的学习过程。这才是学习的真谛。

（4）在研究方式上，课程进行过程中教导学生学习如何有效进行文献检索，进行了早期的科研训练。学生要研究课题，从学习如何写研究项目申请书开始，穿插进如何做课题研究。这些都是我读研究生的时候才开始认真学习的。对孩子们从现阶段就开始渗透科学研究的过程和方法，不是枯燥的灌输，孩子们受益匪浅。不论将来是否做科研，都会对未来的学习起到深远的指导意义。

在这个过程中，孩子们在进步，在成长。通过这个自主学习与教师指导相结合的学习过程，孩子们自主学习能力大大提高。这个能力的提高不仅仅体现在本课程的学习上，更多体现在其他课本知识的学习上。孩子对于课本知识的学习，能够主动发现问题，并且学会自己想办法、多途径解决问题，还学会了延伸课本知识。我的孩子经常会以课本知识为话题，讨论由此延伸的知识，比如生物课学到细胞结构，我们可以由此谈论各结构功能、基因、遗传、疾病，以及临床基因疗法的现状和前景等，遇到两个人都不了解的问题，孩子借助网络和科学杂志，自己查阅并找到答案，甚至可以提出设想。尽管有的设想比较幼稚，但是我相信，随着年龄、知识的增长，会有可圈可点的好想法。

我觉得在现在的大环境下，附中能够给孩子们开设这样的课程，让孩子的学习不仅不枯燥，还能够以极大的兴趣投入其中，乐此不疲，真是一件幸事。这个过程对于孩子综合素质的提高，创新能力的挖掘都是有益的。（胡春红）

2. 老师眼中的走进圆明园课程

颜家珍老师是清华附中历史特级教师，终生投入对圆明园的研究中，著有《中国园林的瑰宝——圆明园》和《历史教学与学生思维能力的培养》等著作，是本课程的见证者之一。颜老师谈道："20世纪60年代初入圆明园到处是稻田、藕地、粪池、鸭场，只有西洋楼废墟伫立着已被沙土掩盖的断柱残石，看不到一点盛世圆明园辉煌的影子，这一切使我浑身发凉，怒火燃烧，这里是我们国家民族的悲哀和耻辱。出于一个历史老师的本能，职业的敏感，我要将圆明园的兴衰史告诉我的学生，使他们了解圆明园辉煌的过去，对英法联军疯狂抢掠、英军野蛮焚烧的罪恶有所了解，引起思想震撼，并从中得到启示和思考。于是我开始研究圆明园史，实地考察遗址，用这些活生生的历史对青少年进行圆明园知识的普及和爱国主义的教育，在学生中、社会上产生了良好的影响。几十年来，我与圆明园结下了不解之缘。随着时代变化，我也不断调整教课的内容与方式，主旨仍然是爱国主义教育知识的传播。"

　　走进圆明园课程内容丰富而深厚，能否突破对学生爱国主义教育为主的模式，对学生进行多学科的综合教育、多方面的能力培养，这是仅凭单个学科的老师无法做到的。清华附中七年级走进圆明园校本课程，就是以全新的视角，将圆明园作为平台，集多学科于一体的综合教育模式；它将培养学生的各种能力，将对学生品德素质的教育浸润其中；将拓展知识、开阔视野、培养能力，尤其是将创新思维培养和学生品德、价值观塑造有机融合，这是前人从未做过的教育模式，每个课程、课题的完成都无不体现这些教育理念。

　　例如制作含经堂复原图的课题组走进含经堂，对经过整修的平整地基的建筑遗址进行分组测量。看似简单的任务，其实之前他们已经学习圆明园的历史、含经堂的变迁、难懂的清代营造则例，学生在烈日的炙烤下全然不顾，坚持数小时测量、记录数据，再根据记录的数据，仿营造则例独立完成建筑物的复原图。这个过程，同学们要运用到建筑学、物理学、数学、绘图、历史等知识，充分发挥了聪明才智、丰富的联想和想象力，创造性思维和创新能力，锻炼了他们制图、绘图的能力，学生的复原图受到了清华大学专家学者的充分肯定。有的学生调查了含经堂周围的环境，综合分析研究含经堂冬天的室内温度，这是极富创造性思维的学习方法。这种跨学科所学知识的广度、深度、各种能力的培养，是其他课程无法相比的，它为我国中小学教育改革提供了范本借鉴。

　　好的课程更要有好的教师来完成，走进圆明园课程集合了一批年轻、业务功底扎实、能干肯干、不为名利、不讲报酬、只讲奉献、吃苦耐心、一切为了学生的高水平、高素质教师队伍。走进圆明园的校本课程在清华附中，甚至是北京市都是无可借鉴的，大家一起摸着石头过河，互相搀扶着前行，每一节课老师们都煞费苦心、精心尽力做到对学生引导启发，让他们善于思考、敢于质疑；注意抓住学生思维过程中的闪亮点，在讲课中注重师生互动、生生互动，培养提高学生分析问题、解决问题的能力，使学生创新思维、创新能力得到展现和提高。同学们完成的课程报告、论文受到专家学者同行的称赞，这是课题老师日夜操劳的结果，也是我深感欣慰之所在。

　　走进圆明园课程不仅为清华附中教育改革，也为整个中学教育改革提供了一个成功尝试、一个很好的范例，期待它能够在引领教育改革的道路上发挥更大的作用。

八、课程反思

课程开设几年来，我们对课程有如下的总结归纳：

1. 走进圆明园课程是一门踏实地开发的地方性课程，挖掘了极具特色的校本教育资源。它将圆明园这一饱含自然、历史、人文、科学等丰富教育意涵的载体作为校本课程的切入点，对清华附中而言，这不仅是一种便利也是一种责任，对当代青少年学生的价值和意义是重大的。与此同时，本课程也充分开发了专家教育资源，邀请各领域顶尖的学者作为导师参与到教学过程中，有效地利用和开发了潜在的校本教育资源。

2. 走进圆明园课程理念是体验式、探究式的，充分体现了强调实践性和创新性的课程特色。课程让学生走进圆明园，通过观察、交流、实验、制作等方式，经历一个真实的体验式学习过程。在这一过程中，也发挥了学生好奇心强、爱钻研的主动探究精神。

3. 走进圆明园课程模式是系统化、融合式的，以圆明园为切入点，根据年级和学科特点，循序渐进。结合对于圆明园丰富的文化遗产的努力发掘利用，对于培养学生对中华文化的深入理解、对中国近代史的具体感知，对于培养学生的民族认同感、良好的阅读习惯、追踪学术前沿、确立探究学习习惯和独立思考的志趣，均具有深远意义。在这些过程中渗透培养学生的爱国主义情怀和报效国家的志向。

4. 走进圆明园课程吸引和凝聚了大量一线教师，尤其是具有活力的年轻教师，在这种实践活动中得到了培养，确立了教师在课程研发和实施中的主体地位，让教师作为主体人和职业人的内在动力和专业探索在有趣有意中坚守。

5. 走进圆明园课程评价采用了多元表现性评价的方法，让学生及时总结提炼学习过程中的一些问题和发现，也形成了一些有价值的学习成果。

课程评述：

我对圆明园这座文化遗产的研究已长达20多年，这座被毁的遗产，尽管它曾经获得"万园之园"的美名，由于遗存建筑仅有少量的残垣断壁，在广大人民心目中，仅仅知道的是被英法联军烧毁的历史，是进行爱国主义教育的基地。园中的丰富历史文化被掩埋在地下，人们大多把对圆明园的认识聚焦在只占全园总面积2%的西洋楼景区。只有研究人员明了其历史价值、文化价值、科学价值。清华附中选择走进圆明园为校本课程，我们在向附中的学生介绍圆明园的全貌之后，引起了师生们的极大兴趣，清华附中仅仅是七年级的学生就在教师的指导下，对圆明园提出了多角度、多学科的众多问题，并通过辩论探索答案。我感到走进圆明园作为校本课程，有以下的特点：

一、培养了学生独立思考的精神，破除了对专家的迷信

结合为什么英法联军要烧毁圆明园？学生们在教师指导下，查阅了相关文献，发现专家们观点并不相同，于是展开讨论，依据历史事实、辨明是非、做出客观分析。学生学习了如何研究历史问题的方法，锻炼了独立思考的精神，对一些专家学者观点进行重新审视，提出自己的论点。

二、探讨深藏历史表象背后的文化、科学知识

同学们在对圆明园有了初步的认识之后来到现场，对所见遗址状况不再是走马观花，而是以锐利的目光去发现、研究问题。例如有一处在灰砖铺砌的地面上，出现了局部的红砖地面，为什么？通过参观故宫类似的建筑之后，得知原来那里是一处古代"卧室"的室内地面，红砖地面原本是火炕的遗迹。同学们了解到古代建筑的取暖的方法，学到了物理的知识。兴趣浓厚，还想着要把室内温度计算出来呢！

当他们面对一处古戏台的地下室遗址时，便希望量测这个地下室的深度，但苦于地下室被玻璃罩盖着，用手工的办法去量测，虽然得出了数据，但与用了激光测距仪量出的数据不同，怎么办？这时教师引导他们采用三角函数的勾股定理来验算。在圆明园不但可以学习文史方面的知识，也可以学到数理方面的知识。

三、采用生动活泼的教学方式

学生们走进这300公顷的圆明园广阔天地中，扩大了视野。他们利用我们研究圆明园团队的研究成果——iPad圆明园数字导览系统，通过对不同性质的遗址分组探寻，在现场一一进行比对。为什么会出现"田字房"（平面成田字形的建筑）？折射出农业社会的历史环境；为什么会有各种宗教建筑？反映了皇帝的精神寄托和统治手段；为什么会有"万字房"（平面呈万字形的建筑）？反映了皇帝的治国理想，希望万方安和、天下太平。通过这样的学习，学生们的家长反映，他们的孩子在这类课程中，"有思、有想、有感、有悟"，收获极大。学生们按照自己的理解编写导

游手册，并翻译成英文，借此进一步引申到英语的学习中。

清华附中在校本课程中所取得的优异成绩，使我了解到我国在中学素质教育方面已经迈出了新的步伐，清华附中的教师们以圆明园这样的文化遗产为题，将其引入多学科的教学活动之中，使学生们得到了全方位的锻炼，课程作业水平之高令人惊叹不已。不同学科的教师们的对圆明园这座遗产利用之巧妙令人耳目一新。走进圆明园这样的课程堪称达到国际水平。

（郭黛姮　北京圆明园研究会会长，清华大学建筑学院教授，博士生导师）

经济与生活领域

    课程领域的设计是以课程理解为前提的。新课程是在一定培养目标指引下，由系列化的课程目标、课程内容及学习活动方式组成的，且具复杂结构与运行活力，用以促进学生各项基本素质主动发展的指南。课程本质不是知识，因为知识只是课程的内容或课程的成分之一，课程的成分还包括目标、活动方式等。并且，知识也不是课程的唯一内容。课程的本质不是经验，因为经验只是课程的活动方式，课程需要回答为什么而经验的问题。课程是一种育人的指南，这是从课程在教育活动中的地位和作用来说的。

    联合国教科文组织对教育目标进而阐述："发展的目标是人的完整实现(the complete fulfillment of man)"，是人作为个体、家庭成员、社区成员、国家公民、生产者、发明者、创造性的梦想者等具有丰富内涵的个性的完整实现。它强调通过教育的改造和社会的合作，使学生成为在认知、情感、伦理、审美、身体诸方面全面发展的人，完整的而非畸形、片面发展的人。"成为完整的人"就要有适宜其成长发展的课程和环境。因此，多年来，海淀教育积极应对其经济、社会、科技、文化突飞猛进的现实，一方面抓住得天独厚的人才资源优势，助力课程建设和教育优先发展；另一方面借助丰富的环境资源条件，促进教育与实际生活的融通融合，形成有利于夯实基础、多样选择、持续发展的课程体系。

    中学经济与生活领域的课程选入了经济学课程、平面设计课程和传统节日文化漫谈课程。这些课程将成为人自身发展和社会发展的目标，能够唤起学生的兴趣、活力；能够激发学生的思考、智慧；能够支持学生体验学习、成为终身学习者；能够引导学生关注美好生活、创造高质量的生活。"经济学是一门研究人类一般生活事务的学问"。经济学课程具有"培养、迁移、服务、激活"四个方面的课程功能与价值，具体指"培养"学生的经济学理性思维，树立正确的人生观与价值观，提高学生独立思考、研究性学习及团队协作的能力；促进经济学理性思维在学生学习与生活中的"迁移"，使学生更精明地做出选择；注重运用经济学思维提升学生的学习方法，重视其对于学生学习与发展的"服务"功能；以经济学课程为窗口，激发学生对于经济学和其他科目的学习兴趣，"激活"学生的学习热情与创造力。该课程在"做最有价值教育"的核心理念指导下，突出"导师团"与"小学段研修"特色，建设了模拟证券高端经济实验室，建立了对外经济贸易大学、光大银行、光大证券、中德证券、法国兴业银行等院校合作团队，构建了"课堂教学＋实践＋拓展研学"的综合课程实施平台，形成了基础经济必修课、选修课、育英经济学名家讲坛、校外研究型拓展游学四大支柱的课程体系。

平面设计课程是最生活化的一门课程。在日常生活中，平面设计的踪迹无处不见，从商场看到的形形色色的商品介绍牌，到人们穿在身上的衣服的图案设计、吊牌设计；从碗筷上面的花纹设计，到一本书的封面设计；从各种包装设计，到各类印刷图册，等等。平面设计不仅是一门生活艺术和生存的技术，更是美化生活的一种素养特长。平面设计可以培养创造力、提升审美力。平面设计的应用非常广，随着电脑技术的广泛普及，人们对视觉的要求和品位日益增强，平面设计的应用更是不断拓展：网络广告业、报业出版、杂志社、影视制作、动画、印刷业、美术、摄影、建筑装潢、服装设计、网络设计公司等，都在进行平面设计的创意。平面设计是一门视觉艺术，可以提高学生的艺术素养。平面设计课程将改变以往以知识逻辑为本位，远离现实生活与社会实践的倾向，加强课程内容与生活经验、社会发展及科技进步的联系，提升艺术课程的现实感和时代性。同时，平面设计课程集电脑技术、数字技术、美术基础、创造力、经济商业于一体，有极强的综合性。能够与各艺术门类融会贯通，综合提升艺术素养。

根据"中国学生发展核心素养（征求意见稿）"对艺术素养的定位，主要有三个维度，指学生在生活和艺术实践中表现出来的审美情趣、感悟鉴赏和创意表达能力。"审美情趣"主要是个体在艺术领域学习、体验、表达等方面的综合表现。"感悟鉴赏"重点是学习艺术知识、技能与方法；具有发现、感知、欣赏、评价美的意识和基本能力；具有健康的审美价值取向；懂得珍惜美好事物等。"创意表达"重点是具有艺术表达和创意表现的兴趣和意识；具有生成和创造美的能力；能在生活中拓展和升华美，提升生活品质等。艺术素养有其独特的内涵：其一表现为艺术涵养和艺术能力的统一，是含于内而形于外的。含于内，是指艺术涵养；形于外，是指艺术能力。艺术涵养包括艺术经验、艺术认识，以及对各类艺术特性的了解和掌握；艺术能力包括艺术感受力、艺术理解力和艺术创造力。其二，艺术素养具有整体性、综合性和稳定性。它不是一个抽象的概念，而是贯穿在全部的生活和艺术活动之中，并决定某个人进入既定的艺术境界。因此，如果一个人只能从某一方面、某一环节或某一层次上感知艺术对象，或者只能以事物的某一部分、某一种艺术美为欣赏对象，那么，还不能说他真正具有艺术素养。其三，艺术素养是后天培养起来的，具有生成性和可塑性。美感和审美意识是人类特有的一种精神享受，是人们在艺术活动中对于美的主观反映、感受、欣赏和评价，是人的一种特殊的心理活动。人的审美意识不是先天的能力，而是自然界长期发展和社会实践的产物，在改造社会中人的感觉、艺术的感受也随之而确证。艺术素养有生理方面的基础，但是，艺术素养绝不是遗传所能给予的，它是生活实践、知识修养、思想意识等因素综合作用的结果。正是因为艺术素养具有的生成性和可塑性，为学校艺术课程的精品化研发与实施提供了空间与可能。

艺术来源于生活，节日是凝练和独特的生活。传统节日文化是中华文明的重要载体，通过传统节日文化漫谈课程的学习，感受"中国人独特的精神世界"，正像习近平总书记所说："中国人看待世界、看待社会、看待人生，有自己独特的价值体系。中国人独特而悠久的精神世界，让中国人具有很强的民族自信心，也培育了以爱国主义为核心的民族精神。"本课程的价值在于激发学生了解传统文化的兴趣、了解节日背后的文化意义、培养学生综合分析解决问题能力、提升文化认同和家国情怀、促进文化自信和追求高品质的精神生活。

经济与生活领域的课程研发与实施会更加整合化、综合化、普适化和个性化，在大的体系框架下相融性、生成性更强，课程只有作为一个体系才能发挥其最大化的育人功能。好的课程一定不仅具有课程本身的独特价值，还是学校整个育人体系中不可或缺的组成部分。这种独特性与整体性的完美统一，不仅为课程找到最好的位置，并且将某一门课程的价值追求与学校整体的办学理念、育人目标达成内在的统一，提供了课程有效实施的教育理论依据。

经济学课程

北京市育英学校

一、开发背景

随着中国改革开放的深化，社会主义市场经济体制不断完善，培养现代经济学人才已成为重要任务。在马克思主义的指导下，科学借鉴西方经济学的先进理念与研究方法，对于我国经济学人才的培养具有重要的意义。目前，我国仍然是大学精英教育模式，只有从大学阶段经济学教育才逐渐开始普及，这一现状与当前蓬勃发展的中国经济不相匹配，将会成为未来中国经济发展的瓶颈。

与此同时，高中生学习经济学的热情与需要与日俱增，我们对北京市育英学校 2013 级高一年级的部分学生（共 80 名）进行了问卷调查，其中，有效回收调查问卷共 59 份，认为高中阶段应该开设经济学课程的学生 47 名，认为高中阶段不需要开设经济学课程的学生 5 名，不知道高中阶段是否应该开设经济学课程的学生 7 名，在此次调查中，有近 80％的学生有高中阶段学习经济学课程的热情与需要。由此可见，在高中阶段开设经济学课程，具有十分重要的现实意义。

为使学生在人生的关键阶段树立正确的人生观和价值观，更科学、合理地做出人生的选择，提高学习水平，北京市育英学校坚持"做最有价值教育"的理念，创立了北京市乃至全国第一所高中经济学实验班，设立了高中经济学课程。该课程以培养"经济学知识与思维"为目标，以"导师团"①与"小学段研修"为特色，以经济学博士为骨干师资，以模拟证券高

---

① 该课程为每位学生配备一名导师，导师与学生的比例为 1∶4，导师由国有企业、外资企业、事业单位、公务员、在读研究生志愿者组成，全程指导学生的经济学课题研究，被称为"导师团"。

端经济实验室为硬件依托，以对外经济贸易大学、光大银行、光大证券、中德证券、法国兴业银行等院校单位为合作伙伴，通过"课堂教学＋实践＋拓展研学"的综合课程平台构建，初步形成了由基础经济必修课、选修课、育英经济学名家讲坛、校外研究型拓展游学四大支柱所组成的课程体系。对这一课程进行开发与持续研究对于国内经济学教育的日益完善具有十分重要的理论价值与现实意义。

二、课程性质

经济学是研究选择的社会科学，由于稀缺性的存在，个人、企业和政府无时无刻不面临着选择问题，因此，正如著名经济学家阿尔弗雷德·马歇尔所言："经济学是一门研究人类一般生活事务的学问"。高中经济学课程属于人文社会科学类课程，不仅涉及西方经济学，而且还涉及了数学、政治学、社会学、伦理学等学科的一些概念，还具备思想政治教育与德育功能。

经济学课程有助于学生更好地了解周围的世界，在人生的关键阶段树立正确的人生观和价值观，教给学生做人的道理；还有助于学生更精明地做出学习与生活中的种种选择与决策，创造更美好的生活；还可以帮助学生更深刻地理解经济运行的规律与经济政策的效果和局限性，激发其对经济学的学习兴趣，为未来大学专业的选择做准备。最重要的是，经济学课程可以帮助学生开发"经济学思维方式"，教会学生像经济学家一样理性地思考，并将这一科学的思维方法应用于其他科目的学习与日常生活中，提高学生学习能力、学习成绩与生活质量。早在20世纪70年代，西方国家就有研究发现，高中生学习经济学课程有助于提高其学习人文社会学科的能力，高中生其他学习科目成绩的提高与学习经济学具有一定关系。[1]

另外，经济学课程的教学，可以与高中思想政治课的经济生活部分相互补充与促进，与人文、社会科学领域其他科目的教学相互支撑，与学校其他各项德育工作相互配合，进而实现思想政治教育的目标。

---

[1]John F. Chizmar et al. , "Give and Take,"Economics Achievement, and Basic Skills Development, The Journal of Economic Education, Vol. 16, No. 2（Spring, 1985），pp. 99-110.

三、课程目标

高中经济学课程具有"培养、迁移、服务、激活"四个总体目标，具体来说，高中经济学课程在总体上要"培养"学生的经济学理性思维，树立正确的人生观与价值观，提高学生独立思考、研究性学习及团队协作的能力；促进经济学理性思维在学生学习与生活中的"迁移"，使学生更精明地做出选择；注重运用经济学思维提升学生的学习方法，重视其对于高考科目学习的"服务"功能；以经济学课程为窗口，激发学生对于经济学和其他科目的学习兴趣，"激活"学生的学习热情与创造力。

在知识目标上，通过开设经济学课程，使学生初步了解西方经济学知识；初步掌握西方经济学的基本原理和研究方法；学会理性做出选择、适应社会发展、自主规划人生的相关知识；在能力目标上，要重点培养学生运用经济学理性思维把握重要问题的能力，培养学生独立思考，敏锐洞察、分析问题的能力；立足于当前的国内外经济生活，提高学生主动参与的能力；着眼于未来的学习生活，培养学生自主学习与研究的能力，使得学生在学习与生活中更具有科学性、计划性和创造性；在情感、态度与价值观目标上，通过开设经济学课程，强化"三个热爱"、"四个态度"和"五个取向"。"三个热爱"即热爱祖国、热爱生活、热爱学习；"四个态度"即对个人发展的自信心，对他人境遇的同理心，对未知世界的好奇心，对外界变化的平常心；"五个取向"即自由、平等、诚信、进取、友善。

四、经济学课程实施

(一)课程安排

经济学课程以经济学校本教材为核心，形成了"课堂教学＋拓展研学＋多维实践"的系统课程平台。课堂教学主要包括基础经济必修课和经济学选修课；拓展研学主要由经济学课题自主研究和育英经济学名家讲坛组成；多维实践主要包括：经济学实验室的证券模拟和 MESE 企业经营体验、社团实践(水吧、育英学校 style 学生公司等)、校外研究型拓展游学(参观百度、光大银行、中德证券等企业，正准备开展的与大学合作的高中生与大学生、研究生的经济座谈会等)。

《经济学》，是高一经济学实验班学生的必修课程，共两个学期，每周 2 课时；共 4 个学分，每学期 2 学分。

《经济学故事会：让故事改变你的人生》，是面向高一、高二学生的选修课程，共 2 学分，每学期 1 学分。

表 1　经济学实验班具体课程安排

学段	学习内容	学时	学习形式	备注
高一第一学期	微观经济学	2 课时/周	班级授课	
高一小学段 I	研究性学习	16 课时	小组合作	期中考试后 8～10 天
高一小学段 II	经济学之旅	12 课时	进入金融机构参观、考察、听讲座	期末考试后 4～5 天
高一第二学期	宏观经济学	2 课时/周	班级授课	第二学期的小学段安排如上
高二第一学期	银行、货币、信用	1 课时/周	选修课	
高二第二学期	货币供求、货币政策、国际收支、汇率	1 课时/周	选修课	
高三	大学先修课程	20 课时/年	自主选修	和大学的自主招生辅导对接

(二)课程实施

1. 必修课程

经济学必修课程进一步落实"双导师制"，"双导师制"是成长导师与专业导师相结合的制度，成长导师由经验丰富的教师担任，指导学生养成优秀的个性品质；专业导师由校外教授、特级教师、博士、硕士研究生教师担任，指导学生的学业发展；为保证导师对学生个性发展的充分关注，实验班的师生比保持 1∶4。

经济学必修课程采用"自主研修＋授课"的方式，以"自主研修"为主，"授课"为"自主研修"服务，引导学生在问题中主动探索、自主获取信息与知识，达到掌握经济学知识、培养独立思考和经济学理性思维能力的目的。

课程实施中让学生亲自参与到教学中来。因为经济学原理的发现过程与物理、化学等学科一样，一定是一个充满好奇的过程，要让学生参与到发现的过程中来，让学生不再是课堂上被动的受众，而是成为演示经济学原理的成员。通过分工，由学生来收集、准备案例，展开故事和评论的陈述，提出不同的解决方案，最终回归到经济学原理的探讨中来。

表 2　经济学实验班必修课程

学期		第一学期 （共 5 个月，30 课时）	第二学期 （共 5 个月，30 课时）	课程评价
主要内容		经济学课程微观部分	经济学课程宏观部分	
初期	选题	认识经济学。学习《经济学》教材前两个单元：经济学是什么，如何像经济学家一样思考。	学习宏观经济学原理与知识。学习《经济学》教材的宏观经济学部分。	（1）平时表现＋期末成绩："平时表现"包括对课题开题、经济热点评论、课题报告考核的加权平均分；"期末成绩"为每学期期末课题答辩会的成绩。 （2）将"课题答辩会"的优秀研修成果以展板或海报等形式展示。
	时间分配	第 1 个月		
	备选课题	市场价格决定、企业生产要素投入、投资理财等。	房地产价格居高不下的原因、货币产生与运行机制、政府财政与货币政策等课题。	
	形式	将学生分小组（4 人一组），拟定 4～6 个课题（如备选课题），供学生选择，每组选择一个课题，作为本学期的课题研究项目。		
	导师	为每小组分配一位成长导师和一位专业导师，由两位导师课下跟踪指导学生的课题研究工作。		
中期	具体内容	开题、合作研究、撰写报告，学习经济学原理与知识。	开题、合作研究、撰写报告，学习宏观经济学原理与知识。	
	时间分配	第 2～4 个月		

学期	第一学期 （共 5 个月，30 课时）	第二学期 （共 5 个月，30 课时）	课程评价
主要内容	经济学课程微观部分	经济学课程宏观部分	
中期	课时分配	将每课时分为三个部分：5～8 分钟经济热点评论；28～30 分钟经济学原理与知识学习；8～10 分钟课题研究指导。其中，5～8 分钟经济热点评论为学生以经济热点为话题，以小组为单位准备、撰写演讲稿（准备、撰写演讲稿在课下完成，演讲时间在 3 分钟以内），每堂课开始的 5～8 分钟为小组演讲展示，听众评论；28～30 分钟经济学原理与知识学习以《经济学》教材为主要参考，以故事为线索，引导学生学习经济学知识；8～10 分钟课题研究指导为师生互动学习文献检索、信息筛选、合作研究、撰写报告等课题研究方法，答疑各小组课题研究中遇到的问题。		
后期	具体内容	完成课题报告、举行课题答辩会		
	时间	第 5 个月		
	方式	成长导师、专业导师和任课教师指导各小组完成课题报告，举行课题答辩会。答辩会将对每个小组的汇报进行严格评分，最后进行师生互评：老师对学生评出最具创造力奖、最有深度奖……学生对导师评出各种之最奖（奖名由学生自己拟定，评出自己心中的导师之最）。		
	评委	导师＋校外教授＋部分学校师生		

2. 选修课程

经济学选修课程以讲故事为线索，将经济学基本原理与知识融入故事和案例中，普及经济学知识，激发学生思考，培养学生经济学理性思维；讲故事的主体由老师逐渐转为学生，当学生学习了一部分经济学知识后，让学生成为讲故事的主体。

表3 经济学选修课程

学期		第一学期 （共5个月，18课时）	第二学期 （共5个月，18课时）	课程评价
主要内容		经济学课程微观部分	经济学课程宏观部分	
初期	具体内容	以《经济学》教材为主要参考，按照教材的单元与课时安排，以故事为载体，引导学生接受、掌握并喜欢经济学。		(1)平时表现＋期末成绩："平时表现"是"经济故事你来讲我来评"的成绩；"期末成绩"为每学期期末故事大赛的成绩。 (2)将"故事大赛"的优秀成果以影像、展板或海报等形式进行展示，可在经济学实验室内部展示，也可在学校范围内展示。
	时间分配	第1～4个月		
	课时分配	每课时分为两个部分，"经济故事我来讲你来评"和"经济故事你来讲我来评"，"经济故事我来讲你来评"为先由老师安排2～3个故事，讲给学生听，让学生发表看法，老师引导学生学习经济学原理、培养理性思维；"经济故事你来讲我来评"为由学生准备经济学故事，在课上讲给大家听，由老师和其他同学进行评论，老师引导学生学习经济学原理、培养理性思维。随着学生对经济学知识的学习不断增多，"经济故事你来讲我来评"的时间不断增加。		
中期	具体内容	举办"第一届经济学故事大赛"，评选"经济学故事大王"。	举办"第二届经济学故事大赛"，评选"经济学故事大王"。	
	时间分配	第5个月		

在实践操作中，以证券模拟分析经济学实验室为依托，利用中德证券分析软件、MESE软件、网络文献资源等，让学生在体验中学习企业经营与管理、投资理财等经济学知识，提高理论联系实际的运用能力。

在课程考核中，实行严格的学分制管理，课堂表现、作业情况、活动展示与期末课题报告等均与课程学分挂钩，最终计入学期末课程考核总分中，对学生学习情况进行全程监督管理，督促学生不断养成良好的学习习惯。

3. JA 经济学课程

育英学校与 JA 中国(国际青年成就组织中国部)合作,来自不同企业和高校的 JA 青年志愿者,为育英学校的高中学生、特别是经济学实验班学生开设了《JA 经济学》《青年理财》《学生公司》等选修课程。学生通过这些课程学习经济学知识,以及如何建立一家公司、制订商业计划、企业经营与决策、理财与人生目标规划等技能。同时还有机会参加 JA 举办的全球商业挑战赛、未来企业家峰会、社会创新大赛、职业见习日等各种实践活动,增长见识,开阔视野、锻炼才干、参与合作。通过这些课程和丰富多彩的活动,培养了学生的创新力、领导力和团队精神,同时培养其成为具有未来企业家精神的经济人才,为青年学生的成长和国家的经济发展助力。

4. 小学段课程

经济学课程采取"大——小——大——小"4 学段方式推进。每个学期期中考试后一周和期末考试后一周分别为小学段。小学段课程以拓展研学为主要形式,以经济学课题自主研究为主要内容,旨在引导学生经历研究过程,培养探究意识与实践能力。

表 4 2013 学年第一学期经济学课程小学段课题实施方案

类别	课题名称	具体实施内容细化		
	课题名称与时间	第一个半天	第二个半天	第三个小半天
研究性学习选题	在育校模拟开公司 (行政导师 1 负责)	课题开题,撰写开题报告。 具体安排:40 分钟——开题报告培训(如何撰写开题报告); 40 分钟——检索文献,阅读至少五篇经典文章; 80 分钟——以小组为单位撰写开题报告。(专业导师 1 负责)	实地调研(依照每个小组选定的企业,到周边进行实地调研),如果半天未调研完成,可以在课余时间继续调研。 (行政导师负责)	头脑风暴,开题报告会。 具体安排:40 分钟——小组实地调研头脑风暴和结果展示准备。 40～80 分钟——小组实地调研成果展示与开题报告会。(具体时间按照选定课题的人数而定,专业导师 1 负责) 学生上交成果:小组开题报告+个人对该课题的认识、研究构想与感悟。

续表

类别	课题名称	具体实施内容细化		
	课题名称与时间	第一个半天	第二个半天	第三个小半天
	如何做一个精明的消费者（行政导师2负责）	课题开题，撰写开题报告。具体安排：40分钟——开题报告培训（如何撰写开题报告）。40分钟——检索文献，阅读至少五篇经典文章；80分钟——以小组为单位撰写开题报告。（专业导师2负责）	实地调研（依照每个小组选定的企业，到周边进行实地调研），如果半天未调研完成，可以在课余时间继续调研。（行政导师负责）	头脑风暴，开题报告会。具体安排：40分钟——小组实地调研头脑风暴和结果展示准备。40～80分钟——小组实地调研成果展示与开题报告会。（具体时间按照选定课题的人数而定，专业导师2负责）学生上交成果：小组开题报告＋个人对该课题的认识、研究构想与感悟。
	金钱与幸福——育校师生幸福感研究（行政导师3负责）	课题开题，撰写开题报告。具体安排：40分钟——开题报告培训（如何撰写开题报告）。40分钟——检索文献，阅读至少五篇经典文章；80分钟——以小组为单位撰写开题报告。制作调查问卷。（专业导师3负责）	实地调研，如果半天未调研完成，可以在课余时间继续调研。（行政导师负责）	头脑风暴，开题报告会。具体安排：40分钟——小组实地调研头脑风暴和结果展示准备。40～80分钟——小组实地调研成果展示与开题报告会。（具体时间按照选定课题的人数而定，专业导师3负责）学生上交成果：小组开题报告＋个人对该课题的认识、研究构想与感悟）
	股票与人生——××股票涨跌原因研究（行政导师4负责）	邀请专业人士为学生做一次如何炒股的专业讲座。（专业导师4负责）	课题开题，撰写开题报告。具体安排：40分钟——开题报告培训（如何撰写开题报告）。40分钟——检索	实验室实际操作，开题报告会。具体安排：40分钟体验炒股，或者跟踪一只股票，具体根据选定课题而定。40～80分钟——开题

续表

类别	课题名称	具体实施内容细化		
	课题名称与时间	第一个半天	第二个半天	第三个小半天
			文献，阅读至少五篇经典文章。80分钟——以小组为单位撰写开题报告。	报告会。（具体时间按照选定课题的人数而定，专业导师4负责）学生上交成果：小组开题报告＋个人对该课题的认识、研究构想与感悟）
	游戏经济学——企业经营模拟游戏 MESE 实战研究（行政导师5负责）	邀请专业人士为学生做一次MESE 的专业讲座。（专业导师5负责）	课题开题，撰写开题报告。具体安排：40分钟——开题报告培训（如何撰写开题报告）。40分钟——检索文献，阅读至少五篇经典文章。80分钟——以小组为单位撰写开题报告。	实验室实际操作，开题报告会。具体安排：40分钟体验 MESE 游戏。40～80分钟——开题报告会。（具体时间按照选定课题的人数而定，专业导师5负责）学生上交成果：小组开题报告＋个人对该课题的认识、研究构想与感悟）
专家报告主题活动	活动名称			
	活动时间	半天		
	走近经济学（行政导师＋专业导师负责）	对外经贸大学、中央财经大学、中国社会科学院或首都经济贸易大学的一位专家为同学们做"走近经济学"主题讲座，使同学们了解经济学，激发同学们对于经济学的兴趣。		
	企业家成长故事（行政导师＋专业导师负责）	知名企业家为同学们讲述企业家成长的故事以及他们的创业经历。		
	当前国内外宏观经济形势分析（行政导师＋专业导师负责）	请大学教授来为同学们做宏观经济形势分析讲座，使同学们了解当前国内外宏观经济走势，为下学期开展宏观经济学课程的学习做准备。		

续表

类别	课题名称	具体实施内容细化
参观活动	活动名称	
	活动时间	半天
	中国银行 （行政导师＋专业导师负责）	感受国有银行内部运作的规律，初步了解国有银行内部管理体系与经营运作情况。
	法国兴业银行 （行政导师＋专业导师负责）	了解外资银行经营管理运营情况，感受外资银行与国有银行的不同。
	北京一家制衣或玩具企业 （行政导师＋专业导师负责）	针对有同学提出想开一家校服工厂，以及2012级学生社团制作校服熊的经历，带领学生通过参观制衣或玩具企业，对其进行实地调研，了解该行业的企业运营管理情况。
	淘宝 （行政导师＋专业导师负责）	了解网络电商的运营情况，感受网络电子商务与实体企业的不同。
经济学沙龙	活动名称	
	活动时间	两节课
	经济学故事会 ——让故事改变你的人生 （五个专业导师负责）	专业导师全部参加，每人准备2～3个经济学故事，以10～15个经济学故事为话题，引导学生参与讨论，在故事中学习经济学知识，培养理性思维。
	经济热点问题评论 （五个专业导师负责）	专业导师全部参加，每人准备1～2个热点话题，以5～10个经济学热点问题为话题，引导学生参与讨论，在经济学热点问题讨论中学习经济学知识，培养独立思考的能力与理性思维。

在行政导师与专业导师的职能方面，行政导师的职能如下：

（1）负责小学段课题研究、参观活动、调研活动与专家讲座的组织管理与协调。

（2）保证学生小学段时期校内、校外活动的安全。

专业导师的职能如下：

(1)对学生专业知识与研究过程给予指导。

(2)协助行政导师组织相应活动，保证学生安全。

小学段经济学课程的管理规定如下：

(1)课前行政导师或专业导师组织学生签到。

(2)学生需按导师要求开展课题研究、实地调研或参与活动，对于表现优异和违反纪律的学生，按照《经济学课程考核标准》予以奖惩。

(3)开题报告与实地调研的研究成果计入经济学实验班经济学自主研修必修课程考核成绩，占总成绩 20%，由专业导师根据小组开题报告成果(60 分)与小组成员上交的个人报告(40 分)进行评分，成绩算作期末总成绩的一部分。

表 5　2013—2014 学年第一学期经济学实验班小学段研究课题

课题层次	课题名称	课题介绍
A 层 (基础类课题)	如何做一个精明的消费者	每天清晨醒来，我们去买豆浆油条，路上乘坐各种交通工具来上学，周末和妈妈一同逛街……始终有一个身份我们无法脱离，那就是消费者，你有过在市场和商贩们讨价还价的经历吗？你有过在商场精打细算着各种打折促销活动是不是经济实惠吗？你知道在商家各种促销满减折扣中都有哪些猫腻吗？加入这个课题，我们一起来研究学习做一个精明的消费者。
	机票/星巴克咖啡/其他商品定价问题研究	你是否关注过某种商品的价格？比如最近炒得沸沸扬扬的星巴克咖啡的价格，你是否关注过该商品的价格背后所隐藏的秘密？影响商品价格的因素有哪些？选定一种商品，让我们揭开价格的面纱。
	股价的影响因素	你接触过股票吗？也许你的家长就是众多股民之一，为什么股票价格总是涨涨跌跌，起起落落，股票价格的影响因素有哪些？如果你感兴趣，可以加入这一课题，探寻股价背后的奥秘。
	现阶段育校高中生理财问题研究	你和你的同学们从何时开始自主管理零花钱？同学们的零用钱都是怎么支配的？对于我们高中生来说，最适合我们的理财方式是什么？在这一课题中，你将探寻这一问题的答案。

续表

课题层次	课题名称	课题介绍
B类 （拓展类课题）	在育英学校模拟开公司	你心中有一直以来的公司梦吗？花店、校服工厂还是餐厅？ 你知道吗？开公司并非那么简单，你需要开展市场调研、成本预算、可行性分析等一系列工作，无论多艰险也无法阻止你的梦想不是吗?!
	北京房价问题研究/人民币汇率问题研究（或者其他你所感兴趣的经济问题研究）	你是否关注过或者想要去关注某一经济问题，比如房价、汇率、物价等，选择一个你最感兴趣的经济热点问题，作为你的课题研究题目，然后探究这一问题的答案吧。
	游戏经济学——企业经营模拟游戏MESE实战研究	你喜欢玩游戏吗？MESE（Management and Economics Simulation Exercise）是一个计算机模拟软件，在20世纪80年代，由哈佛大学设计。该软件能够让学生组成2～8家"企业"，通过生产和销售"记忆笔"在市场上进行竞争。为了在竞争中胜出，参与者将面临企业盈利水平、销售规模和市场占有率的挑战，并估计对手的决策，以及对宏观条件的领悟。在学习过程中，不仅能够了解基本的经济学原理，而且有机会学会理解财务报告。 如果你玩转了MESE，可以代表育英学校参加每年一度的北京商业挑战赛和全球商业挑战赛！ 如果你喜欢玩游戏，更喜欢经营企业，这个课题是一个很好的选择。
C类 （创新类课题）	金钱与幸福——育校师生（或者你所感兴趣的其他人群）幸福感研究	你幸福吗？你的父母幸福吗？你身边的同学幸福吗？你的老师幸福吗？ 你是否仔细思考过这个问题，我们的幸福和金钱是否有直接的关系？经济学家萨缪尔森提出了一个幸福方程式： 幸福＝效用/欲望 我们该如何定义幸福，我们该如何更好地经营自己的生活让自己和身边的人更加幸福？还等什么，让这个课题成为你探寻幸福的驿站。

144

续表

课题层次	课题名称	课题介绍
	股票与人生——××股票涨跌原因研究	你有过炒股的经历吗？你的亲戚朋友有过炒股的经历吗？股票的涨与跌牵动着股民的心弦，你是否关注过哪一只股票，你是否有兴趣透过股票的涨跌关注它背后的经济学原理与国内外经济走势？股票的涨涨跌跌是否与人生的起起落落有着些许相通之处……一切未知等着你来探索。
	高中生如何有效分配学习时间——基于经济学的视角	如何有效分配学习时间是高中生面临的重要问题之一，涉及方方面面的因素，比如学习能力、学习方法、个体差异等，经济学中有一些道理也可以引导我们合理分配学习时间，比如边际效用递减规律，机会成本等，如果你感兴趣，你需要先自主研学相关经济学知识，然后探寻适合高中生的有效分配学习时间的方式，试试看吧。

5. 经济学人课程

经济学人课程以育英经济学名家讲坛为主要内容，旨在拓展学生的经济学视野，并通过在与大师对话的过程中培养学生更全面、更理性、更深刻的思维品质，同时激发学生敢于质疑、善于构建的创新能力。到目前为止，已经为同学们开展经济学专业讲座十余次，邀请对外经贸大学、中央财经大学教授为学生开展"走进经济学"系列讲座，讲座受到同学们的一致好评。

表6　育英学校经济学人课程一览表

序号	经济学名家	主题	时间
1	张琥	生活中的博弈论	2012.10
2	刘亚	我眼中的经济学	2012.11.12
3	丁志杰	金融的魅力	2012.11.15
4	邹天敬	学习兴趣的培养与人生道路的选择	2013.9.9
5	刘亚	经济学与金融学	2013.11.11
6	陈志旺	如何选择经济学课题与撰写开题报告	2013.11.11

续表

序号	经济学名家	主题	时间
7	刘盛宇	股票的魅力	2013.11.12
8	施建军	神秘的经济学	2014.5.6
9	刘亚	走进经济世界	2014.5.14

6. 多维实践课程

多维实践课程主要包括：经济学实验室的证券模拟和 MESE 企业经营体验、社团实践（水吧、育英学校 style 学生公司）等课程，旨在除基本的课堂学习外，经济学实验班学生通过"做中学"，把更多的时间分配到实践场所进行探究性学习。

表7　育英学校经济学实验班实践课程一览表

序号	社团名称	核心成员
1	育英学校 style 公司	盛新宇、杨博轩、许嘉豪、张聪、温宇明、李昊隆、张岩、杜尧、邢正、叶思琪、郭逸玮、寿玮佳、杨子钰、邱爽、黄凯鑫
2	颜意轩水吧公司	周航
3	印天下复印社	马涵宇、周一诺
4	JA 经济学社团	实验班学生
5	商学社	李伊宁、张新成、魏润琦、沈卓瑶、雷韵佳、高心禾
6	参加"联盟杯"北京市高中生商业挑战赛	许嘉豪、郑睿、盛新宇、周航、杨懿、杨子墨、张聪、赵子寒
7	参加全国中学生商业挑战赛	尹证茗、张士珺、杨双铭、钱思蒙

7. 校外研究型拓展游学课程

校外研究型拓展游学课程主要是指到金融机构、高新企业、高等院校、研究机构的参观、考察与学习，旨在于课程探索和发现的旅程中增进学识，培养品质，开阔视野，丰富学生人格养成和知识形成的各种元素，达到"读万卷书，行万里路"的目的。截至目前，学校教师已带领学生"走出去"，参观光大银行、中德证券、法国兴业银行、百度等数十家企业，丰富了学生的社会经验；在"联盟杯"北京市高中生商业挑战赛和JA经济学中学生商业挑战赛中，育英学校学生积极参与，并荣获"最佳策划奖"。

经济学课程为同学们创造了学习经济、践履社会、心怀社稷、放眼寰球的宝贵机会，正逐渐成为锻造经济学人才的重要平台。

表8　育英学校校外研究型拓展游学课程一览表

序号	课程名称	地点	时间
1	心怀社稷，行知合———高一经济学实验班"五四"文化之旅	北京大学	2012.5
2	金融——法国兴业银行	法兴银行	2012.12
3	金融——光大银行	光大银行	2012.12
4	我们熟悉的百度	百度公司	2013.4
5	走近金融——光大银行调研	光大银行	2013.12
6	电子商务背后的奥秘——京东商城总部探访	京东商城	2014.1

五、经济学课程实施效果

通过学习经济学课程，学生们基本掌握了经济学的初级原理，培养了理性思考的能力，通过对学习经济学课程的360名学生进行问卷调查显示，有83.5％的学生对经济学的学习兴趣显著提高，91％的学生表示经济学和理财课程对财富管理具有很大帮助，62％的学生反映开始用机会成本和理性权衡的思维思考生活中的选择问题。以下是学生们对学习经济学课程的课程感悟，由于篇幅所限，只选择两篇附上。

案例1　从经济走向生活，再从生活走回经济

2016届经济学实验班二班唐璧雯

学了经济学课程之后，才发现其实经济学对思维的影响是潜移默化的。因为我会无意识地从经济走向生活，再从生活走回经济。

遇老师的每一堂经济课都是精心准备的，经济学原本是大学才设立的专业，高中生理解起来自然要困难一些，而遇老师总是把生活中的小细节融入高深的知识点中去使得我们能从经济走向生活，站在自己的位置理解周围的经济学。比如，她会举买冰棍儿的例子告诉我们如何绘制经济学图表，或者通过对星巴克定价的辩论来让我们深层了解如何理性消费，定价策略的影响因素等，这无疑为我们培养站在经济学的角度看问题的意识奠定了夯实的基础。

再从生活走回经济的表现可能更直观一些，就连家长都看出了开学后我对于消费的更深层的思考，他们发现我现在买东西之前会先权衡，权衡商品的性价比，定价的原因，然后再决定我是否要花出这笔钱，是否要在现在这个时间段入手。而这些所谓"我的思考"其实是建立在我自己没有留意的基础上的，也就是说，尽管只学习了三个月，有些经济学的意识却是在我的脑海中根深蒂固的。举个例子，比如最近最热的小米 3 手机出售问题，小米公司精明地制订"限时购买"政策，至少隔上十几天才会开放一次购买机会，然而这样难得的机会，之前还要经过注册、预约、排队等层层关卡才能获得，即使获得了这次机会，也需要在指定日期，指定时间段去官网上"抢"，而很多人因为网速、电力、网银手续等各种原因与这台性价比超高的新手机失之交臂。网络上不乏抱怨的网友，但我看到这个消息的第一个念头竟然是想分析一下小米遭疯抢的原因和作为一个理性的消费者我们应该如何选择。通过曾经与同学的交谈我发现小米 2 在京东一类购物网站上早已随时订购，而现如今的小米官网上就连上一代也还需排队抢购，从这个层面剖析，小米 3 遭哄抢的现象也不过是一时火热，只要等到"米粉"们不再这般疯狂，那官网也就不会再如此猖狂，每一个理性的消费者都应该在别人费着电费网费趴在电脑跟前"抢购"的时候喝杯咖啡静静等待不是吗？

也许对于一个普通人来讲，诸如"边际效用"、"需求规律"一类的专业名词用处不大，"把每个人都当成理性人"的假设也永远不会成立，但经济学的严谨思维方式和如何做一个相对理性的消费者的行为模式将会受益终身。

案例 2 经济学课程答辩感受

高一（2）班唐予晴

身为 Birth 公司的一员，答辩的那一周可谓是十分忙碌的。为了能让我们的公司在这第一次展示中表现的最好，我们每一位成员都尽自己最大的努力为公司出力。答辩前一周的周末，只有一天，而董事长刘光浚那天却又到学校去上数理班了。虽然我在周五的晚上就把计划书的大概提纲写出来了，但是需要他填充和修改的地方还有很多。

答辩的那一周，记忆最深刻的就是周三晚上。那天晚上，我，刘光浚，李若萱三人在学校继续准备周五的答辩，直到晚上八九点钟才回家。刘光浚继续编写计划书，李若萱负责市场分析，我在刘光浚地指导下完成了公司运营的结构图。那天晚上事情本来就多，而我们还总是遇到技术上的问题。我做结构图做到一半，电脑死机了，没有保存，只好重新再来。李若萱做展示的 PPT，不知道为什么没有了。那天晚上，确实十分辛苦。但我们坚持下来了。

周五答辩，直到答辩课上刘光浚还在修改 PPT。虽然展示时我们有些超时，但是我们还是把我们辛苦付出的一切展示了出来。这就是我们公司，虽然是新生，却充满着每个人的信念与付出的汗水。

这次的答辩，对我们来说无疑是一次巨大的考验。公司的一切都是那么稚嫩，都是那么需要去细细修改。那一周，每个人都夹在学习与公司之间，难舍难分。但我们坚持下来了，并取得了属于我们自己的成功。同时，这次答辩也让我更进一步了解到了我们的公司。我相信，在我们每一位成员的共同努力下，Birth 一定能取得更大的成功！更加坚定了我的信念，为公司做到最好！

六、经济学课程管理与绩效评估

(一)课程管理

经济学课程不同于国家必修课程，也与学校内部开设的一般校本课程不同，它依托于经济学实验而成，所以可采取如下的管理方式。

1. 导师管理与自主研修相结合

经济学实验班实行成长导师、学业导师相结合的"双导师制"。成长导师由经验丰富的专家型教师担任，指导学生养成优秀的个性品质；学业导师由学术专长的特级教师、博士、硕士研究生教师担任，指导学生的全面发展。实验班的师生比为 1∶4，以保障导师对学生个性发展的充分关注。

2. 课堂学习与实践探究相结合

除基本的课堂学习外，经济学实验班学生将通过"做中学"，把更多的时间分配到实践场所进行探究性学习。目前育英学校已投资建设证券模拟分析室，经济学专业教室、学生公司等，同时联系了诸多大学和科研院所作为学习基地，以满足实验班学生的学习需要。

3. 常规管理与学分管理相结合

经济学实验班在常规管理的基础上实行学分制管理。实验班通过达标免修、长短课制等措施，在保证国家课程的基础上，缩减必修课时数，扩大选修课时数。实验班学生在完成国家规定课程的基础上，只要修满课程方案规定的最低学分，可以以更大的自主性致力于自己的学术志趣课程。

(二)课程绩效评估

以人为本，遵循规律，经济学实验班评价机制以结果为导向，关注发展过程，让每一位学生都体验并享受自身成长的过程。

1. 评价方式

(1)常规课程学业评价：与其他普通班级学生保持一致。

(2)特色课程学业评价：学校将建立学术专家、学科教师、学习导师和管理人员为核心的专项学习内容评价小组，对实验班学生的特色课程学习进行学分管理与指导。

(3)建立奖学金制度：学校将对学习能力、研究能力强且有一定研究成果的经济学实验班学生进行奖励。

2. 考核标准

课程实行学分(2学分)＋百分制(100分)的考核标准。本着公平公开的原则，综合考核达到65分可获得2学分，修够2学分可获得经济学(微观部分)自主研修课程结业证书，证书上标注成绩，85分以上为"优"，75～85分为"良"，65～75分为"合格"。其中，课堂表现(满分20分，起始分10分)具体考核标准如下：

(1)参与小组活动优秀的小组，小组成员每人加1分。

(2)不允许迟到、早退，发生一次扣0.5分，如生病无法上课需提前请假。

(3)不允许不带书，不带笔记，发生一次扣0.5分。

作业考核(15分)标准如下：

(1)被选为示范作业或笔记的同学，每次加1分。

(2)无故不交作业或迟交作业者，每次扣0.5分，并加罚一次作业，多加的作业不算做课程考核成绩；

(3)抄作业者，每次扣2分。

课题研究(55 分)考核标准如下：

(1)开题报告 15 分。

(2)查阅文献 10 分。

(3)课题初稿 10 分。

(4)课题结项答辩 20 分。

实验室维护(10 分)考核标准如下：

(1)每人负责自己座位范围的保洁，上课结束后把椅子、电脑和鼠标摆放整齐，违者每次扣 0.5 分。

(2)关于值日：每次上完课后，分小组依次进行值日，桌椅、黑板、沙发、茶几、窗台和阳台，发现未清洁到位，下次继续打扫，如果再次未清洁到位，全组每人每次扣 0.5 分，并继续打扫实验室，直到打扫干净为止。

(3)不允许无故请假，如确有事情，需跟随下一组共同打扫。

(4)打扫卫生脱逃者，扣 1 分，罚其跟随其他组打扫卫生三次，并加罚一次作业，多加的作业不算做课程考核成绩。

另外，还对额外奖励做了补充说明：

(1)一学期连续四周"课堂表现"、"作业考核"或"实验室维护"任一版块无扣分者加 1 分，一学期内所有版块均无任何扣分者加 5 分。

(2)若有同学参加校内外经济类竞赛，加 2 分，获奖加 4 分；在校内刊物上发表经济学文章加 2 分，在公开报刊上发表经济学文章加 4 分。

(3)如果在经济学课程中有其他优异表现，如作为课代表或者图书、实验室管理员表现优异，对经济学课程的完善做出突出贡献等，可以额外加分。

七、课程创新

北京市育英学校《经济学》校本教材由经济学课程开发项目组编写而成，主编为社科院毕业的经济学博士。在教材编写过程中，始终坚持以学生需求为导向，"一切为了学生，为了学生一切"。无论从内容设计、结构安排，还是版面编排，都遵照高一学生的思维与审美习惯。教材内容以故事为载体，深入浅出。由于经济学内容庞杂，而高中经济学课程课时有限，因此，教材编写在保持经济学原有理论体系的基础上，选取了经济学基本原理知识，对于密切联系学生学习生活、经济热点等主题进行深入挖掘，即"不至于面面俱到，不止于点到为止"，旨在培养学生独立思考与理性分析的能力。

由于高中经济学课程与大学经济学课程不同，大学经济学课程的主要任务在于学生们进行专业知识的初级学习，而高中经济学课程是要激发学生对于经济学的兴趣，初步了解经济学基本原理，培养经济学理性思维，为学生的学习和生活服务，因此，在教材编写的过程中，尤其注意做到"两个不要"，即不要晦涩难懂与远离实际的数学模型，而要深入浅出与紧密联系现实的原理知识；不要让经济学课程成为学生的额外负担，而要让这门课成为激活学生学习热情与学习能力的重要工具。从这一角度上讲，经济学课程在高中推广具有很重要的普适意义。

课程评述：

育英学校经济学校本课程是北京市也是全国第一个高中经济学课程，该课程立足于中国经济与课程改革的实际，为高中生提供了学习经济学基本原理、提高财经素养与锻炼理性思维的平台。既坚定不移地坚持马列主义、毛泽东思想、邓小平理论和社会主义核心价值观，又结合经济学严谨科学的研究方法阐释各种经济现象与经济问题，既较全面地涉及了经济学基本原理，又因地制宜地结合了学校基本学情开发了实践类课程与活动，既有效开发与利用了校内各种软硬件课程资源，又拓宽了企业与高校等各种校外资源，为对经济学感兴趣的高中生提供了良好的课程平台，取得了良好的教学效果。

开发者在课程开发中融入了"体验与实践"的课程理念，学以致用。比如课例中，关于囚徒困境的讲解，课程开发者针对高中生的特点，并未采取传统的教学方式，而是通过体验式教学，让学生通过对囚徒进行角色扮演与决策，参与到游戏中来，在体验中明白合作的积极意义，这种"做中学"的教学方式应用到经济学课程中起到了很好的效果。学生们还通过校内经济类社团、校外实习等方式进行体验与实践，通过实践中总结的经验与教训进一步反馈到理论知识的强化与更新上，形成理论与实践的双向互动，在深化高考改革背景下，高考更强调学生核心素养的提高，育英学校经济学校本课程的开发与实施必然对高考产生一定的正向迁移作用。

该课程无论是从课程的设计、内容，还是组织、实施都对高中生财经素养的提高以及思维的训练具有非常重要的积极意义，将这一课程向其他中学进行推广也具有非常重要的社会价值与现实意义。

（姚东旭　首都经贸大学财税学院院长）

平面设计课程

北京大学附属中学

一、开发背景

随着全球制造业发展格局和我国经济发展环境发生重大变化，国务院提出要由"中国制造"转为"中国创造"，在当今的中国，设计的作用愈发突出。设计是创意与创新的桥梁，设计能驾驭消费者的眼光、技术可行性和商机，因此设计超越纯粹的美学，它跟功能、生产运输、可持续发展、可信性、品质和生产力都息息相关；设计还是创造价值的工具，设计能够降低成本、增加利润和改善品牌价值，根据英国进行的研究，由设计主导的商业活动其股价在十年里超越 FTSE 100 指数有 200％之多。如今，设计已日渐成为整体企业营销策略的重要一环，设计师善于制造共鸣、富有审美眼光、又懂得横向思维，是与生俱来的创造者。越来越多的公司懂得善用设计师的专业知识创造富创意的商业模式、产品和服务，以满足客户潜在的需要。设计还有社会价值。优质设计就是优质生活，能具体和持续地改善我们的环境。令生活更写意、安全和愉快。即使对于中学生而言，学习设计，不仅能提高审美修养，还有很强的实用性，无论是海报、标志还是排版，即使只是做个 PPT，都会用到设计的知识。

二、课程性质

平面设计课程是北大附中视觉设计领域下设的一门基础课，学生选修模块下的其他课程，如《书籍设计》《水煮蛋设计工作室》等都需要该门课程的基础做支持，该课程的设计融汇了《普通高中艺术课程标准》中建议的 16 个选修模块里的 4 个模块，分别为：选修 1-2：身边的设计，选修 2-2：视觉语言表达，选修 3-2：图形的奥秘及选修 4-2：材料与造型艺术。课标中对于这四个模块的核心要求可以归纳为：

选修1－2(身边的设计)：引导学生从设计的角度关注生活中的艺术，了解设计在生活中的意义，了解不同设计领域的特点、规律和审美特征，能赏析和评价身边的设计。此部分在平面设计课程中对应"平面设计基础"部分。

选修2－2(视觉语言表达)：能运用设计语言表达自身情感。此部分在平面设计课程中对应"海报设计实践"部分。

选修3－2(图形的奥秘)：能运用设计语言去创作图形和标志。此部分在平面设计课程中对应"标志设计实践"部分。

选修4－2(材料与造型艺术)：了解科学技术对艺术创造所产生的影响，能运用现代材料及现代媒体去表现自己的艺术想象和创意。此部分在平面设计课程中对应"设计软件技能学习"部分。

因此，该课程的开设符合艺术课标准，并且在课标要求的基础上做了融合和提升，更加强调实践性，更符合北大附中艺术课程的要求。其独特价值更体现在以下几个方面。

(一)实用性

平面设计是一门十分实用的学科，设计是设计者个人或设计团体有目的地进行的一种有别于艺术的基于商业环境的艺术性的创造活动。设计是建立在商业和大众基础之上的，为他们而服务，从而产生商业价值和艺术价值，这点有别于艺术的个人或部分群体性欣赏范围。平面设计下的门类：如标志设计、海报设计、书籍编排等更是与学生的学习生活息息相关，掌握平面设计技术及平面设计软件将对他们的学习生活起到很大的帮助。

(二)时代性

平面设计是一门新兴的学科，其在中国的快速发展更使得其成为现今的"朝阳行业"，它也是"信息时代"下极受重视的一门学科，在高中开设平面设计课程将改变以往以知识逻辑为本位，远离现实生活与社会实践的倾向，加强课程内容与生活经验、社会发展及科技进步的联系，提升艺术课程的现实感和时代性。

（三）综合性

平面设计是一门艺术、科学与商业的跨界学科，它是集电脑技术、数字技术、美术基础、创造力、商业于一体的综合性课程。它的深度和广度使得它能够与各艺术门类进行很好的融会贯通，它要求学生具备更加全面的能力，从而也能够综合提升学生审美、艺术表现、创造力、沟通能力、动手能力等各方面的能力。

三、课程目标

（一）"兴趣"至上

《平面设计》是一门兴趣选修课，有不少学生都是"一时兴起"报了课程，有些甚至不知道什么是设计便选了课，在最初的新鲜感和兴趣有所消退之后便不能坚持。因此，对于非设计专业的学生而言，保持住学生对于设计的兴趣是课程的首要目标，使他们在课后有热情继续对设计进行尝试和实践，比教会他们高深的设计原理更重要。

（二）"实用"为王

《平面设计》在课程内容设计上，本着"实用"为王的原则。对于高中生，即使讲了很多知识，如果不能立刻"用得上"，不能帮学生解决眼下的问题，也会很难引起他们的兴趣，因此，首先应该让学生动起来、去实践，产生问题，再解决问题。

平面设计有很多门类：VI 设计、包装设计、书籍设计、招贴设计、标志设计等，在学生的中学生活中，经常有各类校园活动需要制作宣传海报，也有许多课程会留类似招贴、海报一类的课程作业，许多学生自己创办的社团需要设计标志。依据"实用为王"的原则，课程从海报、标志两方面入手让学生"入门"设计，能解决学生学习生活中的实际问题，才能让学生体会到课程的价值。

（三）"体验"为主

即使在大学学习设计专业，只听不练也很容易造成眼高手低的现象。基于"实用为王"的原则，在本门课程中，能做出设计作品远比能评论设计好坏来得重要。因此在课程设计中，决定让学生逐个攻破设计学科学习难点，"先能做出来，做得好不好再说"。

"无论讲得多有趣，听久了也受不了"这大概是现今高中生的"通病"，尤其对于平面设计这种实践类学科，"动起手"远比"竖起耳"要好。在最终的课程设计中，教师讲授的内容不超过 1/5，剩下的时间都需要引导和指导学生动手实践。9 周的课程结束时，无论是否有设计基础的学生，都能独立完成海报和标志的创意和制作，虽说好坏参差不齐，但学生们都表示"很有成就感"。

四、课程实施

(一)课程安排

9 周的教学被分成 4 个教学版块(如表 1 所示)，分别解决学生在做设计时的 4 个难点："设计是什么？"、"我的设计思路从哪里来？"、"如何实现我的设计想法？"以及"如何让我的设计作品更优秀？"

表 1　平面设计课程的 4 大版块

序篇	设计思维篇	软件技能篇	设计方法/设计审美篇
设计是什么？	我的设计想法从哪里来？	有了思路之后，如何实现我的设计想法？	我已经能做出设计作品，但如何让我的作品更优秀？

与四个版块对应的具体 9 周课程安排和过评方案如下(色彩对应)：

表 2　《平面设计》9 周课程安排

专题	周次	学习内容	对应过评项目/分值
平面设计基础	第一周第 1 课时	1. 平面设计的概念和作用。 2. 视觉传达设计的主要门类。 3. 平面设计的主要软件。 4. 此次课程的总体安排/作业要求/分值分布，展示往届优秀学生作品。 5. 设计作品优秀与否的评价标准及此次课程的评判标准。 6. 平面设计的制作流程。	无

续表

专题	周次	学习内容	对应过评项目/分值
设计思维训练	第一周第2课时	1. 设计思维方法介绍。 2. 分组进行"头脑风暴"练习。 3. 创造力的保持和提升。	过评项目： 头脑风暴(2分)
设计软件使用教学课(PS)	第二周——第三周	1. 了解平面设计相关术语及概念。 2. 在教师引导下，初步掌握平面设计软件 Adobe Photoshop 的使用方法。	过评项目： 第二周课堂表现(2分) Photoshop 练习1(5分) 第三周课堂表现(2分) Photoshop 练习2(5分)
设计软件使用教学课(AI)	第四周	1. 在教师引导下，初步掌握平面设计软件 Adobe Illustrator 的使用方法。 2. 掌握设计素材的搜索、使用和修改。 3. 能独立使用设计素材完成设计想法。	过评项目： 第四周课堂表现(2分) Illustrator 练习1(5分) Illustrator 练习2(7分)
大作业1(标志设计)	第五周——第六周	1. 图形设计基础。 2. 字体设计基础。 3. 标志设计要点。 4. 学生分组完成标志设计作业的创意和制作。	过评项目： 第五周课堂表现(2分) 第六周课堂表现(2分) 大作业1 标志设计练习(30分)
大作业2(海报设计)	第七周——第八周	1. 编排设计基础。 2. 海报设计要点。 3. 学生独立完成海报设计作业的创意和制作。	过评项目： 第七周课堂表现(2分) 第八周课堂表现(2分) 大作业2 海报设计练习(30分)

从上表中不难看出，整个平面设计课程就是一个解决问题的过程，当设计实施中的问题被一一破解后，学生自然就能完成设计的作品。为了更好地节省时间，教学以练代讲，讲完就练，从教师引导逐步过渡到学生独立完成，从小组练习逐渐过渡到个人练习，难度层层推进，让学生逐渐适应课堂的节奏。

(二)课程实施

1. 序篇/设计是什么?

由于《平面设计》是选修课，起始课的地位十分重要，第一周试听后学生可以补退选，如果学生未足 10 人，该门课程将无法开设，因此起始课实际上是课程能否顺利开展的保证。

起始课解决的核心问题是："设计是什么？"当学生带着热情、期待和一大堆疑问走入课堂时，教师需要为他们一一解答包括设计概念、课程安排、作业量及打分标准等的一系列问题。平面设计本身是极富魅力和趣味的学科，为了充分调动学生对设计的兴趣和热情，起始课中讲解的一切概念我全部通过设计图片或趣味视频的方式呈现，尽量避免长篇大论的文字和深奥的概念，整个解惑的过程也不超过半小时。

例如，介绍视觉传达设计的主要门类中的字体设计时，我选择了 1 段 1 分钟的小短片《趣味的字体设计》，片中只有一句话，但用了 20 余种不同的字体向观众呈现，同样一句话，在不同的字体表现下时而严肃时而俏皮，直观地表现出设计中字体使用的重要性。

图 1　《趣味的字体设计》视频截图

在讲解不同的设计风格时，我也通过比较同一个设计主题下不同设计风格的数个小短片，来让学生体会不同设计风格所呈现出的不同视觉效果，同时也帮助学生分析设计师选择不同设计风格的原因，让学生领会设计与商业之间的关系。原本需要讲解许多枯燥理论的一节课，在图片与短片的帮助下，就能牢牢吸引住学生，同时帮助学生更直观地理解抽象的概念，也更加自然地过渡到第二个板块——设计思维篇的教学中。

本版块具体课程设计如下：

活动题目：平面设计基础

活动的目标：

(1)了解平面设计的概念。

(2)了解视觉传达设计的主要门类。

(3)了解平面设计的主要软件。

(4)了解该门课程的总体安排/作业要求/分值分布及评判标准。

(5)了解平面设计的制作流程。

活动具体设计：

教学步骤	教学环节	教学内容	目的
1	教师自我介绍	教师自我介绍，向学生展示联系方式，嘱咐学生在整个课程学习期间有任何问题，可以通过任何一种教师联系方式与教师取得联系，及时询问，及时解决问题。 (此环节中教师可根据自身情况随意进行自我介绍，比如讲讲自己的学习经历、兴趣爱好等，和学生拉近距离，缓解学生由于和教师不熟悉而产生的紧张感，活跃课堂气氛)	1. 平面设计课程内容繁多、教学环节紧凑，任何一个环节产生的问题如果不及时解决都会影响到后续作业的制作，所以一定要提醒学生及时解决学习过程中出现的问题. 2. 活跃课堂气氛，拉近师生关系。
2	平面设计基础讲解	PPT＋视频讲解： 1. 平面设计的概念和作用。 2. 视觉传达设计的主要门类。 3. 平面设计的主要软件。 4. 此次课程的总体安排/作业要求/分值分布，展示往届优秀学生作品。 5. 设计作品优秀与否的评价标准及此次课程的评判标准。 6. 平面设计的制作流程。	1. 为后续的课程提供最基础的理论支撑。 2. 通过趣味视频及优秀设计作品充分调动学生对设计的兴趣。

教学步骤	教学环节	教学内容	目的
3	引入环节2	平面设计的制作流程主要分为创意和制作两个大环节,起始课仅解决"创意"的问题,"制作"的问题将在后续三周的软件教学课中解决。 教师以此引入环节2——设计思维训练(头脑风暴练习),并鼓励学生在一会儿的练习中将所有的想法全部写下来,尽可能"胡思乱想",越独特越好,不用考虑是否能设计制作出来。	从理论讲解引入实践练习。

2. 设计思维篇/我的设计想法从哪里来?

做设计时,首先会困扰学生的一个疑问便是:我没有好的设计想法怎么办?的确,不知道做什么便无法下手去做,即使能够非常熟练地使用设计软件也无的放矢,哪怕是专业的平面设计师也常常会苦于没有创意。

设计虽然需要天赋和灵感,但也不是完全没有方法可循。本版块的教学力求既为学生提供打破思路瓶颈时的思维技巧,同时也鼓励学生自由想象,不扼杀和拘束随时迸发出的灵感火花。

本版块教学中的核心为"头脑风暴"练习,这是一个小组练习,4~5人形成一个小组,对教师限定的创意主题做发散性的联想,在纸上画出思维导图,从思维导图中选择能用于海报设计的创意,并在纸上构思出一幅海报草图。分组的方式能够很好地调动学生的积极性,激烈的小组讨论也能够发散出更多独特的创意。

此环节中最让学生担忧的部分是画草图,许多学生会因为没有美术基础而胆怯,为了解决学生的此类担忧,规定草图中绘制不出的部分可以用文字代替,在分享讨论各组的创意时,只需语言表述清晰即可,例如学生构思的画面中如果有人物形象出现,但学生无法绘制,只需在草图相应位置画出一个椭圆形,在形状中写上"人"字即可。

这么做的原因是因为在这一板块中,实际只用解决"想"的问题,而非"做"的问题,是不是能实施出来、是否实施得好,应是后面两个版块需要解决的问题。而且不考虑实施的问题后,学生能更加大胆地去想象,也能产生更有趣味的创意。得到草图之后,学生会迫不及待地想将自己的设计创意实现出来，此时便可以巧妙地引入第三个教学板块——软件技能篇。

在"头脑风暴"练习完成后，还通过一个小视频《保持和提升创造性的29种方法》帮助学生在课下更好地发散思维、提升创意。

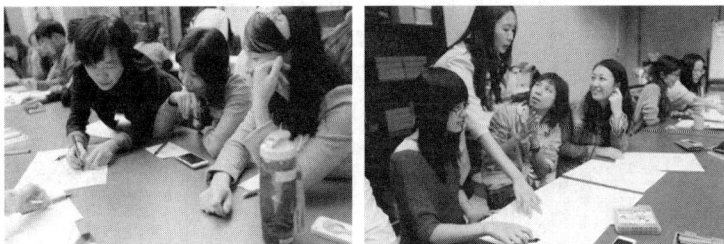

图2 《平面设计》公开课时教师分组进行"头脑风暴"练习

本版块具体课程设计如下：

活动题目：设计思维训练

活动的目标：

(1)掌握平面设计最常用的思考方式——头脑风暴。

(2)了解保持和提升自身创造力的方法。

活动具体设计：

教学步骤	教学环节	教学内容	目的
1	"头脑风暴"练习方法介绍	1. PPT介绍头脑风暴的练习方法及练习技巧。 （头脑风暴的主题共有4个——春/夏/秋/冬。秋用于第一学段，冬用于第二学段，春用于第三学段，夏用于第四学段。如此对应的原因是四个学段所处的季节不同，要求学生联想当时所处的气候，更容易通过观察身边，打开联想思路） 2. 教师示范（主题可随意，但不要用给学生练习的题目）	让学生了解该如何做接下来的"头脑风暴"练习。

教学步骤	教学环节	教学内容	目的
2	"头脑风暴"练习	1. 学生结成小组，使用课前备好的 A4 纸进行头脑风暴练习，练习时间为 20 分钟。 2. 练习过程中教师在教室里走动，观察每组学生思维的活跃度并针对其思考方式的特点给予针对性的指导。 3. 让学生利用头脑风暴的联想结果，使用文字表述或画草图的方式在 A4 纸上构想出海报画面。 4. 学生在 A4 纸上写上自己的名字，教师收回打分并代为保存至第三周，第四周课上再发回给学生。	1. 训练学生的设计思维，教给学生后续所有作业制作中打开思路的方法。 2. 通过此次头脑风暴的练习构思出小作业 4（AI 练习 2）中的海报创意。
3	创造力的保持和提升	PPT＋视频讲解保持和提升自身创造力的方法。（详见起始课 PPT，视频 08—保持创造性的 29 种方法）	提升学生的创造力。
4	师生互动	学生对于课程如果还有任何疑问可以此时提出，教师回答。	解答学生对于课程的疑问。
5	引入后续 3 周的软件教学课	提醒学生下节课将要开始学习设计软件的使用，有笔记本电脑的同学建议自带电脑，并安装设计软件 Adobe Photoshop CS3 及 Adobe Illustrator CS3 或更高版本。 （教师需提醒学生下次课将没有时间供学生安装软件，设计软件一定要在上课前安装好）	从创意环节引入制作环节。

3. 软件技能篇/有了思路之后，如何实现我的设计想法？

如何做设计练习？手绘还是电脑制作？时代在进步，设计是一门跨界学科，艺术是灵魂，技术是依托，要想让学生真正接触时代性的设计，软件技术必不可少。虽然对于中学生而言，课程时间短，如果要求电脑制作的难度可想而知。然而电脑作品效果好，对于学生而言也更专业、更有帮助，于是决定在 9 周中拿出 3 周时间教授两个平面设计常用软件——Adobe Photoshop 及 Adobe Illustrator。

在最初的教学中，我发现班里有一些学生已经有一定的软件基础，但是基础参差不齐，教授软件本身花费时间较多，对于软件基础好的学生是一种时间和精力上的浪费，于是我推荐了几个学习网站，让软件基础较为薄弱的学生自己课下学习，想在学生想做练习的时候针对每个学生不同的想法再进行有针对性的软件辅导。然而这种方式收效甚微，原因有以下两点：一是作为一门非高考科目，想要让学生在课下为此花费较多时间不太现实。二是网络上现有的软件教学方法多而杂乱，知识点小而碎，有些功能的讲授不实用，并不是特别适合高中生，也不能在短期内掌握软件最核心、最常用的功能，从而导致学生失去学习的耐心。

因此，在课堂上进行软件教学还是十分有必要的，但要用最短的时间教最核心的内容，只要学会了基础，就可以动手去实践，在实践中传授更多的技巧。这就需要教师根据自己的经验，总结和归纳高中生最有可能用到的软件技巧，并用最简洁实用的方式学习。

为了能在三周之内让学生掌握两个常见设计软件 Adobe Photoshop、Adobe Illustrator 的基础用法，根据自身多年的设计经验，重新规划了软件教学的方法和重点，依旧让学生在练习中学习，将所有知识点整合起来，分别合并为两个练习，即 Photoshop 练习 1、Photoshop 练习 2、Illustrator练习 1、Illustrator 练习 2，以 Photoshop 教学设计为例：

活动题目：设计软件使用教学(PS)

活动的目标：

(1)了解平面设计相关术语及概念。

(2)通过两个小练习初步掌握平面设计软件 Adobe Photoshop 的使用方法。

活动具体设计：

教学步骤	教学环节	教学内容	目的
1	课前准备	1. 提醒所有学生下载好课程需要用的素材。 2. 提醒所有学生检查所用电脑的 Adobe Photoshop 软件是否可以正常使用。（此环节中学生会比较混乱，需要教师具备良好的组织能力，如果学生自带的电脑出现任何情况无法使用，立刻让学生使用教室的备用电脑） 3. 鼓励学生不要害怕设计软件，即使完全没有接触过也可以很快学会。	为本次课程所有的教学环节准备好素材和硬件设备。

续表

教学步骤	教学环节	教学内容	目的
2	解析平面设计常用术语	PPT 解析平面设计常用术语： 1. 图像格式。 2. 图像大小与分辨率。 3. 色彩模式。 4. 色相。 5. 饱和度。	帮助学生梳理平面设计实践中最易混淆的几个概念，避免在今后的设计实践中出现不必要的技术性错误。
3	随堂小作业——Photoshop练习1的制作	（此环节为本节课重点内容） 带领学生完成随堂小作业——Photoshop练习1： 具体步骤如下所示，标红步骤为难点，需重点讲解，详细讲解内容详见 PPT-Photoshop 基础。 1. 新建和保存文档。 2. 画布的放大与缩小。 3. 图片的拖动与移动工具。 4. 撤销操作与历史记录。 5. PS 的灵魂——图层。 6. 裁剪和修改图片大小。 7. 污点修复与仿制图章。 8. 基础抠图技巧。 9. 选区与图片的变形。 10. 滤镜的使用。 11. 形状工具的使用。 12. 色彩填充与吸管工具。 13. 图层混合模式。 14. 添加字体。 15. 钢笔工具的使用1。 16. 图层样式。 （此环节中教师需实时监控所有学生的学习状况，简单示范完步骤的操作方法后需在全班进行来回巡视，随时解决学生的各种问题并且随机应变，保证所有学生均能够在课堂上解决当堂所有问题）	以教师示范、学生跟学的方式教授学生平面设计软件 Adobe Photoshop 的使用方法。

续表

教学步骤	教学环节	教学内容	目的
4	随堂小作业二——Photoshop练习2的制作	（此环节为本节课重点内容） 带领学生完成随堂小作业二——Photoshop练习2： 具体步骤如下所示，标红步骤为难点，需重点讲解，详细讲解内容详见PPT-Photoshop基础。 1. 更换背景。 2. 添加渐变色彩。 3. 图片的变形。 4. 边缘的羽化。 5. 钢笔工具的使用2。 6. 其余常用工具。 7. 蒙版的使用。 （此环节中教师需实时监控所有学生的学习状况，简单示范完步骤的操作方法后需在全班进行来回巡视，随时解决学生的各种问题并且随机应变，保证所有学生均能够在课堂上解决当堂所有问题）	以教师示范、学生跟学的方式教授学生平面设计软件Adobe photoshop的使用方法。
5	作业提交	1. 让学生将两次PS练习的作业通过邮件的方式发给任课教师，方便教师评分。提交的文件格式必须为.psd格式，需含有制作过程中所有的分层，.jpg、.png等其他位图格式均不合格。文件命名为：PS练习1_姓名、PS练习2_姓名。 2. 提醒学生如果一段时间不用设计软件，就会很容易遗忘使用方法，反复向学生强调在课下找机会练习软件。 3. 下节课将教授Adobe Illustrator的使用方法，提醒学生在上课前安装好设计软件。	提交作业供教师评分。

从上表中能够看出，我归纳出20余个最常用的PS技巧，并用两张

海报练习将它们综合起来，学生只要完成这两张海报，就可以学习到所有常见技巧，拥有实践的能力，每一个技巧都搭配讲解举一反三的建议。也因此，虽然给了学生两个练习的参考范例，但每一位学生做出的练习都各不相同。Adobe Illustrator 软件教学课的方式与 Adobe Photoshop 类似。

通过练习而不是听课的方式学习，是软件教学课的核心，以练代讲的方式不仅节省时间、提高课堂效率，也能够加深学生的印象。

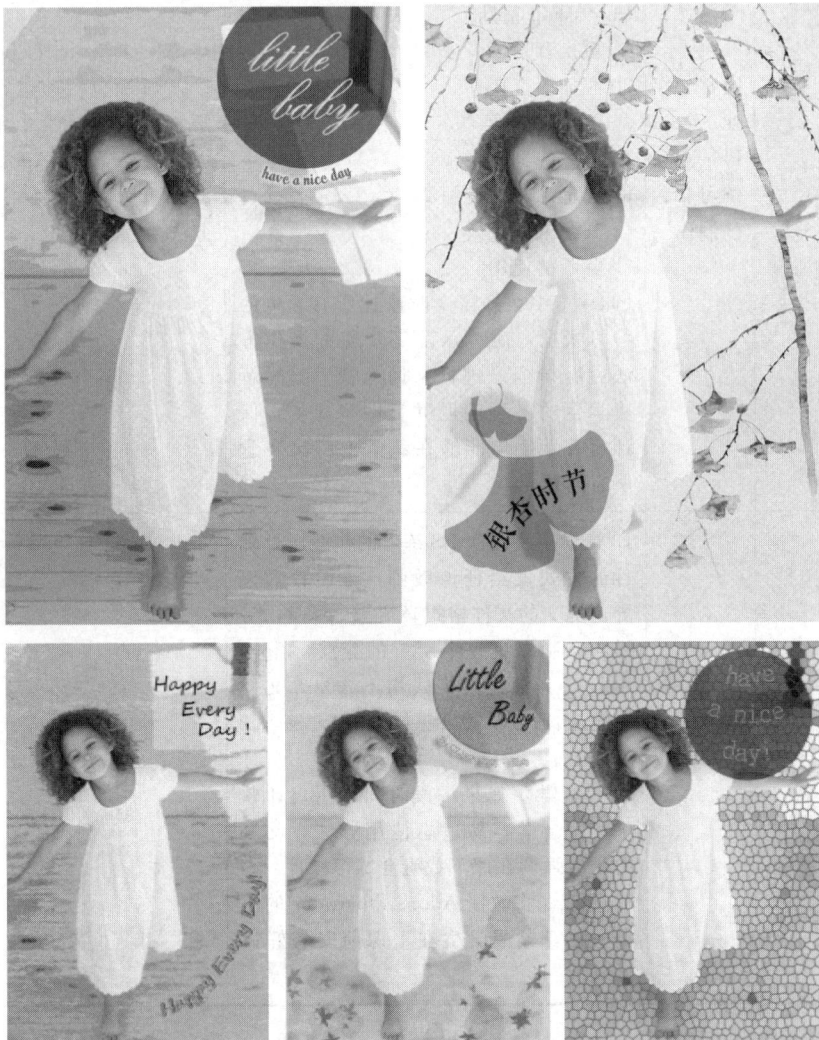

图3　Photoshop 练习1、Photoshop 练习2范例图片及学生作业效果

4. 设计方法·设计审美篇/如何让我的作品更优秀?

经过前面3个版块的学习,学生已经能够构思出设计的创意并加以实施,实际在第四个软件小练习——Adobe Illustrator练习2中,学生已经能独立将"头脑风暴"练习中构思出的海报创意,运用两个设计软件实施出来。此时学生已经沉浸于设计的乐趣中并且乐于去实践,是时候帮助他们提升设计审美,做出更优秀的设计作品了!

设计审美的提高依旧通过练习的方式,学生需结组完成标志设计作业并独立完成海报设计作业,为了帮助他们提升设计水平,制作每个作业前均有对应的设计方法讲解。与起始课的讲解方式类似,所有的概念均通过设计案例的方式呈现给学生,在理解方法的同时欣赏大量优秀的设计案例,开拓眼界、提升审美。

虽然讲授的部分在所难免,然而实践依旧是课堂的重点,以标志设计课举例,整个标志设计大作业约占两周,加起来时长3小时左右,然而讲解的环节(图形设计基础讲解+字体设计基础讲解+标志设计的原则)全部加起来不超过半小时,只有学生动起来、去实践,才能真正地理解教师所讲授的知识。

大作业一·标志设计课程设计如下,海报设计教学课的方式与此类似:

活动题目:大作业一·标志设计

活动的目标:

(1)了解平面设计三大基础之一:图形设计。

(2)分组进行标志设计大作业的选题、构思及草图绘制。

(3)了解平面设计三大基础之一:字体设计。

(4)了解标志设计的原则。

(5)各小组从上节课绘制的标志草图中选择合适的方案,用电脑绘制正稿。

教学步骤	教学环节	教学内容	目的
1	图形设计基础讲解	PPT 讲解图形设计基础： 1. 平面设计中图形的来源。 2. 图形的创作思路(什么样的图形才能与众不同)。 ①非常形态。 ②非常联系。 ③非常状态。 3. 图形创作的思考方法(怎样想出一个与众不同的图形？)： ①联想。 ②综合。 4. 图形设计的构形方法(怎样把我的图形想法实现出来？)： ①字图共形。 ②剪影。 ③简化。 ④夸张。 ⑤拟人。 ⑥置换。 ⑦装饰。 ⑧破坏。 ⑨拟形。 ⑩异影。 ⑪写实。	1. 通过讲解设计方法以及欣赏优秀设计案例，帮助学生开拓大作业思路。 2. 提升学生的设计审美。
2	字体设计基础讲解	PPT 讲解字体设计基础： 1. 字体设计·潜规则： ①字体的结构与笔形。 ②结构与字体气质的关联。 ③笔形的个性。 ④不同笔形间个性的对比。 2. 字体设计·方法论： ①借笔/连笔。 ②字图共形。 ③立体化。 ④装饰。 ⑤拟形。 3. 字体设计·搭配法。 4. 现有电脑字体的分类、查找、安装、使用和修改。	3. 通过讲解设计方法以及欣赏优秀设计案例，帮助学生开拓大作业思路。 4. 提升学生的设计审美。

续表

教学步骤	教学环节	教学内容	目的
3	标志设计的原则	PPT 讲解标志设计的原则： 1. 简约。 2. 内涵。 3. 美观。	1. 通过讲解设计方法以及欣赏优秀设计案例，帮助学生开拓大作业思路。 2. 让学生更好得理解"标志"的含义。 3. 提升学生的设计审美。
4	大作业一——标志设计的制作	（此环节为本节课重点内容） 带领学生完成大作业一——标志设计的制作： 1. 学生进行分组。 2. 选定大作业一——标志设计的组内选题。 3. 对该选题进行头脑风暴。 4. 从头脑风暴中挑选较好的思路进行草图绘制（草图越多越好）。 5. 从标志草图中选择合适的方案，用电脑绘制正稿，教师根据每组同学情况的不同进行有针对性的单独指导。 （此环节中教师需实时监控所有学生的学习状况，在全班进行来回巡视，随时解决学生的各种问题并且随机应变，根据每组同学情况的不同进行有针对性的单独指导）	通过完整的设计实践来训练标志设计能力。
5	作业提交	让学生将标志设计作业通过邮件的方式发给任课教师，方便教师评分。如果使用 AI 制作作业，提交的文件格式必须为 .pdf 格式，如果使用 PS 完成作业，提交的文件格式必须为 .jpg 格式，.psd、.ai 等其他格式均不合格。文件命名为：大作业 1_姓名。 提交作业同时须附上设计说明。	提交作业供教师评分。

图 4　标志设计作业满分案例

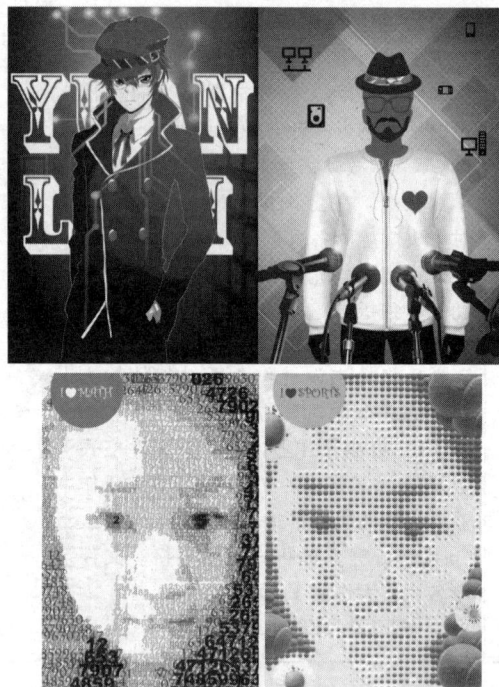

图 5　海报设计作业满分案例

五、课程实施效果

《平面设计》的课程研发经过 4 轮不断的修改完善，目前该课程的设计已基本成型，《平面设计》已在北大附中开设 10 轮，选修过该课程的学生接近 400 人，另有不少教师旁听过该课，已积累了大量的课程资料，在校内深受师生喜爱。以下是学生及老师对学习平面设计课程的课程感悟：

选课时看了平面设计这门课，最开始以为是一门很难理解的课，但是上了课发现，这门课也还是很好玩儿的。刚开始我们简单了解了什么是平面设计，平面设计的一些方法和技巧。

之后的课上我们分组进行了 Logo 设计和海报设计，在这个过程中我们学会了开拓思路的好方法头脑风暴，设计 Logo 与海报的技巧，又熟悉了 Photoshop 和 Illustrator 的使用。在最后汇报中看到自己完美而又系统的设计，成就感油然而生。

（倪丛玮）

早就听说过平面设计课的头脑风暴游戏，最开始进行这个游戏的时候，我并不是特别的积极，倒不是因为想象力问题，主要是由于身边坐的同学都比较陌生，这样的氛围从某种程度上也会导致我无法完全打开想象力。不过经历过这个游戏之后，我也和旁边陌生的同学交谈起来。我想这个游戏它的好处是有两个层面的，一个是开发人的想象力，一个是让大家敢于表达与交流。任何一个游戏的参与者，如果在这两方面其中有一方面不擅长，都可以通过另一个方面来进行弥补并获得帮助。比如说对于不擅长社交的人，通过这些文字和画画的游戏，也能够逐渐打开自己并愿意和身边的人交流，而对于平时不擅长想象力的人，可以通过别人的点子，同时激发自己的创造力。

（马若聪）

首先要非常感谢刘影子老师对"头脑风暴"生动形象的阐释，在交流分享课程吸取教学经验的同时，老师们也有了一次设计和创新的体验，非常有趣。

本次分享会各位老师又重新坐回教室里成为学生，因此对课程有了更为直观的感受。影子老师的课程重点十分突出，前面的课程内容和实施方式清晰易懂，并且从学生的实际角度和需求出发，使其在课程上完成所有内容。另外，整个 PPT 可以说非常赏心悦目，重点突出，尤其是学段安排那一张排版紧凑有序，却非常清晰，个人非常喜欢。也是我在 PPT 设计上需要努力的方向。

再说说课程主体"头脑风暴"，可以说本次课程是一次非常有意思的体验，非常直观地感受到了整个课程的布置，同时也体会到了大开脑洞的乐趣。想想学生一个学段之后，真的把自己的脑洞转变为现实，一定是一次非常有趣的体验！另外，通过本次体验，可以看出影子老师对于课程有着非常强的掌控力，虽然是学生小组活动，但是首先活动前的铺垫很好地调动起了学生的兴趣，并在活动前明确地说明要求，利用自身经验良好规避了学生可能遇到的问题；在活动的过程中，不断提醒时间以期让学生掌握好进度，并来回走动检查各小组的活动情况，解决学生的问题，比如在绘画上遇到问题的时候会提醒他们用文字代替；最后，影子老师对于学生的点评可以说非常有层次且非常突出优点，学生不仅会有成就感，同时也会吸取其他组成员的好的地方，博采众长，从多维度对于设计有了一个良好的认识，非常成功。

其次，关于评价的问题，在我眼中，艺术和写作都是创造性的，并且非常主观，因此在评价上标准确实不是很好拿捏。听了影子老师的打分以及我个人授课的经验来说，可以从创意和实施两方面来打分，但是肯定是没有完全统一的标准，因为学生的情况多种多样，变化很多。因此，很多情况下只能定一个大概标准，更多具体的内容需要老师根据自己的经验进行打分。

最后，想感谢影子老师推荐的两个视频，第一个在牛津的 TED 非常有趣，周末又特意看了一遍，很多地方还是令人捧腹。第二个关于保持创新的 29 个方法，虽然简单但是操作起来实属不易。很多建议非常中肯，打算纳入工作、学习和生活中加以实施，保持新鲜感！

（张一飞）

影子老师的课让我重新体验了一把当学生的感觉，非常感慨。当了一年老师之后，才知道一堂课的准备是需要花费大量的时间和精力，而当学生是多么简单幸福的一件事情。所以从学生角度来看影子老师的课，主要的特点是：无压力，放松，正能量。这也许就是艺术课程的最大的特点——无关对错，只分高下。因为课程本身的特点，所以只要学生愿意参与，每个学生都能在这个课程中找到自己的位置，都能感觉到自己的存在感。当然这种学生的体验与影子老师个人的魅力以及春风化雨般的点评是密切相关的，这直接能让学生从自己粗糙简单的草图里看到一个亮闪闪的设计创意，而成为愿意为之学习后续课程来落实创意的动力。这一点是特别值得借鉴的。

（曾瑶）

六、课程管理与绩效评估

(一)课程管理

该课程的学习方式根据学习内容的不同及学习进度的推进分为教师讲授、教师引领、合作学习、独立创作、交流与讨论等几种不同的方式。

教师讲授：较为传统的授课模式，以教师讲授为主，学生聆听学习。主要适用于理论知识普及。

教师引领：教师示范，学生逐步跟学，教师同时针对每名学生情况的不同采取针对性的指导。主要适用于软件学习。

合作学习：完全由学生主导，以小组为单位进行设计并制作，组内自由分工、讨论合作、共同达成设计目标。教师针对每组学生情况的不同采取针对性的指导。适用于标志作业的设计实践。

独立创作：完全由学生主导，以个人为单位自行设计并制作，教师针对每名学生情况的不同采取针对性的指导。适用于海报作业的设计实践。

交流与讨论：学生展示设计作品、制作过程、制作花絮等，互相交流学习，教师点评。主要适用于课程汇报。

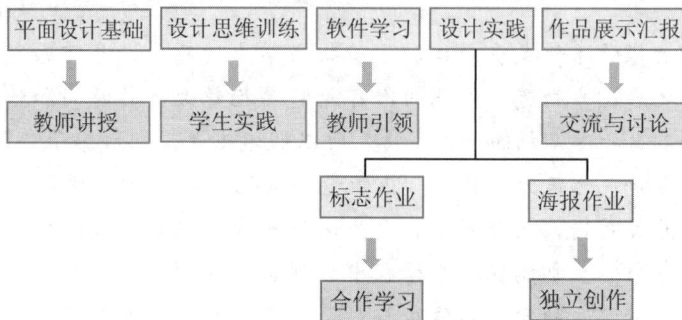

课程难度逐渐递增

（二）课程绩效评估

平面设计模块课程—《平面设计》过程性评价方案

周次	项目	分值	锁定时间
1	头脑风暴	2	第3周周末
2	课堂表现	2	第4周周末
3	课堂表现	2	第5周周末
4	课堂表现	2	第6周周末
5	课堂表现	2	第7周周末
6	课堂表现	2	第8周周末
7	课堂表现	2	第9周周末
8	课堂表现	2	第9周周末
9	课堂表现	2	第9周周末
2	Photoshop练习1	5	第9周周末
3	Photoshop练习2	5	第9周周末
4	Illustrator练习1	5	第9周周末
4	Illustrator练习2	7	第9周周末
5	大作业1—标志设计练习	30	第9周周末
6	大作业2—海报设计练习	30	第9周周末
9	作业分享（额外加分）	2	第9周周末

打分细则：

课堂表现：每节课按计划完成课程内容，不影响课堂秩序，不做与课程无关的事情即可获得满分。因事假或病假缺席的学生可以在次周下课后补习上周内容，经教师审核后可以补给课堂分。

头脑风暴（小组练习）：使用头脑风暴的思维方式进行联想练习。联想，数量不少于20个。联想数量不少于20个即可获得满分2分。

Photoshop练习1（个人练习）：教授平面设计常用软件PS的基本操作，只要全部预期操作效果均能实现，学生跟随老师通过一个随堂练习即可获得满分5分。

Photoshop练习2（个人练习）：进一步教授平面设计常用软件PS的基本操作，学生跟随老师通过一个随堂练习，进一步了解和巩固Adobe Photoshop的使用方法。课后提交作业原始文件，初步了解平面设计软件。

Illustrator练习1（个人练习）：教授平面设计常用软件AI的基本操作，学生跟随老师通过一个随堂练习，初步了解平面设计软件

Adobe Illustrator 的使用方法。课后提交作业原始文件，只要全部预期操作效果均能实现，不缺步骤即可获得满分 5 分。

Illustrator 练习 2（小组练习）：了解如何使用设计素材完成自己的设计创意。每个小组使用头脑风暴时的联想结果，通过使用 AI 素材，尝试将自己的创意实现出来。学生提交作业的原始文件，教师根据设计作品的画面效果酌情给分，满分为 7 分。

大作业 1 标志设计练习（小组练习）：通过设计练习，学生以小组为单位，掌握平面设计常用技能－标志设计体验标志设计从创意到制作的全过程。教师将限定一个设计范围，自选校内的一个场所或组织，为其设计一款标志或以个人为单位，为自己设计一个标志。学生提交作业的原始文件及设计说明，教师根据设计作品的画面效果酌情给分。满分为 30 分，其中审美性 15 分，创造力 10 分，设计说明 5 分。

七、课程创新

北京大学附属中学《平面设计》校本课程和教材研发由首席教师刘影子编写而成，主编为清华大学美术学院视觉传达设计系硕士。在教材编写过程中，始终坚持以学生需求为导向，"一切为了学生，为了学生一切"。一改以往枯燥的讲授式教学，注重实践和体验。课程设计格外注重逻辑性，每一个小小的板块中都尽量做到：想让学生做什么，一定讲清怎么做、为什么做，多余的、无用的东西尽量少讲。这一层层紧紧相扣的逻辑最终串联起 9 周饱满的课程。正是这种清晰的条理，才让许多完全没有美术、设计基础的学生，在短短 9 周的时间里，能完成设计作品，完成第一节课时他们认为的这个"不可能完成的任务"。

课程评述：

"平面设计是从人类开始利用文字记录自己思想的时候就开始的一个活动，贯穿了人类文明史的整个过程。"《世界平面设计史》中这样写道。从古至今，设计以艺术的力量不断推动着社会的发展和人类的进步，人类对美的追求和热爱从未停止，设计学科与传统美术一个不同的地方在于，设计师的想象不是纯艺术的幻想，而是把想象利用科学技术使唤之转化为对人有用的实际产品，这就需要把想象先加以视觉化，这种把想象转化为现实的过程，就是运用设计专业的特殊绘画语言，把想象表现在图纸上的过程。

《平面设计》并非是所有中学都会开设的必修课，但是《平面设计》进入中学教育，有着非常重要的意义和作用。对于在大学学习设计专业的学生而言，平面设计不仅是一门生存的技术，也是美化自己生活的一种素养特长，而对于中学生而言，平面设计可以培养创造力、提升审美力，也能帮助有意愿在大学阶段从事专业设计学习的学生提早感受设计、打下扎实的基础。即使只是作为一门兴趣爱好或是特长，平面设计也非常合适，当今社会中平面设计的应用非常广，随着信息社会的到来，电脑技术的广泛普及，人们对视觉的要求和品位日益增强，平面设计的应用更是不断拓展：网络广告业、报业出版、杂志社、影视制作、动画、印刷业、美术、摄影、建筑装潢、服装设计、网络设计公司等，很多新兴和热门专业领域都离不开平面设计技术，在我们日常生活中，平面设计所留下的踪迹无处不见，如我们步入超市商场看到的形形色色的商品介绍牌；我们穿在身上的衣服图案设计、吊牌设计；我们吃饭的碗筷上面的花纹设计、我们打开一本书，看到的封面设计；我们在小卖部看到的各种各样的零食包装设计，等等。当今社会是注重能力和技术的社会，在高学历普及的今天，技术性强的优秀人才往往更能占得先机，平面设计是一门视觉艺术，它用智慧创造人类最直观的感受，它将自己的闪耀思维神奇地融入作品中并体现商业意志，因此拥有平面设计特长无论对学生的学习还是生活都很有帮助。

北大附中开设的平面设计课程从实用的角度出发，注重学生的实践和体验，这种课程设计贴近高中生的特点，从开设至今两年多的时间里，涌现出不少优秀的学生作业，对于很多没有美术基础的中学生而言，想要达到这种水平想必是付出了不少热情、精力和时间，很高兴看到有这么多中学生对设计艺术感兴趣，相信通过学习这门课程，学生们一定会受益匪浅，也感谢新的中学艺术课标中对设计的重视和推广。

（陈磊　清华大学美术学院信息视觉设计研究所所长）

传统节日文化漫谈课程

北京理工大学附属中学

一、开发背景

（一）弘扬优秀传统文化

2014 年 4 月 1 日习近平总书记在比利时欧洲学院谈到中华文明时曾说道："中国人看待世界、看待社会、看待人生，有自己独特的价值体系。中国人独特而悠久的精神世界，让中国人具有很强的民族自信心，也培育了以爱国主义为核心的民族精神。"从古至今，我们的祖先在时间长河中不断沉淀，日渐形成的传统文化有很多已经根植于每个人的心中，也正是由于它太根深蒂固了，反而使大多数人不自知。

在党和政府大力弘扬优秀传统文化的大背景下，作为历史教师，如何从自己学科角度出发，将中国人那"独特而悠久的精神世界"呈现给学生呢？

对于"传统文化"，有的人会觉得年代久远，故敬而远之，有的人怀着一腔热血想要一探究竟却因选择了一条枯燥无味的探索之路而浅尝辄止。成年人尚且如此，更何况是天性爱玩的孩子们。如何才能把优秀传统文化的教育以一种喜闻乐见的方式呈现给学生呢？如何才能让孩子们切实感受到优秀传统文化的浓郁魅力呢？我们认为应该拉近传统文化与学生的距离，由此，我们开始"寻找身边的传统文化"，寻找孩子们看得见、感觉得到的传统文化。

经过讨论，初步决定以节日作为传统文化的载体来开发课程，通过挖掘传统节日背后的文化内涵，带领学生领略传统文化的魅力。节日对于学生而言，既耳熟能详，又有足够的生活经验可以帮助知识的迁移。

所谓"于无声处听惊雷，于无色处见繁花"，我们希望通过该选修课程的研发设置让学生对这些耳熟能详的节日能有一番不一样的感受。

（二）渗透历史学科核心素养

当前，教育部组织专家研制高中课程标准，高中历史课程将发生重大变化。其中，将学生发展核心素养作为高中课程改革重点。学科核心素养是学科育人价值的集中体现，是学生学习该学科之后所形成的、具有学科特点的关键成就。历史素养是人文素养的重要组成部分之一，是学生通过历史学习能够体现出的带有历史学科特性的品质。普通高中历史课程的育人功能，重在引导学生从多角度对历史进行认识，培养历史学科思维方式，最终是希望学生在面对现实问题时也能够从多角度进行分析和理解。历史学科的学科核心素养包括：时空观念、史料实证、历史理解、历史解释和历史价值观。本课程在挖掘传统节日文化时以史料为依托，以时代为背景，在教学中渗透学科素养，同时设计了学生自主探究的内容，以期在教师的指导下，学生能够本着实证精神、时空观念，针对现实生活中的问题从多角度进行分析和理解。

（三）将能力的培养落到实处

《国家中长期教育改革和发展规划纲要》（2010—2020 年）在全面深刻把握知识和能力关系的基础上，明确提出了"坚持能力为重"的战略思想，强调"优化知识结构……强化能力培养"。能力需要在活动中得到锻炼和提升，近年来学生活动在各学校也如火如荼，如何让学生活动能够更有效、更切实可行呢？我们在经历了多次尝试和失败后发现，由于学生的能力参差不齐，将主动权完全交给学生或者把问题抛给学生后不加任何指导的活动很难产生效果，学生的活动离不开教师的指导，但很多时候我们的指导并没有很到位，缺乏有效指导的活动事倍功半，教师应该如何有效指导学生开展传统文化活动呢？本课程对此作出一些探索，以期将能力的培养落到实处。

二、课程性质及意义

本课程以历史组为依托，由刘建新、薛玉等教师共同开发的校本选修课程。该课程以传统节日为载体，弘扬优秀传统文化，带领学生领略"中国人独特而悠久的精神世界"，拉近学生与传统文化的关系；同时设置了学生自主探究主题，教师指导学生对一些由节日衍生出的、与现实息息相关的问题进行探究，属于探索研究类的综合活动课程。其意义如下：

（一）激发学生了解传统文化的兴趣

传统节日是学生们耳熟能详的内容，以传统节日作为弘扬传统文化的切入点，比较容易引起学生的兴趣。且大多数人会觉得自己对诸如春节、元宵之类的节日知之甚详，教师对节日背后文化的挖掘能够起到"于无声处听惊雷，于无色处见繁花"的效果，给学生留下深刻印象，从而引发学生对于传统文化的兴趣。

（二）渗透历史学科素养

在梳理节日发展脉络的过程中注重一手史料的选取和运用，强调"论从史出"，引导学生站在历史的背景下去观照不同时期的节日文化，在教学中渗透时空观念、史料实证、历史理解等历史核心素养。

（三）培养学生综合能力

通过小组合作、问题探究等培养学生的问题意识，提高学生独立思考、研究性学习及团队协作的能力。通过对生活常识的分析和对现实问题的探究，培养学生从生活中发现知识、探索知识、勤思考、多探究的习惯。

（四）探索专业学术与中学教育的对接途径

在课程研发中，充分利用学术界已有成果，在吸收学术成果的基础上厚积薄发，将其以通俗易懂的语言、深入浅出的形式呈现给学生。

三、课程目标

知识与能力目标：了解春节、元宵节、清明节、端午节、七夕节、中秋节、重阳节这几大节日的由来、发展脉络；通过小组合作探究与课堂展示，培养团队合作能力、制订计划、解决问题的能力，提升语言表达能力。

过程与方法：了解访谈法的基本要领，并在实践中进一步熟悉和掌握访谈法。通过讨论课完成小组合作探究，生成研究报告，并将成果在课堂上进行分享。通过上述活动，学会探究式学习和合作学习，能够从多角度分析问题，能够运用各种资料支撑自己的观点。

情感、态度与价值观：感悟优秀传统文化的魅力，增强民族自豪感和自信心；在访谈活动中感受时代变迁，通过了解父辈、祖辈的故事与家人沟通感情，从长辈的生命历程中获得成长与感动；在自主探究活动中感受节日文化的变迁，对传统文化的传承有自己的思考和看法。

四、课程实施

授课教师：薛玉

授课对象：高一学生

授课方式：教师讲授与学生自主探究相结合；课上学习与课下实践活动相结合。

课时安排：每周四下午选修课时间。

(一)教师讲授内容

中国传统节日名目繁多，本课程撷取其中大家最为熟悉的春节、元宵、清明、端午、七夕、中秋、重阳作为主讲内容，带领学生深入探究节日背后蕴含的文化。越是熟悉的事情、越是司空见惯的现象，越少人会进行深入思考，本课将针对一些"常识"进行深挖，一方面通过对"常识"的深挖向学生普及传统文化相关知识，渗透历史学科核心素养；另一方面培养学生的问题意识和探索精神，以期取得"于无声处听惊雷，于无色处见繁花"的效果。

高一学生已具备这些传统节日的基本知识，且已具有一定的抽象思维能力。因此教师所讲内容应有一定的思维深度。在互联网时代，信息唾手可得，网络上关于各节日的信息鱼龙混杂，参差不齐，教师不应只是知识的搬运工，将随手从网络上搜索的信息作为教授内容，因此本部分内容为教师通过知网下载相关学术论文、阅读相关文献，整理出相关内容，将学术研究成果以通俗易懂的形式呈现给学生。

节日		问题设计	设计意图	相关传统文化知识	历史学科核心素养
春节	腊八节	1. 农历十二月为什么叫腊月？	通过对《风俗通》《礼记》中相关史料的解读，说明腊月的称谓源于古代的年终大祭。学生通过教师讲授理解在生产力水平低下、靠天吃饭的农耕时代，祭祀对于先民的重要性。	干支纪年、月、日法	史料实证历史理解

续表

节日		问题设计	设计意图	相关传统文化知识	历史学科核心素养
春节	腊八节	2. 腊月初八有什么特别之处？	学生通过了解腊祭在佛教传入后逐渐与浴佛日重合，产生腊八节，理解节日产生和发展的时空背景。		时空观念
		3. 腊八节为什么要喝粥？	了解古人在腊八粥中寄托的美好愿望，以及佛教文化。		
	小年	古代祭祀的神灵那么多，为什么单单祭灶成了小年？	了解分封制下等级森严的祭祀规格，通过史料分析灶神的发展演变，理解古人的精神世界。通过视频感受当下保存下来的祭灶仪式。		史料实证历史理解
	年前准备	1. 你家是如何准备过年的？	调动学生已有生活经验，为今昔对比做铺垫。		
		2. 过去是如何准备过年的？	了解过去年前准备的习俗，感受这些习俗中蕴含的辞旧迎新的意味；了解古人的建筑特点，理解糊窗户的习俗；理解在物资匮乏的年代只有过年才能吃到白面和鸡鸭鱼肉，感受时代变迁给我们生活带来的影响。		时空观念历史理解
	元旦（春节）	1. 古代元旦指哪天？阴历、阳历的制定依据是什么？为什么每十九年阴阳历重合一次？	了解春节在古代称为元旦，直到民国建立后才将阳历1月1日称为春节；了解阴历、阳历的制定依据为太阳、月亮的变化周期；了解阴阳历之间的关系和十九年七闰。	阴历、阳历十九年七闰朔望月	历史理解
		2. 为什么会出现"年除夕的故事"和"怪兽年的传说"这样角色设定矛盾的传说？	理解古人在生产力水平、医疗水平低下，科学知识缺乏，面对天灾人祸无能为力的情况下，通过神话传说寄托对战胜各种困难的渴望。		时空观念

续表

节日	问题设计	设计意图	相关传统文化知识	历史学科核心素养
春节	3. 为什么把春节叫做"过年"?"年"的本意是什么?	通过甲骨文"年"的字形、《说文解字》中对年的解释等,理解"年"表示谷物成熟,将过年作为一年中最重要的节日体现了古代社会农耕文明的特点。		时空观念
	4. 除夕为什么要守岁?为什么长辈要给晚辈压岁钱?	了解相关传说,理解其中寄托的古人祈福求吉的情感。		历史理解
	5. 为什么鞭炮又叫"爆竹"?为什么古人过年要喝屠苏酒?桃符是什么?为什么是"桃符"不是其他树木做的符?	通过史料分析了解相关内容,理解古人通过爆竹、喝屠苏酒、挂桃符趋吉避凶的情感寄托。		历史理解
	6. 如何区分春联的上联和下联?上联应该贴在门的左边还是右边?	了解古代四声"平上去入",知道平声和仄声,能够根据"仄起平收"原则区分对联的上联和下联。	古代四声	
	7. 从初一到初十都有哪些习俗?	通过史料分析了解拜年、破五、人日、鼠娶亲等习俗和传说。	人胜节	
	8. 你知道北京厂甸庙会吗?你逛过庙会吗?	通过视频感受庙会的氛围,结合生活经验,对比古今庙会的差异并分析其原因。		时空观念历史阐释
	9. 春节的美食有哪些?年夜饭有什么讲究?	结合生活经验讲述春节美食;理解古代谐音艺术中体现出的追求祈福求吉的民族心理和含蓄内敛的民族特性。	谐音文化	历史理解

注:"节日"列中纵向另有"元旦(春节)"字样。

节日		问题设计	设计意图	相关传统文化知识	历史学科核心素养
春节	新年俗春晚	1. 最早的春节联欢晚会是哪一年?	通过视频感受 1956 年春晚大联欢的氛围;了解 1956 年的历史背景,理解在"一五计划"和社会主义改造背景下人们娱乐生活的特点。		时空观念历史理解
		2.20 世纪 80 年代春晚是如何和观众互动的?春晚舞台经历了怎样的变迁?	通过视频和图片了解前互联网时代、前移动通信时代通过电话点播和邮寄参与互动的方式,从 1983 年至今三十多年春节联欢晚会舞台布置、演员数量和装扮的变化,感受改革开放以来物质生活的变迁、精神文化生活的丰富、通信设备的普及以及信息技术的发展。		时空观念历史理解
		3. 为什么南方人不喜欢看春晚?	通过数据呈现春节联欢晚会在南北方的收视率差异,通过视频感受南北方方言差异,理解语言差异导致南方人观看春节联欢晚会语言类节目的障碍;了解南北方文化差异,知道南方人在除夕之夜除了央视春节联欢晚会外的替代活动。	汉语方言八大语系	时空观念
元宵节		1. 元宵节是怎么发展来的?	通过《岁时杂记》等文献中的记载分析元宵节的起源,了解元宵节与道教、佛教文化的关系,理解佛教文化传入后的本土化趋势。		时空观念历史理解
		2. 汤圆和元宵有什么区别?你吃过肉馅的汤圆吗?	知道汤圆和元宵制作方法的不同。		
		3. 在古代,元宵节为什么被视为狂欢节?	了解古代的宵禁制度,理解古人在一年中唯一可以有夜生活的一天的狂欢心情。	宵禁制度	时空观念历史理解

续表

节日	问题设计	设计意图	相关传统文化知识	历史学科核心素养
元宵节	4. 元宵节才是中国古代的情人节?	通过《青玉案·元夕》和《生查子·元夕》等诗词理解古代元宵节的情人节色彩。		历史理解
	5. 猜灯谜的习俗起源于何时?为什么?	了解宋代市民文化的发展,理解猜谜习俗的条件是市民文化水平的提升。		时空观念
清明节	1. 清明节的"清明"二字缘何而来?	了解二十四节气和七十二物候,知道清明节气的物候特点和气候特点,理解"清明"二字由气候特点而来。	二十四节气七十二物候	
	2. 寒食节真的只是因为纪念介子推吗?	了解介子推的传说;理解古代"改季换火"的习俗。		时空观念
	3. 为什么清明节要扫墓祭祖?	了解清明节扫墓是由纪念介子推发展而来。		
	4. 清明节除了扫墓还有其他习俗吗?	了解清明节踏青、秋千、放风筝、蹴鞠等习俗,理解古人在清明节除了寄托慎终追远的感伤情思,同时也有一些欢乐赏春、强身健体的活动。		历史理解
	5. 中国大多数节日都有特色美食,清明节也有吗?	通过视频了解清明节的子推馍、艾粑、青团等美食及其做法。		
端午节	1. 为什么古代将端午称为是"恶日"?	了解端午节的时令特征,气候转暖、雨季到来,潮湿生菌,衣物易发霉,人易生病。		
	2. 端午既为恶日,所以是以"避恶"为主,并非乐事?	了解端午节在历朝历代的发展历程,知道自隋唐以来,恶日不恶,逢凶化吉,充满欢乐气氛,宋代以来节俗继续发展丰富。		时空观念

节日	问题设计	设计意图	相关传统文化知识	历史学科核心素养
端午节	3. 各地粽子都有哪些种类？	了解北方以甜口的豆沙、红枣、红糖粽子为主；南方以肉粽为主；广东还流行无馅的碱水粽。		时空观念
	4. 端午节除了吃粽子、赛龙舟还有哪些习俗？	了解挂艾草菖蒲、配长命缕、饮雄黄酒等端午习俗及其所寄托的古人趋吉避凶的愿望。		
七夕节	1. 为什么那两颗星星会被叫做"牵牛星"和"织女星"？	了解古代的星象崇拜；通过史料分析了解"牵牛"和"织女"的名称起源于古代观象授时的时代，分别是视牲之月的八月之星和代表开始纺织冬衣的七月之星。	星象崇拜 二十八星宿	史料实证 历史理解
	2. 从现代天文学角度看，牵牛星和织女星分属哪两个星座？实际距离是多少？	了解牵牛星属于天鹰座、织女星属于天琴座；两颗星星之间的实际距离为16光年。		
	3. 牛郎织女的传说是什么时候开始流传的？故事情节是如何发展丰富的？	通过史料呈现分析牛郎织女故事的发展脉络，东汉时期两颗星星具备了人的情感，魏晋时期发展出故事梗概，但只是神仙夫妇；唐宋时期开始增加了人神相恋的要素。		
	4. 日本也过七夕节，也有牛郎织女的传说吗？	对比中日七夕传说故事的异同，通过故事中主人公姓名的不同(牛郎和渔夫)理解其所反映的中日社会状况的差异；通过牛郎织女相会方式的不同(鹊桥和木舟)感受不同地理环境对民族心理的影响。通过对比了解外来文化传入后的本土化倾向。		时空观念 历史理解

续表

节日	问题设计	设计意图	相关传统文化知识	历史学科核心素养
七夕节	5. 七夕在古代也是情人节吗?	了解在古人心目中,对于爱情和婚嫁而言,七夕故事是凶多吉少的"下下签",出生在七夕也会被认为不吉利。因此古代七夕并无情人节的意味。		时空观念历史理解
	6. 七夕又被称为乞巧节,古人如何乞巧?除了乞巧,七夕还有哪些习俗?七夕也有特色美食吗?	通过《燕京岁时记》等文献史料了解古人乞巧分为"卜巧"和"赛巧"两种方式;除了乞巧七夕还有祈求子嗣的习俗和拜魁星的习俗;七夕美食为面食巧果。		史料实证
中秋节	1. 中秋节起源于何时?每个月都有月圆之夜,为何唯独八月十五成为了具有团圆意味的中秋节?	了解中秋节肇始于唐,形成于宋。通过唐代诗文理解唐人玩月之风的盛行;理解唐玄宗时期八月千秋节对中秋节形成的推动作用;了解盛唐之前"中秋"多指"仲秋",中唐之后中秋才与八月十五的概念重合。了解安史之乱之后的社会状况,理解乱世人民对团圆的渴盼以及在自古悲寂寥的中秋时节更易伤感。		时空观念史料实证历史理解
	2. 古人是如何过中秋节的?	通过电视剧《红楼梦》视频,了解《红楼梦》中清朝富家大族的中秋习俗包括拜月、家庭聚会、赏月、吟诗。并进一步通过林黛玉和史湘云临水赏月的视频,感受古人如何触景生情。	联诗	历史理解
	3. 中秋月饼的口味也有地域差异吗?	讲述自己曾经吃过的月饼种类,了解北方以甜口月饼为主,南方流行云腿月饼,月饼种类随时代发展呈现多样化趋势。		时空观念

(二)学生自主探究

传统节日并不只是历史,它们延续到今天,更是我们的现实,学生切实感受到的也正是传统节日的现实表征。为了培养学生的综合能力,本课程设置了一些由节日文化衍生出来的、与现实生活息息相关的主题,由学生进行自主探究。一方面,引导学生对社会现实问题进行思考,培养问题意识和探究精神,学会从多角度分析和理解问题;另一方面,通过挖掘传统节日的现实意义引导学生思考如何继承传统文化。

在本课程第一次开课时,我们采用的是直接给学生主题,给出讨论时间和准备时间,但最后的结果呈现不尽如人意。由于学生缺乏探究性学习的经验,拿到问题后比较迷茫,不知道从哪些角度去思考,课堂讨论也很容易跑偏,缺少实效性,最后的结果呈现往往是百度资料的堆砌,缺乏思维含量。在这个过程中,由于缺乏教师的有效指导,很难说学生的能力得到了多大程度的提高。因此我们经过反思和摸索,将每个主题分解为几个小问题,由这几个问题引导学生的思维。问题的设置由浅入深,有梯度,引导学生在探究问题时先查清楚"是什么",再根据查阅到的材料分析"为什么"和"怎么做"。为了鼓励学生的创新思维,充分发挥学生的想象力,在设问时增设了关于未来畅想的问题。为了培养学生的时空观念,设置了角色代入类问题。

传统节日文化漫谈课程自主探究选题

选题	问题分解
年,还可以这样过	1. 小组成员分别采访至少 2 位长辈(最好是不同辈分或来自不同地域),关于他们小时候是如何过年的。
	2. 小组成员分别采访至少 5 位自己的同辈亲朋,关于他们现在过年的感受。
	3. 汇总各成员的访谈记录,总结提炼出不同年代过年习俗的特点和人们的心情。
	4. 根据访谈结果,结合自己的生活经历及课堂所讲相关内容,概括出哪些旧俗仍然存在,哪些已悄然失传,哪些是新时期新增的?
	5. 对于已经消失或濒临消失的旧俗是否要挽救?对于新增的习俗你如何看待?最后结合以上内容谈谈你对传统文化的传承与发展的看法。

续表

选题	问题分解
春运之我见	1. 什么是春运？
	2. 为什么会出现春运？（尽可能从多种角度进行分析）
	3. 为缓解春运回家难，各方面做了哪些努力？（如铁道部、旅客、航空公司等）
	4. 你认为还可以通过哪些措施来缓解春运？（请尽可能站在不同角色立场来考虑）
感悟北京春节	1. 在北京，过年时和平时有什么区别？（尽可能从多角度进行分析）
	2. 什么是北漂？
	3. 假设你是北漂，请小组每个成员选择一个籍贯背景（各成员所选背景应分属不同类型城市），了解该籍贯背景的生活方式，对比这种生活方式和生活在北京有哪些相同、哪些区别。（建议角度：医疗卫生、教育、就业机会、生活环境、交通等）
	4. 假设你是老北京人，你如何看待北漂挤满北京的现象？（尽可能从多角度分析）
拜年方式转变初探	1. 传统的拜年方式有哪些？
	2. 当今时代新出现的拜年方式有哪些？
	3. 传统习俗和新年俗各有哪些利弊？
	4. 请设想一下，拜年习俗在将来还有可能出现怎样的变化？（尽可能充分发挥想象力，畅想未来世界）
网络祭祀初兴，你怎么看	1. 从古至今人们祭祀先人、去世的亲朋，目的是什么？
	2. 传统的祭祖方式包括哪些内容？有什么特点？
	3. 新兴的网络祭祀包括哪些内容？有什么特点？
	4. 你认为哪种方式更能起到祭祀的目的？你更认同哪种祭祀方式？为什么？
	5. 你认为未来社会的祭祀方式还会有怎样的变化？为什么？

选题	问题分解
你如何看待韩国端午祭申遗成功	1. 什么是非物质文化遗产？
	2. 韩国申遗成功的端午祭包括哪些内容？
	3. 中国端午节也已申遗成功，其基本内容有哪些？
	4. 韩国端午祭和中国端午节的联系和区别是什么？为什么二者既有联系又有区别？
	5. 你认为传统节日申遗有什么意义？除了申遗还有哪些措施有助于文化的传承？
时移世易，传统节日何去何从	1. 传统元宵节寄托了人们怎样的感情？有哪些习俗？现在保留下来的有哪些？
	2. 传统七夕节寄托了人们怎样的感情？有哪些习俗？现在人们如何过七夕节？
	3. 你如何看待元宵节、七夕节传统意味的消逝以及传统节日在新时期的新意义？
	4. 请设计一则关于元宵节或七夕节的公益广告文案，将你认为有必要向大众普及的传统内涵包含进去。

主题和设问为学生提供了探究的思路，对于探究的过程，依然会存在很多问题。资料查找渠道单一，对搜集来的信息进行简单堆砌，不做筛选，也缺乏深度处理。小组合作中容易出现互相推诿，有人独揽全包，有人甩手掌柜，团队的力量体现不出来，也不曾有思维的碰撞。为了对学生的探究过程进行有效指导，并对探究过程进行过程性评价，我们设计了自主探究的学案，通过学案引导学生一步一步进行探索，要有明确的小组分工，将每个人为团队做出的贡献作为过程性评价计入课程最终评价结果中。讨论课上，学生根据学案进行讨论，随时记录讨论结果，讨论课结束后，学案上交，教师根据各组讨论的结果及后续工作进行有针对性地指导。同时，学案的记录也是讨论成果的呈现，作为过程性评价的参考之一。以下为我们设计的三个学案，前两个需要在课堂讨论的过程中填写，第三个学案是研究报告生成过程的体现，在课下填写。

自主探究学案一——初步搜集资料(课堂讨论记录表)

时间：　　　　　　　　　　　记录人：

所选题目	待解决的问题	获取资源渠道	组内分工		任务完成时间节点
			姓名	第一阶段任务	

小组成员签字：

自主探究学案二——关键问题探究(课堂讨论记录表)

时间：　　　　　　　　　　　记录人：

姓名	前一阶段任务是否按时完成	完成过程中遇到了哪些困难？如何解决的？（没有可填无）	需要进行头脑风暴的问题，请记录下讨论的问题、各成员的观点及最终的讨论结果		
			问题一：	问题二：	问题三：

小组成员签字：

自主探究学案三——研究报告生成

时间：　　　　　　　　　　　记录人：

组内分工		任务完成时间节点	是否按时完成	成员间互评结果
姓名	研究报告生成任务			
	整理讨论结果			
	整理前期搜集的资料			
	将前两部分整合成完整的研究报告			
	根据研究报告制作成果展示 PPT			

小组成员签字：

(三)课程评价

本课程采取过程性评价和终结性评价相结合的形式,两部分各 50 分,加起来为学生课程学习的成绩。

过程性评价包括小组和个人两部分得分。小组得分即小组整体表现,主要包括组内分工和课堂讨论氛围,由教师根据分工是否具体明确可执行给分,课堂讨论则通过课堂讨论学案及教师的课堂观察给分。个人得分是每个成员在小组内表现的反映:完成分工任务情况是对成员基本考查内容;小组中有些成员在整个活动实施过程中对小组有较大贡献,例如提供了解决问题的关键途径或在最后的成果展示阶段是组内主力,为小组赢得了光荣,对这些成员酌情给予特殊贡献分;团队合作能力的考查通过组内互评来实现,由组内成员对本组其他成员在倾听、表达和完成任务情况的表现进行打分,取各成员的平均分作为过程性评价中组内互评部分的得分。为了使学生通过评价更深刻地了解到自己的优势和不足,小组互评的同时每位同学也要进行自评,自我分析、自我评价,在自评的过程中引导学生进行自我反思。

小组成员互评、自评表

	评分量规	赋分参考	成员 1	成员 2	成员 3	成员 4
倾听	1. 能够认真倾听队友发言。	5				
	2. 队友发言时总是忙自己的事。	3				
	3. 总是打断队友的发言。	1				
表达	1. 愿意积极表达自己的观点,且观点很有创意!	5				
	2. 会发言,有思考,但缺乏创意。	4				
	3. 会发言,但大多为人云亦云,缺乏自己的思考。	3				
	4. 沉默的羔羊……	0				

续表

评分量规		赋分参考	成员1	成员2	成员3	成员4
任务完成情况	1. 任务完成优秀！一看就很用心！内容丰富、格式清晰，一目了然。	10				
	2. 任务能够按时完成，内容不是简单的堆砌，有整理和思路，但看起来不是特别完美。	8				
	3. 任务能完成，但基本是纯粹的复制、粘贴、堆砌，自己对内容都完全不熟悉。	5				
	4. 任务没有能够完成，队友帮忙完成的……	0				

终结性评价以小组为单位，对各小组的调研成果进行评价，包括调研报告和成果展示两部分。对两部分均设置具体的评价量规，通过量规让学生知道他们在准备这两部分成果时需要注意哪些关键性与细节性问题。

传统节日文化漫谈课程评价方案

评价内容		评价量规	满分	得分
过程性评价	小组	组内分工一	具体明确、切实可行、落实到人	5	
		组内分工二		5	
		讨论过程	组织得当、发言积极、能完成当堂讨论任务	10	
	个人	能按时完成任务	根据学案中的相关记录给分	6	
		特殊贡献加分	创造性解决问题、在整个自主探究活动中担任重要角色	4	
		组内互评	个人得分为其他成员评分的平均分	20	

续表

		评价内容	评价量规	满分	得分
终结性评价	研究报告	内容	内容充实，对于问题的探究角度多样、观点新颖	15	
		结构	结构完整，对"是什么"、"为什么"、"怎么做"都有探索	5	
		格式	格式清晰，一目了然	5	
	成果展示	PPT制作	整体思路流畅、逻辑清楚	6	
			单张PPT重点突出，表达明确	4	
			图文并茂，排版美观；色彩搭配适宜；字号恰当	1	
		演讲	声音洪亮，讲解清晰	2	
			仪态大方、面向听众，时间把握恰到好处	2	
			脱稿或未脱稿但念得生动，不是照本宣科	8	
			语言表达幽默、有互动	2	
				100	

五、课程实施效果

一分耕耘一分收获。传统节日文化的选修课开设之后，报名选课的学生很多，学生们听完课后的反馈也都不错。他们觉得很有意思，很接地气，也增长了很多知识。有两个学生听了一个学期的课之后第二个学期又来选，我说跟上学期内容是一样的，他们说他们知道，就是还想听一遍。这次，他们比之前那个学期表现出更大的热情，尤其是在分组展示的部分，都是组内的中坚力量，从他们听课的眼神中可以看到他们是被传统文化的魅力所吸引的。通过开设这门课，能够让学生喜欢上传统文化，让学生感受到传统文化的魅力并且拉近学生与传统文化的距离，这是我们的收获。更大的收获是看到学生在上交的作业中写出了很多自己的思考，对现实、对未来，学生思维的活动是我们的最高追求。

在访谈活动《年，还可以这样做》中，很多学生感悟颇多，撷取一二摘录如下：

采访心得一：

年，原来可以这样过。年，竟然可以这样过！

父母小时候的中国贫穷落后，但年的气息与现在相比较起来却更加浓烈。为什么？因为年是贫困时期的唯一娱乐之事。现在的手机与网络替代了旧时的讲究与年味。高科技的进步造成了传统文化的退步，使我们五千年来的文化正在逐渐消亡。让我们一起重返昔时的年，让我们一起为传统文化的伟大复兴共同努力吧！

——胡睿智

采访心得二：

在父辈生活的 80 年代，物资稀缺、重礼重节，当时的生活环境下，无论是大人还是小孩，对于当下的生活环境都非常满足，知足常乐。而把 80 年代的春节与现在对比，相比之下，现在的春节物质资源丰富、任何事情都在不断变化，人们已经没有了最初的新鲜感，取而代之的是一种见过太多新鲜事物的麻木，而且，现代社会中的新鲜事物正在逐渐地把原始的规矩、礼节取代。

——刘奕晨

六、课程创新

(一)喜闻乐见，让生活走进课堂

当前教育改革提倡回归生活、回归常识，本课的内容设置也体现了这一精神，从学生熟悉的现象出发，探索背后的文化内涵，通过学生喜闻乐见的方式，将生活场景搬入课堂，并引导学生将课堂所学应用到生活中去。

1. 深究"常识"——打破砂锅问到底

农历十二月为什么叫腊月？腊八为什么要喝粥？对联如何区分上下联？为什么自古以来中国人都很重视谐音文化？为什么过年要给晚辈压岁钱？初五为什么叫"破五"？古人用的是农历，为什么二十四节气的阳历日期基本是固定的？

有些常识，我们太习以为常，却很少去思考为什么如此，其实这些"常识"背后或有很悠久的历史渊源，或蕴含着丰富的文化内涵。通过对这些看似"常识"的问题进行深入探究，一方面使学生领略传统文化的魅力；另一方面也培养学生在生活中勤于思考、善于发现的意识和能力。

2. 回首过去，观照现实

从古至今，节日文化也是在不断丰富的，每个时代都会将本时期一些特有的元素加入进去，对于未来而言，今天我们对于传统文化的丰富也将成为传统文化的一部分，于是我们开始思考：传统节日的新文化有哪些呢？

以春节为例，手机短信拜年和春晚都可以算作是新年俗。对于手机短信拜年、摇一摇红包拜年等，可以引导学生讨论这种拜年方式产生的影响，从而引起学生对网络时代、通信发达时代的反思。至于春晚，最早的春晚大联欢是在 1956 年，那时电视在全国都很稀有，春晚只能通过收音机进行现场直播。改革开放后的第一次春晚是 1983 年，至今已三十余年，今昔对比，颇多感慨。那年的春晚有猜谜的环节，刘晓庆、姜昆、马季作为主持人要介绍猜谜正确后的奖品，"奖品有自动铅笔、签字笔、圆珠笔、笔记本、文娱手册……"，当时的经济水平可见一斑。且当时与观众的互动只能通过邮寄的方式，现在通过短信、扫码甚至摇一摇方式的互动在当时定如天方夜谭一般不可想象。通过对这些细节的展示，学生可以直观感受到改革开放三十多年我们的祖国发生了怎样翻天覆地的变化，让学生真切感受到时移世易和沧海桑田，培养历史学科的时空观念。正所谓"后之视今，亦犹今之视昔"，未来社会的发展一定也是现在的我们所想象不到的，在自主探究中设置畅想未来的问题，引导学生在回首过去的同时，展望未来，插上想象力的翅膀，期待未来的沧桑巨变。

除了春节，其他节日也有一些新习俗，例如清明节的网上祭祀，七夕节化身情人节，等等。将这些内容提供给学生，并引发学生的思考，一方面拉近了学生与传统文化的距离，激发了学生了解传统文化的兴趣；另一方面也引导学生关注现实问题，从生活中发现问题，做出思考，并能够利用搜集到的资料支撑自己的论点。学生在自主探究活动中可以将"史料实证"的精神进行亲身实践，还可以从理解历史的角度来理解现实。

"不要让教科书成为我们的世界，应该让世界成为我们的教科书。"我们在生活中所经历的一切，都可以走进课堂，成为鲜活的教材，启迪孩子们的心灵。

(二)按部就班，让能力落到实处，让评价引领教育

能力的培养很抽象，很多时候我们总是在讲要培养能力，但却很少

有人思考如何将抽象的能力变得具象，变得可操作、可视化。本课程试图在这方面进行一些探索。

学生思维的活动是学生活动的最高形式，而学生的思维也是最难把控的。为了培养学生的解决问题的思路，我们通过层层递进的设问引导学生进行思考，在思考之后告诉学生，这些问题都可以归结为"3w"中的一种："是什么"、"为什么"、"怎么做"。遇到问题，首先分析设问属于哪个层面，再有的放矢地去回答。

有了基本思路，接下来是信息的搜集和处理。学生在面对问题时往往急于去利用搜索引擎进行搜索而忽视了其他获取信息的渠道，因此在学案中我们设计了对信息获取渠道进行讨论的环节，希望学生能够打开思路，除了搜索引擎，在现实中还可以求助于老师、父母，在网络上还可以登录一些专业化的、较权威的网站进行搜索。百度等搜索引擎更多的只是给我们提供一些线索。

现在是信息爆炸的时代，学生随手一搜就可以获取很多信息，但是正是由于信息太多，他们不知道如何去进行筛选和处理，或者是没有耐心进行初步的整理，遑论思考。因此我们在学生互评环节增加了对信息搜集质量的考查，让队友来为彼此在信息搜集环节的任务完成情况进行评价，这是考查学生对信息的初步处理能力。至少他得把自己搜集到的信息都看一遍并且作出初步的筛选，不能是简单的复制粘贴和堆砌。

作为一门课程，学生会很在意课程的评价，因此我们将评价也作为引领学生培养能力的一种方式。在过程性评价和终结性评价的量规中，分值的分布体现了教育的侧重点。过程性评价侧重于对团队合作能力的考查。终结性评价中，调研报告部分最看重报告内容的观点是否多角度、是否新颖，这是对学生思维深度和创新性的考查；成果展示部分则比较重视对学生的逻辑思维、整体布局能力以及语言表达能力的考查。

评价的目的不是分数，评价本身也是一种教育，是对教育成果的引导，学生通过评价可以成为更好的自己。

(三)厚积薄发，让学术走下神坛

关于节日文化的信息在网络上也几乎随处可得，然而内容参差不一，良莠不齐。学术界对于各个节日已经有比较成熟的研究，却是门前冷落，难及大众，只能在小范围内流传。教师通过自己的学习将这些研究成果以通俗化的形式呈现给学生，在专业学术与中学教学之间搭建桥梁，一方面能够使学生了解到节日背后深层次的文化背景，另一方面也为学术的普及贡献了自己的一份力量。

互联网时代，知识似乎变得方便易得，教师不再是知识独占者，学生获取知识的途径多元化，"百度一下，你就知道"，关于节日文化的普及性书籍也随处可见，但无论是"百度百科"还是普及性书籍，读起来都觉得索然无味。若只是将这些知识讲给学生，教师便成了"知识的搬运工"，存在价值大打折扣。因此，在互联网时代，教师需要改变对自己的定位，充实自己的知识储备，将自己所能教给学生的东西向纵深方向推进。

教师不是专业的研究人员，不必去就专业知识进行深入研究，但是教师可以做一个沟通的桥梁，将专业化的学术前沿的知识经过消化和加工后传递给学生。让远离大众的学术走下神坛，走进课堂，让学生学会在纷繁复杂的信息中做分辨，做取舍。所谓"台上一分钟，台下十年功"，厚积才能薄发。

中国知网这类学术期刊数据库已经在学科教学中发挥重要作用了。为深入挖掘节日背后的文化背景，我们的校本课程借助中国知网，下载相关的专业论文、学位论文，通过研读论文首先丰富自己的知识储备和文化底蕴，这是个"厚积"的过程。

将相关专业内容或理论内容进行消化后，需要用深入浅出的方式呈现给学生。对纷繁复杂的相关内容进行适当的取舍，或对表述措辞进行反复斟酌。这是"薄发"的过程。

对于每一个节日甚至每一个习俗，我们都试图通过查阅史料、研读文献，将其背后丰富的文化内涵挖掘出来。当我们将这些从论文和史料中汲取的知识经过加工处理传授给学生的时候，看似远离普通人的学术研究成为当日文化的学习内容，并逐步形成浓厚的文化认识和情感价值体验。

课程评述：

传统文化承载着中华民族几千年的历史积淀，凝聚了不同时期社会的基本价值规范和行为准则，而历史则是文化传承的血脉，两者之间有着天然的内在联系。从传统文化中"节选"优秀部分本身就是一种进步历史观的体现，优秀传统文化的弘扬必将促进学生关键能力和必备品格的养成与提升。

如课程开发者所言，历史素养是人文素养的重要组成部分之一，是学生通过历史学习能够体现出的带有历史学科特性的品质。普通高中历史课程的育人功能，重在引导学生从多角度对历史进行认识，培养历史学科思维方式，最终是希望学生在面对现实问题时也能够从多角度进行分析和理解。开发者将内容开发重点定位在身边传统文化节日的多角度思考，想法新颖，颇有创意。

课程目标与意义清晰，利用既有的学术研究资源对常规节日进行"深挖"有利于学生对传统文化的深入了解。除此之外，课程设置了一些由节日文化衍生出来的、与现实生活息息相关的主题，让学生进行自主探究。一方面，引导学生对社会现实问题进行思考，培养问题意识和探究精神，学会从多角度分析和理解问题；另一方面，通过挖掘传统节日的现实意义引导学生思考如何继承传统文化。课程评价详尽，实施效果明显。

（王凯　北京教科院课程中心副主任，研究员，教育学博士）

数学与科学领域

数学侧重于逻辑推理；科学则侧重于实证。在数学中所有可作为定理存在的内容全部要经过演绎论证。科学研究就不同了，物理学、化学、生物学等都注重实验和观察，从实验中得出的结论可以作为本学科后续发展使用。数学为科学研究提供了保障，科学也给数学提出一些新的课题，让数学发展得更好。数学和科学二者形成合力，会相互促进，为改善人类的生产和生活提供更多的卓越发现。

数学与科学领域的课程是中学课程结构的重要内容，涵盖了数学和理化生等学科拓展与研究型课程。数学领域课程在建设方面基于数学核心素养和学校育人目标，构建国家课程与校本课程相结合的中学数学课程体系，通过设计一系列课内与课外相结合的数学课程，激发学生体验数学思想方法、帮助学生积淀数学核心素养。科学领域的校本课程研发主要是基于学科核心能力、科学素养与育人目标的要求，采用课内与课外相结合，必修、选修课程与研学、社团相结合的方式，全面培养学生的学习理解、创新迁移和实践应用能力，通过开展跨学科研究、专题项目研究，搭建阶梯性实验课程平台，注重与现实生活的联系，提高学生的科学素养、探究性学习能力和解决现实问题的能力。

数学学习中应培养学生数学抽象、逻辑推理、数学建模、数学运算、直观想象、数据分析六大核心素养。《北京市初中科学类学科教学改进意见》鼓励和引导学生走出课堂，将科学类学科不低于10%的课时用于开放性科学实践活动。丰富科学类学科教学的实施形式，倡导"玩中学"、"做中学"，为学生提供丰富的体验、合作、探究类的学习活动，由学生自主选择。数学与科学领域的课程价值指向基础研究和科学素养，为培养未来公民适应与科学、技术紧密联系的社会现实而准备。当今时代，科技水平的高低直接关系到一个国家的综合国力，学生是国家潜在的人力资源，青少年科学素养水平对国家的科技创新实力起到奠基性的作用。学校科学课程的教育目标经历了以知识为本位、方法为本位到以科学素养为本位的不同发展阶段。目前世界各国教育改革更加重视科学教育，培养师生良好的科学素养，已成为教育改革的一个重要组成部分。

科学素养是指对在日常生活、社会事务以及个人决策中所需要的科学概念和科学方法的认识和理解，并在此基础上所形成的稳定的心理品质。科学素养有四个核心因素：科学兴趣、科学精神、科学概念和科学方法。科学素养的提升离不开以专业的科学知识为基础，以培养科学能力为核心，通过了解并实践科学方法，激发学生的探究兴趣，加强学生日常运用科学知识的意识，逐步建立积极的科学态度与科学精神，从而树立正确的科学世界观。

在以往对科学教育目标的落实中，一直存在着"知识与能力""科学与人文"的矛盾。实践中，强调知识目标的时候，过于强调系统科学知识的传授和掌握，对兴趣与态度、能力等的培养基本忽略。当强调培养学生能力和态度时，忽视知识的系统性和准确性。在强调科学对学业、智力和认知发展的贡献时，忽视科学教育提升人格、启真、导善、育美的价值。如果课程内容将注意力集中在经典的科学理论认知方面，课程实施中不能与现实应用联系，学生学习被动、兴趣不足，学习内容脱离现实生活，则学生对于一般的科学原理在实际生活和工业技术当中的应用缺乏认知，实践能力与创造能力就得不到充分锻炼和有效培养。《今日海淀课程》(中学版)在数学与科学领域编入了7门课程，是中学五个课程领域选入课程最多的，从一个侧面表明此领域课程研发的活跃程度。当然，学校拓展性校本课程研发不只这5个领域，还包括体育与健康领域和艺术与审美领域。数学与科学领域编入的课程彰显了课程研发的前瞻性、创新性、整合性与探究性特征。近年来，海淀区的中小学校引入STEAM(S科学、T技术、E工程、A艺术、M数学)的大科学教育观，对学生科学素养的培养进行了深入探索。以学生的兴趣和直接经验为基础，以与学生学习生活和社会生活密切有关的各类现实性、综合性、实践性问题为内容，以教师指导、协助，学生自主、合作、探究学习为主要特征，实现了课程内容和教学方式的同步改变。

首先，注重课程研发的前瞻性，让学生学自己适宜的、有价值的课程。北京市十一学校的进阶数学课程将数学课程与教学分为若干层次，实行因材施教，对不同层次的学生使用不同的教材。老师们经常在寒暑假封闭式集中研发课程教材，付出了巨大的努力，真正实现了教自己喜欢的课程。这项改革尝试，比中国大学先修课程（CAP）要早了十几年。学校聘请了北京大学、北京师范大学的教授为热爱数学的学生讲授大学更深层次的数学分析、代数、几何课程，本校老师认真地跟班听课。学校持续引进数学各个专业的博士研究生，成为对中学生进行英才教育的中坚力量。到目前为止，数学组已经引进了11名中国科学院和北京大学、清华大学等名校的博士。认识航空课程，重点使学生初步建立航空航天技术的基本概念和掌握基础知识，拓宽学生的视野，扩大知识面，培养爱航空、学航空、投身航空事业的兴趣，使学生初步建立航空航天工程意识，激发对航空航天相关的高精尖知识的学习热情和对未来航空航天科技的求知欲，形成勇于探索、勇于创新的良好风气。

其次，课程研发立意高远、联系实际、体系完整、效果突出，全面提升科学素养。清华大学附属中学开发的自助物理实验课程、北京市八一学校的化学使生活更美好课程、中国人民大学附属中学的看不见的生命世界课程，每一个课程研发都着力学科核心能力和必备品格，通过开展较为系统的科学实验活动，关注学生原创性思维、比较思维和抽象思维发展，注重体会观察、实验的学习方法，关注学生的合作探究、科学表述的综合能力发展，突出综合应用知识的能力、实践能力和创新能力。自助物理实验课程具有较为完整的内容体系，由绪论课、主题课和总结课三部分组成。系列主题课以一系列具体的、有代表性的实验活动主题为载体，通过实验主题承载课程目标，通过教师的引导、学生的设计经历和思维体验经历，达到充分发掘学生的创造潜能，提高学生解决实际问题的综合能力，实现体验实验创作的艰辛与乐趣。化学使生活更美好选修课程结合项目式学习的方式，让学生体验科学探究活动的过程和方法，发展初步的科学探究能力，关注STEM课程的研究，在学校利用选修课开展项目式学习（PBL）。课程立意高远又贴近生活，关注学科本质，重视学生学科核心素养的培养，融科学性和趣味性于一身，极大地调动学生积极性、主动性，有效提升学生能力，有利于学生的终身发展，是一门成熟、科学、有吸引力的专业课程，引导学生认识化学、技术、社会、环境的相互关系，理解科学的本质，提高学生的科学素养。看不见的生命世界课程运用微生物学知识尝试解释或解决实际生活中的一些问题，能够从多方面看问题，尊重科学事实，建立辩证唯物主义观念；通过科学前沿参观活动，认同微生物在人类生产生活中的重要地位，加深对科学、技术、社会之间关系的理解，创立实验课程的"多元学习法"，即微生物学基础实验与综合设计实验交替开展，同时组织学生参观相关研究院所，拓宽眼界，提高微生物学实验层次，实现微生物实验教学从验证性实验到探究性实验的转变。

再次，把活动提升为课程，使散点碎片呈现了精品校本课程结构化、独特性、效果好的特质。多年来校园科普活动面临着如何提升育人品质、固化活动效果等实际问题。中国人民大学附属中学在 2008 年 6 月组建课程研发团队，围绕校园科普活动的课程性质、目标定位、内容设计、实施方式、评价方式等开展了系列持续的实践与研究，突破了校园科普活动的重点、难点和创新点，在八年级开设为必修课程，解决了以往活动流于形式、碎片泛化、效果一般的一些问题，呈现了精品校本课程结构化、独特性、效果好的特质，这为学校课程建设与改进提供了典型范例。

最后，加强课程整合，形成跨学科的开放性科学实践活动和全程评价体系。北京市海淀区教师进修学校附属实验学校的开放实验室课程以生物、化学、物理等科学学科的实验为基础，依托学科实验室，对学生的进行实验能力和科学素养的培养。该课程是学生国家科学课程和普通实验课程的补充，面向不同层次的全校学生，学生可以在不同专题中自主选择，让更多的学生能有机会接触科学及科学研究，为有志于科学探索的学生提供更自由和广阔的平台。课程内容是以专题形式呈现，从国家课程出发，联系生活、生产、研究领域，从经典实验的再现到对前沿领域的关注，内容跨度大；从科学入门到自主研究，难度、广度、深度逐步提升。与普通实验课相比，更注重学生的自主性。开放实验室课程还建立了全程的评价体系，能够将实验结果反馈给老师和学生本人。老师依据反馈信息个性化地了解学生在实验过程中所遇到的问题，做到因材施教。学生在各种主题实验中充分发挥自己的主观能动性，科学素养得到提高。

这些课程对学生科学兴趣和科学精神的培养，是通过教学方式、评价方式的改变实现的。通过课程评价方式的改变，帮助学生进行学习过程和结果的自我审视，丰富了学生自我评价的纬度。通过教学方式的改变，使学生主动参与、独立思考、合作研究成为主要学习方式，克服困难、解决问题、勇于质疑、尊重事实、遵守规则、准确表达等优良的科学品质，都成为学生完成学习任务的重要品质。对于科学兴趣和科学精神这种内在科学素养的培养，必须切实加强和拓展实践环节，只有在日常学习生活中实践体验而养成的品质才是最可靠的品质。

这些学校在课程建设方面的探索，关注学生科学素养的养成，注重与国家课程的融合，注重课程的综合性、实践性、探究性和开放性，注重课程评价的教育性。经过长期实践和完善，各学校都已经形成了与育人目标有机联系的课程体系，积累了丰富的课程实施经验。科学课程的实践探索告诉我们：科学素养不仅仅是一个口号，它确实具有实质性的内容，科学素养的理念必须贯彻到课程和教学实际中。科学素养涵盖多个学科的内容，不仅包括自然科学的知识、技能和过程，还涉及相关的数学、技术和社会、人文科学的知识。科学素养是一个有着多面体的金字塔，可根据社会需要，不同的水平、不同的功能、不同的对象以及不同的目的等划分为不同的范围和层次。因此，对学生科学素养的培养，不能孤立于人文素养、艺术素养之外，多种综合素养的融合培养是学校课程建设的总体趋势。

进阶数学课程

北京市十一学校

一、开发背景

近十几年来，如何在基础教育阶段发现、选拔和培养有潜力并且今后有志于从事科学研究的学生，是我们一直在不断探索和思考的问题。

实际上，随着数学学科的不断发展，世界范围内的数学教学也在不断地调整其发展方向。例如在美国，AP(Advanced Placement)课程(即在中学阶段开设的面向优秀中学生的大学先修课程)已经有近70年的历史了，现在已经在美国的很多中学发展得比较成熟了。AP课程的成绩，可以在美国的大学直接兑换相应的学分，从而使这些优秀的学生在中学阶段就能获得与其才能相符的教育。同时，美国的优秀大学也将这些课程的成绩作为选拔学生的指标之一。可以说，美国利用AP课程同时完成了对优秀学生的选拔与培养。然而，在我国，许多中学依然在单纯依靠数学竞赛来完成对优秀学生的选拔与培养，而缺乏对AP课程建设的规划与实施。

在这样的国内外背景下，通过长期的教学实践，我们逐渐积累了一定的经验，并同国内外的数十所中学开展了广泛的交流、学习和互助活动，了解到很多同行对这一问题的见解。另外，我们还与高等院校(例如北京大学、清华大学、中国科学院、北京师范大学、首都师范大学等)建立了长期的战略合作关系，并且与他们一起分享实践的经验与教育科研领域的成果。在此基础上，针对我校实际学情，我们参考美国AP课程的建设体系，建立了一门适用于优秀初中学生的校本课程——进阶数学课程，并针对该课程开发了一套相应的教材——《进阶数学系列丛书》。教材内容上大致包括以下三个部分：一是中学数学课程的传统内容；二是部分大学数学课程选修内容的下放；三是一些原本中学、大学数学课程中都未涉及、但是我们觉得优秀中学生应该掌握的内容。

进阶数学课程以"培养学生研究性思维"为主要目标，以学生发展为本，关注学生的情感态度和价值观，注重学生数学核心素养的培养，逐渐形成了一套以数学博士为骨干师资，以"自主研修"为主要课程特色，以"学科教室"、"枣林村书院进阶数学实验室"为硬件依托，具有详细的课程实施方案和规范的课程评价制度的完整课程体系。这一课程的进一步开发与完善，对于我国高端人才培养教育的研究，具有深刻的理论价值和实践意义。

二、课程目标

在课程建设和教材编写的过程中，特别关注教学内容对于学生思维的发展与学习能力的培养，而不是一味追求灌输知识。同时，在教学实践过程中，还特别关注学生综合应用知识的能力，引导学生利用所学知识对实际问题进行数学建模，从而提升学生的综合数学素养。

完成中学数学知识与部分大学数学知识的重新整合，从教学内容、教学方法、思维习惯等方面帮助学生完成从中学到大学的顺利过渡。为了让优秀的中学生在高中阶段能对接上《微积分》《线性代数》等课程，我们将现有的初中数学教学大纲要求的内容进行了重新编排，例如，在"二元一次方程组"章节，我们加入了二阶行列式与矩阵的内容，从而能让优秀学生站在一个更高的角度来对这一初等问题有一个更本质的认识。当然，考虑到中学生的年龄和思维特点，如果直接把大学的课本搬到中学里来，效果肯定不会太好。鉴于此，我们在大学教材的基础上，做了很多必要的铺垫，从而将大学内容加工成适合中学生接受的内容。

注重学生提出问题、研究问题能力的培养。在课程实施中，我们不断创设情境，来引发学生的思考，甚至提炼出研究性的论题，让学生来完成。例如，我们会将"微型课题研究范例——反比例函数的再探究"这类研究性课题写入教材，供学生学习与思考；同时，在教学实践中，教师也会在课上提出诸如"有限条抛物线能否覆盖整个平面""三次函数性质研究"这一类问题或课题，引发学生的讨论与探究。总之，我们会随时为学生提供一种研究性的学习环境，让他们在学习中研究，在研究中学习。

三、课程内容

进阶数学课程包括《必修》和《选修》两部分，《必修》面向所有选择该课程的学生，以《进阶数学丛书》为教材；《选修》面向个别学有余力、对数学学习有浓厚兴趣的学生，选修人数大概为总人数的 10%，学习方式以课题研讨为主，学习内容由教师与学生共同决定，并不提前预设。

在具体课程内容的编排上，为了方便学生自学，我们编写了读本式的教材，该教材除了讲授各个知识点外，还会关注学生在学习过程中可能会产生的问题，并对这些问题进行阐述。例如，在"因式分解"这一章节中，我们创设了以下情境：

问题：数学课上，孙老师给大家出了一道因式分解题：

$$x^6 - 1$$

全班同学一起参与，共同来解决这个问题。经过几分钟的思考，大部分同学做出如下两种解法：

解法一：由于 x^6 可以看成是 x^3 的平方，应用平方差公式，可得

$$x^6 - 1 = (x^3)^2 - 1^2$$
$$= (x^3 + 1)(x^3 - 1),$$

再次利用立方和公式及立方差公式，可得

$$(x^3 + 1) = (x+1)(x^2 - x + 1),$$
$$(x^3 - 1) = (x-1)(x^2 + x + 1),$$

于是可得

$$x^6 - 1 = (x+1)(x^2 - x + 1)(x-1)(x^2 + x + 1);$$

解法二：由于 x^6 也可以看成是 x^2 的立方，应用立方差公式，可得

$$x^6 - 1 = (x^2)^3 - 1^3$$
$$= (x^2 - 1)(x^4 + x^2 + 1),$$

再次利用平方差公式，可得

$$(x^2 - 1) = (x+1)(x-1),$$

于是可得

$$x^6 - 1 = (x+1)(x-1)(x^4 + x^2 + 1)。$$

为什么两种解法的结果不一样呢？

同学们又经过几分钟的思考和争论，仍然没有谁能解释清楚。这时，孙老师说道："若实在看不出来为什么两种结果不一样，也没关系，不妨先把它放在一边，接下来考虑下面这个问题：

既然你们做的两种分解方法计算都没错误，那说明两种分解结果应该相同，由此你们发现了什么？"

经过两三分钟的思考，大部分同学都做出如下解法：

因为
$$x^6-1=(x+1)(x^2-x+1)(x-1)(x^2+x+1),$$
$$x^6-1=(x+1)(x-1)(x^4+x^2+1),$$

于是可得
$$(x+1)(x^2-x+1)(x-1)(x^2+x+1)=(x+1)(x-1)(x^4+x^2+1)$$

即
$$x^4+x^2+1=(x^2-x+1)(x^2+x+1)。$$

孙老师在看过大家做的结果后又说到，你们在对 x^6-1 进行因式分解时，顺带得到了"意外的收获"：$x^4+x^2+1=(x^2-x+1)(x^2+x+1)$，还知道了为什么两种分解的结果会不一样，可谓"一箭双雕"。

孙老师的话音刚落，同学们马上就反应过来了。后悔刚才为什么没发现两种解法的结果不一样的原因，于是更加喜欢孙老师这种"问一知二"的教学方式。

同学们，你知道为什么两种解法的结果不一样了吗？你理解了孙老师在教学时的"良苦用心"吗？

现在，我们再来考察一下刚刚得到的"意外的收获"：
$$x^4+x^2+1=(x^2-x+1)(x^2+x+1)$$
这是对 x^4+x^2+1 进行因式分解的结果。其实，如果直接让我们来对 x^4+x^2+1 进行因式分解，相信大部分同学不一定马上能写出答案 (x^2-x+1) (x^2+x+1)。由于因式分解是多项式乘法的逆运算，则我们将 $(x^2-x+1)(x^2+x+1)$ 展开，可得

$$\begin{aligned}&(x^2-x+1)(x^2+x+1)\\&=[(x^2+1)-x][(x^2+1)+x]\\&=(x^2+1)^2-x^2\\&=(x^4+2x^2+1)-x^2\\&=x^4+x^2+1\end{aligned}$$

从刚才的展开过程中，我们不难发现：

如果让我们对倒数第二个式子 $(x^4+2x^2+1)-x^2$ 进行因式分解，相信大部分同学马上就能写出答案 $(x^2-x+1)(x^2+x+1)$。可是，如果对最后一个式子 x^4+x^2+1 进行因式分解，我们却不一定能想到先把 x^4+x^2+1 改写成 $(x^4+2x^2+1)-x^2$。因此，把 $(x^4+2x^2+1)-x^2$ 化简成 x^4+x^2+1，即把同类项 $2x^2-x^2$ 合并成 x^2，反而增加了因式分解的难度。于是，把 x^4+x^2+1 改写成 $(x^4+2x^2+1)-x^2$，就成了因式分解的关键。

观察一下 x^4+x^2+1 与 $(x^4+2x^2+1)-x^2$ 的结构：

$$(x^4+2x^2+1)-x^2$$

对 $2x^2-x^2$ 合并同类项 ⇩ ⇧ 把项 x^2 拆成了 $2x^2-x^2$

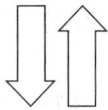

$$x^4+x^2+1$$

发现把 x^4+x^2+1 改写成 $(x^4+2x^2+1)-x^2$，就是把 x^4+x^2+1 中的项 x^2 拆成了 $2x^2-x^2$。类似地，在对某些多项式进行因式分解时，经常需要把某一项拆成两项或更多的项（该项是在多项式乘法运算中被合并过的项），这种因式分解的方法叫做**拆项法**。

四、课程实施

必修课程

进阶数学必修课程分四个学期开设，每个学期 80 课时，其具体教学安排如下：

学期	内容		
一	《数与式（一）》	《方程与不等式（一）》	《数与式（二）》
二	《方程与不等式（二）》	《平面几何（一）》	《平面几何（二）》
三	《方程与不等式（三）》	《函数（一）》	《平面几何（三）》
四	《平面几何（四）》	《函数（二）》	《方程与不等式（四）》

进阶数学必修课程采用"自主研修＋教师讲授"的方式，以"自主研修"为主，"教师讲授"为辅，针对初中学生的思维特点，逐步培养学生的自学能力，引导学生在学习中学会发现问题，进而解决问题，从而提高学生的数学核心素养。

本课程以两年为周期，现已完成三个周期的教学，每年的选课人数约为 70 人。该课程为学校近五年来重点打造的校级精品课程，实行"纵向"管理体系，有专门的课程负责人和课程管理制度。

选修课程

进阶数学选修课程分三个学期（第二、三、四学期）开设，每个学期 32 课时，教学方式以课题研讨为主，课题主要来源于学期必修课程所涉及的内容，或学生自主阅读、学习的内容。在课程实施过程中，特别关注学生研究能力的培养，如文献查阅、信息提取等。

五、课程资源

必修课程

进阶数学必修课程共有教材 12 本，分为"数与式"、"方程与不等式"、"函数"、"平面几何"四个模块，它们的目录分别如下：

数与式（一）	第一章　有理数 1.1　负数 阅读材料　负数的发现 1.2　有理数 阅读材料　有理数 1.3　数轴 1.4　相反数 1.5　绝对值 1.6　有理数的加法和减法 1.6.1　有理数的加法 1.6.2　有理数的减法 附录　倒序求和 1.6.3　有理数的加减混合运算 1.7　有理数的乘法和除法 1.7.1　有理数的乘法 1.7.2　有理数的除法 1.8　有理数的乘方 附录　错位相减求和 1.9　有理数混和运算 1.10　近似数与科学记数法 1.10.1　近似数 1.10.2　科学记数法 1.10.3　计算器及其简单实用 1.11　进制与位值原理 阅读材料　莱布尼兹二进制《周易》 第二章　整式 2.1　整式及其相关概念 阅读材料　"代数"的由来	方程与不等式（一）	第三章　一元一次方程 3.1　一元一次方程的引入 3.2　一元一次方程的解法（一）——利用等式的基本性质 3.3　一元一次方程的解法（二）——移项与合并同类项 3.4　一元一次方程的解法（三）——去括号与去分母 3.5　含字母系数的一元一次方程 第四章　二元一次方程组 4.1　二元一次方程组的引入 4.2　代入消元法 4.3　加减消元法 4.4　二元一次方程组的应用 4.5　行列式 4.5.1　行列式的定义 4.5.2　行列式的性质 4.5.3　Cramer 法则 4.6　矩阵 4.6.1　矩阵的定义 4.6.2　用矩阵的初等行变换解二元一次方程组 4.6.3　矩阵的基本运算 4.6.4　二阶方阵的逆矩阵 4.7　三元一次方程组简介 第五章　一元一次不等式（组） 5.1　不等式的引入 5.2　实数的基本性质 5.3　不等式的基本性质 5.4　一元一次不等式 5.4.1　一元一次不等式和它的解法

续表

2.3 整式的乘法		5.4.2 含字母系数的一元一次不等式
2.3.1 同底数幂的乘法		
2.3.2 幂的乘方		5.4.3 一元一次不等式组
2.3.3 积的乘方		5.4.4 一元一次不等式(组)的应用
2.3.4 单项式的乘法		
2.3.5 单项式与多项式相乘		第六章 方程与不等式的实际应用
2.3.6 多项式的乘法		
2.4 乘法公式		6.1 实际问题与一元一次方程
2.4.1 平方差公式		6.2 实际问题与线性方程组
2.4.2 完全平方公式		6.3 实际问题与一元一次不等式
2.4.3 完全立方公式		
2.4.4 立方和(差)公式		
2.4.5 形如$(x+a)(x+b)$的乘法		
2.4.6 乘法公式应用举例		
2.5 整式的除法		
2.5.1 同底数幂的除法		
2.5.2 单项式的除法		
2.5.3 多项式除以单项式		
2.5.4 多项式的除法		
2.6 因式分解		
2.6.1 因式分解的概念		
2.6.2 提公因式法		
2.6.3 公式法		
2.6.4 可化为x^2+px+q型的二次三项式的因式分解		
2.6.5 十字相乘法		
2.6.6 分组分解法		
2.6.7 换元法		
2.6.8 拆添项法		
2.2 整式的加减		
2.2.1 单项式与单项式的加减		
2.2.2 多项式的加减		

数与式（二）	第七章　分式 7.1　分式的定义 7.2　分式的基本性质 7.3　分式的乘除 7.4　分式的加减 7.5　分式的混合运算 7.6　分式的化简求值 7.7　分式的恒等变形 7.8　代数式运算的应用 第八章　根式与实数 8.1　数怎么又不够用了？ ——无理数的引入 8.1.1　平方根 8.1.2　立方根 8.1.3　n 次方根 8.1.4　用计算器开方 8.1.5　实数 8.2　根式运算 8.2.1　二次根式 8.2.2　二次根式的乘法 8.2.3　二次根式的除法 8.2.4　分母有理化 8.2.5　二重根式 8.2.6　二次根式的加减 8.2.7　二次根式的混合运算 8.3　用有理数逼近无理数 8.4　实数大小比较 第九章　幂运算与对数运算 9.1　幂运算 9.1.1　整数指数幂 9.1.2　分数指数幂 9.1.3　无理指数幂 9.2　对数运算 9.2.1　对数的概念和基本性质 9.2.2　对数的运算性质 9.2.3　换底公式	方程与不等式（二）	第十章　一元二次方程 10.1　一元二次方程的引入 10.2　一元二次方程的解法 10.2.1　一元二次方程的解法 一——开平方法 10.2.2　一元二次方程的解法 二——配方法 阅读材料：一元二次方程的几何解法 10.2.3　一元二次方程的解法 三——公式法 10.2.4　一元二次方程的解法 四——因式分解法 10.3　一元二次方程根与系数的关系（韦达定理） 10.3.1　一元二次方程 $x^2+px+q=0$ 根与系数的关系 10.3.2　一元二次方程 $ax^2+bx+c=0(a\neq 0)$ 根与系数的关系 10.3.3　二次三项式 $ax^2+bx+c=0(a\neq 0)$ 的因式分解

方程与不等式（三）	第十一章　几类特殊方程(组) 11.1　一元高次方程 11.1.1　一元高次方程的引入 11.1.2　一元三次方程的解法 11.1.3　一元高次方程的解法 11.1.4　一元三次方程根与系数的关系(韦达定理) 11.1.5　一元高次多项式的因式分解 11.2　分式方程 11.2.1　分式方程的引入 11.2.2　可化为一元一次方程的分式方程 11.2.3　可化为一元二次方程的分式方程 11.2.4　可化为二元一次方程组的分式方程组 阅读材料　解分式方程(组)的常见方法小结 11.3　无理方程 11.3.1　无理方程的引入 11.3.2　含有一个根式的无理方程 11.3.3　含有多个根式的无理方程 阅读材料　解无理方程(组)的常见方法小结 11.4　含绝对值的方程 11.4.1　含绝对值的方程的引入 11.4.2　可化为一元一次方程的绝对值方程 11.4.3　可化为一元二次方程的绝对值方程 11.4.4　含有多层绝对值的方程 11.5　二元二次方程组	方程与不等式（四）	第十二章　不等式(二) 12.1　一元二次不等式 12.1.1　一元二次不等式的引入 12.1.2　一元二次不等式的解法 12.1.3　含字母系数的一元二次不等式 12.2　一元高次不等式 12.3　分式不等式 12.4　无理不等式 12.5　含绝对值的不等式

	11.5.1 二元二次方程组的引入 11.5.2 二元二次方程组的的解法———代入消元法（"二·一"型） 11.5.3 二元二次方程组的的解法二（"二·二"型） 11.5.4 二元二次方程组的的解法三（韦达定理的"逆用"） 11.5.5 二元二次多项式的因式分解	
平面几何（一）	第零章 绪论 第一章 直线与角 1.1 直线 1.1.1 直线、射线、线段 1.1.2 长度与距离 1.1.3 直线与直线的位置关系 1.1.4 关于直线的公理 1.2 角 1.2.1 角的定义与表示 1.2.2 角度的度量 1.2.3 角度的其他度量 1.2.4 与角有关的其他概念 第二章 相交线与平行线 2.1 相交线 2.1.1 对顶角与邻补角 2.1.2 垂线与斜线 2.1.3 同位角、内错角、同旁内角 2.1.4 欧几里得第五公设 2.2 平行线 2.2.1 平行线的性质 2.2.2 平行线的判定 2.2.3 平行的传递性 2.2.4 平行线间的距离 2.3 重合与平行	第六章 轴对称 6.1 轴对称与对称轴 6.2 线段的对称轴———垂直平分线 6.2.1 垂直平分线的定义与性质 6.2.2 垂直平分线的判定 6.3 角的对称轴———角平分线 6.3.1 角平分线的性质 6.3.2 角平分线判定 6.4 等腰三角形 6.4.1 等腰三角形的性质 6.4.2 等腰三角形的判定 6.4.3 等腰三角形性质与判定定理的推广 6.5 轴对称 6.5.1 作一个图形关于已知直线的轴对称图形 6.5.2 作轴对称图形的对称轴 6.5.3 旋转中心 6.6 等腰三角形的应用与推广 6.6.1 将三角形分割为等腰三角形 6.6.2 直角三角形中线的性质 6.7 特殊的等腰三角形 6.7.1 正三角形

（第二列"平面几何（一）"与第三列标题"平面几何（二）"）

平面几何（二）

平面几何（三）	第九章　面积 ** 9.1　面积的基础 ** 9.1.1　多边形的剖分相等与拼补相等 ** 9.1.2　面积的度量 9.2　面积问题与面积方法 9.2.1　等积变换 9.2.2　利用面积进行几何证明 第十章　毕达哥拉斯定理 10.1　毕达哥拉斯定理及其逆定理 10.1.1　毕达哥拉斯定理 10.1.2　毕达哥拉斯定理的逆定理 * 10.1.3　毕达哥拉斯三角形 10.2　毕达哥拉斯定理及其逆定理的简单应用 10.2.1　解特殊的直角三角形 10.2.2　解特殊的三角形与四边形 10.2.3　利用毕达哥拉斯定理解决实际问题 10.3　毕达哥拉斯定理与几何证明 10.3.1　三角形一边上的点到另一边的距离 10.3.2　含有线段平方的证明 10.3.3　射影定理 10.3.4　毕达哥拉斯定理与代数证明 第十一章　圆的几何性质（一） 11.1　正多边形与圆 11.1.1　正多边形的外接圆与内切圆 * 11.1.2　旋转对称图形 11.2　圆的旋转对称性	平面几何（四）	第十二章　相似 12.1　线段与比例 ** 12.1.1　线段之比的理论基础 12.1.2　长度、面积与比例 12.1.3　平行线分线段成比例定理 12.2　相似三角形 12.2.1　图形的相似 12.2.2　相似三角形的判定 12.2.3　相似三角形的性质 12.3　相似三角形的应用 12.3.1　内角平分线定理与外角平分线定理 12.3.2　射影定理 12.3.3　圆幂定理 12.3.4　相似三角形的实际应用 第十三章　锐角三角函数 13.1　锐角三角函数 13.1.1　锐角三角函数的概念与基本性质 13.1.2　同角三角函数关系 13.1.3　互余两角的三角函数关系 13.2　解直角三角形

217

函数 （一）	11.2.1　圆的半径 11.2.2　圆心角 11.2.3　弧与扇形 11.3　垂径定理 11.3.1　垂径定理 11.3.2　弓形 11.4　圆周角 11.4.1　圆周角定理及其推论 11.4.2　直径所对的圆周角 11.4.3　圆内接四边形 11.5　圆的切线 11.5.1　切线的性质与判定 11.5.2　弦切角 11.5.3　切线长 11.5.4　圆外切图形 11.6　两圆与多圆问题 11.6.1　相交圆 11.6.2　相切圆		
函数 （一）	第一章　平面直角坐标系 1.1　位置的确定 1.2　平面直角坐标系 1.3　平面直角坐标系的应用 1.3.1　特殊直线上点的坐标 1.3.2　点到坐标轴的距离 1.3.3　两点间的距离 1.3.4　中点坐标公式 1.3.5　对称点的坐标 1.3.6　如何定位 1.3.7　利用坐标计算周长与面积 1.3.8　平移 第二章　一次函数 2.1　函数 2.1.1　常量与变量 2.1.2　函数的概念 2.1.3　函数及其表示 2.2　正比例函数	函数 （二）	第四章　二次函数 4.1　二次函数的概念 4.2　二次函数的图象与性质 4.2.1　二次函数 $y=ax^2$ 的图象与性质 4.2.2　二次函数 $y=ax^2+k$ 的图象与性质 4.2.3　二次函数 $y=a(x-h)^2$ 的图象与性质 4.2.4　二次函数 $y=a(x-h)^2+k$ 的图象与性质 4.2.5　二次函数 $y=ax^2+bx+c$ 的图象与性质 4.3　二次函数 $y=ax^2+bx+c$ 轴对称性 4.4　二次函数的最大值与最小值 4.5　用函数观点看一元二次方程与一元二次不等式

2.2.1　正比例函数的概念 2.2.2　正比例函数的图象与性质 2.3　一次函数 2.3.1　一次函数的概念 2.3.2　平移 2.3.3　一次函数的图象与性质 2.4　用函数观点看一次方程（组）与不等式 2.4.1　一次函数与一元一次方程 2.4.2　一次函数与一元一次不等式 2.4.3　一次函数与二元一次方程（组） 2.5　函数的应用 2.5.1　函数图象的应用 2.5.2　一次函数在实际问题中的应用 第三章　反比例函数 3.1　反比例函数的概念 3.2　反比例函数的图象与性质 3.3　函数的中心对称性 3.4　反比例函数的平移与分式线性函数 3.5　实际问题与反比例函数 3.6　微型课题研究范例——反比例函数的再探究		4.5.1　二次函数与一元二次方程 4.5.2　二次函数与一元二次不等式 4.6　含参数的一元二次方程根的分布 4.7　一元二次不等式的恒成立问题 4.8　二次函数在几何中的应用

选修课程

进阶数学选修课程无固定教材，但备课组会结合每个学期的学习内容，制定一个大致的教学大纲，由各年级教师选择性使用。下面是几名学生在参加选修课程过程中对一个问题研究的汇报：

课题5——四次函数

组员：袁源 周子晗 贺泽轩

Contents

一、引入

刚认识了二次函数，我们随即就想知道，它的好兄弟，四次函数的特性。其实，总体来说，四次已经是一个比较高的次数了，研究起来便必然存在一些困难。诚然，我们仍能对它有一个新的认识。数学本着"从特殊到一般，从简单到复杂"的研究理念来从事研究，我们的工作同样是这样进行的。所以，最简单基础的四次函数便被我们首先拿了出来。

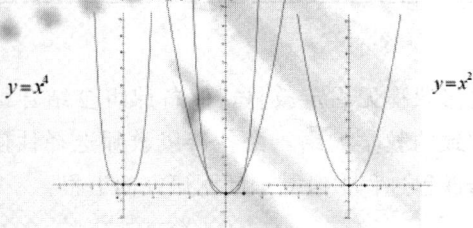

$y=x^4$

$y=x^2$

不难发现，四次函数 $y=x^4$ 与二次函数 $y=x^2$ 形似但不完全相同，一个相对于另一个开口更小，并且底部更宽一些，这也是很好理解的。在二次函数里，我们的研究方法是，把 $y=x^2$ 经过适当变换（平移或者翻折），研究所得出的二次函数。同样的，我们可以这样研究一些简单的四次函数。

二、有关 $y=ax^4$ 的各种平移

首先，类比二次函数，我们可以得出 $y=a(x+h)^4+k$ 是 $y=ax^4$ （之后统一认定 $a \neq 0$ ）向左平移 h 个单位，向上平移 k 个单位得到的四次函数。（这里所有参数属于 R ）我们可以参照二次函数的方法以及四次函数的图像相辅来解释，这里稍微概述一下。

e.g.

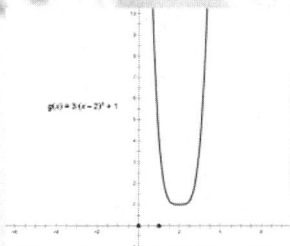

$g(x)=3(x-2)^4+1$

关于 $y=ax^4+k$ 是 $y=ax^4$ 向上平移 k 个单位得到的相信大家没有疑问。而 $y=a(x+h)^4+k$ 为什么是 $y=ax^4$ 向左平移 h 个单位，向上平移 k 个单位得到而得到的，我们可以这样来解释这个问题。首先我们需要额外说的几点是：$y=a(x+h)^4$ 的顶点为 $(-h,0)$ ，相信大家都可以理解，同样的，$y=a(x+h)^4+k$ 的顶点为 $(-h,k)$ 。这样我们直接平移顶点即可，将顶点 $(0,0)$ 平移到 $(-h,k)$ ，我们易得平移后的函数图像为 $y=a(x+h)^4+k$ ，这样便解释了这个问题。

三、从特殊到一般——有关最终一般式 $y = ax^4 + bx^3 + cx^2 + dx + e$ 的推进

这样一个突进，未免有些唐突。经过总结我们得到了这样一些需要研究的方向：

（1）$f(x) = a(x^2 + px + q)^2 + k$

（2）$f(x) = a(x^2 + px + q)^2 + mx + n$

如何得到这两个式子的，其实并不是纯推导出来的。对于四次函数，我们不可能每个都去采用描点法绘图来探究规律，之后我们便借助了一些绘图工具，像几何画板或者iPhone和iPad里的quick gragh。经过一些尝试之后，我们便渐渐地总结归纳出如上两个式子。不过，想到中间有一个二次整式的平方绝非巧合，极有可能是一些因式分解的形式给了我们灵感。但是这两种形式，着实是根据一些图像的尝试而总结归纳出的。

下面就是我们简要的思考过程：

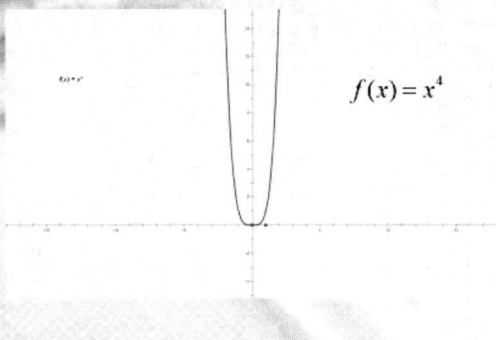

$$f(x) = x^4$$

$$f(x) = 2(x-1)^4 + 2$$

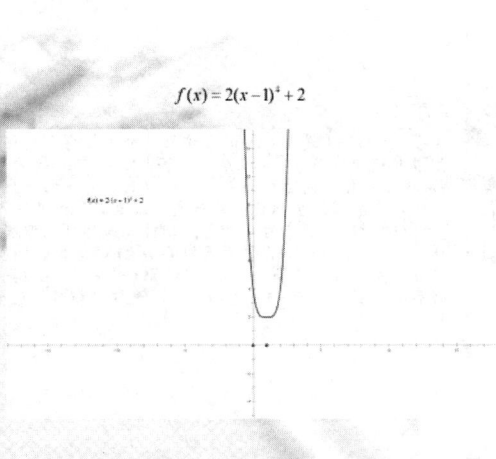

之后我们按照我们的思路随便画了一个，发现了一个"W"型函数图像，之后这个很明显是对称的。

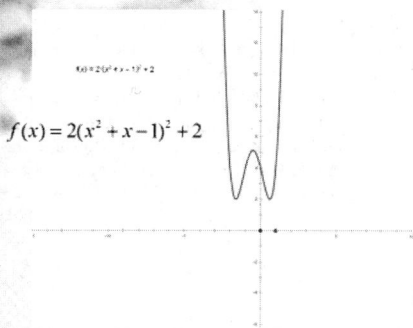

$$f(x) = 2(x^2 + x - 1)^2 + 2$$

我们便又经过多次尝试画出了一个不是"W"型的四次函数。

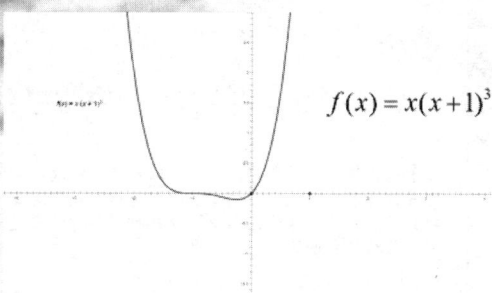

$$f(x) = x(x+1)^3$$

紧接着很多奇怪的东西就出现了。

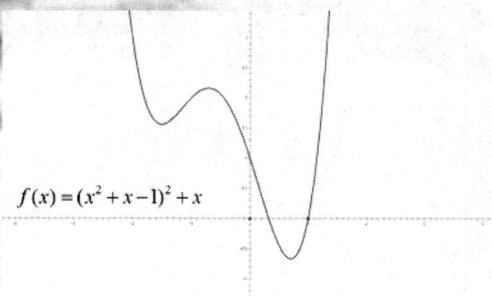

$$f(x) = (x^2 + x - 1)^2 + x$$

大家可能发现了，这几个函数的解析式有所区别，但又有共同的特点，对称或不对称。我们便针对这两类函数图像（即"W"型和非"W"型）研究它们的解析式。通过刚才的思路，我们便得出了第一个需要研究的式子：$f(x) = a(x^2 + px + q)^2 + k$。但是呢我们便又有一个困惑，是所有的四次函数都能化成这种形式吗？很明显不是。那么，有没有统一的形式呢？经过疯狂的恒等变形，我们发现，所有四次函数均能化成一种统一的形式，它的结果是……

是什么啊？

$$y = ax^4 + bx^3 + cx^2 + dx + e$$

$$\Leftrightarrow y = a(x^2 + \frac{b}{2a}x + \frac{4ac - b^2}{8a^2})^2 + \frac{8a^2d - 4abc + b^3}{8a^2}x + \frac{64a^3e - 16a^2c^2 + 8ab^2c - b^4}{64a^3}$$

由于是恒等变形得来的，我们便认为所有四次函数都能化成这种形式。这样便解释了由何得出的我们需要研究的第二个式子。随后我们便可以针对这两种情况进行研究，就相对来说简单一些了。

PART 1 $\quad f(x) = a(x^2 + px + q)^2 + k$

· 根据以往的经验判断，这个函数的图像是由 $f(x) = a(x^2 + px + q)^2$ 的图像向上平移 k 个单位得到的。而通过图像我们又发现这是一个轴对称图形，并且一般呈W型（或"M"型）。

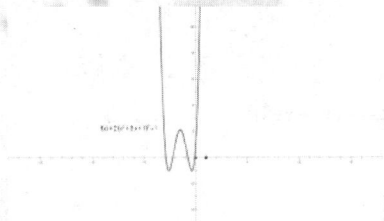

PART 2　$f(x) = a(x^2 + px + q)^2 + mx + n$

这个大家也发现了，四次函数总的来说有上面提到的三种形式。现在我们要探讨的是它的一般形式。我们知道前面者 $a(x^2 + px + q)^2$ 是对称的，但如果函数的解析式加上一个一次函数，函数值会如何变化呢？我们发现，原本对称的图像，一边的变化量变了。我们很难用现有的知识对此做出定量描述，不过我们仍可以通过具体某一个四次函数，如前面的例子，做出定性分析，得出函数图像的在某个区间的基本趋势。当然我们同样也有工具来做出定量描述，之后会涉及。

四、漫谈四次函数与二次函数的关系

其实从图像上来看，四次函数不仅是与二次函数有关系，与三次函数也有一定关系，仔细观察图像，我们发现它形似很多函数的组合，也可以看做是某个二次函数的在 x 轴下面的部分因为平方而翻了上来。尽管我们无法详细地解释出为什么，它一边的趋势基本相同，另一边却发生了变化（指一些一般形式），但我们无形中产生了对数学的某些尚未解决的问题而产生了兴趣，这也是很有意义的。

当然，还有然而……

五、更专业的思考方式

PS首先我们声明，我们只是介绍另外一种可以研究的方法，大家会在高中进行详细的学习，所以大家大可不用纠结一些不易理解的事情。

我们相信在高中有它独特的解决办法，不妨在这里，花一些时间来科普一下。这种方法，与上个组研究的二次函数某一个点的变化率有一定关系。这个关系，便是今天我们要介绍的方法：求导。

函数在 x_0 的瞬时变化率，通常就定义为 $f(x)$ 在 $x = x_0$ 处的导数，记作 $f'(x_0)$。在这里我们直接给出关系式：

$$f'(x_0) = \lim_{\Delta x \to 0} \frac{f(x_0 + \Delta x) - f(x_0)}{\Delta x}$$

如果 $f(x)$ 在区间 (a,b) 每一点都对应着一个导数 $f'(x_0)$，则区间 (a,b) 的每个值，构成了导函数 $f'(x)$。

这样，我们有 $g(x)=ax^4+bx^3+cx^2+dx+e$ 的导函数为：

$$g'(x)=4ax^3+3bx^2+2cx+d$$

$$g''(x)=12ax^2+6bx+2c \quad (其判别式\Delta_2=36b^2-96ac)$$

$$g'''(x)=24ax+6b$$

我们可以通过导数方程知道它的宏观形状

当四次项系数 $a>0$ 时，

若 $g'(x)$ 有三个相异实根（即 $\Delta_2>0$），则 $g(x)$ 的图像呈"W"型；

若 $g'(x)$ 有等根或虚根（即 $\Delta_2<0$），则 $g(x)$ 的图像呈"∪"型；

当四次项系数 $a<0$ 时，

若 $g'(x)$ 有三个相异实根（即 $\Delta_2>0$），则 $g(x)$ 的图像呈倒"W"型；

若 $g'(x)$ 有等根或虚根（即 $\Delta_2<0$），则 $g(x)$ 的图像呈倒"∪"型．

六、总结

· 至此，我们用"从特殊到一般"的方法研究了四次函数

$$y=ax^4+bx^3+cx^2+dx+e$$

在各种特殊情况下的图像与性质：

$$y=a(x+h)^4+k$$

$$f(x)=a(x^2+px+q)^2+k$$

$$f(x)=a(x^2+px+q)^2+mx+n$$

（最后一种即可由四次函数的一般形式化得）

六、师资队伍

序号	姓名	年龄	性别	毕业院校	学位	所在年级
1	潘国双	36	男	北京师范大学	博士	高二
2	贾祥学	34	男	中国科学院	博士	初一
3	屈楠	32	男	中国科学院	博士	高一
4	张伟	30	男	北京大学	博士	四高一
5	龚泽	28	男	南开大学	博士	高二
6	李艳	28	女	中国科学院	博士	高三
7	吴承昊	28	男	北京大学	硕士	高三

序号	姓名	年龄	性别	毕业院校	学位	所在年级
8	张浩	28	男	北京大学	博士	初二
9	唐浩哲	28	男	北京大学	博士	高一
10	王继	29	男	中国科学院	博士	初一
11	曹磊	25	男	清华大学	硕士	四高一

注：

1. 本课程共有十一位固定教师（见上表），他们分布在从七年级到高三的六个年级，形成了一个"纵向"的课程教研团队；

2. "四高一"相当于普通学校的九年级；

3. 第一届新课程是从 2011 年 9 月入学的七年级（现在已升入高二）开始，目前已经是第五届，我们学校对进阶数学课程的师资要求走"大循环"，即从七年级带到高三。第一届至第五届进入"大循环"的教师分别是：潘国双、屈楠、张伟、张浩、贾祥学，目前这些教师都能对本课程开展对外培训。

七、课程评价

进阶数学课程采用过程性评价与终结性评价相结合的评价体系，过程性评价占总评价的 40%，终结性评价占 60%。过程性评价具体指标如下：

各项指标	具体内容	所占百分比
出勤	迟到、早退、旷课	4%
课堂表现	纪律、卫生、发言	4%
作业	按时完成	4%
	完成质量	4%
诊断	前测	4%
	后测	10%
改错	改错	6%
论文、竞赛	各种研究性论文、各类竞赛	4%

学生得分实行百分制，并按照上述比例折算，最终分数取整后分为以下四档：85～100 分为"优"，75～84 分为"良"，60～74 分为"及格"，60 分以下为"不及格"。

八、课程效果

进阶数学课程目前已在我校连续开设五年，目前，第一届学习该课程的学生已经进入高二年级。通过这一系列课程的学习，学生的学习习惯、思维方式等都有明显的提升。2015年，北京大学、中国教育协会分别组织了大学先修考试，我校高二学生在这两次考试中均取得了非常优异的成绩。例如，在4月中国教育协会组织的微积分学考试中，我校共有17名学生进入全国前20名，并在之后11月的考试中，共有7名学生进入全国前10名。

另外，该课程也在其他一些兄弟学校得到推广。例如，新疆克拉玛依一中已开设两年，我校各分校也将本课程选用为学校基础课程之一，会在近期内陆续开设。

经过几年的课程建设，我们也积累了一系列成功的课例和微课资源。例如，在2014年9月北京市六位一体课程创新与学校特色发展研讨会上，本课程教师做了如下课例：

授课课题：平面直角坐标系

授课教师：张伟

课程：进阶数学

课程类型：概念课

课程特色：1. 以教师的启发式提问为主线推进整个课堂的实施，使学生成为课堂的主体；2. 探究新课改背景下概念课教学的新模式。

教学设计：

教学背景与学情分析：

随着学校课程改革的不断深入，我们越来越强调并注重学生的自主学习能力，本节课的授课对象是八年级数学最高层的学生，经过一年的学习，他们已经养成良好的自学习惯，并具备较强的自学能力。据不完全统计，有80％左右的学生在本节课授课之前已经完成了一次函数的自学，并有约15％的学生已经自学完二次函数，在这样的大背景下，如果照本宣科地讲课本上《平面直角坐标系》一章的内容，学生必然会失去听讲的兴趣，觉得老师"废话连篇"。既然学生"什么都知道"（至少是自认为什么都知道），那么作为教师应该教什么、怎么教，无疑是课改进行到现在我们所面临的重大挑战之一。这一点在概念课的教学中表现得尤为突出，以《平面直角坐标系》这一章节的内容为例，教师是否还能按照之前的教学模式进行课前的引入，是否还应该按照课本顺序再把坐标轴的概念、象限的概念重复一遍，都是值得商榷的问题。

本节课教师采取了另一种教学模式进行概念课的教学——默认学生这部分内容都已经自学完成，并且对于"象限"等基本概念已经掌握，在此基础上重点强化"坐标系"的概念，通过设计各种问题来引发学生思考，并在这种思考中完成新概念的理解与深化，力图让学生通过一节课的学习获得一些自学学不到的知识，这也算作者在所谓"后课改时代"对概念教学模式的一种尝试和探究吧。

教学重点与难点：

课堂上对各种实例的运用与把控。具体来说，本节课设计了一系列具体实例来深化学生对坐标系这一概念的理解，但在具体授课过程中，讲授重点不应该是实例本身，而是要通过这一系列实例，使学生形成对坐标系这一概念及其"定位"功能的感受与更深层次的理解，并体会数学抽象现实事物本质，并舍弃其具体特征的学科研究思想。

教学过程：

一、为什么要引入坐标系【概念产生的必要性】

提问：课下学生已经完成对"平面直角坐标系"这一章节的预习，在此基础上让学生总结："为什么要引入坐标系？"（确定平面上一点的位置）

二、生活中的坐标系【概念的外延】

提问：坐标系是一个很抽象的概念，它对一些具体生活现象的抽象。坐标系的作用是为了确定平面上一点的位置，那么在生活中，你能想到哪些确定位置的方法呢？

如果学生思路无法展开，可以先从一个实际问题入手启发学生：如何描述××同学在教室中的位置

此处利用 PPT 展示一些例子：1. 经纬度；2. 航海术；3. 象棋棋谱；4. 赤道坐标系；5.（反例）日晷【概念的辨析】

小结：上面提到的每一种确定位置的方法都对应着一个坐标系，那么为了进一步理解坐标系的概念，我们接下来将总结一下上面这些例子有哪些共性。

三、坐标系的基本构成要素【概念的内涵】

展示研究问题：把平面上一个点的位置描述清楚，需要哪些要素？1

个或多个基准点，2个或多个坐标轴。

此处需要结合上面给出的象棋棋谱这一例子，通过合适的设问引导学生思考，最终得出结论。

多个基准点的例子：《飓风营救2》中主人公根据两次爆炸声判断位置。

四、再看坐标系【理解了概念的内涵和外延后，课堂教学兵分两路，分别从具体现实角度和抽象数学角度进一步研究坐标系的概念，完成概念的强化和内化】

1. 坐标系与生活(从现实角度研究)【概念的不同表示形式】

回到现实生活，回顾之前的例子，在这些例子中，分别研究哪些是它们的基准点，哪些是它们的坐标轴。

2. 承上启下的小结

数学是现实生活的抽象，在上面的分析中，我们将生活中的一些例子去掉其部分现实特征，抽象为具体的坐标系模型，从而发现坐标系存在于生活中的方方面面。既然对于现实中的例子，我们需要抽象其本质，舍弃其具体特征，那么我们就有必要来研究坐标系的本质是什么。

3. 坐标系与数学(从抽象数学的角度研究坐标系的本质)

通过提问来引导这部分教学的进行，中间穿插必要的PPT说明。

问题a：两坐标轴一定要垂直吗？（斜坐标系）

问题b：坐标轴一定要是直线吗？（同心圆坐标系）

例：西直门的地理位置。

再例：利用尺规作图确定已知的角平分线上一点，2个基准点，两个圆！

问题c："几年几班"这一描述是坐标系的描述方式吗？

"坐标轴"这一概念的广义性

问题d：之前研究的都是平面上的坐标系，我们知道平面是一个二维的空间，那么对于一维的空间，也就是一条直线，我们能类似地定义坐标系吗？（概念的内化：数轴）对于三维空间呢？你能想出多少定义三维空间中坐标系的方法？（空间直角坐标系、球坐标系、柱坐标系……）

反思：坐标系的基本构成要素：基准点、坐标轴

五、坐标【坐标系的相关概念——坐标、参数与维度】

1. **提问**：直线，一个参数，一个维度；平面，两个参数，两个维度；

空间，三个参数，三个维度。那么如果是四个参数，应该如何定义其对应的空间呢？（四维空间）

举例说明高维空间——体质测试健康指数

2. **课后思考**：球面是二维空间吗？

学习了集合、子集的概念后解释。进一步强调概念课的重要性，使学生对数学概念形成正确的价值观

六、课堂总结

坐标系：

1. 目的（确定平面上点的位置）

2. 描述位置的原则（基准点、坐标轴）

3. 形形色色的坐标系，到底选用哪个？哪个好选用哪个！提醒学生在以后的学习中体会我们为什么要选用平面直角坐标系，并思考对于一些特定问题，采用其他坐标系是不是更好。

总的来说，进阶数学课程的课程设计融入了现代教育理念，符合学科性质、尊重学生发展规律，已经逐渐建设了一支结构合理、学术水平高、教学能力强的师资队伍，编写出版了一套注重学生能力发展和核心素养培养，具有特色和示范效应的教材，积累了一系列成功的课例、课件等课程资源，在培养学生的创新思维和独立分析问题、解决问题的能力方面取得了显著的成效，并逐渐形成了该课程的品牌效应。同时，在教材编写时，我们关注于学生思维能力和研究问题能力的培养，坚决杜绝"偏、难、怪"的问题的堆叠，立足于学生基本数学素养的形成，从而使得课程具有很好的普适性。

课程评述：

因材施教，分流培养，是中国儒学教育家提倡的传统，是世界各国教育的发展规律。半个多世纪以来，我们推行的一纲一本，严重影响了人才的培养和科技的发展。海淀区评选优秀的校本教材，加强精品课程建设，表现出教育界行政领导改革的魄力和决心。

十一学校的校长和老师，自20世纪90年代便开风气之先，以洞见的眼光和极大的勇气开展了大力度的因材施教的尝试。他们按照北京市重点中学学生的高素质，自行设计课程，自己编写课本。

他们将数学教学分为若干层次，实行因材施教，对不同层次的学生使用不同的教材。学校对这件事情鼎力支持，老师们对教材的编写不遗

余力。他们经常在寒暑假不休息，封闭式集中写作，付出了巨大的努力。

北京师范大学、首都师范大学数学科学学院的教授曾经组织起来，对十一学校从七年级到高三的课本分工阅读，并提出了一些改进意见。这套课本无论是从科学性还是教学性方面，都是相当不错的。

特别值得提倡的是他们借鉴美国 AP 课程编写的《进阶数学系列丛书》。这套丛书的内容相当于大学一年级物理系的微积分和高等代数，目前已经有 100 多位学生选修。他们的尝试，比目前刚刚试行的中国大学先修课程(CAP)要早了十几年。除此之外，他们还聘请了北大、北师大的教授为热爱数学的学生讲授大学更深层次的数学分析、代数、几何课程，本校老师自始至终认真地跟班听课。

十一学校持续引进的数学各个专业的博士研究生，成为对中学生进行英才教育的中坚力量。到目前为止，十一学校数学组已经引进了 11 名中国科学院、北京大学、清华大学等名校的博士。他们和其他重点中学引入的这一批力量，是我们中国数学英才教育的希望。

他们的努力得到了教育界的普遍认可。在连续几年北京大学、清华大学，以及 CAP 的大学入学自主招生考试中，十一学校始终名列前茅。在丘成桐中学数学奖的评选中，他们自 2011 年起连续五年榜上有名，这在全国学校当中是绝无仅有的。

鉴于以上理由，我强烈地推荐他们的《进阶数学系列丛书》入选海淀区精品校本课程。

（张英伯　北京师范大学数学科学学院教授）

自助物理实验课程

清华大学附属中学

一、开发背景

(一)国际背景

近年来,世界各国纷纷进行课程结构改革,科学课程作为其核心领域之一,成为课程结构改革的重点。其中,选修科学类课程占总科学类课程的比例,在教育先进国家较其他国家比例偏大;科学活动类课程占总活动类课程的比例,在教育先进国家较其他国家比例偏大。

(二)国内背景

新课改强调从实践中学习科学知识,注重提高学生综合分析问题、解决问题的能力,强化教学的实践育人功能,提倡校本教研等多种教研形式在提升教师育人能力中的作用。鼓励结合学生日常生活中的科学问题,组织学生开展小实验、小制作、小课题,开展探究学习活动,保护学生的好奇心和求知欲,激发学生的想象力和创造力,为学生创设独立思考和实践的机会,培养学生全面的科学素养。

(三)学科背景

物理是一门以实验为基础的自然学科,很多理论、规律都是从实验中总结而来的,实验是物理的灵魂,能激发学生学习物理的积极性和主动性,可以启发同学们的思维,培养他们的创新能力,在培养学生的全面素质方面起着举足轻重的作用。跨入 21 世纪,基础教育正在导向学生的核心素养提升,加强学生观察能力、动手能力和创新能力的培养是实现这一目标的具体措施。

在物理教学长河中，初中物理教学处于启蒙阶段。我们必须在初中物理教学中进一步加强实验教学。对于如何抓好物理启蒙教育以及刺激学生对物理认知的敏感性，每一位初中物理教师都在不断地探索着。实施初中物理新课程，必须好好把握每一个实验，或亲自动手，或临场指导，培养学生的动手操作能力和运用知识解决问题的能力。

目前在中学由于种种原因，不少学校和教师不重视物理实验教学，影响了学生的全面发展，物理课堂教学仍然普遍盛行"以解题为中心"，仍然过分地注意构建完整的物理知识体系，这种教学模式已经对我国的基础教育产生了不容忽视的消极影响。

(四)学校背景

清华大学附属中学的教育宗旨是：创造适合不同潜能学生发展的教育，注重不同学生主动、和谐、个性化的发展；培养健康、自信、负责、有独立学习能力与合作精神的文明学生，强调人的全面发展。清华大学附属中学的教育思想是：以育人为中心，以学生为主体，为了每一位学生个性自由而全面的发展。学校的培养目标及文化理念是：为未来领袖人才奠基。

基于以上教育宗旨和教育思想，清华附中构建了以核心课程为中心，综合课程、领导力课程、学生自创课程紧密围绕的多层次和类别、立体化的课程体系(如图1)。其中，核心课程分为基础类核心课程、拓展类核心课程和研究类核心课程。

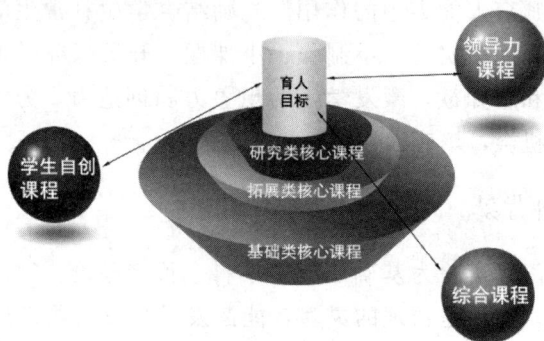

图 1

基于以上背景，初中物理校本自助实验课程作为拓展类课程开展了课程建设与实施研究。

二、课程性质

自助实验课程定位于完善清华大学附属中学学校课程体系的拓展类核心课程部分。立足建立在基础类核心课程之上，为研究类核心课程做铺垫和基础。注重个性需求，加强实践动手能力，培养实践和创新品格，力求促进学校丰富课程体系的形成。本课程是以物理学科为主，兼顾技术、历史学科的拓展类课程。

三、课程目标

自助实验课程的目标是提升实验探究的物理学科核心素养，促进思维发展，提升综合能力。在开放的实验材料和亲身体验的基础上，培养抽象思维和比较思维方式。在实验的材料准备、设计方案、交流、调试、修正等多环节培养合作探究、科学表述的综合能力。

在知识与技能目标上，通过材料的准备，能够初步选择生活的物品、器材及工具；通过动手、动脑实验探究，在合作中得到思维和行为上的交互式提高。在过程与方法目标上，通过设计实验方案，尝试变换思考的角度，培养思维的广阔性、灵敏性和深刻性；通过交流实验方案，初步掌握实验探究方法；经历在亲身体验的基础上进行多种思维的学习方式。在情感态度价值观目标上，通过主动观察身边的物品、收集身边的物品，为学习所用，培养学生热爱生活，热爱身边的事物；通过小组合作，在实践中体验交流、合作和关心，为领袖人才奠定基础。

四、课程内容

自助实验课程内容由三个部分组成。第一部分为绪论课，第二部分为系列主题课，第三部分为总结课。

(一)绪论课

绪论课处于本课程的起始阶段。在绪论课中，明确本课程的性质、目标、内容、特点和评价方式。设置绪论课的目的是，启发学生思考，知道生活中的很多唾手可得的物品都可以为我们的活动课所用。利用身边的物品可以进行实验探索，也可以培养爱观察、爱动脑的习惯，让学生体会到实验并不是在一个约束条件下才能进行的抽象、程序化的操作，实验其实就在自己身边。利用身边的物品和器材，能够随时随地建构和实施各种生动、便捷的活动，力求拉近学生和实验活动之间的心理距离。

绪论课问卷的内容由七个题目组成。目的是引导学生将身边的物品与它们的特点、用途和来源建立联系，从而达到主动观察身边事物，体验身边的物品和器材有不同的分类方式，认识到这些物品的生发性价值，并且引起学生继续发现、思考和尝试的欲望。以题目 1 为例，生活中有许多管状物，请你设法得到长度约为 2 厘米的不同的管子，注明它们在日常生活中的用途；题目 2 设定为：现需要一个三角形，请你用身边的生活中的材料设计不同的三角形，并加以说明。

(二)系列主题课

系列主题课是本课程的主体，通过系列主题课的实施以实现此课程设定的三维目标。下面从主题课细目、主题课场景举例和主题课教学环节三个方面进行介绍。

1. 主题课细目

系列主题课由二十一个活动主题构成。这二十一个活动主题分为十个季别，分别是穿越季、声音季、景物季、静平衡季、动平衡季、太空季、魔术季、流体季、电学季和热学季。活动主题编号、活动主题名称细目如下(见表1)。

表 1　活动主题编号、名称项目

序号	季序号	季名称	活动主题编号	活动主题名称
1	第一季	穿越季	101	穿越 A4 纸圈
2	第二季	声音季	201	传声筒
3			301	小孔成像
4	第三季	景物季	302	简易照相机
5			303	望远镜
6			401	平衡鸟
7			402	平衡筷子
8	第四季	静平衡季	403	天平
9			404	纸币与硬币
10			405	异形圆

续表

序号	季序号	季名称	活动主题编号	活动主题名称
11			501	高空踏车
12	第五季	动平衡季	502	锥体上滚
13			503	欹器
14	第六季	太空季	601	月相
15	第七季	魔术季	701	沙漠中的坦克魔术
16			702	魔杯
17	第八季	流体季	801	喷雾器
18			802	瓶中有水知多少
19	第九季	电学季	901	水果电池
20			902	电动机
21	第十季	热学季	1001	温度计

2. 主题课堂场景举例

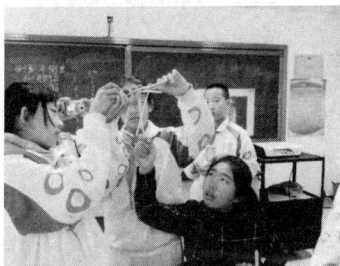

图 2-1 平衡筷子(搭建版)

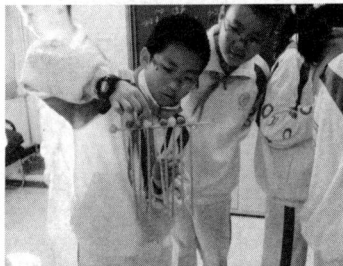

图 2-2 平衡筷子(粘贴版)

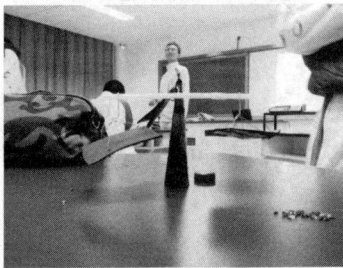

图 2-3 天平

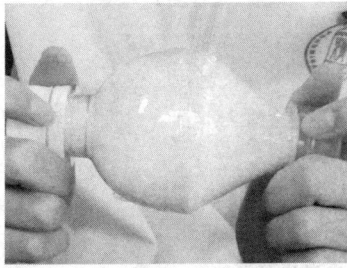

图 2-4 锥体

图 2-5　线圈电动机

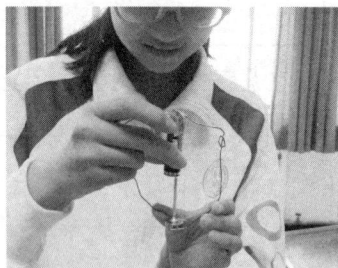

图 2-6　单匝电动机

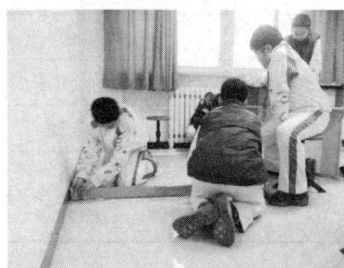

图 2-7　沙漠中的坦克魔术

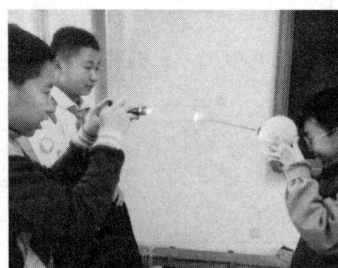

图 2-8　月相(椰子版)

图 2-9　月相(网球版)

图 2-10　月相(齿轮版)

图 2-11　传声筒(线压门版)

图 2-12　传声筒(接与听版)

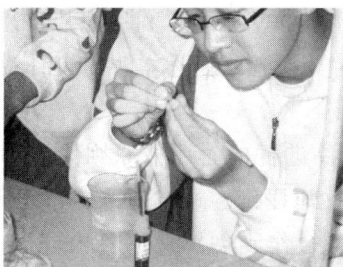

图 2-13 温度计(橡皮泥版)

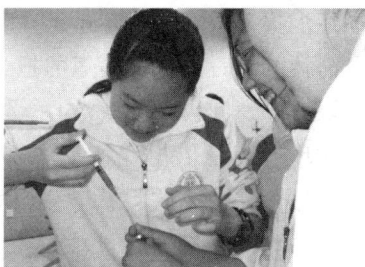

图 2-14 温度计(注射器版)

图 2-15 瓶中有水知多少

图 2-16 小孔成像

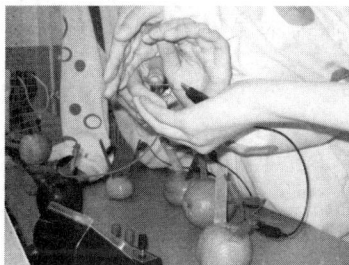

图 2-17 水果电池二极管

图 2-18 平衡(苹果版)

图 2

3. 主题课教学环节

主题课教学环节分为课前收集、活动实施、小组汇报和评估四个环节(如图 3)。

课前收集环节,是指小组按照"课前准备单"发现、选择、准备物品和器材。这些物品和器材来自日常生活。

活动实施环节,是指在确定了实验主题后,小组用自行准备的器材进行方案讨论、小组论证,尝试设计、制作。

课前收集

↓

活动实施

↓

小组汇报

↓

评估

图 3

小组汇报环节，是指各小组在实施环节的基础上，利用照片、绘图，辅助以简洁的语言，完成简短的报告，向其他各组阐述本小组设计目的、过程、调试、遗憾以及收获。

评估环节，是依据评估卡中所列细目进行的。评估原则为多角度、全过程评估，评估方式包括学生自评和教师评价。通过对当次活动课中从课前物品和器材准备、设计实施、调整合作到创意交流各项进行过程性记录，强调在过程性记录的基础上，引起学生的自我认识和积极调整。

(三)总结课

总结课处于本课程的收尾阶段。设置总结课的目的是，梳理本课程的收获、反思和回顾、自我认识提升。由"收获感悟"和"调查问卷"两部分组成。

收获感悟，是指学生通过回顾亲身经历的若干主题实验活动，以个体为单位进行沉淀、回顾和反思，利用简洁、准确的语言及图表等多种表达方式，表述收获和感触，并与老师和同学分享。

调查问卷，是指教师预先设定若干关于本课程的问题，学生以这些问题为线索，选定自己合适的选项，从而为本课程的建设实施研究分析提供数据支持。

五、课程实施

(一)教学计划

初中物理校本自助实验课程开设周期为一个学年。每个周期 40 周，每周 1 课时，共 40 课时。每课时长 40 分钟。具体教学计划列表说明(见表 2)。

(二)实施对象

本课程实施对象为清华大学附属中学八年级学生。已经实施的年级有：初 10 级、初 11 级、初 12 级、初 13 级和初 14 级学生。其中，初 10 级、初 11 级、初 12 级和初 13 级四个年级已经完成了四轮实施，目前初 14 级正在进行第五轮实施。每一轮参加课程实施的学生人数定在 30 人至 120 人。

表 2

年级	初 14 级		授课教师	杨桦、潘庄	总课时数	40
类别		名称		课时数	小计	
1		绪论课		2	2	
2	主题课	主题课 1		2	36	
		主题课 2		2		
		主题课 3		2		
		主题课 4		2		
		主题课 5		2		
		主题课 6		2		
		主题课 7		2		
		主题课 8		2		
		主题课 9		2		
		主题课 10		2		
		主题课 11		2		
		主题课 12		2		
		主题课 13		2		
		主题课 14		2		
		主题课 15		2		
		主题课 16		2		
		主题课 17		2		
		主题课 18		2		
3		总结课		2	2	
共计		40 课时				

(三)师资队伍

自助实验课程研发队伍稳定,由七位教师组成。负责人为赵洪英,参加开发和实施的教师有陈敏、王宏、隋玲玲、杨桦、杜婵、潘庄。

(四)课程申报、审批、课程管理制度

课程申报方面,由实施老师将自助实验课程简介、教师简介、课时计划、招生人数、学分、开课时间、开课地点等信息提交至清华大学附属中学学生管理中心。

由清华大学附属中学学生管理中心负责审批,并将相关课程信息发布至清华附中校园网。

学生自愿在校园网上报名申请参加课程的学习。自助实验课程管理包括考勤、实验材料准备、主题作品整理及共享三个方面。一学期内缺勤次数在 2 次及以下、参与准备 10 个主题的材料、共享 10 个以上主题作品的学生均可得到 2 学分。

(五)课程评估

《自助实验》校本课程的课程评估力求突出过程性评价和终结性评价相结合的理念,依据系统的评价指标和体系进行。下面就评估内容、评估途径与方式和评估指标等方面加以说明。

1. 评估内容

自助实验课程评估由绪论课评估、主题课评估和总结课评估三部分组成。

绪论课评估,基于起始阶段。通过笔答问卷的方式进行,体现学生在本课程学习之前的准备水平,以问卷所得分数为准。

主题课评估,基于每一个主题实验活动。每个主题结尾处设置一个评估卡,评估卡以个人和小组相结合的方式完成。

总结课评估,基于课程结束之前进行。

2. 评估途径与方式

采取教师评价、同伴评价和自我评价相结合的多维度评价途径,笔答与填写评估卡的双重评价方式。

绪论课评估采取学生作答、教师评估的途径,主题课评估采取自我评价为主、兼顾教师评价和同伴评价的方式,总结课评估采取自我评价基础上的教师评价。

3. 评估指标

评估指标分为"阶段评估"和"课程总体评估"两个部分。"阶段指标"

由绪论课指标、主题课指标和总结课指标构成。

(1)阶段评估

绪论课评估指标设置为两个层次。以笔答的实际得分为准，满分为100分。得分70分以下为"合格水平"，70分以上为"优秀水平"。

主题课评估指标为，得9分及以上为"优秀水平"，其他为"合格水平"。主题评估卡的具体操作标准为：(1)每位同学携带1件或1件以上生活中的物品即可认为达到了关注日常生活用品、关注废旧物品的目标。(2)参与"设计或实施"，在评估过程中，"设计"和"实施"二者中有效参与其中的一项即认为达到目标。"调控与合作"依照此办法。(3)在"我的收获"项目中，学生有较大的自由度，描述感受、灵感或火花，说明收获。以上几项达到目标，每项可得3分，满分为12分。

总结课评估标准分为两个层次。"学生有对本课程进行梳理、反思的意识"为"合格水平"，"对学习本课程的梳理和反思有自己独到的见解或者能用一两个自己或同伴经历的事件来支持自己的见解"为"优秀水平"。

(2)课程总体评估

课程总体评价分为"合格""优秀"和"明星"三个层次。明星水平的标准是：绪论课、主题课和总结课三者中均达"优秀水平"的；有两者达到"优秀水平"的，课程总体评价设置为"优秀"；其余设置为"合格"。

六、实施效果

通过初中物理校本自助实验课程的建设与实践，分别从课程目标和学生目标两个维度达到了预期目标。

(一)课程目标的实现

在本课程建设和实施的过程中，从21个活动主题的设计出发，从实践中生发出了若干学生作品，产生了若干学生在各个层次中新的思想和方法，整合了教师和学生的原创性资源。实现了整合原创性资源和生发资源，充实科学拓展类课程的目标。

(二)学生目标的实现

学生对课程的评价，以调查问卷的形式进行。调查的对象包括有初10级、初11级、初12级、初13级学生，共155人。调查问卷的内容如下（见表3）。

表3

序号	题目	是	否
1	比以往更加关注身边的器材和物品		
2	初步掌握了实验探究方法		
3	经历了在合作中思维和行为方面交错式提高		
4	认同并喜欢这种同伴合作、师生协作的学习方式		
5	许多感悟来自于思维和行为的参与，这种亲历不可替代		
6	希望有机会参与更多的物理活动课主题		
7	能够立刻回忆出3个以上自己感觉满意的主题活动作品		

调查问卷结果如下（见表4、图4），表中和图中数据为选择"是"的学生人数。

表4

	总人数	题目1	题目2	题目3	题目4	题目5	题目6	题目7
初10级	30	30	28	29	30	28	30	30
初11级	30	30	29	30	30	27	30	30
初12级	40	40	38	40	40	39	40	40
初13级	35	35	32	33	35	34	35	35

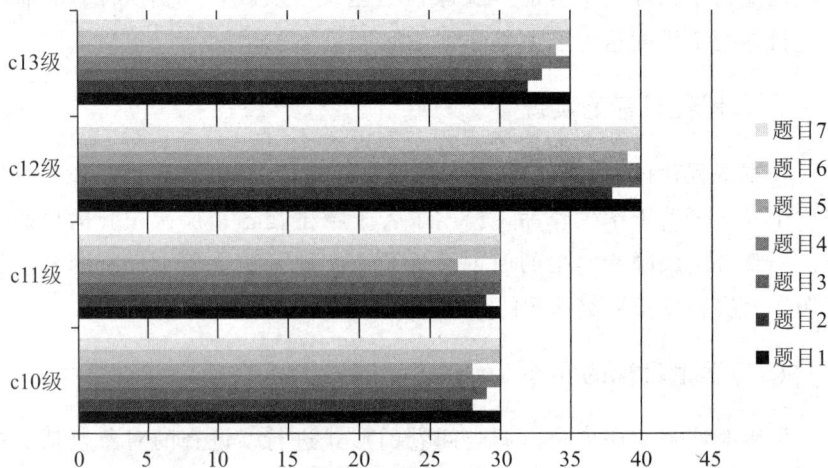

图4

　　调查问卷显示(以初 13 级为例)：100％的学生认为经过此活动课的学习"比以往更加关注身边的器材和物品，体会从生活走向物理，从物理走向生活的理念"；91％的学生认为"初步掌握了实验探究方法"；94％的学生认为"有效经历了在合作中思维和行为方面交错式提高"；100％的学生选择"认同并喜欢这种师生共同协作的学习方式"；97％的学生认为"许多有效的感悟来自于亲身思维和行为的参与，这种亲历性不可替代"；100％的学生"希望有机会参与更多的物理活动课主题"，100％的学生能够立即回忆起印象深刻的 3 个以上主题活动。

　　通过以上数据分析，可以认为，学生通过此课程，已经达到了前面所提出的知识与技能、过程与方法和情感态度价值观三维目标。知识与技能维度，达到了能够初步选择生活的物品、器材及工具；在合作中得到思维和行为上的交错式提高。过程与方法维度，达到了尝试变换角度思考；培养思维的广阔性、灵敏性和深刻性；初步掌握实验探究方法；知道在结合切身经验的基础上进行思维的学习方式。情感态度价值观目标维度达到了主动观察身边的物品，收集身边的物品，为学习所用，培养学生热爱生活，热爱身边的事物；实践中体验交流、合作和关心，为领袖人才奠定基础。

　　通过以上数据分析，可以认为，本课程的建设与实施实现了设定的学生目标，即促进了学生合作交流、自主探究，主动开发原创性思维，提升科学表述和科技交流的意识和能力，从实验探究层面，提升了学生的物理学科核心素养。

七、课程创新

　　初中物理校本课程《自助实验》的创新表现有以下几个方面。

(一)课程形式的开放性

　　此课程的前提是教师和学生均自觉做到以主题为线索。在器材准备及选择环节，教师和学生实现了由"指定性、封闭性"向"多样性、开放性"的转变；在实验方案设计环节，教师和学生实现了"教师权威型"向"师生协作型"转变。创设学生具有高度自主性的平台，合理减少教师的"指导"量，完成主题的途径和方式上不受限制，具有开放性。

(二)突出学生的主体性

本课程以主题学习为主线、以教师为主导、以学生为主体。以多个具体的、有代表性的主题为载体，通过主题承载课程目标，通过教师的引导和学生的设计、思维体验经历，达到充分发掘学生的创造潜能，提高学生解决实际问题的综合能力。以小组完成"一个主题"为载体，实现体验实验创作的艰辛与乐趣。

在小组实施方案调整环节，实现了"班级同步性"向"小组偶然性"、"小组生成性"的转变，使探究具备了有理有据的开放性和原创性。

改变了"教师讲解，学生接受"的模式。改变了"教师示范，学生制作"的教学模式。引导学生"自我发现学习""自我调节学习"。学生去寻找实现主题的途径和方法，并对学习的途径和方法进行展示。学生学习的重点不再是学习的结果，而在于学习的过程。促进学生对于学习自身的理解和感悟。强调对于实施过程和途径的交流，以丰富学生的学习过程，倡导学习方式的多元化。

(三)课程目标的前沿性

将关注知识转向关注学生的发展，尊重学生的身心发展规律，为学生的终身发展做准备。对于学生学习方式的转变，对于促进学生对学习本身的理解，对于学生了解社会、关注并利用生存环境起到不可忽视的作用。注重增强学生科技表述、科技写作、科技交流的意识和能力，在小组交流和展示环节基本得到实现。

需要指出的是，在课程建设和实施的过程中，是存在遗憾的。与传统的讲授形式和讲授内容相比，目前的班级人数对于活动课的开展是不利的。从教室空间到小组讨论及小组汇报方面考虑，我们认为班级人数在24～30人是理想的。

八、实践课例

现以主题《温度计》为例，从教学设计、教学过程流程图、教学过程等方面进行说明。后附自助材料单、课堂活动场景、小组汇报作品 show 及评估卡。

(一)主题课《温度计》教学设计(见表5)

表5

活动主题		设计、制作温度计
授课教师		赵洪英
环节1	前端分析	学生对日常生活中的各种温度计已经有较丰富的感性认识,需要在合适、可行的平台上进一步与理论相结合。 学生对生活中的吸管等物品使用已经熟悉,对于将吸管与口服液瓶之间的联系和应用有进一步认识的空间。 本次主题活动确定为温度计的设计、论证和制作。
环节2	学习目标设计	1. 知识与技能 (1)能够关注生活中的吸管、注射器等物品; (2)能够意识到吸管在软硬、粗细上的不同,以及不同情况下的利用价值。 2. 过程与方法 (1)尝试思考不同的物品(药瓶、不同粗细的吸管); (2)初步尝试校对温度计的方法。 3. 情感、态度与价值观 (1)通过主动观察和搜集温度计、吸管等物品,培养学生热爱生活,热爱身边事物的情感; (2)通过在小组讨论温度计的设计方案、汇报等环节,体验交流、合作和关心。
环节3	教学策略设计	为实现将思维和设计融为一体、将理论和亲历融会贯通,通过学生课前准备物品与教师提供器材相结合的策略,通过小组讨论、亲历主题活动达到提升有效交流、提高科学素养的目的。
环节4	教学过程设计	突出学生的活动,采取课前学生准备、课上小组设计、小组讨论方案、小组修正方案、小组汇报和小组评估的顺序(见表6)。
环节5	教学评价设计	以主题活动评价卡的形式,在主题活动的尾声,创设平台,促进学生回顾各个环节的付出、交流和收获。力求达到学生互相关注、鼓励,补充遗憾,获得成就感和自我激励的作用。

(二)主题课《温度计》教学过程流程图(见图 5)

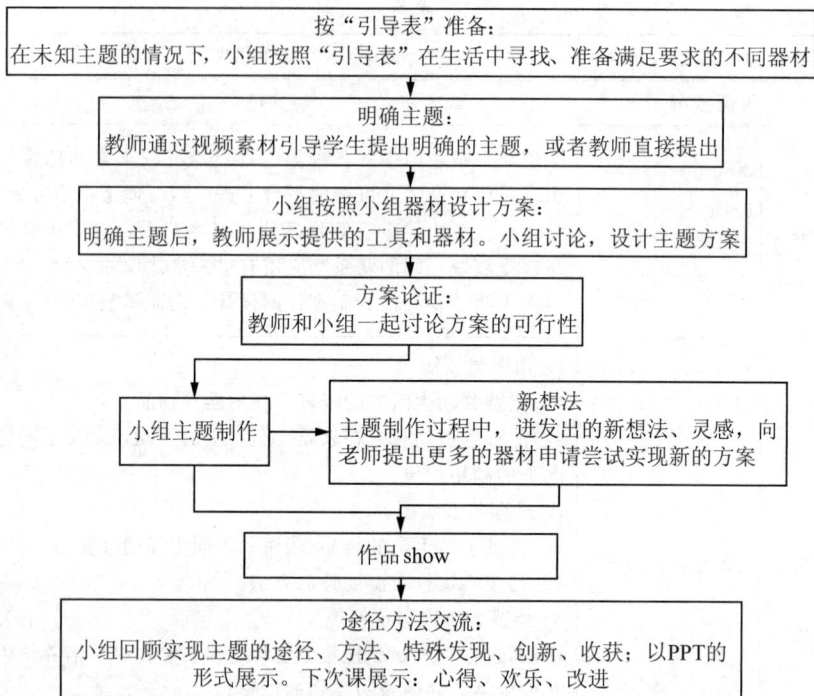

按"引导表"准备:
在未知主题的情况下,小组按照"引导表"在生活中寻找、准备满足要求的不同器材

明确主题:
教师通过视频素材引导学生提出明确的主题,或者教师直接提出

小组按照小组器材设计方案:
明确主题后,教师展示提供的工具和器材。小组讨论,设计主题方案

方案论证:
教师和小组一起讨论方案的可行性

小组主题制作

新想法
主题制作过程中,进发出的新想法、灵感,向老师提出更多的器材申请尝试实现新的方案

作品show

途径方法交流:
小组回顾实现主题的途径、方法、特殊发现、创新、收获;以PPT的形式展示。下次课展示:心得、欢乐、改进

图 5

(三)主题课《温度计》教学过程(见表 6)

表 6

教学环节		教师活动	学生活动	设计意图
课前收集		设计制作"自助准备单"	各小组按照准备单,分别准备物品	通过具体的主题活动,引导学生切实关注生活中的物品
主题活动实施	明确主题	明确活动主题—温度计	学生将已经准备的物品和活动主题建立联系	促进学生将已经准备的物品和活动主题建立联系

续表

教学环节		教师活动	学生活动	设计意图
主题活动实施	展示"教师准备物品及器材"	展示教师提供物品和器材，分别是：1. 玻璃瓶；2. 注射器；3. 实验室温度计；4. 红色酒精溶液、红色水溶液；5. 烧杯；6. 铁架台、酒精灯；7. 剪刀	观察，将自己准备物品、教师准备物品和活动主题进行联系	意图突出体验实验室器材与生活中的物品有着直接的联系和亲近。从不同角度体会物品的价值
	小组设计实施方案	深入小组进行指导	根据自己的思路和选用的器材设计实施方案	不同的小组有不同的设计思路，搭建小组头脑风暴的平台，促进组内交流和合作
	小组展示实验方案	倾听，给予鼓励、评价和建议	展示、阐述本组设计方案	意图有两个：一是展示的过程是整理思路的过程，为进一步制作、修正做深入思考；二是达到小组间进行交流借鉴的目的
	小组主题制作、修正、调整	深入到小组，提供必要的指导和帮助	小组在思维和操作层面进行设计，交叉上升、不断调整	意图是让学生体验调整、修正的过程，不断完善设计方案的价值，完整体会每一个主题设计制作的完整过程
小组汇报		倾听、总结	小组准备汇报作品、收获和困惑	意图有三个：一是通过汇报，提升科学表述的意识和能力；二是小组内在汇报上的合作；三是小组间的成果共享，扩大组间交流
评估		提供评估卡	学生自评、小组互评	通过回顾在此活动中的付出和收获，发现自我激励。强化活动兴趣和活动成就

（四）主题课《温度计》自助材料单（见表7）

表7

主题：		时间：　年　月　日		
组名：　组长：	成员：			
自备器材物品		是否带齐	件数	携带成员
1. 吸管（粗管、细管）	1.			
	2.			
2. 橡皮泥（一盒）				
3. 刻度尺				
4. 硬纸板（衬衫包装盒）				
5. 透明胶带				
6. 气门芯（自行车用）				

（五）主题课《温度计》课堂场景（见图6）

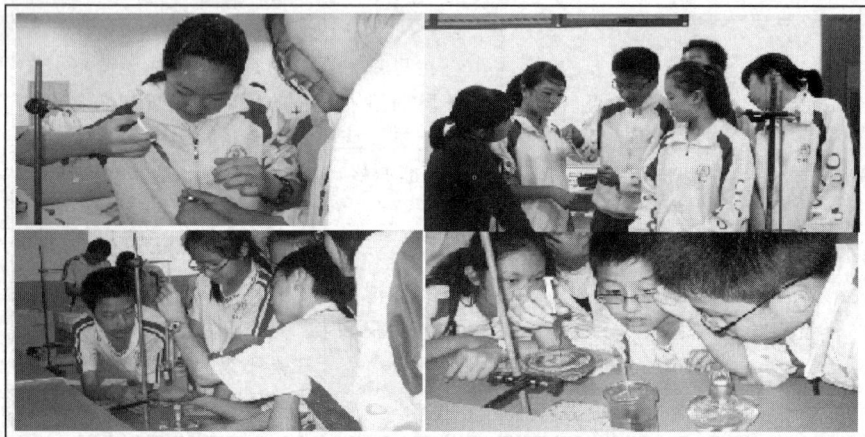

图6

（六）主题课《温度计》小组交流（见图7）

小组交流采取 PPT 和实物展示的方式。每组派出发言人 2～3 名，来阐述本组设计、方案取舍、调试过程和成品展示。

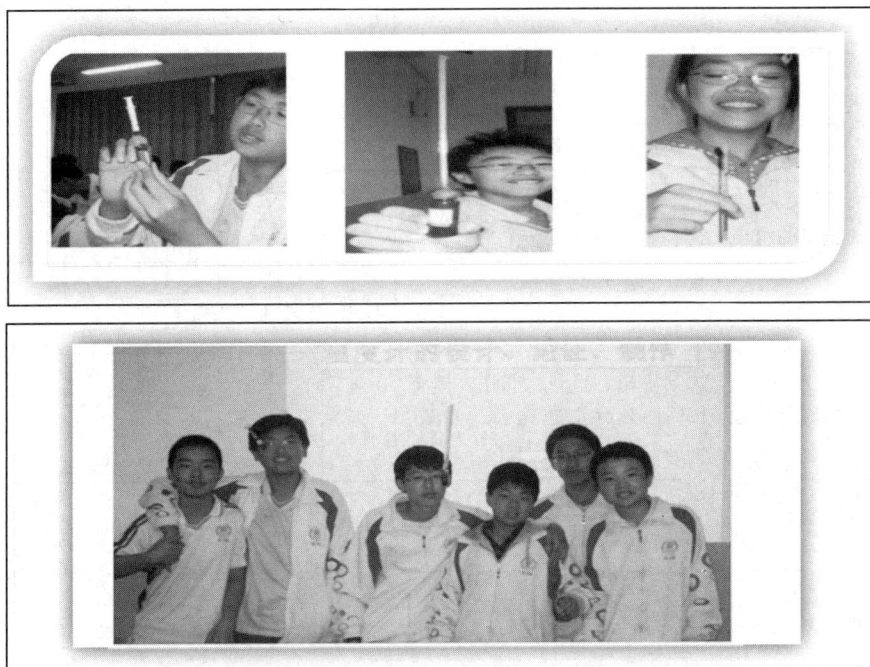

图 7

（七）主题课《温度计》评估卡

本主题的评估指标设置如下（见表 8）。

表 8

姓名：		组别：		组长：				
日期：		主题：						
			画钩	自我评估			教师评估	
项目	具体细目			3分	2分	1分	3分	2分	1分
1. 身边与生活	携带物品有	器材来源						
		是否利用						
2. 设计与实施	有效参与本组主题设计							
	有效参与本组主题实施							

续表

项目	具体细目	画钩	自我评估			教师评估		
			3分	2分	1分	3分	2分	1分
3. 调整与合作	对主题方案及时进行调整建议							
	与小组成员有效地合作							
4. 创意与交流	迸溅小火花(创新、灵感、摩擦)							
	代表本组有效交流							
	代表本组作品 show							
小　　计								
5. 回顾与梳理	梳理思路、材料；制作、展示PPT，交流主题途径、方法、创新、收获……							
同伴送我的一句话								
总　　分								

我的描述：

总之，本课程可以作为初中科学实践活动课中的物理活动部分开展并推广。为其他兄弟学校开展初中科学活动课，在物理学科方面提供资料借鉴和帮助，并力求不断提升、完善。

课程评述：

自助实验课程是清华附中的教师团队自主研发的，目前已经形成了较为完备的课程体系，效果显著，具有较高影响力。

该课程通过开展较为系统的物理实验活动，关注学生原创性思维、比较思维和抽象思维发展，注重体会观察、实验的学习方法，关注学生的合作探究、科学表述的综合能力发展，突出综合应用知识的能力、实践能力和创新能力。本课程与物理学科紧密相关，是以物理学科为主，兼顾技术、历史学科的拓展类课程。

该课程具有较为完整的内容体系，由绪论课、主题课和总结课三部分组成。系列主题课以一系列具体的、有代表性的实验活动主题为载体，通过实验主题承载课程目标，通过教师的引导、学生的设计经历和思维体验经历，达到充分发掘学生的创造潜能，提高学生解决实际问题的综合能力，实现体验实验创作的艰辛与乐趣。

该课程的开设周期为一个学年，目前已经完成了四轮教学实施。该课程的研发团队由七位老师组成，教师队伍稳定。该团队设计了较为完备的教学计划，以校本课程的形式进行实施，具有课程申报、审批程序及课程管理相关制度，是面向八年级开设的选修课。课程实施过程中，有专门实验室的支持，还有适合小组合作探究的六角形实验台。采取教师提出任务、学生进行实施的学习方式。开发了《自助实验师生手册》为配套教材、有整套的教具和系列《学生器材准备清单》。此外，还形成具有原生态特点的学生系列微视频40余个，共同组成了固化的教学资源。体现了鲜明的以主题为主线、以教师为主导、以学生为主体的课程特色。

绪论评估、主题评估和总结评估构成了此课程的评价内容，教师评价、同伴评价和自我评价结合多维度的评价途径，笔答与填写评估卡的不同评价方式，共同突出了此课程过程性评价和终结性评价相结合的理念，并形成了系统的评价指标和体系。基本实现了设定的三维目标：实现了能够初步选择生活的物品、器材及工具；尝试变换角度思考，培养思维的广阔性、灵敏性和深刻性；初步掌握实验探究方法；主动开发原创性思维，提升科学表述和科技交流的意识和能力。体验了切身经验基础上进行思维的学习方式。保护了学生的好奇心和求知欲，激发了学生的想象力和创造力，提升了物理学科实验探究层面的核心素养。学生体会了实验与生活相伴的乐趣，体验了实践中的体验交流、合作和关心，培养了热爱生活、热爱身边事物的情感。

可喜的是，该课程的性质、计划和内容、实施以及形成的系列固化资源，整合了原创性资源和生发性资源，以上证明了此课程具有可持续、可推广的价值，能够开展本课程的课程相关培训。此课程已形成品牌效应，是解决科学类学科教学方式单一、实验教学薄弱、学生缺乏想象力和创造力等深层次问题的较为理想的课程资源之一。

（胡定荣　北京师范大学课程与教学研究院副院长）

化学使生活更美好

北京市八一学校

一、开发背景

2018 年北京中考改革方案中，增加了多个学科的开放性科学实践活动，体现国际、国内教育的改革动向和发展趋势——加强课程的开放性、综合性，更有利于创新人才培养。在本校，初、高中课程开设研究性学习课已有七八年，新一届初中课程中也增加了科学实践活动课，凸显学科知识、技能解决问题的教学，关注学生的终身发展。

20 世纪以来，科学技术进入了有史以来发展最快的时期，科学理论无论在深度和广度上均得到迅猛的发展。信息技术、现代生物技术、新材料技术、新能源技术、航天技术等迅速地改变着世界的面貌，推动着社会的进步。另一方面，在科学技术与社会发展的同时，也产生了生态环境恶化、资源枯竭等一系列负面的问题，严重阻碍了社会的可持续发展。这些都对教育提出了严峻的挑战。

面对上述挑战，学生必须逐步领会科学的本质，崇尚科学；必须初步养成关注科学、技术与社会问题的习惯，形成科学的态度和价值取向，树立社会责任感；必须更多地学习终身必备的科学知识，以顺应时代的要求；必须体验科学探究的过程，学会一定的科学思维方法，以解决自身学习、生活、工作和社会决策中遇到的问题，为终身发展奠定基础，为社会的可持续发展提供支撑。在课程改革的背景下，树立为学生全面发展服务的观念，实现以学生主动学习为主，改变学科知识与社会、生活脱节的现状，以促进学生的发展为宗旨开设了本课程。所选课题紧密联系学生的生活实际，为学生提供了丰富的动手实践机会，使学生在国家课程之余对化学学科及在生活中的作用有新的理解和认识。

二、课程性质

《义务教育化学课程标准》中指出，义务教育阶段的化学教育要激发学生学习化学的好奇心，引导学生认识物质世界的变化规律，形成化学的基本观念；引导学生体验科学探究课的过程，启迪学生的科学思维，培养学生的实践能力；引导学生认识化学、技术、社会、环境的相互关系，理解科学的本质，提高学生的科学素养。

义务教育阶段的化学课程（九年级）是科学教育的重要组成部分，体现基础性，给学生提供未来发展所需要的最基础的化学知识和技能，使学生从化学的角度初步认识物质世界，提高学生运用化学知识和科学方法分析、解决简单问题的能力，为学生的发展奠定必要的基础。《化学使生活更美好》选修课（八年级）是必修课程的有益补充，是我校初中化学学科建设的一部分，也是我校初中科学课（七～九年级）的一部分，是以培养学生科学素养为宗旨的课程，通过课程的学习，使学生养成健康的生活方式，合理地解决个人生活、工作和社会决策中所遇到的问题，为学生的终身发展奠定基础。

化学选修课结合项目式学习的方式，让学生体验科学探究活动的过程和方法，发展初步的科学探究能力。项目式学习（即 Project-based learning，简称 PBL）——基于项目的学习。"基于项目的学习"是当前美国中小学广泛采用的一种探究性学习模式。它的理论基础是建构主义学习理论、杜威的实用主义教育理论和布鲁纳的发现学习理论。这种模式对于当前我国中小学研究性学习的开展有较大的借鉴意义。在七、八年级开展科学课，研究学科综合教学模式，关注 STEM 课程的研究，在我校利用选修课开展项目式学习（PBL）有很好的条件和重要价值。

化学选修课课程建立在以下对科学本质认识的基础上，并将引导学生逐步认识科学的本质。自然界是有规律的，这种规律是可以被认识的。科学是认识自然最有效的途径。科学知识反映了人类对自然本质的认识，对自然现象具有解释和预见的功能。科学可以转化为技术，变成改变世界的物质力量，科学技术是第一生产力。

三、课程基本理念

1. 使学生以愉快的心情去学习生动有趣的化学，激励学生积极探究化学变化的奥秘，增强学生学习化学的兴趣和学好化学的信心，培养学生终身学习的意识。

2. 为对化学学习有浓厚兴趣、有一定能力的学生提供个性发展的学习机会，使他们了解适应现代生活及未来社会所必需的化学基础知识、技能、方法和态度，具有适应未来生存和发展所必需的科学素养，使较高层次学生能在原有基础上有所发展。

3. 紧密结合学生熟悉的生活情景，在社会实践中，让学生感受化学的重要性，了解化学与日常生活的密切关系，形成分析和解决与化学有关的一些简单的实际问题的意识。

4. 使学生体验科学探究的过程，在知识的形成、相互联系和应用过程中养成科学的态度，学习科学方法，在"做科学"的探究实践中培养学生的创新精神和实践能力。

5. 为学生创设体现科学、技术、工程、数学（STEM）的学习情景，紧密结合社会、环境主题，使学生初步了解化学对人类文明发展的巨大贡献，认识化学在实现人与自然和谐共处、促进人类和社会可持续发展方面所发挥的重大作用，相信化学必将为创造更美好的未来做出重大的贡献。

6. 为每一个学生的发展提供多样化的学习评价方式，注重过程性评价，注重评价学生的科学探究能力和实践能力，重视学生在情感、态度、价值观方面的发展。

四、课程目标

化学科学的发展为人类创造了巨大的物质财富，在教学中应密切联系生产、生活实际，引导学生初步认识化学与环境、化学与资源、化学与人类健康的关系，逐步树立科学发展观，领悟科学探究的方法，增强对自然和社会的责任感，在实践中不断培养学生的创新意识，使其在面临和处理与化学有关的社会问题时能做出更理智、更科学的思考和判断。

本课程关注与实际生产生活的联系，关注学科本质，有效发展学生对化学问题的认识角度，提升学生对化学学科的认识水平。在提高学生对于化学学科的兴趣、丰富学生对于化学知识以及化学学科在生活中的作用的认识与理解的同时，重视过程，为学生提供动手实践的机会，在有兴趣的活动中学习化学知识、了解化学在生活中的作用，引导学生关注生产、生活中的化学问题，保持和增强学生对生活和自然界中化学现象的好奇心和探究欲，在多学科综合复杂问题解决过程中，提升学生基本实验、科学探究能力、接受吸收整合信息和分析解决复杂问题能力，同时鼓励创新，倡导社会主义核心价值，关注学科核心素养，关注学生终身发展。

具体目标：

1. 能初步认识化学反应特征，了解常见物质的性质与应用的关系，了解物质的组成、构成微粒、主要性质等方面与化学变化的关系（宏微结合）。

2. 初步认识物质类别（纯净物、混合物、单质和化合物），能辨识生活中常见物质的符号表征（分类表征1），能识别基本反应类型（分类表征2）。

3. 知道物质是由元素组成的和化学变化中元素不变的原理；知道化学变化是有条件的，化学变化过程中存在着质量关系和能量转化（变化守恒）。

4. 了解原子结构模型，初步认识原子结构与元素性质之间存在着关系（模型认知）。

5. 能够正确运用常见实验仪器、装置及试剂，搭建简单的物质制备、研究物质性质、检验等实验装置并安全操作和应用；能与同伴合作对简单的化学问题进行实验探究，观察、记录实验现象，根据实验现象形成初步结论（实验探究）。

6. 感受化学知识如何应用于生产、生活实际，关心与化学有关的社会议题，赞赏化学对人类生活和生产所做的贡献；了解所学的化学知识和方法与生产、生活中简单的化学问题的关系（如酸雨防治、环境保护、食品安全等），初步认识化学科学对社会可持续发展的贡献（绿色应用）。

五、课程实施

(一)课程总体规划及课程主体内容

表1 八一学校初中部化学课程体系

类别 (年级)	层级	基础课程 (必修课程)	拓展课程 (选修课程)	广域课程	
				学术课程和讲座、学科实践活动、社团	学科节
科学探究	七年级		《趣味化学实验拓展》《试管中的奥秘》	专题讲座:走进神奇的化学世界 专题讲座:化学梦·中国杰出化学家介绍 学科社团:疯狂化学社	化学晚会 1. 化学魔术 2. 科普小品 3. 化学朗诵、歌曲
	八年级		《趣味化学实验拓展》《化学使生活更美好》	专题讲座:化学前沿动态 学科活动:参观中科院化学研究所 学科社团:疯狂化学社	化学晚会 1. 化学魔术 2. 科普小品 3. 化学朗诵、歌曲
	九年级	《实验基本操作与科学探究》《物质的制备、检验、分离和提纯》		学科活动:化学方程式书写大赛 学科活动:圆梦在中考基础知识竞赛 学科社团:化学竞赛社	欣赏化学晚会
化学与社会发展和物质构成的奥秘	七年级		《有趣的化学生活》《饮食与化学》	专题讲座:走进神奇的化学世界 专题讲座:化学梦·中国杰出化学家介绍 学科社团:疯狂化学社	化学晚会 1. 化学魔术 2. 科普小品 3. 化学朗诵、歌曲

续表

类别 （年级）	层级	基础课程 （必修课程）	拓展课程 （选修课程）	广域课程	
				学术课程和讲座、学 科实践活动、社团	学科节
	八年级		《饮食与化学》 《化学使生活 更美好》	专题讲座：化学前沿 动态 专题讲座：参观中科 院化学研究所 学科社团：疯狂化 学社	化学晚会 1. 化学魔术 2. 科普小品 3. 化学朗诵、 歌曲
	九年级	化学与社会 发展课程： 《环境与化学 能源》《化学 材料与人体 健康》 物质构成的 奥秘课程： 《物质的微观 世界》	《饮食与化学》	学科活动：化学方程 式书写大赛 学科活动：圆梦在中 考基础知识竞赛 学科社团：化学竞 赛社	欣赏化学晚会
物质的 化学变 化与身 边的化 学物质	七年级		《有趣的化学 生活》《饮食 与化学》	专题讲座：走进神奇 的化学世界 专题讲座：化学梦· 中国杰出化学家介绍 学科社团：疯狂化 学社	化学晚会 1. 化学魔术 2. 科普小品 3. 化学朗诵、 歌曲
	八年级		《化学使生活 更美好》《趣 味化学实验 拓展》	专题讲座：化学前沿 动态 学科活动：参观中科 院化学研究所 学科社团：疯狂化 学社	化学晚会 1. 化学魔术 2. 科普小品 3. 化学朗诵、 歌曲
	九年级	身边的化学 物质课程： 《常见的化学 物质与溶液》 物质的化学 变化课程： 《物质的化学 变化》	《有趣的化学 生活》	学科活动：化学方程 式书写大赛 学科活动：圆梦在中 考基础知识竞赛 学科社团：化学竞 赛社	参与化学晚会

依据课程标准，《化学使生活更美好》内容涉及"科学探究""物质构成的奥秘""身边的化学物质""物质的化学变化"和"化学与社会发展"五个一级主题内容，课程内容包含一级主题下的大部分二级主题，例如"开启化学之门——实验基础入门"、"探秘疯狂的石头——二氧化碳"和"生命之源——水和氧气"等课题，分别对应"科学探究"主题下的不同二级主题，同时这些课题也包含其他主题内容。

课程的推进对接其他学科及化学校本课程其余的选修内容，逐步提升八年级学生对化学学科本质的认识，学科核心素养逐渐形成，综合提升学科能力。

表2　课程内容与课标主题对应关系(部分)

一级主题	二级主题 (单元)		课题名称
科学探究	增进对科学探究的理解		上学期
			开启化学之门——实验基础入门
			生命之源——水和氧气
身边的化学物质	发展科学探究能力		探秘疯狂的石头——二氧化碳
			真相只有一个——分离与鉴别
			绿色的回忆——自制叶脉书签
物质构成的奥秘	学习基本的实验技能		魔幻厨房——自制酸碱指示剂
			食物中的营养物质——制作豆腐
			下学期
物质的化学变化	完成基础的学生实验		温室效应的研究
			自制肥皂的研究

(二)课程安排

选修课以《化学使生活更美好》校本教材为核心，形成了"课堂教学＋课外实践"的课程平台。课堂教学主要包括校本选修课(上、下学期两个学段)，第一学段进行一系列与生产、生活相关的具体内容，紧密结合"化学与社会"主题，包含"身边的化学物质""化学变化""微粒构成的物质""科学探究"等模块，下学期在学生已有认识和能力基础上，以项目式学习为主要形式；课外实践主要包括社团实践(疯狂化学社初中分社)、八年级研究性学习（化学）和我校为学生开设的高端讲座。

《化学使生活更美好》是 8 年级学生的选修课程，共两个学期，每周 1 课时；共 24 学分，每学期 12 学分。

表 3 课程内容

授课顺序		内容	课时/min
第一学段 （八年级上学期）	1	开启化学之门——实验基础入门	50
	2、3	生命之源——水和氧气	50×2
	4、5	探秘疯狂的石头——二氧化碳	50×2
	6	探究物质发生化学反应的奥秘	50
	7	见著知微的学科——物质的微观世界	50
	8	甜蜜的一半是苦涩——碱	50
	9	真相只有一个——分离与鉴别	50
	10	绿色的回忆——自制叶脉书签	50
	11	魔幻厨房——自制酸碱指示剂	50
	12	食物中的营养物质——制作豆腐	50
第二学段 （八年级下学期）	A组	温室效应的研究	50×12
	B组	自制肥皂的研究	50×12

典型课例介绍：

课例 1：生命之源——氧气和水（第一课时）

教材内容（节选）：氧气是我们耳熟能详的一种物质，可是你真的了解它吗？在实际生活中我们很少能接触到纯氧，自然界中也没有纯净的氧气。

其实，通过一些自然界和生活中的现象，我们也可以分析出氧气的一些性质。观察这些图片，说明什么问题：

图1

图2

261

　　氧气在水中有一定溶解性，所以生物才能存活，但是如果鱼塘内鱼过多，氧气就不够用了，可以使用增氧机或鱼塘增氧剂提供氧气，这说明氧气在水中的溶解性不是很大，不易溶于水。通过你的思考还可以从生活中的哪些现象解释下列氧气的物理性质呢？

> 通常情况下：无色、无味、气体
> 密度 1.429g/L（空气密度 1.293g/L）
> 熔点（-218℃）、沸点（-183℃）
> 室温下，1L 水中只能溶解 30mL 氧气

　　学习氧气时都进行过研究氧气的化学性质实验，如果我们将检验氧气和硫、铁在氧气中燃烧实验结合在一起，可以得出哪些结论呢？

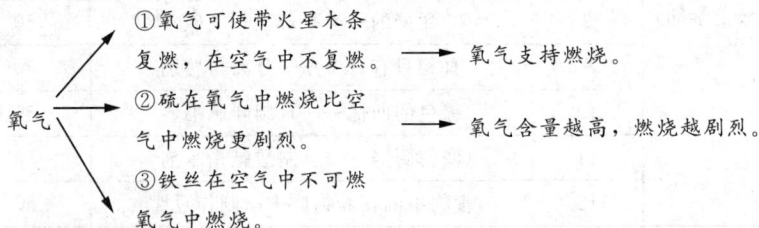

氧气 —
①氧气可使带火星木条复燃，在空气中不复燃。 → 氧气支持燃烧。
②硫在氧气中燃烧比空气中燃烧更剧烈。 → 氧气含量越高，燃烧越剧烈。
③铁丝在空气中不可燃氧气中燃烧。

> 氧气是一种化学性质较活泼的气体，它可以支持燃烧，氧气含量越高，燃烧越剧烈。

　　[实验]氧气的制取和性质

　　实验用品：试管、酒精灯、铁架台、集气瓶、线香、带导管的单孔塞、药匙、水槽、棉花、铁棒、火柴、高锰酸钾、铁丝、细沙

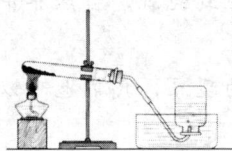
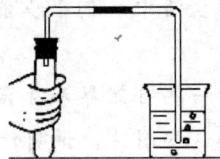

图3　　　　　　　　　　图4

　　（1）取一定量高锰酸钾于试管中，塞入棉花，塞紧塞子，将导管放入水槽中。

　　（2）将装有药品的试管固定在铁架台上。

　　（3）点燃酒精灯，加热。

　　（4）收集两瓶气体，当导气管口有气泡均匀连续冒出时再收集。

(5)收集完毕，其中一瓶留少量水，先将导管移出水槽。

(6)熄灭酒精灯。

(7)将细铁丝分别放在盛有少量水和细沙的集气瓶中燃烧。

[小资料]氧气的发现过程

空气中氧气的发现是一个十分曲折的过程。

在17世纪末，英国科学家波义耳做了一个有趣的实验：他将一块紫红色的铜片放在空气中加热后发现铜片变黑而且变重了，接着，波义耳又拿了铅、锡、铁和银来进行同样的煅烧，结果还是一样——金属变重了。这是什么原因呢？他猜想空气中含有一种叫做火素的东西。

而18世纪初，德国科学家斯塔尔，也开始注意燃烧现象。提出了一种不同于波义耳的见解：木炭、硫磺之所以能够燃烧，是由于在木头里含有燃素。当一个东西燃烧的时候，其中的燃素便分离出来，燃烧后，燃素跑掉了。

在此之后又经过了五六十年，法国科学家拉瓦锡通过一系列实验：磷、硫、木炭的燃烧，有机物质的燃烧，锡、铅、铁的燃烧，氧化铅、硝酸钾的分解等，揭示了其中的奥秘，1789年，他提出了燃烧学说：燃烧就是可燃物和空气中的氧气化合的过程，在这一过程中同时产生光和热。

图5 拉瓦锡　　　图6 拉瓦锡研究空气成分所使用的装置

这样前面的问题就都解开了，金属变重是由于结合了空气中的氧气，变成了金属氧化物；而碳、硫燃烧后变轻是由于生成物是气态，散逸到空气中，所以质量减轻了。

那么拉瓦锡是如何发现空气中含有氧气这一事实的呢？他采用给金属汞加热的方法，将空气中的氧气消耗光，发现空气减少了1/5的体积，并且剩余 4/5 的气体不能供给呼吸、支持燃烧，他将这种剩余气体命名为氮气，拉丁文的意思是"不能维持生命"。

拉瓦锡再将氧气和汞结合后生成的氧化汞重新加热，氧气又重新转化回来。拉瓦锡将这部分气体收集起来，发现它可以使带火星的木条复燃，并且可以使生物存活，他将这种气体命名为氧气。将这种气体重新与原 4/5 的气体混合起来发现和原空气的体积和性质一样，说明氧气就是消失的那 1/5 气体，空气中含有氧气！

随着科学技术的发展，人们逐渐发现了空气中的其他成分：二氧化碳、氦、氖、氩等稀有气体和其他气体及杂质等。

较准确的结论是（按体积分数）：氮气约 78%、氧气约 21%、稀有气体 0.94%、二氧化碳 0.03%、其他气体和杂质 0.03%。由此我们也得出了两个化学概念：混合物和纯净物。

课后小结

本节课你了解到的科学家是：

了解了这位科学家的轶事，你的感受是：

本节课你掌握的化学知识是：

课例 2：探秘疯狂的石头——二氧化碳（第二课时）

教材内容（节选）： 扑灭物质初起火灾时，可以使用灭火器，灭火器喷出的气体含有大量二氧化碳，二氧化碳为什么可以用来灭火呢？下面让我们做一个有趣的小实验研究一下。

取一瓶未开盖的碳酸饮料，可以是可乐或雪碧，打开盖倒出一些，用烧热的锥子或铁丝在瓶盖上戳一个洞，大小刚好能插入一只吸管，缝隙可以用橡皮泥或胶条封死，然后盖好瓶盖，将吸管的另一端尽量深入一只干燥的空瓶中，轻轻摇晃饮料瓶，二氧化碳气体就会从饮料中逸出，进入到空瓶中，划着一根火柴放在空瓶口，如果正常燃烧的火柴熄灭，说明二氧化碳已经收集的比较满了，再将瓶口缓缓倒向蜡烛火焰，蜡烛火焰神奇的熄灭了！

这是什么原因呢？要先从燃烧的条件说起，物质燃烧需要三个条件：

①可燃物
②有氧气助燃
③温度达到可燃物燃烧所需的最低温度（着火点）

我们用水将火熄灭是利用水的比热容大，吸收热量后本身温度变化不很大，降低可燃物的温度到着火点以下。而二氧化碳的灭火原理是利用其密度比空气大，本身不可以燃烧，也不像氧气那样能够支持燃烧。将它倒向蜡烛火焰时，蜡烛火焰上方盖满二氧化碳，周围没有氧气支持燃烧，就会迅速熄灭了。

在标准状况下，1体积二氧化碳可以溶解在1体积水中，增大压强后1体积水可以溶解几倍体积的二氧化碳，利用这一性质，我们将碳酸饮料加压，可以溶解更多的二氧化碳，打开盖子的碳酸饮料由于压强减小，溶解在里面的二氧化碳就会逸出，如果用手摇动瓶子会逸出更快。由于二氧化碳密度比空气大，逸出后会像水一样流入空瓶中，将瓶内的空气挤出，这种收集方法叫做瓶口向上排空气法，也可以用来收集其他密度比空气大的气体。

利用二氧化碳不支持燃烧这一点，将燃烧的火柴放在瓶口，如果火柴熄灭，说明二氧化碳已经收集满了。

[实验]用可乐制取二氧化碳并研究二氧化碳的性质

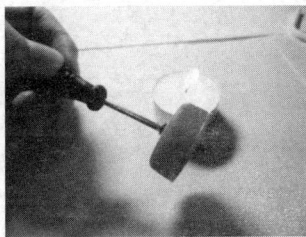
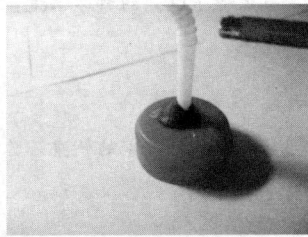

图7　　　　　　　　图8　　　　　　　　图9

图 10

图 11

图 12

图 13

图 14

　　我们也可以做一个复杂些的实验，向盛有高、矮两支蜡烛的杯中缓缓倒入二氧化碳，会观察到矮的蜡烛先熄灭，高的蜡烛后熄灭。这是由于二氧化碳密度比空气大，先在杯子底部聚集，使下面的蜡烛先隔绝氧气的原因。

图 15

课后小结

本节课你了解到的科学家是：
了解了这位科学家的轶事，你的感受是：
本节课你掌握的化学知识是：

其他课例相关照片：

 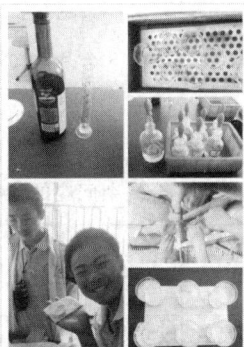 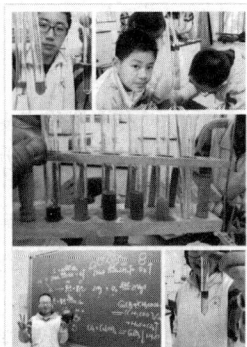

制作豆腐　　　　　　　　自制肥皂　　　　　　　　自制指示剂

（三）课程实施

1. 实验与讲座相结合的教学方法

教学形式：教师指导下的学生实验。

评价方法：学生制作出产品及成果展示、终期笔试小结。

2. 课程实施规划

课程实施过程中，让学生成为课堂的主体，化学的研究过程是一个充满好奇的过程，要让学生参与到发现的过程中来，让学生不再是课堂上被动的受众，而是成为课堂的主体，课程设计参照 STEM 课堂模式，关注知识、技能的同时，结合工程与数学等课程，丰富课程内涵，在第二学段中，结合项目式学习，在解决综合复杂问题的过程中，培养学生查找资料、基本实验技能、科学探究能力及分析解决复杂问题的能力。通过小组分工合作，提出不同的问题解决方案，提升学生的实验探究能力，形成伴随终身的学科核心素养。

表4 课程实施规划

学期	第一学期 （共5个月，10课时）	第二学期 （共5个月，10课时）	课程评价
主要内容	按学科特点划分，分模块授课，提升学生知识水平和能力	项目式学习，提升获取信息能力，培养解决综合复杂问题的能力	（1）过程性评价：课堂笔记和小组评价相结合。课堂笔记由课代表统一评分，关注公平性原则。小组评价为每位同学为其他组统一评分，用评价引导学生注重小组合作，促进形成学生集体荣誉感。 （2）终结性评价："期末成绩"为第一学期微写作和考勤相结合。第二学期以研究报告为主结合考勤，由学科教师组成评价组，对报告进行评价，并将成果在全校范围内进行展示。
时间分配	2015.9～2016.1	2016.2～2016.6	
课时分配	"身边的化学物质"（4课时）：关注身边最常见的化学物质——水、氧气和二氧化碳。 "化学变化"（1课时）：化学的核心研究对象是"物质"和"变化"，利用一节课专题讲授化学变化的问题，有利于学生深入认识。 "微粒构成的物质"（2课时）：从微观角度深入浅出地介绍构成物质的微粒，逐渐渗透，对学生微粒观的形成有很大帮助。 "科学探究"（2课时）：以实验研究为载体，初步学习科学家研究问题的方式、方法，认识科学探究的模式。	"温室效应"研究：为解决温室效应这一大问题，将过程中产生的一系列问题逐步解决，综合其他学科知识："二氧化碳的产生和性质""光合作用原理""植物类型和生长特点""能源的开发和利用"等方面，体验应用所学知识解决综合、复杂问题过程。 "自制肥皂"研究：紧密结合工程与技术，在实验过程中关注"皂价""油品种类与质量""温度""程序与操作"等一系列实际复杂问题的解决，在过程中提升能力，关注技能。 在期末结合学生研究成果，学生写出研究报告。	
评价 具体内容	微写作：有关本学期学习内容	撰写研究报告	
评价 时间分配	2016.1（一课时）	2016.7	

持续性评价方案——以"物质的化学变化"模块为例：

基于化学学科研究的核心——物质及其变化，备课组以"认识化学变化"的角度和水平作为主要指标，关注学生对化学变化的认识水平，关注学生对化学变化的认识角度。

物质化学变化模块学习目标：

（1）初步建立"一定条件下物质可以转化"的基本观念。

（2）能够多角度（物质转化和能量转化、反应类型、反应现象、反应条件）、联系地看待物质的化学变化，并有应用各角度间的逻辑推理关系解决实际问题的意识。

（3）从定量的水平认识物质的化学变化（微观—原子个数守恒、宏观—物质质量守恒等）。

基于目标的达成，制订了如下评价方案。

评价方式1：单元学习的前、后测

通过前测测查学生对化学变化的已有认识，经过前后测对比，测查学生认识化学变化的角度是否增多，水平是否加深，认识思路是否形成。

前测：以我校八年级为调查对象，在2014年10月进行调查，探查学生对化学反应认识的发展的情况：

问题	回答		统计结果
对于镁和氧气反应，你有哪些认识？	关注反应现象（白光）		83.3%
	关注能量变化（放热）		64.6%
	关注条件（点燃或加热）		75.0%
	关注物质	反应物、生成物	27.1%
		文字表达式	56.3%
	关注反应类型	化合反应	27.1%
		氧化反应	14.6%

后测：以我校八年级为调查对象，在2015年1月进行调查，探查学生对化学反应认识的发展的情况：

问题	回答		统计结果
基于镁和氧气生成氧化镁这个化学反应，你能想到什么？	关注反应现象（白光）		92.6%
	关注能量变化（放热）		92.6%
	关注条件（点燃或加热）		88.9%
	关注物质	反应物（颜色、状态、气味、物质种类）	48.1%
		生成物（名称、颜色、状态）	98.5%
	关注反应类型	化合反应	48.1%
		氧化反应	25.9%
	关注式量	反应物和生成物质量关系（48 份镁和 32 份氧气可以生成 80 份质量的氧化镁等）	72.7%
		物质的式量（镁的相对原子质量为 24 等）	9.1%
	关注元素（反应前后元素种类不变、物质由元素组成）		16.7%
	关注微粒	化学反应前后的微粒（镁原子和氧分子生成氧化镁分子）	71.2%
		化学反应过程中微粒的变化（分子破裂为原子，重新构成新的分子；反应前后原子种类、个数不变）	13.6%
		原子构成、电子转移	9.1%

评价方式 2：课堂教学活动中的持续性、即时性评价

	评价项目	评价等级			自评	组评
		优秀(5分)	良好(3分)	一般(1分)		
情感与态度	1. 举手发言	自始至终情绪饱满，热情，积极参与到活动中	认真参与各项活动，持续性良好	热情一般，课堂参与度不高		
	2. 小组讨论					
	3. 大胆质疑并提出与人不同的问题					
思维与方法	4. 回答表述清楚，思维有条理	逻辑性强，表达科学严谨，得到老师和同学的肯定	有一定的思路和方法，语言表达清楚，明确	方法性差，思维逻辑性不强，表达不清		
	5. 解决问题的策略、方法					

续表

评价项目		评价等级			自评	组评
		优秀(5分)	良好(3分)	一般(1分)		
交流与合作	6. 与别人积极合作、互相交流	积极参与讨论，态度友好，结合他人发言对问题进行深度思考，并带给组员很大启示	认真参与讨论，积极表达自己想法，提出建设性意见，对结论的得出有一定贡献	讨论参与度不高，交流、表达少，不能很好地听取组员的意见		
	7. 认真听取别人意见，完成小组分配的任务					
实验探究	8. 能否根据提出的问题设计实验方案	方案科学、严谨，可行性高	思路清楚，不够严谨或可操作性不好	与问题无关或难以实施		
	9. 实验操作是否规范、合理	操作规范、合理，有技巧	操作规范、合理	有错误操作		
	10. 是否及时、准确观察、记录实验现象并对实验现象进行分析	观察细致、准确，分析科学严谨，得出正确结论	观察认真，准确记录现象，得出相关结论	记录现象有误，观察不够仔细，分析不科学		
	11. 是否对结论可靠性进行简单评价与反思	对问题进行深度、广度延伸探究，做出不同层次的讨论	有意识进行问题反思，但缺乏思路或不正确	对实验没有进行反思		
综合评价	（以小组评价为主）			组长签名		

评价方式3：学生作业和作品

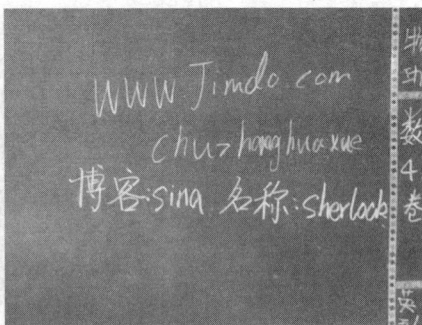

学生制作化学博客、网站

制作作品成为校运动会运动员奖品

评价方式4：期末小结、微写作

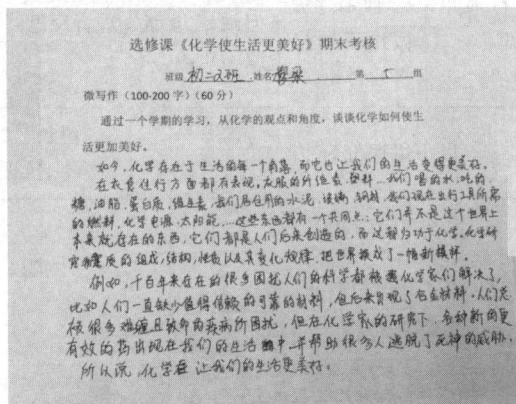

微写作1

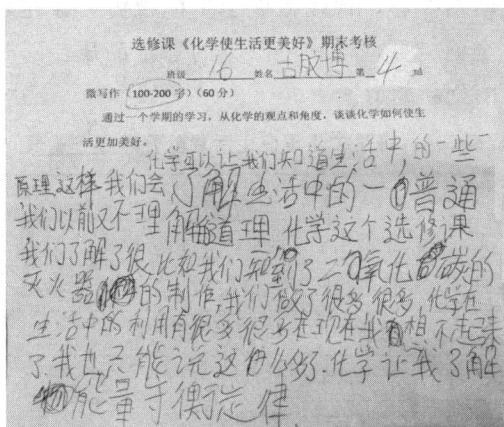

微写作 2

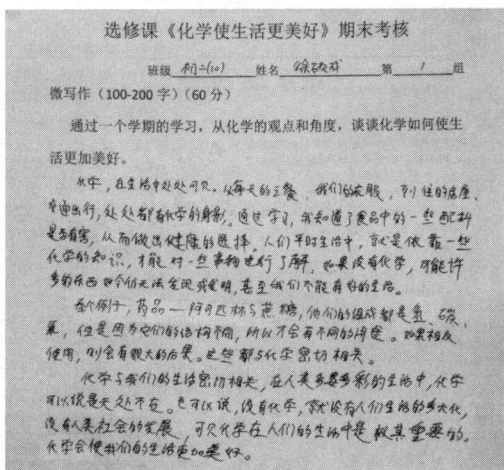

微写作 3

3. 授课团队

课程以八一学校化学教研组为主导，聘请生物、物理和地理学科教师辅导教学。张立红老师，选修课负责人，本校教育处副校长，中学高级教师，具有 30 年以上教龄，常年在高中任教，眼界开阔，理念先进；聂树新老师，十余年初中教学经验，研究生学历，治学严谨，认真钻研；宋晓萌老师，常年在九年级教学一线，校骨干教师，思想先进，善于思考和总结。老、中、青三位教师结合，经验、学历层次构成合理，思维、性格互补余缺，团结一心，旨在拓展学生的视野，并在与大师对话的过程中培养学生更全面、更理性、更深刻的思维品质，同时激发学生敢于质疑、善于构建的创新能力。

表5　八一学校化学使生活更美好课程一览表

序号		授课教师	主题模块	时间
第一学段	1	张立红	"生活中的化学物质""化学变化"	2015.09—2016.01
	2	聂树新	"科学探究""生活中的化学物质"	2015.11—2016.01
	3	宋晓萌	"物质构成的奥秘""科学探究"	2015.12—2016.01
第二学段	A组	宋晓萌	光合作用的研究	2016.02—2016.06
	B组	聂树新	自制肥皂的研究	
	评价	张立红	研究报告评价	
	备注	参与者	需不同阶段聘请生物、地理和物理教师	

4. 实践课程

实践课程主要包括：疯狂化学社（CC社）社团活动和高端讲座。社团活动是对选修课内容进一步深化理解和向全校推广的过程，将所学内容直接转化为可见的成果，增加学生的自豪感；高端讲座可以使学生直接面对专家，学习最前沿的专业研究成果和理念。

CC社社员由热爱化学、关心环境的学生组成，是以生态化学为主题的专业研究性社团，培养学生对化学的兴趣，提高对可持续发展的认识，对于某一围绕绿色生态为主旨的课题展开深入的探究与学习。

表6　八一学校疯狂化学社活动一览表

序号	社团活动内容		内容简介
1	化学罗盘		利用两个箭头之间的角平分线确定物质类别，已获国家专利

序号	社团活动内容	内容简介
2	制成再生纸	号召全校同学节约用纸，宣传绿色环保理念
3	废油制作精美的肥皂	利用已学知识，号召全校同学将家中废油带到学校，制成肥皂后交给同学，号召全校同学关注节能环保
4	桌面游戏"化学杀"	2013年项目式学习研究成果转化，将化学仪器和用品制成桌面游戏牌，已在国家专利局申请版权
5	叶脉书签作奖品	将制作好的叶脉书签送给校运动会获奖运动员，鼓励运动员取得更好的成绩

5. 拓展内容

建立八年级"化学杀"联赛机制，定期举办"化学杀"比赛，进一步推广化学选修课，推广化学社团研究成果，引导全校师生关注化学学科。

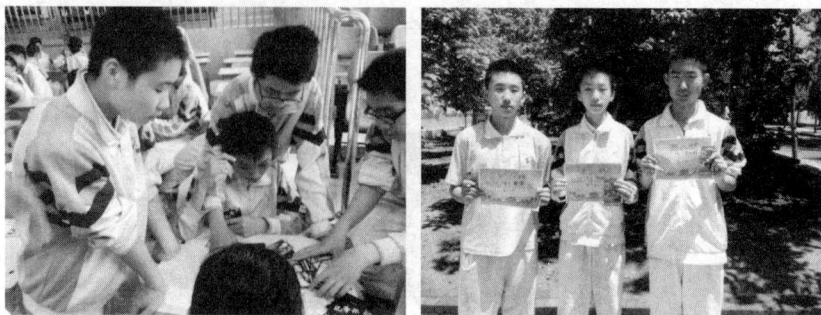

"化学杀"比赛及获奖者

六、课程实施效果

到目前为止，我校已经为同学们开展选修课五个年头了，本课程受到同学们的一致好评，争相报名。经两年追踪调查，参与选修课的学生知识水平明显高于同年龄段其他学生，在九年级成为化学学科骨干，经历初中和高中三年的检验，能力较同层次学生有更大的发展空间，在此后的考查中表现突出，学员中产生多位中考状元或高中学科年级状元，并且学生始终对化学怀有特殊的感情和浓厚的兴趣，高中毕业后多选择化学专业或化学专业工作岗位。

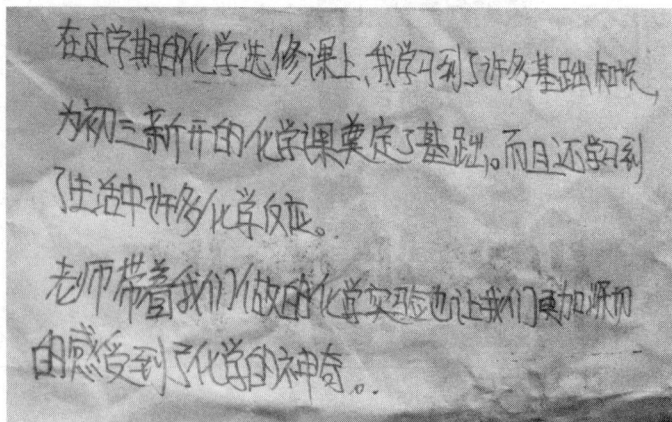

学生感想 1

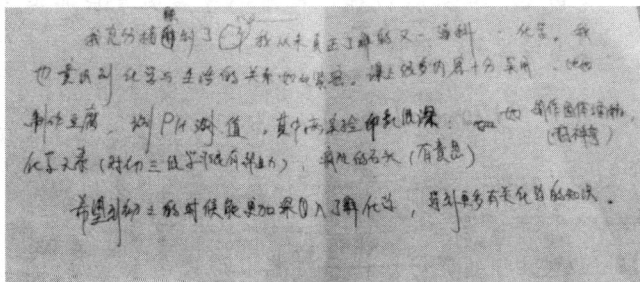

学生感想2

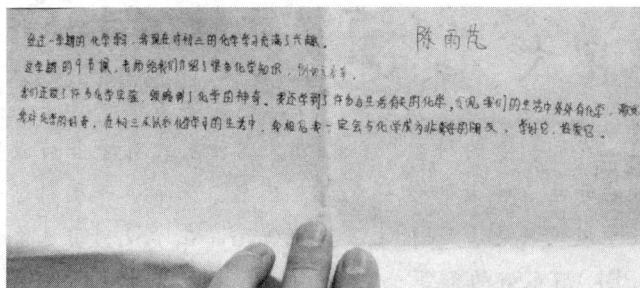

学生感想3

课程评述：

2018 年北京中考改革方案中，增加了多个学科的开放性科学实践活动，体现国际、国内教育的改革动向和发展趋势——加强课程的开放性、综合性，更有利于创新人才培养。

20 世纪以来，科学技术进入了有史以来发展最快的时期，信息技术、现代生物技术、新材料技术、新能源技术、航天技术等迅速地改变着世界的面貌，推动着社会的进步。另一方面，也产生了生态环境恶化、资源枯竭等一系列负面的问题，严重阻碍了社会的可持续发展，这些都对教育提出了严峻的挑战。面对上述挑战，学生必须逐步领会科学的本质；必须初步养成关注科学、技术与社会问题的习惯，形成科学的态度和价值取向，树立社会责任感；必须更多地学习终身必备的科学知识；必须学会一定的科学思维方法，以解决自身学习、生活、工作和社会决策中遇到的问题。

在课程改革的背景下，八一学校《化学使生活更美好》备课组树立为学生全面发展服务的观念，实现以学生主动学习为主，力图改变学科知识与社会、生活脱节的现状，以促进学生的发展为宗旨开设了本课程。所选课题紧密联系学生的生活实际，为学生提供了丰富的动手实践机会，使学生在国家课程之余对化学学科及在生活中的作用有新的理解和认识。

义务教育阶段的化学课程是科学教育的重要组成部分，体现基础性，给学生提供未来发展所需要的最基础的化学知识和技能。《化学使生活更美好》选修课（八年级）是必修课程的有益补充，是以培养学生科学素养为宗旨的课程。通过课程的学习，使学生养成健康的生活方式，合理地解决个人生活、工作和社会决策中所遇到的问题，为学生的终身发展奠定基础。有效引领从化学的角度初步认识物质世界，有效提高学生运用化学知识和科学方法分析、解决简单问题的能力，为学生的发展奠定必要的基础。

同时，选修课结合项目式学习的方式，让学生体验科学探究活动的过程和方法，发展初步的科学探究能力。这种模式对于当前我国中小学研究性学习的开展有较大的借鉴意义。在七、八年级开展科学课，研究学科综合教学模式，关注 STEM 课程的研究，在学校利用选修课开展项目式学习(PBL)有很好的条件和重要价值。

化学使生活更美好课程立意高远又贴近生活，倡导社会主义核心价值观，关注学科本质，重视学生学科核心素养的培养，集科学性、趣味性于一身，极大地调动学生积极性、主动性，有效提升学生能力，有利于学生的终身发展，是一门成熟、科学、有吸引力的专业课程。

（刘荣铁　化学特级教师）

看不见的生命世界

中国人民大学附属中学

一、开发背景

(一)基于"核心素养"的课程改革要求

21世纪初，经济合作与发展组织(Organization for Economic Co-operation and Development，OECD)率先提出了"核心素养"结构模型。它要解决的问题是：21世纪培养的学生应该具备哪些最核心的知识、能力与情感态度，才能成功地融入未来社会，才能在满足个人自我实现需要的同时推动社会发展。多年来，不同国家或地区都在做类似的探索。2014年3月，一个崭新的概念——"核心素养"，首次出现在国家文件中。在我国教育部印发的《关于全面深化课程改革落实立德树人根本任务的意见》中，"核心素养"被置于深化课程改革、落实立德树人目标的基础地位。今天，这个概念体系正在成为新一轮课程改革深化的方向。

国际上多数国家、地区与国际组织都认为，以个人发展和终身学习为主体的核心素养模型，应该取代以学科知识结构为核心的传统课程标准体系。国际上长达20多年的研究表明，只有找到人发展的"核心素养体系"，才能解决好有限与无限的矛盾；只有找到对学生终身发展有益的DNA，才能在给学生打下坚实知识技能基础的同时，又为未来发展预留足够的空间。

(二)基于初中生物课程标准的课程建设

生物学是研究生命现象和生命活动规律的自然科学，中学生物学课程面向全体中学生，着眼于学生全面发展和终身发展的需要，倡导探究性学习，旨在提高全体公民的生物科学素养。综合考虑学生发展的需要、社会需求和生物科学发展三个方面，《初中生物课程标准》选取了 10 个主题，其中，"人与生物圈"是初中生物学教学的核心。围绕这个核心，学生在初中生物学学习中，先后认识了生物圈，研究了生物圈中的植物、人和其他动物，以及细菌和真菌等微生物。微生物作为生物圈的重要组成部分，发挥着重要的作用，同时也与人们的生产生活联系十分紧密。

生命科学是当今发展最为迅速的学科之一，其在微观领域的许多新突破推动了人类对自然和自我的认识，并且越来越多地影响到人们的生产和生活。生命科学在微观领域的许多发现都是以微生物学为基础的。微生物学中无菌操作、细菌培养等基本方法更是生物化学、遗传学、分子生物学、生理学等领域研究的必备技能。"看不见的生命世界"这门注重技能掌握和动手操作的实验探究类课程为热爱生物学的学生未来的发展打下了基础，埋下了种子。

（三）基于学情的课程定位

新课程理念倡导学生的主体地位，课程改革方向及内容必须紧贴学生实际与需求。初中生精力充沛、善于思考、好奇心和求知欲强，正处于树立正确人生观和价值观的关键阶段。"看不见的生命世界"这门课程为学生呈现了一个看起来有些"神秘"而又实际存在，并与每个人都息息相关的生物类群，自然会激发学生的学习兴趣。面对个体微小、肉眼难以看到的微生物，通常需要借助显微镜、培养等手段才能开展观察和研究。然而，初中生物学教学中与微生物相关的内容很少，能够动手探究的机会会更是十分有限，因此，学生进一步学习和研究的需求十分强烈。"看不见的生命世界"这门基于微生物学基本知识、方法、技能和生活实际的课程可以满足学生们在这方面的需求。

初中生物学理论和实验学习，使学生初步掌握了观察、比较、对照等科学研究的基本方法，能够熟练使用显微镜，并设计简单的对照实验，能够在生活中主动用科学知识解释现象，用科学方法来分析问题。"看不见的生命世界"这门以实验探究为基础的课程，通过基础实验、探究活动和自主探究这三个层次给学生提供更多动手动脑机会以及更真实而具体的实验探究平台。

二、课程性质

"看不见的生命世界"是一门以微生物学基本实验技能为基础，结合微生物学基本理论知识，联系生产生活实际的生命科学类实验探究课程。它是初中生物学教学的补充和拓展，是未来学生开展分子生物学等微观实验研究的基础，是从宏观到微观、从微生物学理论知识到实验技能和探究、从宏观观察和显微技术到分子生物学技术的有效衔接，同时也是人大附中生命科学创新人才培养课程体系的重要组成部分。

"看不见的生命世界"在学校生命科学创新人才培养课程体系中的地位

年级	必修课	类别	研修课	类别
七年级	认识生物圈 生物圈中的绿色植物 生物圈中的人	必选	现代农业生态技术体验	限选
			显微数码互动技术	
八年级	生物圈中的其他生物 生命的延续 健康的生活		食品营养与健康	任选
			看不见的生命世界	
九年级	—	—	生物化学与分子生物学 理论与实验	任选
			宏观生物学与生物统计	
高中	略			

三、课程目标

通过本课程的学习，以基础实验、探究活动和自主探究三个层次为载体，学生能够掌握微生物学的基本理论，以及细菌培养、无菌操作、梯度稀释、微生物保种、革兰氏染色等基本实验技能，并能够运用这些理论和技能设计并实施实验方案解决生活中的科学问题。

通过无菌操作、实验用微生物处理等技能的学习和练习，强调和体验"看不见"但"能做到"这一细节，学生能够明白科学方法的重要性，养成严谨的实验习惯，扎实细致的实验作风，认同实验规范操作对保障安全和实验顺利的重要性，关注实验用微生物的处理。

通过小组的自主探究项目，学生能够体验科学研究的一般过程，形成团队合作的观念和意识，认识科学研究过程的曲折性和结果的严谨性，并尝试进行科学表达和成果展示。

通过这类拓展探究类课程，学生拓宽了视野，进一步增强了对生物学特别是生物学研究的认识，引领学生从宏观走向微观，从看得见走向

"看不见"，从课本走向拓展，从知识走向探究，从生物学知识走向生物学研究实践，承接课本知识和技能，为未来的分子生物学等相关课程学习和热爱生物学的学生个人发展打下坚实的基础。

通过这门课程的学习，使学生关注这个"看不见"而又无处不在的重要生物类群，欣赏生命之美和大自然之神奇；通过对自然界及人体内微生物分布的初步检测，提高爱护环境、维护卫生的意识；能够运用微生物学知识尝试解释或解决实际生活中的一些问题，不迷信、不盲从，能够从多方面看问题，尊重科学事实，建立辩证唯物主义观念；通过科学前沿参观活动，认同微生物在人类生产生活中的重要地位，加深对科学、技术、社会之间关系的理解，同时引起学生对致病微生物的重视，认识到医务工作中感染的危险性以及预防感染的要求，对相应疾病形成正确认识，并初步形成珍爱生命的情感，尊重生命，建立以人为本的意识。

四、课程内容

看不见的生命世界课程围绕"微生物是生物圈中的重要组成"这一主题展开，将传统微生物学实验中的关系松散、孤立、跨度大的一系列小实验按照一定的层次进行系统化编排：首先通过检测环境中的微生物，使学生感知微生物个头虽小却无处不在的事实；进一步通过学习微生物的培养原理及基本操作技术，建立培养技术中的"无菌"概念；在此基础上学习细菌染色技术及环境中微生物的分离技术，了解真菌、放线菌的形态及其菌落特点；最后要求学生能够综合运用已经掌握的技术和方法，开展微生物学相关的小课题研究，这既是对所学知识的检验，更加拓展了学生的思路，激发了学习兴趣。

创立实验课程的"多元学习法"，即微生物学基础实验与综合设计实验交替开展，同时组织学生参观相关研究院所，拓宽眼界，提高微生物学实验层次，实现微生物实验教学从验证性实验到探究性实验的转变。实验程序为先完成基础实验内容后，开放实验室，2～3个学生一组，在老师的指导下，自主完成从选题、查阅文献资料、设计实验方案、实验操作和撰写研究报告等环节。充分调动学生兴趣，培养学生的操作能力、创新能力和团队协作精神。

该课程共10次课，每次3课时，具体内容如下：

序号	类别	名称	主要内容	应达到的基本要求或能力标准
1	探究活动	实验室环境和人体表微生物的检测	通过从实验室内空气、实验者的头发、皮肤、手指、鼻腔黏膜、钱币等处取样，接种于营养琼脂培养基，经适温培养后，可验证微生物的存在，并观察微生物菌落的形态和数量。	学习并掌握普通光学显微镜油镜的使用技术；学习微生物制片的基本技术；观察细菌及菌落的形态。感知环境中微生物的存在。
2	基础实验	培养基的制备与灭菌	培养基是微生物进行生长繁殖的载体，是按照微生物生长繁殖所需要的各种营养物质用人工方法配制而成的基质。以天然的动、植物体或化学合成的试剂为材料，可为微生物制备培养基。培养基的名目繁多，种类各异，按照成分、外观的物理状态和功能的不同可将培养基分为：固体培养基、液体培养基、半固体培养基、天然培养基、合成培养基、半合成培养基、选择性培养基和鉴别性培养基等。为保证制备后培养基的无菌状态，需进行湿热灭菌，所用器皿和其他工具按照材质分别进行湿热、干热、紫外线照射和过滤灭菌。	学习培养基制备的原理、方法，掌握培养基及常用器皿的消毒、灭菌方法，练习使用微量移液器、高压蒸汽灭菌锅、干燥箱、超净工作台等基本的实验仪器设备。
3	基础实验＋设计体验	微生物的接种（用微生物作画）与平板菌落计数	接种就是将一定量的纯种微生物在无菌操作条件下转移到另一已灭菌，并适宜于该菌生长繁殖所需的培养基上的过程。本实验要求严格进行无菌操作，一般是在无菌操作台或实验室内火焰旁进行。根据不同的实验目的和培养方式，可以采用不同的接种工具和接种方法。常用的接种方法包括涂布法、平板划线法、斜面接种法、穿刺接种法等。尝试用微生物作画，在设计体验中练习微生物的接种方法。平板菌落计数法是根据微生物在固体培养基上所形成的一个菌落是由一个单细胞繁殖而成的现象进行的，	掌握倒平板的方法，学习涂布法、平板划线法等基本操作技术，建立培养技术中的"无菌"概念，掌握无菌操作技术。学习平板菌落计数的基本原理和方法。

续表

序号	类别	名称	主要内容	应达到的基本要求或能力标准
			也就是说一个菌落即代表一个单细胞。通过统计菌落数目，即可换算出样品中的含菌数。	
4	基础实验	细菌的染色—革兰氏染色与芽孢、荚膜、鞭毛的染色	细菌细胞小而透明，在光学显微镜下与背景没有明显的明暗差。用染料使菌体着色，借助于颜色的反衬作用，可以十分清楚地观察到细菌的壁、膜、质、核、内含物及芽孢、鞭毛、菌毛、荚膜等基本结构和附属结构。在进行细菌染色时，用一种染料染色称为单染，用两种染料染色称为复染，革兰氏染色是鉴别细菌最重要的一种复染。通过本实验可以学会细菌涂片染色的操作技术及细菌染色的方法，了解特殊染色在研究微生物形态分类中的重要性。	学习细菌染色的原理和方法；掌握细菌的简单染色法和革兰氏染色法。学习掌握芽孢、荚膜和鞭毛染色的原理和方法。
5	探究活动	环境对微生物生长的影响	微生物与所处环境之间具有复杂的相互影响和相互作用。研究温度、湿度、pH值、渗透压等环境因素对微生物生长的影响，可以通过控制环境条件来更好地利用微生物有益的一面，同时可控制其对人类生产生活造成的不利影响。	巩固微生物培养的基本实验技术，学习对照实验的基本思路和方法。
6	基础实验	真菌、放线菌的形态及菌落特征	熟悉酵母菌、放线菌、霉菌（黑曲霉、根霉、青霉）的个体形态及菌落特征。放线菌和真菌在外观形态上均形成由菌丝体和无性繁殖的孢子构成的菌落，如果采用观察细菌的常规制片法，会破坏它们自然生长的状态。带有培养基的小空间可以保证放线菌和真菌适宜生长的环境，保持菌体完整的形态和结构，便于观察和研究。通过本实验可以学习小室培养的方法，观察并掌握放线菌和真菌的形态和结构。	比较几类微生物的形态及菌落特征；用放线菌的插片培养物观察放线菌的个体形态。

序号	类别	名称	主要内容	应达到的基本要求或能力标准
7	参观学习	微生物学研究科学前沿	组织学生参观中科院微生物研究所(北京协和医学院/北京师范大学生命科学学院),通过专家讲座、科普报告、座谈交流、动手实践等方式,培养广大青少年的科学兴趣和科学实践能力。	拓宽视野,增长见识,提高科学兴趣,培养科学实践能力。
8	探究活动	保鲜膜,功还是过?	把切开的西瓜放进冰箱前,很多人会用保鲜膜包上。可最近有说法称,西瓜盖上保鲜膜,反而会促进细菌的生长。保鲜膜到底是保鲜利器,还是细菌的好伙伴?通过小组合作探究,运用已经掌握的微生物相关实验技术,设计并实施实验,从中寻找答案。	完成实验方案的设计、操作以及微生物学实验能力和实验技术的综合训练,培养科学研究的探索精神和创新能力。
9	联系生活	土壤中微生物的分离纯化培养	自然环境的土壤、水体、动植物体表,生存着数量巨大、种类繁多的各种微生物,其中有的微生物具有分解有害物质的能力,有的可以分泌有经济价值的酶类,有的会生成对人类有用的代谢产物,有的则会引发人类和动植物的病害。按照人类对微生物的需求,将其从自然界中分离出来,获得纯种,发挥微生物的特长,为人类的生产和生活服务,是微生物学研究中最基本的实验技术。通过本实验可以学会将土壤中混杂的微生物分离成纯种。	制备土壤悬液,学习稀释平板法及微生物斜面培养的方法,掌握统计分析样品中微生物的种类和数量的方法,根据菌落及培养特征区分细菌、放线菌和霉菌。
10	考核	农药或化肥对土壤微生物群落组成的影响	在自然界中,土壤是微生物生活的良好环境,因此土壤是人类开发利用微生物资源的重要基地。土壤中的微生物数量、种类与土壤肥力有关,其生理类群则与土壤的其他理化性质,如通气、pH 值有关。通过小组合作探究,运用已经掌握的微生物相关实验技术,设计并实施实验,探究农药或化肥对土壤微生物群落组成的影响。	完成实验方案的设计、操作以及微生物学实验能力和实验技术的综合训练,培养科学研究的探索精神和创新能力。

五、课程实施

经过 3 年，6 个学期，12 个学段的实施，形成了完善的课程设置，精确到"节"的课程教学计划，并根据实际情况有一定灵活度的增减内容，形成了用于掌握基本技能的基础实验，用于解决规定问题的探究实验，和用于实现学生想法和兴趣的自主探究实验三个层次相结合的课程体系。

本课程面向八年级学生开放。每周 1 次，每次 3 课时，每学期设 2 个学段，依据学期长短不同，每学段 8～10 次课。每学段共招收 20 位学生，采用双向选择，申报面试，择优录取的方式。具体选课流程如下：

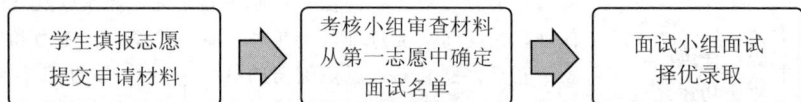

学生填报志愿
提交申请材料 ⟹ 考核小组审查材料
从第一志愿中确定
面试名单 ⟹ 面试小组面试
择优录取

经过多年的实践，每次课都形成了相对较为固定的讲义，提前一节课印发给学生，供学生完成预习部分。每次课都有 PPT、视频等多媒体手段辅助教学。

我们还在人民大学附属中学在线学习云平台（http：//moodle.rdfz.cn/）上设置了专门的课程频道。将课件、视频、文献等资料上传供学生选读。同时，在云平台上开通"上传通道"供研究报告、数据等传送。

本课程有两间生物学探究实验室可供使用，每间实验室可容纳 24 位学生同时上课。实验室配有超净工作台、微量移液器、恒温培养箱、全自动高压灭菌锅、电子分析天平、纯水系统、制冰机、冰箱、恒温水浴锅、离心机、PCR 仪、通风橱、电泳仪、凝胶成像系统、双目电光源数码显微镜和体视镜等实验设备，能够满足 DNA 水平的分子生物学实验需求。

此外，我们还同中科院微生物所、北京协和医学院、北京师范大学生命科学学院等科研院所建立联系，专门安排课时进入科研院所参观交流。

本课程固定教学和教研团队 4 人，2 人具有博士学位，2 人具有硕士学位，详见下表。本课程是人大附中生命科学创新人才课程体系的重要组成部分，依托人大附中生物学教研组，教研组成员在课程设置、教学计划、方案实施等方面提供指导和支持。

"看不见的生命世界"教学团队

姓名	专业	学位	单位	职务	分工
李锂	生态学	硕士（博士在读）	人大附中	教师	负责人 主讲教师
姜茜	分子生物学	博士	人大附中	教师	主讲教师
梁慧媛	细胞生物学	博士	人大附中	教师	主讲教师
刘文凤	林木遗传育种	硕士	人大附中	教师	实验教师

六、课程评价

看不见的生命世界课程的评价机制基于"核心素养"培养的实质，改变评价以知识掌握为中心的局面。以人为本，遵循规律，以结果为导向，关注发展过程。对学习程度做出规划，初步解决过去基于课程标准的教学评价操作性不足的问题。

评价方式采用过程性评价与终结性评价相结合的方式，既注重考查学生学习的过程，又看重学生学习的结果；不仅评价学生知识技能的掌握情况，还要评价学生在情感、态度及价值观方面的发展；尤其注重对学生研究能力的评价，关注学生在探究活动中逐步形成的总结归纳和发现问题的能力，逐步形成设计实验、调查研究、动手实验的能力以及收集和分析数据、表达和交流的能力等。改变过分强调评价的甄别与选拔功能，发挥评价促进学生发展、教师提高和改进教学实践的功能。

（一）评价方式

1. 过程性评价，采用学生自评，学生互评以及教师评价相结合的方式。

①课堂常规（5%）：包括考勤及课堂表现。

②基本操作技能（10%）：主要指课程中基础实验的学习及掌握情况，包括基本实验技能，活动记录情况及实验习惯。

③探究实践过程（20%）：主要指课程中探究实验的方案设计及实施过程。包括情感与态度，资料搜集能力，团队协作精神，创新实践能力。

④探究成果（30%）：包括探究实践成果（研究报告）及交流汇报能力。

2. 终结性评价。

考核分为理论部分的笔试（10%）及实验技能考查（20%），共占30%。

(二)考核标准

课程实行百分制(100 分)的考核标准。本着公平公开的原则,综合考核达到 65 分可获得校本研修课程结业证书,证书上标注成绩,85 分以上为"优",75～85 分为"良",65～75 分为"合格"。

过程性评价量表如下:

评价指标		评价要点及分值			学生自评	学生互评	教师评价
一级指标	二级指标	A(系数=1)	B(系数=0.8)	C(系数=0.5)			
课堂常规(5′)	考勤(2′)	按时上课,不缺勤,不迟到早退。	偶尔因病、因事迟到或早退。	经常无故迟到、早退。			
	课堂表现(3′)	认真听讲,积极参与讨论,能有条理地表达自己的想法,具有创造性思维。	认真听讲,能够参与讨论并表达自己的意见,有一定的思考能力和创造性。	不能专心听讲,极少参与讨论,不能准确表达自己的想法,思考能力差,不能独立解决问题。			
基本技能(10′)	基本实验技能(5′)	能够按照实验步骤独立进行实验,规范操作。	在别人的帮助下能够按照实验步骤完成实验,操作基本规范。	不能完成实验或操作不规范。			
	实验记录(2′)	能及时真实地记录实验现象,包括异常现象。	能记录实验现象,但不真实。	没有记录。			
	实验习惯(3′)	实验习惯良好,实验后主动整理实验用品,清除废弃物,清洁器具并放回原位,桌面保持整洁。	实验后能够进行整理,但器材未清洗或桌面不洁净。	实验后不整理实验用品,器具未清洗且桌面不洁净。			

评价指标		评价要点及分值			学生自评	学生互评	教师评价
一级指标	二级指标	A(系数=1)	B(系数=0.8)	C(系数=0.5)			
探究过程(20′)	情感与态度(5′)	积极主动参与探究活动，态度认真，有自主精神和团队精神。	态度较认真，有主动性并能协助他人进行探究活动。	态度一般，与他人合作意识不强。			
	资料搜集(5′)	探究开展之前搜集到丰富的参考资料。	探究开展之前能够主动搜集有关资料。	探究开展之前搜集到的资料较少。			
	分工协作情况(5′)	与小组成员合作意识强，积极配合，按时完成小组分配的探究工作。	有一定的合作意识，基本能够按时完成自己应承担的探究工作。	合作意识一般，在他人帮助下完成自己应承担的探究工作。			
	创新实践能力(5′)	勤于动脑思考，创新精神强。	有一定的创新精神。	创新精神一般。			
探究结果(30′)	探究成果(10′)	实验进展顺利，能准确、完整地给出探究结果及结论。	能基本得出探究结果及结论。	实验出现问题，不能完整地给出实验结果与结论。			
	研究报告(10′)	报告论述清楚，有条理，证据充分，组织严密，内容丰富完整，形式规范，语言流畅，有说服力和感染力。	报告论述清楚，表达准确，内容充实，语言通顺，形式规范，有说服力。	报告论述基本清楚，内容简单，语言平淡，组织不严密。			

续表

评价指标		评价要点及分值			学生自评	学生互评	教师评价
一级指标	二级指标	A(系数=1)	B(系数=0.8)	C(系数=0.5)			
	交流汇报(10′)	报告论述清楚，有条理，论据充分，组织严密，内容丰富完整，形式规范，语言流畅，有说服力和感染力。	报告论述清楚，表达准确，内容充实，语言通顺，形式规范，有说服力。	报告论述基本清楚，内容简单，语言平淡，组织不严密。			

终结性评价中实验操作考查评价标准如下：

评价指标	评价要点与分值			
	A(5分)	B(4分)	C(3分)	D(3分以下)
实验设计	目的明确，实验设计有新意，仪器和用具准备充分。	目的较明确，实验设计可行，仪器和用具准备较充分。	目的基本明确，实验设计基本可行，仪器和用具准备基本充分。	目的不明确，实验设计不可行，仪器和用具准备不充分。
实验过程与方法	按计划、有顺序地进行操作，操作规范、熟练。	按计划、较有顺序地进行操作，操作较规范、较熟练。	基本按计划与顺序操作，操作基本规范、基本熟练。	不按计划操作、操作无顺序，不规范、且有失误。
实验的科学精神与态度	操作很投入，持之以恒，精益求精，尽可能使操作精确，与同伴合作好。	操作较投入，操作较精确，与同伴合作较好。	操作一般投入，操作精确度一般，与同伴合作一般。	操作不投入，操作精确度差，与同伴不合作。
实验效果与改进	实验效果很好，能提出改进实验操作的科学建议或方法。	实验效果较好，能提出改进实验操作的较合理建议或方法。	实验效果一般，能提出改进实验操作的一般建议或方法。	实验效果不好，不能提出改进实验操作的建议或方法。

七、课程效果

经过多年的实践，本课程已经成为明星课程，在众多研修课中，每学段选课人数均为最多。鉴于选课人数较多，本课程只从第一志愿符合条件的同学中择优录取。经过本课程学习的学生在九年级和高年级分别进入科技创新活动或生物化学与分子生物学等高端研修课程学习。从目前的反馈来看，本课程中学到的实验技能，养成的实验习惯，培养的科学思维对这部分学生后续的学习、研究和发展非常有利。

此外，课程团队还搜集整理了历届学生的研究报告、口头报告 PPT 等资源，学生还制作了视频来记录和宣传研究过程和结果，这些资源可供今后的学生学习、参考和使用。

生物学核心素养包括生命观念、理性思维、科学探究、珍爱生命。"看不见的生命世界"这门课程的建立，正是立足于学生核心素养的培养，具有具体化、整体化、综合性、可操作性、渐进性等特点，从教学实际及学生实际出发，着眼于学生的全面发展和终身发展，从自主发展、社会参与以及文化修养三个层次，帮助学生在学习探究中构建生物学核心素养体系：通过严谨的科研训练和科学思维方式的培养，使学生在客观感知和理性思维的基础上开展科学探究活动，尊重科学事实；通过具体的操作实践联系生活，既满足学生发展的多元需求，又能够帮助学生理解并解决现实生活中的问题，培养爱护环境和维护卫生的意识，以及积极健康生活的良好习惯；帮助学生建立辩证唯物主义观念，正确理解科学、技术、社会之间的关系，运用微生物学知识和观念参与社会事务的讨论，对自己的学习和生活负责，尊重生命，建立以人为本的意识。这也是从"知识核心时代"走向"核心素养时代"的必然要求。

课程评述：

看不见的生命世界是中国人民大学附属中学李锂、姜茜等几位老师共同开发并实施的一门校本课程。课程面向初中学生，以学生非常感兴趣的微生物学为基础，课程以实验为主，理论为辅，注重与科学、技术、社会相结合，注重科学、技术、工程与数学相结合，注重核心素养的培养，体现生命观念，是近年来开发较为成熟、成功的一门科学探究类课程。

　　老师们在设计课程的过程中，注意了学生初中起点的实际情况，增加了参观、体验等活动以及与生活密切相关的一些教学内容，符合该学段学生特点，能够很好地引发学生兴趣，激发学习热情。同时，本课程注重了科学实验的探究性，将一些传统的验证性实验经过论证和实践修改为探究性实验，或努力扩大了探究成分在实验中的比重，使学生以此为载体初步体验了科学研究的过程，这在初中阶段是十分难得的。

　　此外，本门课程在开发之初就有明确的定位、实际的需求。人大附中的高水平教师团队共同支撑，使其具有较高的学术起点和实践起点。在目标、内容、设计整体方案成形后，他们又邀请相关专家进行了多次论证，使课程学术性、可操作性更强。参与审议的专家普遍认为，本门课程对学生在知识、技术、能力、方法、素养和情感等方面都有促进作用，是一门内涵丰富，可操作性强，值得推广的精品课程。

　　值得一提的是，本门课程的资源十分丰富，各类活动和环节设计得清晰明确，更为难得的是为了更好地检验这门课程，人大附中将课时固定，经过多轮的检验和修改，课程日臻成熟，教师只需经过简单培训，学校利用现有条件就可以开设，惠及更多的学校和学生。

　　最后，作为生命科学创新人才培养课程体系的重要衔接类课程，其在未来分子生物学学习，科学严谨的实验作风，保持发展学生兴趣等方面的效果和作用值得我们去长期关注。

　　（刘晟　北京师范大学生命科学学院生物学课程与教学论讲师）

开放实验室课程

北京市海淀区教师进修学校附属实验学校

一、开发背景

本课程以生物、化学、物理等科学学科的实验为基础，依托学科实验室，对学生进行实验能力和科学素养的培养。

本课程是国家科学课程和普通实验课程的补充，面向不同层次的全校学生，学生可以在不同专题中自主选择，让更多的学生能有机会接触科学及科学研究，为有志于从事科学研究的学生提供更自由和广阔的平台。

课程内容是以专题形式呈现，从国家课程出发，联系生活、生产、研究领域，从经典实验的再现到对前沿领域的关注，内容跨度大；从科学入门到自主研究，难度、广度、深度逐步提升。与普通实验课相比，更注重学生的自主性。

二、课程性质

尊重和满足学生的个性化需求：

以实验为着手点，让更多学生首先能被课程吸引，提高学生对科学学习的参与度，进而激发学生对科学的兴趣；

让有兴趣的学生能在课程中找到适合自己现有水平的实验，并且将兴趣进一步深化，能力进一步提高；

给有志于从事科学研究的学生实践、创新的平台，了解更前沿的领域并坚定对科学的终身志向；

让学生在"做科学"的过程中，体验实验探究的过程，培养良好的科学习惯、严谨的科学思维、谨慎的科学态度，提升解决实际问题的能力；引导学生进行探究，让学生能够提高探究和创新能力。

三、课程设计思路

本课程包括课程性质、课程目标、课程内容、评价标准和实施流程。

本课程面向全校学生，在内容设置上，以主题实验和专题形式进行学习，一个学习专题可以包括若干主题实验及其他学习内容；在难度设置上，从基础逐步进阶，从"封闭"到半开放到完全开放，让学生根据自己的兴趣、能力进行自主选择，在合适的阶段可进行适当的跨学科专题设置。

四、课程目标

（一）知识与技能

1. 认识身边的科学知识，能用简单的语言描述科学现象。

2. 形成一些基本的科学概念，认识生命基本特征（生物）、物质的微观构成（化学）、力学和电磁学的原理及应用（物理）。

3. 了解科学与技术、社会、环境的相互关系，并且能以此分析有关的简单问题。

4. 初步形成基本的科学研究能力，学会设计实验方案，完成实验内容。

（二）过程与方法

1. 认识并体验科学探究的过程。进一步理解科学探究的意义。学习科学探究的基本方法，提高科学探究能力。

2. 能运用观察、实验、查阅资料等方法获得实验信息；运用文字、图表、数据等形式表述实验相关信息；运用比较、分类、归纳、概括等方法对实验相关信息进行加工。

3. 能够对实验进行设计方案、过程实施、反思评价，提高自主学习能力。

4. 挖掘数据/现象的价值，对异常现象和数据进行深入分析。

5. 通过查阅文献等方式，从多种角度看待研究专题，并形成研究思路和方案。

（三）情感态度价值观

1. 增加对实验探究的兴趣，乐于参与到实验探究中，体验实验探究的艰辛和喜悦，感受科学的奇妙。

2. 感受和体验科学对推动人类社会进步的重要意义。

3. 对科学产生一定兴趣或者立志于献身科学的志向。

4. 对生活或自然现象保持一种严谨、谨慎的态度：敢于质疑，或能对事物进行严谨的分析后再发表评论或进行传播。

5. 关注科学和社会热点问题，发现前沿科技的潜在价值。

五、课程内容

在内容选择上，从与国家教材相关的内容出发，有教材实验还有专题实验，每个专题内容包含若干主题实验，包含：

1. 基础内容——教材实验、教材经典实验、经典实验的改进及分析；

2. 半开放内容——给定探究主题，验证或解释结论；

3. 开放内容——给定研究范围，自己寻找切入角度进行自主探究；

4. 完全自主内容——选择学生感兴趣的领域和角度进行研究，老师适当指导和引导。每个专题的实验操作包含基础操作、定性分析、定量分析、开创性研究等。

不同学科专题包括以下内容：

物理学科专题：

——探究光现象及光导纤维技术与应用（该主题实验主要满足学生探究各种光现象的需求，了解先进的光导纤维技术及应用）。

——探究力学现象及开启火箭动力学技术模式（该主题主要满足学生了解力学现象，制作火箭模型及水火箭的发射应用。利用有趣的力学实验激发学生兴趣）。

——探究电磁现象及超导材料的应用（该主题主要满足学生根据已知的电学现象的特性探究超导材料或半导体材料的电阻特性及其应用，了解迈斯纳效应）。

化学学科专题：

——美丽晶体（从日常生活中选取学生熟悉的素材，引导学生通过观察和实验探究活动，认识五彩缤纷的化学世界。让学生体验化学的美）。

——水的净化（引导学生观察和探究一些身边常见的物质，增强学生对化学的好奇心和探究欲望，帮助学生认识化学与社会发展、周围环境的关系，逐渐形成科学的物质观和合理利用物质的意识。使学生知道合理开发和利用资源，树立保护环境的意识）。

——生活中的化学（化学与人类的衣食住行紧密相关，从与实际生活紧密相关的物质入手，认识化学与人类生活的关系；从宏观到微观、从定性到定量；帮助学生感受身边的化学物质及其变化，认识化学知识在生活实际中的应用，促进学生科学能力的全面提高）。

生物学科专题：

——物种的延续与发展（该主题主要探究生物的生殖发育和遗传是生命的基本特征。植物、动物通过生殖和遗传维持种族的延续，学习这些知识，有助于学生认识生物科学技术在生活生产和社会发展中的作用。学生可以在不同专题主题中自主选择，让更多的学生能有机会接触科学及科学研究，为有志于科学事业的学生提供更自由和广阔的平台。从科学入门到自主研究，难度逐步提升。与普通实验课相比，更注重学生的自主性）。主题有动物饲养、植物种植与繁殖、动物行为研究、植物光合作用研究、动植物遗传研究等。

六、课程评价

（一）评价方式

实验方案评价，活动评价（学生实验过程）与学生成果评价（实验报告、研究报告）相结合。

（二）评价标准

评价要点	评价等级		
	一级	二级	三级
实验方案	1. 根据资料，将实验方案书写完整	1. 根据资料，将实验方案书写完整； 2. 实验步骤清晰； 3. 有实验现象记录的地方	1. 根据资料，将实验方案书写完整；实验目的明确； 2. 实验步骤清晰；实验细节有标注或记录； 3. 能叙述出整体实验流程； 4. 设计出有实验现象观察或数据记录的表格

评价要点	评价等级		
	一级	二级	三级
实验活动	1. 能根据给出的实验方案完整进行实验操作； 2. 能够观察并且记录实验现象	1. 能够根据专题，在已提供资料的基础上设计实验方案； 2. 积极参与实验操作活动，并善于与他人合作； 3. 能够在教师的指导下或通过讨论，对数据进行整理分析，得出合理结论	1. 能够根据给出的专题自主设计实验方案； 2. 对实验方案的可行性进行初步的论证； 3. 能够独立地或者与他人合作进行实验操作； 4. 能客观、准确地观察和记录实验现象； 5. 对所获得的数据进行处理分析（运用表格、线图等方法）； 6. 能通过比较、分类、归纳、概括等建立数据与事实间的联系，解释原因； 7. 分享交流自己的实验成果； 8. 体验到实验的乐趣
实验成果	1. 根据老师给出的研究范围提出研究问题； 2. 能够根据资料中的实验方案，自己设计并进行实验验证； 3. 实验完成后书写实验报告（研学报告）	1. 在教师的指导下，提出研究问题； 2. 能够查找到文献资料，或根据给出的资料写出实验方案； 3. 实验过程能够翔实记录实验数据； 4. 实验完成后进行实验报告（研学报告）的书写并进行一定实验反思	1. 从学习生活和社会生活中发现问题； 2. 能够根据所研究的具体问题查阅文献资料，设计实验方案，具有控制实验条件的意识； 3. 在实验操作中注意观察、思考，能够准确翔实记录实验过程； 4. 实验完成后对实验探究活动进行反思，提出改进建议； 5. 能对实验进行下一步的展望和计划

（三)结果反馈

1. 学生水平是否可以实施原定的学习计划(研究方案);

2. 学生现有水平和能力是否能进行新的主题实验(专题学习);

3. 对在本课程中的优秀学生成果,达到学校研究性学习同等水平的,给予学生研学学分。

七、课程实施流程

根据学生自己的能力和兴趣进行主题实验选择,学生可以以个人或小组形式加入到本开放课程中。流程如下:

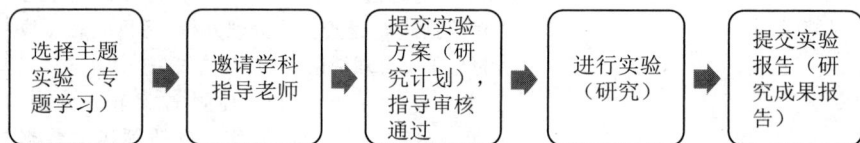

选择主题实验(专题学习) → 邀请学科指导老师 → 提交实验方案(研究计划),指导审核通过 → 进行实验(研究) → 提交实验报告(研究成果报告)

完成该主题实验(专题学习)评定合格以后,可进行下一个主题实验(专题学习)选择。

对于研究水平较高的同学,可以自行选择自己感兴趣的研究方向(完全开放的专题研究),邀请指导老师,指导老师和实验员老师审核方案合格后,开展研究。

教师对学生的指导建议,对不同水平的学生有针对性指导和评价:(1)老师要注重对普通学生的动手、观察、数据记录、初步分析等基本实验能力培养;(2)对学有余力的优秀学生,老师要注重研究方案合理性、可行性的指导和评估,引导学生挖掘数据/现象的价值。

开放实验室综合课程——生物学科专题

专题	专题说明	学段	主题实验			
			基础内容（基础及经典实验）	半开放内容（提高实验）	开放内容（探究实验）	完全自主内容（学科前沿实验）
物种的延续与发展	生物的生殖发育和遗传是生命的基本特征。植物、动物通过种族和遗传传使种族的延续，学习这些知识，有助于学生认识生物科学技术在生活生产和社会发展中的作用。学生可以在不同专题主题中自主选择，让更多的学生能有机会接触科学及科学研究，为有志于科学事业的学生提供更自由和广阔的平台。从科学入门到自主研究，难度逐步提升，与普通实验课相比，更注重重学生的自主性		目标：面向全体学生，从身边的动植物入手，提高学生学习生物学科的兴趣。以实验为着手点，让更多学生首先能被课程吸引，提高学生的参与习度，进而激发学生对科学的兴趣	目标：提高生物科学素养，期待学生主动地参与学习过程，让有兴趣的学生能在课程中找到适合自己现有水平的实验，并且将兴趣进一步深化；学生在亲历等过程中习得生物学知识，养成理性思维习惯，形成积极的科学态度，发展终身学习的能力	目标：倡导探究性学习，力图改变叙述的学习方式，帮助学生领悟科学的本质，引导学生主动参与、勤于动手，积极思考，逐步培养学生收集和处理科学信息的能力、获取新知识的能力、分析和解决问题的能力，以及交往合作的能力，突出创新精神和实践能力的培养	目标：培养有志于生物科学的专业型人才。给有志于科学实践、创新的学生搭建实践平台。了解更前沿的领域并坚定对科学的终身志向

续表

专题	专题说明	学段	主题实验			
			基础内容（基础及经典实验）	半开放内容（提高实验）	开放内容（探究实验）	完全自主内容（学科前沿实验）
		初中	实验一 A：植物的有性繁殖（★★）	实验一 B：植物的种植（★★）		
			实验二 A：植物的无性繁殖（★★）	实验二 B：植物的嫁接（★★★）	实验二 C：植物的组培（★★★★）	实验二 D：植物的组培（★★★）
			实验三 A：观察鸡卵的结构（★★）	实验三 B：孵化和饲养小鸡（★★★）	实验三 C：动物行为研究（★★★）	实验三 D：动物学习行为研究（★★★★）
			实验四 A：饲养家蚕（★★）	实验四 B：观察昆虫产卵（★★★）	实验四 C：野外昆虫观察（★★★）	实验四 D：野外昆虫采集与研究（★★★★★）
			实验五 A：观察果蝇（★★）	实验五 B：果蝇的性状统计（★★★）	实验五 C：观察果蝇的染色体（★★★★）	实验五 D：遗传实验（★★★★）　实验五 E：果蝇的种类及鉴定（★★★★★）
		高中	实验六 A：绿叶在光照下制造有机物（★★）	实验六 B：绿叶在光照下制造有机物（★★★）		

续表

专题	专题说明	学段	主题实验			
			基础内容（基础及经典实验）	半开放内容（提高实验）	开放内容（探究实验）	完全自主内容（学科前沿实验）
		高中	实验七 A：观察体细胞的有丝分裂（★）	实验七 B：不同体细胞有丝分裂较观察（★★）	实验七 C：不同体细胞有丝分裂较观察（★★★）	实验七 D：观察体细胞的有丝分裂的倍体加倍（★★★） 实验七 E：转基因的研究（★★★★）
			实验八 A：探究环境因素对光合作用的影响（★★）	实验八 B：探究环境因素对光合作用的影响（★★★）	实验八 C：探究环境因素对光合作用的影响（★★★★）	实验八 D：探究环境因素对光合作用的影响（★★★★）
			实验九 A：观察胞质环流（★★）	实验九 B：探究影响胞质环流的因素（★★★）	实验九 C：探究影响胞质环流的因素（★★★）	实验九 D：探究影响胞质环流的因素（★★★）
				实验十 B：烟草的组织培养及校园植物的组织培养（★★★）	实验十 C：珍稀植物的组织培养（★★★）	实验十 D：珍稀植物的组织培养及植株成活（★★★★）
				实验十一 B：探究影响植物气孔开闭的因素（★★★★）	实验十一 C：探究影响植物气孔开闭的因素（★★★）	
				实验十二 B：鸣禽的性别鉴定（★★★★）	实验十二 C：鸣禽的性别鉴定（★★★★）	实验十二 D：PCR实验（★★★★★）

开放实验室综合课程——化学学科专题

专题	专题说明	主题实验			
		基础内容（基础及经典实验）	半开放内容（提高实验）	开放内容（探究实验）	完全自主内容（学科前沿实验）
美丽晶体	从日常生活中选取学生熟悉的素材，引导学生通过观察和实验探究活动，认识五彩缤纷的化学世界。让学生体验化学的美	目标：面向全体学生，从生活中简单有趣的实验入手，通过观察探究、实验简单的实验，激发学生兴趣，提高学生对科学课程的参与，进而激发学生对科学的兴趣 硫酸铜晶体的制备（★★）	目标：提高学生参与实验活动的热情，感受和体验科学素养，并且将进一步探化；让学生学习实验研究的方法，学会提高探究的能力，学会运用观察、实验、查阅资料等方法收集信息。培养学生严谨的科学思维习惯，形成积极的科学态度，发展终身学习的能力 热冰实验（★★★）	目标：引导学生能够发现和提出有探究价值的问题；培养学生敢于质疑、勤于思考，形成独立思考的能力；学生能综合运用技能与方法获得信息，并且运用比较、分类、归纳、概括等方法对信息进行加工。对自己的实验过程进行计划、反思、评价等，提高自主学习能力。学生能够将化学知识运用到实际中，能够对与化学有关的问题进行合理判断，培养学生创新能力和实践能力 空气瓶的制作（★★★★）	目标：关注科学和社会热点问题，能够对有关问题作出合理判断，并且提出自己的研究问题。运用严谨的科学研究方法自主完成探究实验 不同溶液结晶的区别（★★★★★）

续表

专题	专题说明	主题实验			
		基础内容 （基础及经典实验）（★）	半开放内容 （提高实验）（★★）	开放内容 （探究实验）（★★★）	完全自主内容 （学科前沿实验）
水的净化	引导学生观察和探究身边常见的物质，增强学生对化学的好奇心和探究欲望，帮助学生认识化学与社会发展、周围环境的关系，逐渐形成科学利用物质的意识。使学生知道合理开发和利用资源，树立保护环境的意识	活性炭净水（★）	海水中离子检测及蒸馏装置简易版（★★）	电浮选凝聚净水（★★★）	自制净水器（离子交换树脂净水）（★★★★）

续表

专题	专题说明	主题实验			
		基础内容 （基础及经典实验）（★）	半开放内容 （提高实验）	开放内容 （探究实验）	完全自主内容 （学科前沿实验）
生活中的化学	化学与人类的衣食住行紧密相关，从与实际生活紧密相关的物质入手，认识化学与人类生活的关系；从宏观到微观、从定性到定量；帮助学生感受身边的化学物质及其变化，认识化学知识在生活实际中的应用，促进学生科学能力的全面提高	测定食物的 pH 值	植物中某些元素的测定 （★★）	水果中维生素 C 含量的测定 （★★★★）	食品成分检测 （★★★★★）

开放实验室综合课程——物理实验课程内容

专题	专题说明	主题实验			
		基础内容 （基础及经典实验）	半开放内容 （提高实验）	开放内容 （探究实验）	完全自主内容 （学科前沿实验）
		目标：面向全体学生，从生活中简单有趣的实验入手，通过观察探究、简单的实验探究，激发学生兴趣，提高学生对科学课程的参与，进而激发学生对科学的兴趣	目标：提高学生参与实验活动的热情，感受和体验科学素养，并且将兴趣进一步探化；让学生学习实验研究的方法，学会探究的能力，查阅资料、实验、观察、运用科学方法收集信息。培养学生严谨的科学思维习惯，形成积极的学习态度，发展终身学习的能力	目标：引导学生能够发现和提出有探究价值的问题；培养学生敢于质疑、勤于思考，形成独立思考的能力；学生能综合运用技能与方法获得信息，并且运用比较、分类、归纳、概括等对信息进行加工。对自己的实验过程进行计划、评价、反思，提高自主学习能力。学生能够将物理知识运用到实际中，能够对与物理有关的问题进行合理判断。培养学生创新能力和实践能力	目标：关注科学和社会热点问题，能够对有关问题作出合理判断，并且提出自己的研究问题。运用严谨的科学研究方法自主完成探究实验
探究光现象及光导纤维技术与应用	该主题实验主要探究各种光现象的需求，了解先进的光导纤维技术及应用	①探究各种镜面的成像规律 （★★）	②探究各种透镜的成像规律 （★★）	③DIY 万花筒 （★★★）	④光导传输与光导艺术 （★★★★）

续表

主题实验

专题	专题说明	基础内容（基础及经典实验）	半开放内容（提高实验）	开放内容（探究实验）	完全自主内容（学科前沿实验）
探究力学现象及开发启动火箭动力学模型式术	该主题主要满足学生了解力学现象 制作火箭火箭模型及水火箭的发射应用 利用有趣的力学实验激发学生兴趣	①利用传感器探究牛顿第二定律（★★）②利用传感器测小木块的摩擦系数（★★）	③设计制作桥梁（★★★）	④制作木质投石器（★★★）	⑤自制水火箭（★★★★★）
探究电磁现象及超导材料的应用	该主题主要满足学生根据已知的电学现象探究超导体材料的电阻特性及其应用，了解迈斯纳效应	①强磁铁的动能去哪了？（★★）②利用传感器测量手机的磁场分布（★★）	③DIY音箱（★★★）④DIY简易电动机（★★★）	⑤超导磁悬浮列车的运动原理探究（★★★）	⑥超导迈斯纳效应（★★★★★）

生物教材——动手做做小实验

学段	实验名称	来源教材	实验时长	建议实验时间	实验地点
七年级	石生花	七上 p3	1 分钟	课堂或课间或午间	教室或实验室
	含羞草	七上 p5	2 分钟	课堂或课间或午间	教室或实验室
	萌发的种子	七上 p6	1 分钟	课堂或课间或午间	教室或实验室
	新鲜完整的蘑菇子实体	七上 p6	1 分钟	课堂或课间或午间	教室或实验室
	枯叶蝶	七上 p18	1 分钟	课堂或课间或午间	教室或实验室
	腐烂的水果	七上 p20	1 分钟	课堂或课间或午间	教室或实验室
	草履虫的应激反应	七上 p69	8 分钟	课堂或课间或午间	教室或实验室
	藻类植物	七上 p73	2 分钟	课堂或课间或午间	教室或实验室
	苔藓植物	七上 p75	2 分钟	课堂或课间或午间	教室或实验室
	蕨类植物	七上 p76	2 分钟	课堂或课间或午间	教室或实验室
	裸子植物	七上 p82	2 分钟	课堂或课间或午间	教室或实验室
	新鲜豌豆、荔枝、木瓜等果蔬	七上 p83	3 分钟	课堂或课间或午间	教室或实验室
	蒲公英果实，苍耳、鬼针草等种子	七上 p83	3 分钟	课堂或课间或午间	教室或实验室
	白网纹草和凤梨	七上 p86	4 分钟	课堂或课间或午间	教室或实验室
	比较幼苗在蒸馏水和土壤浸出液中的生长状况	七上 p99	4 周	课堂或课间或午间	教室或实验室
	无土栽培	七上 p102	5 周	课堂或课间或午间	教室或实验室
	观察枝条的蒸腾作用	七上 p114	24 小时	课堂或课间或午间	教室或实验室
	人体器官拆装模型	七下全书	5 分钟	课堂或课间或午间	教室或实验室
	小肠、大肠比较	七下 p30	5 分钟	课堂或课间或午间	教室或实验室
	胆汁乳化脂肪	七下 p30	3 分钟	课堂或课间或午间	教室或实验室
	发芽土豆	七下 p35	1 分钟	课堂或课间或午间	教室或实验室
	有毒蘑菇	七下 p35	1 分钟	课堂或课间或午间	教室或实验室
	绿色食品包装	七下 p36	1 分钟	课堂或课间或午间	教室或实验室

续表

学段	实验名称	来源教材	实验时长	建议实验时间	实验地点
七年级	气管软骨	七下 p41	1分钟	课堂或课间或午间	教室或实验室
	气管、支气管	七下 p42	1分钟	课堂或课间或午间	教室或实验室
	猪肺	七下 p45	2分钟	课堂或课间或午间	教室或实验室
	新鲜血液	七下 p51	2分钟	课堂或课间或午间	教室或实验室
	新鲜动静脉血管	七下 p59	3分钟	课堂或课间或午间	教室或实验室
	新鲜猪心、羊心	七下 p60	4分钟	课堂或课间或午间	教室或实验室
	新鲜动静脉血	七下 p64	3分钟	课堂或课间或午间	教室或实验室
	新鲜猪肾脏	七下 p72	3分钟	课堂或课间或午间	教室或实验室
	新鲜动物眼睛	七下 p79	3分钟	课堂或课间或午间	教室或实验室
	凹透镜凸透镜	七下 p81	3分钟	课堂或课间或午间	教室或实验室
	新鲜动物大脑	七下 p88	3分钟	课堂或课间或午间	教室或实验室
	设计对照实验蝌蚪与甲状腺激素	七下 p100	8周	课堂或课间或午间	教室或实验室
	模拟探究酸雨对生物的影响	七下 p109	8周	课堂或课间或午间	教室或实验室
	用废旧纸张制作再生纸	七下 p113	1~2周	课堂或课间或午间	教室或实验室
八年级	蚜虫观察	八上 p64	2分钟	课堂或课间或午间	教室或实验室
	评价实验方案树叶的分解	八上 p82	一个月	课堂或课间或午间	教室或实验室
	孟德尔的杂交实验	八下 p35	一学期	课堂或课间或午间	教室或实验室

化学教材——动手做做小实验

学段	实验名称	来源教材	实验时长	建议实验时间	实验地点
九年级	闻气体时的正确操作	九上 p9	2分钟	课间或午间	化学基础实验室
	对人体吸入的空气与呼出的气体的研究	九上 p15	20分钟	午间	化学基础实验室

学段	实验名称	来源教材	实验时长	建议实验时间	实验地点
	用木炭还原氧化铜	九上 p110	20分钟	午间	化学基础实验室
	鸡蛋壳与醋精反应	九上 p122	5分钟	课间或午间	化学基础实验室
	粉尘爆炸试验	九上 p133	5分钟	课间或午间	化学基础实验室
	三种浓稀不同的硫酸铜溶液	九下 p42	5分钟	课间或午间	化学基础实验室
高一	电泳现象	高一必修一 p28	10分钟	午间	化学基础实验室
	碳酸钠和碳酸氢钠的性质	高一必修一 p56	25分钟	午间	化学基础实验室
	金属的焰色反应	高一必修一 p57	10分钟	午间	化学基础实验室
	水果电池	高一必修二 p42	5分钟	课间或午间	化学基础实验室
	石蜡油分解的实验	高一必修二 p67	25分钟	午间	化学基础实验室
高二	溴乙烷的水解反应	高二选修5 p42	15分钟	午间	化学基础实验室
	溴乙烷的消去反应	高二选修5 p42	15分钟	午间	化学基础实验室
	比较弱酸的相对强弱	高二选修4 p42	5分钟	课间或午间	化学基础实验室
	牺牲阳极的阴极保护法	高二选修4 p87	10分钟	午间	化学基础实验室

物理教材——动手做做小实验

学段	实验名称	教材来源	实验时长	建议实验时间	实验地点
八年级	触摸不同物体感觉温度	八上 p9	5分钟	午间	物理基础实验室
	观察水的液化现象	八上 p23	3分钟	午间	物理基础实验室
	测量不规则固体的体积	八上 p41	2分钟	午间	物理基础实验室
	用托盘天平测物体的质量	八上 p47	3分钟	午间	物理基础实验室
	练习使用秒表	八上 p63	10分钟	午间	物理基础实验室
	观察发声体在振动	八上 p77	5分钟	午间	物理基础实验室
	会跳舞的小人	八上 p77	5分钟	午间	物理基础实验室
	制作土电话	八上 p78	20分钟	午间	物理基础实验室
	声音不能在水中传播	八上 p78	15分钟	午间	物理基础实验室
	光的传播	八上 p98	5分钟	午间	物理基础实验室
	球面镜观察	八上 p110	10分钟	午间	物理基础实验室
	力的观察	八下 p22	10分钟	午间	物理基础实验室
	力的作用效果	八下 p23	5分钟	午间	物理基础实验室
	力的测量	八下 p29	10分钟	午间	物理基础实验室

续表

学段	实验名称	教材来源	实验时长	建议实验时间	实验地点
八年级	重力的大小及方向	八下 p32	5 分钟	午间	物理基础实验室
	观察摩擦力的方向及摩擦力的大小	八下 p45	10 分钟	午间	物理基础实验室
	观察浮力的大小	八下 p75	10 分钟	午间	物理基础实验室
九年级	观察重力势能的大小跟哪些因素有关	九年级 p4、p5	10 分钟	午间	物理基础实验室
	观察分子扩散现象	九年级 p9	10 分钟	午间	物理基础实验室
	观察汽油机模型工作原理	九年级 p20	15 分钟	午间	物理基础实验室
	观察柴油机模型工作原理	九年级 p22	15 分钟	午间	物理基础实验室
	连接简单电路	九年级 p34	20 分钟	午间	物理基础实验室
	摩擦起电	九年级 p45	10 分钟	午间	物理基础实验室
	观察热敏电阻的电流变化	九年级 p68	10 分钟	午间	物理基础实验室
	练习滑动变阻器和电阻箱	九年级 p78、p79	15 分钟	午间	物理基础实验室
	观察家庭电路	九年级 p124	30 分钟	午间	物理基础实验室
	观察磁感线分布	九年级 p141	5 分钟	午间	物理基础实验室

续表

学段	实验名称	教材来源	实验时长	建议实验时间	实验地点
高一	练习使用打点计时器	高一必修1 p20	20分钟	午间	物理基础实验室
	观察静摩擦力	高一必修1 p57	10分钟	午间	物理基础实验室
	探究作用力与反作用力	高一必修1 p81	5分钟	午间	物理基础实验室
	制作小飞镖观察曲线运动轨迹	高一必修2 p4	20分钟	午间	物理基础实验室
	观察钢球在磁铁吸引下怎样运动	高一必修2 p6	10分钟	午间	物理基础实验室
	感受向心力	高一必修2 p25	5分钟	午间	物理基础实验室
	观察动能和重力势能相互转化	高一必修2 p75	5分钟	午间	物理基础实验室
高二	制作验电器	高二选修 3-1 p4	20分钟	午间	物理基础实验室
	练习使用多用电表	高一必修 3-1 p66	20分钟	午间	物理基础实验室
	磁场对通电导线的作用力	高二必修 3-1 p96	5分钟	午间	物理基础实验室
	探究感应电流的产生条件	高二必修 3-2 p5	10分钟	午间	物理基础实验室
	观察电磁阻尼	高二必修 3-2 p27	5分钟	午间	物理基础实验室
	练习使用变压器	高二必修 3-2 p41	20分钟	午间	物理基础实验室

八、课程案例

生物课例：

观察植物细胞的有丝分裂

分级目标

总目标	目标层级		
	一级	二级	三级
1. 观察植物细胞有丝分裂过程，识别有丝分裂的不同时期。 2. 学习制作洋葱根尖有丝分裂装片的技术。 3. 学习使用高倍显微镜和生物绘图的方法	能够在教师的指导下进行实验，看到临时玻片的细胞分裂情况。 规范使用高倍显微镜，规范生物绘图或拍摄照片	能够在教师的指导下进行实验，看到临时玻片的细胞分裂情况。 规范使用高倍显微镜，规范生物绘图或拍摄照片。 能够找出并识别有丝分裂的不同时期。	能够独立进行实验，看到临时玻片的细胞分裂情况。 规范使用高倍显微镜，规范生物绘图或拍摄照片。 能够找出并识别有丝分裂的不同时期。 能够根据实验报告自己进行完整的实验操作并提交规范完整的实验报告

附件1

观察植物细胞的有丝分裂

【实验目的】

1. 观察植物细胞有丝分裂过程，识别有丝分裂的不同时期。
2. 学习制作洋葱根尖有丝分裂装片的技术。
3. 学习使用高倍显微镜和生物绘图的方法

【实验原理】

在高等植物体内，有丝分裂常见于根尖、芽尖等分生区细胞。各个细胞的分裂互不干扰，是独立进行的，在同一分生组织中可以看到处于不同分裂时期的细胞。染色体容易被碱性染料(如龙胆紫溶液或醋酸洋红)着色，通过在高倍显微镜下观察各个时期细胞内染色体的存在状态，就可判断这些细胞处于有丝分裂的哪个时期，进而认识有丝分裂的完整过程

【实验器具、试剂和材料】

实验器具：显微镜、载玻片、盖玻片、培养皿、镊子、剪刀、滴管、广口瓶；洋葱根尖细胞有丝分裂永久装片。

实验试剂：质量分数为 15％ 的盐酸溶液、体积分数为 95％ 的酒精，质量浓度为 0.01g％ 的龙胆紫溶液(或者醋酸洋红)。

实验材料：洋葱

【方法与步骤】

步骤	注意问题	分析
一、根尖的培养 实验前 3～4 天，让洋葱放在广口瓶上，底部接触清水。根长 5cm 时可用。	置于温暖处，常换水。	因为细胞分裂和生长需要水分、适宜的温度和氧气。
二、装片的制作 (解离→漂洗→染色→制片) 1. 解离：上午10时至下午2时，剪取洋葱根尖 2～3mm，立即放入盛有质量分数为 15％ 的盐酸和体积分数为 95％ 的酒精溶液的混合液(1∶1)的玻璃皿中，室温下解离 3～5min。	解离时间要保证，细胞才能分散开来。解离时间也不宜过长。	目的：溶解细胞间质，使组织中的细胞相互分离开来。此时，细胞已被盐酸杀死。 若解离时间过长，根尖过于酥软，无法取出。
2. 漂洗：待根尖酥软后，用镊子取出，放入盛有清水的玻璃皿中漂洗约 10min。	漂洗要充分，可换水 1～2 次。	目的：洗去解离液，便于染色。
3. 染色：把洋葱根尖放进盛有质量浓度为 0.01g/mL 或 0.02g/mL 的龙胆紫溶液的玻璃皿中染色 3～5min。	染色时间不宜过长，否则显微镜下一片紫色，无法观察。	龙胆紫等为碱性染料，可使染色体着色。醋酸洋红溶液也能使染色体着色。
4. 制片：用镊子将这段洋葱根尖取出来，放在载玻片上，加一滴清水，并用镊子尖把洋葱根尖弄碎，盖上盖玻片，在盖玻片上再加一片载玻片。然后，用拇指轻轻地压载玻片，使细胞分散开来。	要弄碎根尖，再垂直向下均匀用力压片，不可移动盖玻片。	目的：使细胞分散，避免细胞重叠，便于观察。做得成功的装片，标本被压成云雾状。

续表

步骤	注意问题	分析
三、观察 1. 低倍镜观察：把装片放在低倍镜下，慢慢移动装片，找到分生区细胞。 2. 高倍镜观察：移走低倍镜，换上高倍镜，用细准焦螺旋和反光镜把视野调整清晰，仔细观察，找出处于细胞分裂期中期的细胞，再找出前期、后期、末期的细胞。	一定要找到分生区。 在一个视野里，往往不容易找全有丝分裂过程中各个时期的细胞。如果是这样，可以慢慢地移动装片，从邻近的分生区细胞中寻找。	分生区细胞特点是：细胞呈正方形，排列紧密，有的细胞正处于分裂期。

四、注意事项

(1)实验过程中，我们观察到的是不同细胞所处的不同细胞分裂时期，是静态的图像，由于细胞已经在解离时被杀死，我们不可能看到细胞分裂的动态过程。

(2)取洋葱根尖材料时，应该在洋葱一天之中分裂最活跃的时间，一般在上午11点左右，同时，要等根尖长到1～5cm时才能切取，切取的洋葱根尖长度是2～3mm，此时根的长势最佳，细胞分裂最旺盛，容易找到不同时期的分裂图像。在剪取前要用35℃左右的温水浸泡一小时左右。

(3)切取洋葱根尖2～3mm，这个长度要从根的顶端(根冠)开始算起(向上的距离)，这个长度已将分生区包括在内。若长度过长，在低倍镜下寻找分生区就会很困难。

(4)解离充分是实验成功的必要条件。解离液能溶解细胞壁之间的中胶层物质，使组织中的细胞相互分开，便于最后制片时能被压成一薄层进行显微观察。解离液中酒精的作用是迅速杀死细胞，固定细胞内染色体的形态和位置；盐酸的作用是促进细胞之间的中胶层物质溶解，从而达到分离细胞的目的。解离时间不宜过短，否则根尖未充分解离，压片时细胞分不开，细胞重叠；也不能太长，否则使根尖过分酥软，无法进行漂洗和染色，且染色体成分被破坏。

(5)漂洗的目的是去除根中多余的解离液，以免影响染色。

(6)控制染色时间，时间太短染色体不能完全着色，时间过长则使细胞核等其他部分充满染色剂无法分辨染色体。

(7)压片时用力要恰当，过重会将组织压烂，过轻则细胞未分散。

五、参考课本中图，用2B铅笔绘出洋葱根尖细胞有丝分裂各个时期的示意图。

附件 2

补充资料

有丝分裂 有丝分裂(mitosis)，又称做间接分裂，由 W. Fleming 于 1882 年首次发现于动物及 E. Strasburger 在 1880 年发现于植物。特点是有纺锤体染色体出现，子染色体被平均分配到子细胞，这种分裂方式普遍见于高等动植物(动物和高等植物)。是真核细胞分裂产生体细胞的过程。动物细胞(低等植物细胞)和高等植物细胞的有丝分裂是不同的。

（后略）

九、课程创新

开放实验室综合课程，是尊重和满足学生个性化需求的课程，是对国家科学课程和普通实验课程的补充，面向不同层次的全校学生，学生可以在不同专题中自主选择。课程以理化生等实验学科为基础，主要依托实验室，分不同专题，专题下有各种主题实验，面向全校学生，让学生能够自主选择符合自己能力和水平的实验，让学生实验能力和科学素养得到提高。专题下的主题实验，有基础实验，主要是针对课本小实验，或实验改进；半开放实验，给学生主题，让学生进行探究；开放实验，给学生范围，进行探究实验；自主实验，让有能力的学生自选方向和研究问题进行探究。

课程评述：

开放实验室综合课程以学生为中心，能够满足学生个性化需求，激发学生的学习积极性，培养学生的创新意识，提升学生的创造力，是一门能够让全校学生接受并喜爱的课程。

北京市海淀区教师进修学校附属实验学校的开放实验室综合课程的实验设置多样化，难易安排合理，目标明确，评价体系健全，可行性强，可满足不同学生的需求。

主题实验以专题形式设置，能够满足不同层次学生的需求，让学生依据自己现有的水平进行自主选择。多样的主题实验，从基础到自主，难易安排合理，扩大了选择范围，让学生能够进行探究式学习，充分调动学生的学习积极性。

全程的评价体系，能够将实验结果反馈给老师和学生本人。老师依据反馈信息个性化地了解学生在实验过程中所遇到的问题，做到因材施教。学生在各种主题实验中充分发挥自己的主观能动性，学有所获，能力得到锻炼，科学素养得到提高。

课程的实验体验培养学生严谨的科学思维、谨慎的科学态度，提升了学生发现问题、解决问题的能力，为学生提供了发展和探究的平台。

（胡勇　首都师范大学副教授）

校园科普活动课程

中国人民大学附属中学

一、开发背景

2006年北京青少年科技俱乐部联合试点中国人民大学附属中学开始进行"校园科普活动"试点实验，该项目的负责人是王绶琯院士。2008年6月在北京青少年科技俱乐部王院士的指导下，人大附中形成课程研发团队，对校园科普活动课程进行研发，并于2008年9月在八年级将其开设为必修课程。围绕"校园科普活动"的目的和意义，在八年级开设必修课，实践"一个班，一个学期，一个课题，一套展板，一次报告"的过程，用科普的方法培养学生关注科学、热爱科学、传播科学的精神，同时提升搜集处理信息等多方面能力及团队合作意识。2010年北京市海淀区教师进修学校承担科技部课题"中小学科学探究学习与创新人才培养实验研究"子项目"中小学创新人才的区域培养机制研究"。其中，以人大附中"校园科普活动"为案例进行"区域创新人才培养教育模型的探索与实践"子课题研究。希望借助课题研究的平台，在已有课程实践基础之上，对已有的课程资源进行总结和提升，进一步完善明确课程建设的目标、完善课程方案和内容、发掘课程的特色。

二、课程性质

科学素质是公民素质的重要组成部分。公民具备基本科学素质一般指了解必要的科学技术知识，掌握基本的科学方法，树立科学思想，崇尚科学精神，并具有一定的应用它们处理实际问题、参与公共事务的能力。提高公民科学素质，对于增强公民获取和运用科技知识的能力、改善生活质量、实现全面发展，对于提高国家自主创新能力、建设创新型国家、实现经济社会全面协调可持续发展、构建社会主义和谐社会，都具有十分重要的意义。

提高全民科学素质是国家的重要战略举措。在现有的中学教育中，随着素质教育的推进，各学科都很注重培养学生的创新探究意识和解决实际问题的能力，但缺少培养学生科学素养的专门的科学课程。校园科普活动课程是在王绶琯院士提出的校园科普活动课程理念指导下设计的，是作为全民科学素质教育的一个实验而设计的初中科普教育课程。王院士认为：几千年的科学知识传授已经形成了行之有效的方法体系，但是，校园科普课程属于素质教育，需要建立一个新的方法体系，在以知识为载体的基础上，更加关注能力体系的训练和科学素养的提升。换言之，"校园科普活动"不是讲授科普知识，也不是做科学研究，而是老师和学生一起"学做科普"。这个层次的科学素质教育应当是普遍培养学生尊重科学的习惯、理解科学的能力和关心科学的感情。

"校园科普活动"是一种科普教育，教学生"学科普、做科普、体验集体创作精神"，用的方法是"科普实践"、有别于一般教学方法。在初中阶段设置"校园科普"这样的科学课程充分体现了"以学生的发展为本，全面提高学生科学素质"的原则，将有利于每一个学生科学素质的培养和提升。

三、课程设计与实施

基于课程的原有基础，在课题组专家的指导下，我们对校园科普活动课程进行了总体设计。包括以下几个方面。

（一）课程要素

首先确立了基于创新人才培养的科技类校本精品课程构成要素（见表1）。

表1　基于创新人才培养的科技类校本精品课程构成要素

构成要素		说明
1. 课程整体设计	1.1 课程总体定位和课程目标 1.2 单元及课时规划及教学目标 1.3 评价设计	1. 课程目标除了原定的课程目标，要体现创新能力培养要素 2. 单元及课时规划中要含有核心教学活动设计，教学目标要与课程目标匹配 3. 评价设计要体现创新能力发展

续表

构成要素		说明
2. 课程内容	2.1 主题及相应的课程内容 2.2 课程资源(参考书目、网站等)	课程资源以参考文献的形式呈现
3. 单元及课时教学设计	3.1 课时及单元教学设计 3.2 课时教学课件 3.3 课时和单元教学录像	1. 教学设计需要包括:教学目标、教学内容、教学方法、教学过程,教学过程包括教师活动、学生活动、设计意图,设计意图要体现创新能力培养要素 2. 提供部分典型课例的教学录像
4. 教学反思	4.1 教师教学反思 4.2 集体教学研讨实录 4.3 专家点评	1. 教师教学反思包括教学策略及其使用效果、教学设计改进的过程、进一步改进的建议 2. 集体教学研讨和专家点评: ①最好与教学录像内容相匹配,并能体现对教学录像的多元分析 ②对该校本课程教学实施中的共性问题进行专题研讨
5. 核心教学问题研究	5.1 核心内容的教学关键问题 5.2 解决教学关键问题的重要策略 5.3 教学问题解决的案例实录片段	1. 与3、4两项整合进行,以研究论文的形式呈现
6. 学生学习档案	6.1 典型的学生作业或作品 6.2 典型的学生学习体会 6.3 典型的学生学习访谈实录	1. 反映学生的学习过程 2. 体现学生创新能力的发展
7. 课程开设条件清单	7.1 课程开设所需硬件条件:场地、设备等 7.2 课程开设所需软件条件:对教师的要求	

(二)课程总体设计及课程目标

校园科普课程以科学时事或大众关心的科学问题为选题，经"认识选题、明确任务；制作文稿、呈现观点；团队合作、打造精品；形成成果、展示汇报"四个阶段，以制作科普报道稿、制作展板、举办科普报告会和校园科普活动日等为任务驱动，老师和学生一起学做科普。

以上的课程设计，旨在通过学生亲自参与做科普的过程，得到科学素养的熏陶与培养。

课程的总体目标：

1. 在制作科普报道稿及展板过程中，提升收集和处理信息的能力、逻辑思辨的能力、沟通与表达的能力；

2. 增强团队合作的意识，提高团队协作的能力；

3. 提升"关注科学、热爱科学、传播科学"的能力和素养；

4. 举办"校园科普活动日"，在校园里形成"学科学、爱科学"的自觉和风尚；

5. 在"学做科普"的过程中，培养创新思维、创新能力和创新人格。

通过对创新能力要素的分析，发现"校园科普"在知识与技能、创新思维、创新人格等方面与创新人才培养有着很多共同的目标，为"基于创新能力培养的'校园科普'精品课程资源建设"课题研究提供了相当好的基础条件。

表 2　创新能力要素与校园科普课程目标对应表

维度	内容	要素
知识与技能	事实性知识	**正确把握事实**　校园科普活动要求学生以科学事实为基础，对信息进行甄别、提炼和加工，再通过各种方式呈现。
		注意事物的细节
	概念性知识	**用自己的语言表述概念**　校园科普活动要求学生以自己的方式呈现和传播科普知识，语言的表达是其中重要的方面。
		形成完整的知识结构　校园科普活动要求学生通过收集、整理资料、小组讨论分析，形成完整的知识框架，才能向别人普及。

续表

维度	内容	要素
知识与技能	基本技能	科学探究能力 （发现问题、提出假设、搜集和分析资料） 校园科普活动在锻炼学生搜集信息和分析资料的能力方面作用突出。从科普报道文稿的制作，到科普 PPT 及展板的制作，都需要学生收集、分析、甄别、选择资料。
		设计制作能力 （设计方案、搭建模型、测试和完善作品） 校园科普活动是一项以学生的创造和制作为主的活动。呈现方式的设计、制作和完善、交流贯穿了这门课的始终。
创新思维	逻辑思维	对事物进行归纳、比较和分类
		根据事实做出正确判断　面对网络、报纸、杂志等多种知识载体，如何做出取舍和判断是科普活动要求学生掌握的一项基本能力。
	形象思维	**提出新颖、独特的想法**　科普报道文稿的制作在题目和文字的选择、版面的设计都需要学生有自己新颖、独特的创意。科普活动的呈现方式也是多样化的，鼓励学生发挥想象力和创造力，做出新颖别致的作品。
	灵感和顿悟	快速做出反应，有较强的顿悟能力校园科普活动有助于锻炼学生的反应能力。例如在科普报告大会上，有演讲人现场回答问题的环节，需要学生快速思考并组织语言作出解答。
创新人格	认知特征	**实事求是，不盲从、不迷信**　校园科普活动首先立足于事实和科学，要求学生实事求是，尊重科学和事实。
		兴趣广泛，愿意接受新经验
		能接受不确定性，尊重反面意见　校园科普活动后期主要以小组为单位来设计、制作科普作品，如幻灯片、展板等。组内的协商、讨论，统一意见，甚至还要接受反面意见，组内成员行动一致，齐心协力，才能完成作品。
	情感特征	**有较强的自信心**　校园科普活动要求学生通过各种方式来宣传科普知识，如制作科普报道稿在班级交流展示、开科普报告会演讲、制作展板在科普宣传日向大家讲解等，这对学生培养自信心、认可自己和团队的成果，进而认同自我都很有帮助。

续表

维度	内容	要素
创新人格	情感特征	**有强烈的社会责任感** 科学普及是一项面对全民的科学教育，惠及大众。"关注科学、热爱科学、传播科学"是课程的宗旨，要求学生有强烈的社会责任感和积极正确的态度，要有坚持不懈的决心和无私奉献的精神。
		乐观面对困难和挑战 校园科普活动是一项动手、动脑、动嘴的活动，不论是面对科普文稿及展板的制作中出现的问题，还是小组讨论合作中出现的争执，以及在科普宣传中别人的不认同，都要学生积极乐观地面对，并解决问题，达到科普宣传的目的。
	行为特征	**既追求理想，也能适应现实** 校园科普活动的作品凝聚了每个学生的创意与劳动，也是集体智慧的结晶，通过探讨、争执、协商到达成一致意见，协同合作，体现了学生追求完美的态度，在科普宣传中他们也能针对宣传对象做出适当的修改。
		能做到自我管理，能与他人合作 校园科普活动主要是团队协作的活动，在团队中与人沟通协商，尝试达成共识。同时在完成自己分工的任务时也要踏实认真，精益求精。
		敢于打破常规，并能坚持不懈

（三）课程的重点、难点和创新点

1."校园科普活动"是以能力训练和科学素养提升为重点的课程，其重点在于：

（1）信息的收集、甄别、筛选和运用

现在是网络信息时代，对于某个话题，学生可以在网上轻而易举地搜集到海量的相关信息。但在繁杂的信息当中，不免有错误的、或与主题关系较为疏远的信息，于是学生能够正确把握事实，甄别、筛选出与自己课题密切相关的、科学正确的信息就格外重要。对于搜集到的资料，学生不能照抄照搬，必须要加以分析、整理，在理解的基础上，用自己的语言加以表述，才能制作出自己的一页纸的科普报道稿。

（2）团队合作意识的培养

在整个校园科普活动中，学生组成团队是活动的主要方式。学生们在团队中不断与人沟通协商，尝试达成共识，最终完成任务、展示成果。当然学生们在完成自己分工的任务时也要踏实认真，精益求精。在这个活动课程的设计中，特别强调了激发学生们的参与感和成就感，因而活动中的"团队合作"就成为核心内容的教学重点之一。

(3)科学表达与呈现设计

"初中校园科普必修课程"的目的之一是提升学生"关注科学、热爱科学、传播科学"的能力和素养。在学生能够很好地了解选题、将科普知识内化成为自己知识系统的一部分后，如何更好地传播科学则是科普课程最重要的一件事情。在这里科学的传播以各种方式呈现在我们面前，如科普报道稿、演讲、展板及其他自由创意等形式。不论哪一种形式，呈现的内容是不是丰富合理、逻辑清楚，语言是不是科学准确，甚至是学生展示自己作品时的站姿、表情、与他人交流的眼神、语速的快慢等等，都需要我们的老师随时加以关注和指导。通过多种形式的表达与呈现，实现班与班之间、年级与年级之间乃至全校范围内的互动，营造科普氛围。

2."校园科普活动"的难点在于：

(1)课堂的组织与实施如何做到"一个都不能少"，即人人参与，积极参与。

(2)展示汇报阶段即"校园科普活动日"大型活动的策划与组织。

3."校园科普活动"的创新点在于：

(1)学生体验"学做科普"的过程不是在课下而是以必修课的形式推进的。因此，课堂就不是简单的老师讲、学生听的过程，而是老师和学生一起来做科普，在此过程中学生通过实践学会如何处理资料、怎样进行版面设计、演讲时要注意哪些问题、怎样把自己的观点表达清楚等等，在做的过程中得到锻炼、受到熏陶。改变了原有课堂的方式，学生成为课堂的真正主人，而且每一个经历八年级的学生都上过这门课，有利于实现"提高全民科学素质"。

(2)在"初中校园科普必修课程"的实施过程中，特别关注了创新思维、创新能力和创新人格的培养，为培养社会需要的创新人才奠定了基础。

(四)课程内容

作为课程内容的选题以科学时事或大众关心的科学问题为主。通过一个学期对一个选题的深入讨论，学生在对该选题的知识内容内化的基础上能进行表达呈现，锻炼能力的同时，也提升了"了解科技发展、关注生态环境、学会健康生活"等意识和能力。选题内容的原材料是从书刊中选取或由教师自己编写的科普文章。教师按照"校园科普"规定的规范，把文章内容"加工"成为由规范化的"讲演文"、"参阅条目"和"辅导步骤"组成的"校园科普辅导材料"。选题内容设计的核心按照"是什么"、"为什么"、"会怎样"和"怎么办"分为四部分，即"事件、原因、影响和措施"。这样就能基本讲清楚一件事。

目前我们已经有近 10 个比较成熟的选题：

1. 我们的草原怎么了

2. 该给地球退烧了

3. 从 SARS 到禽流感

4. 中国的水资源危机

5. 濒危动物保护

6. "多莉"的诞生

7. 认识抗生素

8. 食品添加剂

9. 地球之肾：湿地清洁新能源

选题摘要——以"中国的水资源危机"为例

第一部分：中国的水资源概况

1. 地球上可利用的淡水资源是极其有限的

2. 我国的水资源概况

(1)人多水少，水资源严重短缺——我国人均水资源量不足 2200 立方米，仅为世界人均占水量的 1/4，世界排名 110 位，被列为全球 13 个人均水资源贫乏国家之一。我们要用占世界 6％的淡水资源去养活占世界 22％的人口。

(2)地区分布不均，水土资源不相匹配——南方水多，北方水少。

(3)年内年际分配不匀，旱涝灾害频繁。

3. 北京的水资源状况

北京市人均水资源占有量不足 300 立方米，是全国人均水资源量的 1/8、世界人均水资源量的 1/30，远远低于国际人均 500 立方米的极度缺水下限。北京属极度缺水地区！

第二部分：水资源危机的原因

1. 人口增加、经济发展对水的需求越来越多——海河流域是中国最为缺水的地区，人均只有 293 立方米。同 20 世纪 50 年代比，这些年人口增加了一倍，灌溉面积增加了 6 倍，GDP 增加了 30 多倍，使得总用水量增加了 4 倍，大大超过水资源的承载力。

2. 水资源污染波及全国——据调查，目前中国有三分之一的河流、湖泊受到严重污染，有 90％以上的城市水域受到不同程度的污染，几乎所有的农村地区正在遭受饮用水不安全因素的威胁。

3. 用水效率低——城市生活和工农业用水都存在大量的浪费。工业用水重复利用率远低于先进国家 75％的水平。

4. 过度开发地下水——地下水超量开采的直接后果是地下水位持续下降，漏斗范围不断扩大。

水危机的原因主要是人为因素造成的。

第三部分：水的作用和影响

水是生命和自然的创造者，是地球上形成奇峰异景的地貌雕塑家，是气候环境的调节器，同时它也在经济社会发展中发挥着重要的地位和作用。

1. 水是农业的命脉

2. 水是工业的血液

3. 水与能源交通

没有水的地方人就不能生存。水资源危机影响着工农业生产，影响着经济建设，影响着城市发展，甚至影响着每个人的身体健康和日常生活。

第四部分：缓解水危机的措施

1. 加强水资源管理——水资源属于国家所有，必须要加强管理、统筹兼顾。

2. 调节水源流量，增加可靠供水——建造水库、南水北调、污水治理……增加可靠供水，还可以利用海水淡化技术、合理利用地下水等。

3. 减少浪费，提高水的利用效率——如果我们把全国工业用水的平均重复利用率从目前的 20％提高到 40％，每天可节水 1300 万吨，相应的节省供水工程投资 26 亿元，节水量和经济效益都是相当可观的。

4. 树立惜水意识，注重节约用水——节水要从爱惜水做起，养成人人爱护水，时时、处处节约水的好习惯。

本课程以"中国的水资源危机"这一选题为载体，学生以小组合作学习的方式，通过查找资料、小组讨论、制作演示文稿和展板、交流汇报等环节，了解选题内容，讲清楚关于中国水危机这件事的几部分：中国水资源危机状况如何？原因何在？有什么影响？怎样应对？等，最后以给年级同学宣讲展板内容和做科普报告的形式呈现学习成果。学生在体验学做科普的过程中，锻炼科学表达等多种能力，增强团队合作的意识，提升关注科学、热爱科学和传播科学的精神。

（五）教学设计模式

教学设计分为阶段教学设计和课时教学设计两种。本课程共分四个阶段，包括 36 课时，每个阶段的任务、课时及内容简介如下：

阶段名称	课时	单元内容简介
认识选题，明确任务	2	了解课程明确任务，介绍选题内容
制作文稿，呈现观点	13	初步了解选题，学习用自己的语言科学地表达，制作科普报道稿
团队合作，打造精品	14	以组为单位完成展板和 PPT 制作或其他作品
形成成果，展示汇报	7	举办科普报告会和展板展示交流活动

阶段教学设计模式

◆阶段教学目标

1. 知识与技能：

2. 过程与方法：

3. 情感、态度与价值观：

◆课时规划

主要内容	课时	核心教学活动

课时教学设计模式：

教学的基本信息			
课题			
阶段			
教学内容分析及学习者分析			
1. 教学内容分析 2. 学习者分析			
教学目标			
知识与技能： 过程与方法： 情感、态度与价值观：			
教学重点和难点			
重点： 难点：			
教学流程示意			
目标　　　教学素材　　　学生活动			
教学过程			
教学环节	教师活动	学生活动	设计意图
板书设计（可选择）			
教学反思及改进措施			
特别关注			
对教学条件的要求： 教学组织与实施中的难点： 学习资源：			

（六）教学设计案例实施

阶段教学设计——以"中国的水资源危机"选题为例。

第一阶段：认识选题，明确任务

◆阶段教学目标

1. 知识与技能：

(1)认识课程，明确任务。

(2)了解"中国的水资源危机"这一选题的四个部分：现状、原因、影响和措施，引导学生正确把握事实。

2. 过程与方法：

学习获取有效信息途径和方法。

3. 情感、态度与价值观：

激发兴趣，调动学生参与的积极性。

◆课时规划

主要内容	课时	核心教学活动
课程引入和介绍	1	1. 观看视频"人大附中校园科普活动" 2. 介绍校园科普活动课程 3. 引导学生讨论"校园科普活动"与以往参加的科普活动有什么不同？ 4. 讨论明确为什么要开设这样一门课程
选题简介	1	1. 新闻图片引出话题：中国的水资源危机 2. 视频：中国水资源危机的几个方面 3. 针对以上几个方面，讨论、介绍出现水危机的原因和影响以及应对的措施

第二阶段：制作文稿，呈现观点

◆阶段教学目标

1. 知识与技能：

(1)通过阅读演讲文和条目，找到自己的兴趣点，进行提炼和概括。

(2)通过查阅资料，对获得的信息进行筛选、整理，进一步认识选题。

(3)学习用自己的语言表达选题内容。

2. 过程与方法：

(1)学习使用 Word 编辑器制作科普报道稿，锻炼科学表达的能力和电脑制作技能。

(2)通过科普报道稿展示及点评和提问环节，锻炼学生传播科学的能力，学习评价交流方法。

3. 情感态度与价值观：

(1)在科普报道稿展示过程中，培养学生的自信心。

(2)通过与科普专家的交流互动，增强传播科学的社会责任感。

◆课时规划

主要内容	课时	核心教学活动
了解选题内容	4	1. 阅读演讲文和条目 2. 问题讨论与梳理 3. 资料搜集与筛选 4. 科普报道稿文稿撰写
制作科普报道稿	4	1. 优秀科普报道稿展示及学习 Word 编辑器的使用 2. 使用 Word 编辑器制作科普报道稿 3. 科普报道稿评议与修改
科普报道稿展示汇报	2	1. 学生展示汇报 2. 练习点评和提问
总结与点评	1	颁奖总结
专家科普报告	2	听报告，与专家交流互动

第三阶段：团队合作，打造精品

◆阶段教学目标

1. 知识与技能

在深入了解选题内容的基础上，撰写演讲稿，用新颖、独特的想法讲清楚一件事情。

2. 过程与方法

学习设计并制作展板和 PPT，呈现选题内容，锻炼交流表达能力、设计制作能力等。

3. 情感、态度与价值观

以组为单位制作展板和 PPT，培养学生与他人合作的意识以及乐观面对困难和挑战的精神。

◆课时规划

主要内容	课时	核心教学活动
分组与任务布置	2	1. 分组 2. 小组宣言 3. 布置任务 4. 小组分工
分组制作展板与PPT	12	1. 展板设计与演讲稿撰写 2. 展板文稿撰写与 PPT 制作 3. 展板制作与 PPT 制作 4. 演讲组班内预演 5. 展板制作与 PPT 修改

第四阶段：形成成果，展示汇报

◆阶段教学目标

1. 知识与技能

通过科普报告会及展板展示互动活动，全面展示对选题的认识和理解。

2. 过程与方法

通过科普报告会及展板展示互动活动，学习科普演讲的技能。

3. 情感、态度与价值观

通过科普报告会及展板展示互动，培养学生传播科学的自信心和责任感。

◆课时规划

主要	课时	核心教学活动
展示汇报与评价交流	6	1. 展板组互换讲解 2. 自由展示与评奖 3. 科普报告会与颁奖 4. 展板展示互动——校园科普活动日
总结与感悟	1	学生交流表达一学期以来的收获和体会

(七)教学核心问题研究

1. 信息的收集、甄别、筛选和运用

学生能够正确把握事实，甄别、筛选出与自己课题密切相关的、科学正确的信息格外重要。对于搜集到的资料，学生不能照抄照搬，必须要加以分析、整理，在理解的基础上，用自己的语言加以表述，才能制作出自己的一页纸的科普报道稿。

解决策略：

(1)要求学生搜集资料时尽量到专业网站查询，而不能盲目信从百度、谷歌等非专业网站上的信息。教师可以根据相关课题，给学生推荐几个专业网站或书籍，如做传染病的课题，可推荐学生上"中国疾病预防控制中心"。

(2)教会学生如何设定搜索关键词。学生搜集资料时，搜索的关键词如果定得过大，就会搜到太多信息与之相关，难以筛选和取舍。搜索时，问题一定要细化，如把"传染病"作为关键词就不合适，而应设定为"病原体"、"传染病的传播途径"、"免疫接种"等细化问题。

(3)教会学生如何分析、整理已有的演讲文。要想学生能够设定恰当合理的搜索关键词，必须基于对题目有一定的了解，所以教师可以先带着学生做个训练，找个相关的小文章或演讲文里面挑选出一段，带领大家一起阅读。标出每个段落的关键词、主题句，总结出主要内容，并填写表格，记录以下内容：①从资料中已获得的信息；②资料中有，但难以理解的关键词、句；③资料中没有，但我还想知道的信息。通过这种训练，教会学生如何有效阅读文章、提炼信息，并为后面有针对性地搜集资料奠定了基础。

(4)引导学生不能照抄照搬，而应在理解的基础上，用自己的语言加以表述。注意语言表述不能过于生活化，要科学、严谨。

(5)鼓励学生将一段文字转化为一个图(自己画流程图等)，或将一个图用自己的语言表述整理成一段文字。锻炼学生理解资料，语言表达或运用的能力。

2. 团队合作意识的培养

校园科普活动课程是一门科普教育课程，教学生"学科普、做科普、体验集体创作精神"，用的方法是"科普实践"，有别于一般教学方法。在这个活动课程的设计中，特别强调了激发学生们的参与感和成就感，因而活动中的"团队合作"就成为核心内容的教学关键问题之一。

在整个校园科普活动中，学生组成团队是活动的主要方式。学生们在团队中不断与人沟通协商，尝试达成共识，最终完成任务、展示成果。当然学生们在完成自己分工的任务时也要踏实认真，精益求精。

解决策略：

(1)形成学生团队

形成学生团队的基本原则是自愿，方式可以有以下几种。

一种是在课程刚开始就安排学生组成团队，学生们根据平时的交往自动形成小团队，团队形成之后，在各种活动中不断磨炼，增强团队的凝聚力，在课程的第三阶段根据团队中的学生意见接受任务。这种学生团队的特点是形成早，每个学生在整个课程中总保持在同一个团队中，学生的归属感较强，因而团队意识较强。

另一种团队是在课程的第三阶段才开始形成的团队。在课程进行的前两个阶段，学生不用形成团队，每个学生独立完成课堂任务。根据前半段的学生表现，在第三阶段开始时，可以发挥某些学生的特长，以这些学生为骨干，由他们组织形成团队。然后以团队为单位接受任务。这种团队的特点是形成的时间虽然较短，但是团队活动的目标明确，因而活动的效率较高。

还有另一种团队的形成方式。在课程开始之初，就在老师的指导下形成大约 4 人的小团队。团队成员只负责第二阶段的任务，即完成科普报道稿的撰写任务。当课程进入第三阶段之后，学生可以再次形成新的团队，接受第三阶段的任务。这种团队的特点是在课程中，学生可以参加不止一个团队，因而可以与更多的同学交流、协商、合作，更充分地锻炼学生的合作能力。

(2)增强团队意识

团队是学生活动的基础。在活动中要不断增强学生的团队意识。

首先，在团队形成之初，就有"小组宣言"这个环节。这是小组的第一次活动，一定要全员参与，最好有小组宣言的设计稿，展示时能有每个学生发言的机会。

其次，在团队形成后，争取每次堂课上都能够有一定的小组活动的时间。只有充足的团队活动时间，有目的、有组织的团队活动，团队意识才能不断增强。

再次，争取每次团队活动之后，都安排一定的评比，可以是团队内部成员之间的表现评比，也可以是各个团队之间活动状况的评比。在评比中增加学生对自己的团队的认同感。

最后，每个团队的负责人很重要。在活动中，特别要重视团队负责人的责任意识的培养。当然这种责任意识是在团队活动中不断锻炼出来的。

（3）加强团队合作

在课程进行中，学生组成的团队是学生活动的主要方式，但是，班级也是学生们参与的一个基本的团队。在课程的最后展示阶段，学生的成果实际上是以班级为单位展示的。所以，在班内的各个团队之间，还要强调团队之间的合作。其实，班级中的"特长人才"不是某个小团队的"私有财产"，他们更应该是能够在各个团队之间"共享"的"公共财富"。不同团队之间的创意也是可以借鉴的。这些都可以逐步地提示学生们，这样才能使学生在活动中更广泛地体会到沟通、合作的乐趣。

3. 科学表达与呈现

科普展示汇报是"校园科普活动"的最后阶段，也是最精彩的阶段。每个班的课题汇报小组将代表本班向全年级学生做科普展示汇报，同时解答听众的提问，专家组要对他们的演讲进行点评。

解决策略：

在这个阶段，学生们要解决好两个问题：第一是如何能逻辑清晰，语言简明地传达一个科学话题。为此，我们要求学生提前写出演讲稿，逐字逐句进行修改，并在小组和班内进行试讲演练，由此来训练学生的演讲技巧和科学表达能力。试讲时由本班同学提问和点评，学生评委提出的问题往往具体又尖锐，督促着汇报小组加强对课题的深入了解及对细节的关注，在最后科普报告大会上，也安排有演讲人现场回答听众和评委问题的环节，需要学生迅速思考并组织语言做出解答，锻炼了学生快速反应和较强的顿悟能力。

学生要解决的第二个问题是：如何能让自己（或本班）的演讲最精彩，最吸引听众。为此，学生都精心制作自己的PPT，新颖的标题，精美的图片，简洁明了的文字，在"我们的草原怎么了"课题组，还配上了优美的草原音乐，来展示草原之美，呼吁保护草原。为了更生动地表现课题内容，一些计算机水平较高的学生还制作了 Flash 动画来辅助演讲，例如温室效应的原理，气候变暖对洋流的影响，过度放牧等，每一份 PPT 都是学生创造力和动手能力的体现，他们表现出来的技能和想象力让评委专家赞叹。

为鼓励学生发挥想象力和创造力，做出新颖别致的作品，我们还特别设置了自由创意组，为学生提供更广阔的表现空间。自由创意组的学生呈现出的作品同样丰富多彩，别具一格。在《太阳活动》课题组，有一组学生设计了一副"太阳"科普扑克牌，每一张牌上都画有关于太阳的科普小漫画以及简要文字介绍，一共 54 张，张张精美却各不相同，表现出了很高的想象力和创造力，还有学生为本班课题设计调查问卷和宣传海报，学生们还为"校园科普活动课程"设计了徽标等。

总之，在最后的科普活动展示阶段，多样的展示方式强烈地激发了学生的参与感和成就感、训练了学生的逻辑思维和表达能力，充分发挥了学生想象力和创造力。

四、课程实施效果

"校园科普活动"是作为全民科学教育的一个实验而设计的初中科普教育课程。这个层次的科学素质应当是普遍培养学生尊重科学的习惯、理解科学的能力和关心科学的感情。在校园里可以表达为"学科学、爱科学"的自觉和风尚。

在现有的初中教育中，随着素质教育改革的推进，各学科都很注重培养学生的创新探究意识和解决实际问题的能力，但缺少培养学生科学素养的专门的科学课程。在科学技术快速发展的今天，培养学生关注科学、尊重科学和理解科学的意识和能力不容忽视。在初中阶段设置"校园科普"这样的科学课程将有利于每一个学生科学素质的培养和提升。正是基于这样的考虑，刘彭芝校长决定在人大附中尝试开设"校园科普活动"必修课，以课程的形式推进。每位学生学习半年时间，每周 2 课时，实践"一个班，一个学期，一个课题，一套展板，一次报告"的过程，通过制作科普报道稿、展板、演讲等环节培养学生"关注科学、热爱科学、传播科学"的精神，同时提升创新能力、搜集处理信息等多方面能力及团队合作意识。

在"校园科普活动"这门课上，同学们经历了新颖的上课形式和与以往不同的评价方式，而作为任课教师，经历了学习、探索的过程，体验了和学生一起做一件事的辛苦和快乐。经过几年的探索与实践，"校园科普活动"这门课程逐渐成熟。

(一)专家评价

人大附中校园科普课程实施以来，逐渐为相关专家、各联合运作组基地校同行所接受、认可。尤其是在"校园科普活动日"的活动中，成果呈现的方式和学生精彩的表现都得到了专家们的一致好评。

比如校园科普课程的展示汇报阶段是整个课程的一部分，通过一个学期的创制与准备，学生将通过展板、演讲等方式呈现研究成果，形成班级内部、班级与班级之间的互动，最终营造校园内的科普氛围。为了在全年级甚至全校的范围之内营造"学科学、爱科学"的气氛，锻炼学生做科普的能力，策划"校园科普活动日"主题系列活动，包括以下几个环节。

1. 展板展示互动

八年级的 16 个班将科普展板陈列在学校中心花园，同时给学生发放邀请卡参加互动交流，通过阅读展板内容、与展板制作同学的交流了解选题内容并进行有奖问答。此环节旨在调动学生参与的积极性，营造校园科普气氛，实现多班互动。

专家评价：今天最感人的就是展板互动环节，中心花园人密密匝匝的，学生热情地给路过的人讲解，非常自信。这么多年头一回感到真正有了科普的氛围，让我非常兴奋。

——尹冬冬教授

2. 科普报告大会

本学期开课的 8 个班级对全年级学生做科普交流汇报，在综合楼四层以及图书馆二层两个会场同时举行。组织专家点评、现场互动和颁奖仪式。此环节是校园科普活动课程的最后一个阶段，这既是本学期科普活动成果的展示，同时通过交流汇报达到传播科学、营造科普氛围的目的。

专家评价：学生有创造力、想象力，而且很准确。

——王绶琯院士

3. 与专家交流互动

本学期开课的 8 个班同学代表需要对着展板向专家讲解本班课题并

接受专家的提问。此环节由专家来检验学生对选题的掌握情况，并对制作过程等做进一步了解。

专家评价：学生态度认真、内容表述清楚、结构安排合理、目标已经达到。

——陈佐忠教授

(二)教师感悟

在课程实施过程中，课程研发团队由最初的 5 位老师增加到目前的 13 位，这些教师来自不同学科、不同学段，各自选择不同的选题和学生一起体验学做科普的过程。

校园科普活动课程教师团队

序号	姓名	专业	学历	分工	选题名称
1	张冬梅	生物	本科	项目负责人	中国的水资源危机；我们的草原怎么了？
2	刘瑾	地理	本科	负责相关选题	该给地球退烧了
3	孙欣	生物	硕士	负责相关选题	食品添加剂；克隆羊"多莉"
4	韦小宁	地理	硕士	负责相关选题	地球之肾——湿地
5	齐文静	生物	硕士	负责相关选题	濒危动物保护
5	梁慧媛	生物	博士	负责相关选题	空气污染
6	宋占军	生物	硕士	负责相关选题	克隆羊"多莉"
7	李志刚	物理	硕士	负责相关选题	风能
8	李杨	物理	硕士	负责相关选题	清洁能源
9	严璐	生物	博士	负责相关选题	濒危动物保护
10	葛晓	生物	博士	负责相关选题	食品添加剂
11	姜茜	生物	博士	负责相关选题	濒危动物保护
12	李文莉	生物	本科	负责相关选题	中国的水资源危机
13	范克科	生物	本科	课题联系人	

老师们经过几轮的课程实践，由最初的科普门外汉成长为在这方面有发言权的教师。老师们对这门课程的效果有自己的见解。

1. 学生是这门课上真正的主人

"校园科普活动"通过展板制作和科普演示来激发学生的参与感和成

就感、训练学生的逻辑思维和表达能力、启发他们追求知识的自觉、发掘他们的探索能力和创造能力;它通过集体创作来培养学生切磋合作的团队精神,设置充分的辅导课时来做到"因人施教"、把辅导落实到每一个学生。

"校园科普"这门课与学校设置的其他课程不同,它是通过"课堂"这个载体来实现"教学生做科普"的过程。既然这样,课堂就不是简单的老师讲、学生听的过程,而是老师和学生一起做一件事情的过程,在此过程中学生通过实践学会如何处理资料、怎样进行版面设计、演讲时要注意哪些问题、怎样把自己的观点表达清楚等,在做的过程中得到锻炼、受到熏陶。

在"前言"一节课上,我是这样和学生说的:在"校园科普活动"过程中,你们是真真正正的主角,除了前两次课我需要给大家简单介绍一下课程和选题,其余的时间都是大家在做事情,老师是和你们一起做一件事情,在做这件事情的过程中老师是一个组织者,是你的参谋,还是一位欣赏者,欣赏你们的作品、欣赏你们的演讲、欣赏你们的合作、欣赏你们每一次有创意的发挥。

明确了课堂上的角色和地位,才好让学生变被动为主动,积极地投入到后面的实际工作中。

2. 教学过程体现学生的主体性

在"校园科普活动"的设计中,强调了激发学生们的参与感和成就感。要实现这一目标,老师在组织的过程中就要真正给学生留有足够的空间,调动每一个人参与的积极性,给每个人展示自我的机会。

制作科普报道稿并在班内进行交流是学生们首次阐述自己对选题的理解。在这个过程中,教师仅提出了关于字数的大概要求,而对于科普报道稿的形式、排版、色彩等都没有做规定,学生们发挥自己的创造性,从一开始对"科普报道稿"毫无概念,在互相学习和教师的引导下,都制作出了自己的报道稿。交流后的同学和老师点评也让演讲同学了解到演讲时声音、站姿,甚至与观众的眼神交流的重要性。

展板制作是这门课程的重要内容之一,教师在展板的形式上同样没有任何的限制和提示。学生在最初可能完全不知道该如何下手;但经过小组几次的讨论、策划,各组都逐渐形成了自己的思路,各个班制作出了风格各异、表现形式丰富的展板,表现出了他们的创意。例如汇报人体免疫系统的小组在整个展板上贴出了一个人的形状，然后以此为"标本"来介绍免疫系统。

最后的科普汇报展示活动更是体现出了学生们的创意和能力。他们制作的幻灯片在清晰表达所讲内容的同时，排版清楚，色彩搭配合适；并且形象生动，配有大量的图片以及音乐，在保证科学性的同时兼顾了艺术性和趣味性。而学生的演讲也反映出了他们对知识的熟练掌握和应变能力，以及"传播科学"即演讲的能力。这些优秀的表现是与这门课程中提供给学生专项的训练和充分的自我发挥空间分不开的。

我听，我忘记；我看，我记得；我做，我学到；我教，我掌握。——我们希望通过校园科普活动，不仅让学生体验做科普的过程，更重要的是在这样的过程中去培养和锻炼多方面的能力，去发现和感悟"培养尊重科学的习惯、理解科学的能力和关心科学的感情"的重要性，让"学科学、爱科学"逐步成为一种自觉和风尚。

3. 团队合作是学生完成任务的方式

在我们对辅导步骤的研讨中，最大限度地调动每个学生是最受关注的话题，怎样更好地实现这一目标呢？我们尝试利用团队合作的方式，全班分成8个小组，推荐一位有能力、负责任的组长，由组长在每个环节组织组员参与，这样就可以让每个人在组内更加受到关注。同时对小组的整体评价也会促进小组成员之间互相监督、互相帮助、互相促进。

在第一次课上，小组的集体亮相就是团队合作的开始。在小组宣言这个环节，各组用不同的方式来表达本组的优势、特点，还给小组起了一个响亮的名字，团队马上就形成了。之后的几次课上，用小组讨论、派代表向全班汇报的方式，给组内每个人展示的机会。制作展板、幻灯片，准备演讲稿更是小组合作共同完成的。在这样的过程中同学们懂得了学会倾听和尊重别人的意见，懂得了与别人沟通的重要性。

正如八(13)班许文睿说的：在校园科普课后半学期准备演讲的过程中，我主要的任务就是修改PPT和演讲稿，在这个过程中，我体会到了合作的重要性。在修改期间，经常有很多有分歧的地方，而为了解决这些问题，就需要组员之间不断地沟通，我并不是一个喜欢与别人交流的人，但我越来越发现随着工作的继续我十分有必要接纳别人的想法，与他人合作。在一组人合作的时候，虽然分歧多了，但只要大家都是为全组着想，进度、质量也就都提高了很多，虽然意见的不同会使改动更加频繁，但新的创意也正是在这一次次改动中出现的。如果没有一组人的合作，就不可能有我们组演讲的成功。

"老师，下学期该轮到我们来做校园科普了吧?"在校园科普汇报活动结束后，有学生这么问。是的，下学期我们将继续开设校园科普课，在校园里广泛开展科普宣传活动，让"学科学、爱科学"的氛围充满校园。

(三)学生感言

学生1：通过一学期的展板制作，我们对中国的水资源现状有了更深入的了解，并且在未来的生活中将倍加珍惜身边的每一滴水。制作展板的过程是十分艰难的，因为工作量很大，组员们不得不牺牲自己的休息时间加班加点，但是我们还是按时完成所有的任务，我们所有的创意与设计都代表了我们的努力，不论结果成败，这都是一种历练，是我们成长的见证，同时我们也为汗水所换来的所有成果而倍感骄傲。

学生2：校园科普课非常好玩，尤其是当你身在其中的时候，真是其乐无穷。

学生3：让我们懂得了更多的知识，学会了团结。

学生4：我觉得它让我知道了，想要获得成功，团队的配合和个人的拼搏是缺一不可的。

八(11)班王辛垚：通过这学期新开设的校园科普课，我们获得了许多新的知识，开阔了眼界，培养了对科学浓厚的兴趣，同时也促进同学们之间的团结互助。刚接触这门课的时候，也曾有过困惑和恐惧。为什么要开设这门课？站在大家面前演讲多紧张啊？随着课时的推进，我惊奇地发现，自己以前学的生物知识用上了，我对传染病的了解更深入了，我不再害怕站在舞台上，我还得了一个三等奖，心里比吃了蜜还甜。这门课唤起了我对科学的兴趣，真是太成功了!

八(13)班赵子轩：学期初，我了解到这学期将开设一门新课——校园科普，既新奇，也很兴奋。一个学期的过程中，有独立制作时浏览文章图片的迷茫与没有头绪，更有努力后做出一份精美的小报带来的满足；有与同学合力准备演讲一遍遍试讲、改稿的紧张与辛苦，更有站在台上受到专家表扬时收获的幸福与喜悦。最后，我想说的是：我爱这个课程。

五、课程评价

这是一门全新的课程，教学内容全新，评价体系和方式也全新，它应该是始终贯穿在教学过程中的，而且应该是积极的评价更有利于学生积极性的发挥。评价设计的原则是：过程性评价和终结性评价相结合、问卷评价和表现性评价相结合、自评和他评相结合。目前我们设计的评价有以下几个方面：

1. 过程性评价：在每次课上，对于表现突出的同学或小组要有记录，比如记一颗星，这样的记录体现学生平时的表现，可以作为学期成绩评定的依据。

2. 终结性评价：期末举办"校园科普活动日"，进行展板评比、科普报告会等活动，并由小组推荐评选"校园科普活动之星"、"突出贡献奖"、"传播科学奖"、"优秀科普报道稿"等奖项，对学生进行终结性评价，使学生受到表扬和激励。

3. 问卷评价：通过制定的问卷进行调查，对学生能力发展和科学态度的变化进行评价。

4. 学生感受与体会：学期结束后请学生交流自己的收获和感受，除了自我评价，还包括同伴评价、老师评价。

当然，老师通过观察看到的学生的行为变化也应该属于评价范围之内的，总之，我们尝试将各种有利于课程开展、有利于增进学生积极性的评价综合在一起，期望达到预期的效果。

六、课程的价值和意义

（一）对青少年"益智、养德"等方面的作用

校园科普活动课程通过展板制作和科普演示来激发学生的参与感和成就感、训练学生的逻辑思维和表达能力、启发他们追求知识的自觉、发掘他们的探索能力和创造能力；它通达集体创作来培养学生切磋合作的团队精神，设置充分的辅导课时来做到"因人施教"、把辅导落实到每一个学生。我们希望通过我们所做的尝试与努力，将来有越来越多的学校开设这样的科学课程，培养学生"关注科学、热爱科学、传播科学"的能力和素养，让每一个初中生都能享受到科学素质教育的权利。

（二）课程的推广和辐射作用

"校园科普活动"在人大附中已经实施了四年半的时间，这四年多的

时间里共进行了 9 轮实验（目前正在实施第 10 轮），共计 78 个教学班三千多人体验过这一课程，收到了很好的效果。目前本课程积累了一定的课程资源，包括：

1. 文本资源：课程设计的理念与思路分析、十个选题的演讲文和参考条目、各个阶段的教学设计、辅导步骤和评价方案、任课教师的辅导经验等。

2. 视频资源：上课录像、"展示汇报"阶段的录像、各选题相关视频。

3. 多媒体资源：教师用课件、学生汇报展示 PPT。

4. 学生作品：展板、科普报道稿、演讲文稿。

5. 人力资源：北京青少年科技俱乐部组织的专家团队、联合运作组定期召开研讨会，进行校级合作。

目前，《教学生做科普——校园科普活动资源》《"校园科普"精品课程开发与实践》两本书都已出版。固化下来的这些资源可以供其他学校和老师参考使用。

"校园科普活动"是学校科技教育课程化的尝试，2010 年开始作为精品课程案例参与海淀区教师进修学校罗滨校长的"中小学创新人才区域培养机制研究"的课题研究，以期最终达到优化课程、辐射推广的目标。我校于 2012 年 2 月 28 日在天津参加科技部"创新人才培养"项目交流活动，教师做题为"校园科普精品课程资源建设研究与实践"报告，受到与会者好评。目前，中国人民大学附属实验中学分校也在用此方案开设课程，收到良好的效果。我们期望这样一门课程能在提高初中学生科学素养方面有所帮助，同时可以填补初中科学素养必修课程的空白。

课程评述：

校园科普活动是很多中小学都要开展的一项常规性的科学普及教育活动，多年来面临着如何提升育人品质、固化活动效果等实际问题。2008 年 6 月人大附中组建课程研发团队，围绕校园科普活动的课程性质、目标定位、内容设计、实施方式、评价方式等开展了系列持续的实践与研究，同年 9 月在八年级开设为必修课程。突破了校园科普活动的重点、难点和创新点，解决了以往活动流于形式、碎片泛化、效果一般的一些问题，呈现了精品校本课程结构化、独特性、效果好的特质。这为学校课程建设与改进提供了典型范例和重要启示。

一、"科普活动"课程化具有前瞻性

把"活动"按照课程规范进行梳理提炼，从而形成具有完整课程要素的现实课程，这既是课程研发的基本途径，也丰富了学校原有的课程体系，就中学科学领域的课程建设也具有前瞻性。现有中学教育中，科学领域的课程主要都是以分科设置的，缺少培养学生科学素养的专门的科学课程，此课程的研发弥补了原有学校课程体系的缺憾与不足，通过探索校园科普活动课程化实施的路径与方法，完善了课程内容、规范了科普活动的管理与实施，使校园科普活动纳入八年级开设的必修课程，形成了"一个班，一个学期，一个课题，一套展板，一次报告"的完整过程，积累了10余个课程内容选题。如：中国的水资源危机、濒危动物保护、食品添加剂，等等。这些题目具有专题性、综合性、探究性，同时，与各学科内容紧密联系，在今天看来还是特别好的开放性科学实践活动。

二、精品课程需要专业团队协同研发

活动提升为课程，是一个全方位的改进过程。既需要高位的课程理念和课程变革思想的引领，也需要学校课程领导的正确决策、配套制度与措施跟进，更重要的是要有一个相对专业和稳定的协同研发团队。纵观本课程的研发与实施历程，不是一个单门小课程的开发，而是立足对每一个学生科学素质的培养和提升，涵盖的课程内容专业性强、领域比较广，因此，聚集了学校三个学科的13位骨干教师，其中有4位博士、6位硕士，再加上科技部的课题研究平台和北京青少年科技俱乐部院士的指导，使该课程研发形成了强大的协同创新优势，能够保障课程研发少走弯路，一以贯之地确保课程的优化实施。比如："教学生做科普"的核心思想从开始确立到课程实施中的具体落实，大家不断在课程和教学设计中把它变为能够操作的实际行为，切实能用科普的方法培养学生关注科学、热爱科学、传播科学的精神。

三、课程价值聚焦创新素养和综合效果

21世纪现代人的关键素养包括创新能力、批判性思维、合作与交流能力、信息素养、自我管理能力等。初中校园科普必修课程的实施，注重自身体验和自主管理，特别关注学生创新思维、创新能力和创新人格的培养，以能力训练和科学素养提升为重点，注重全员参与，注重学生对信息的收集、甄别、筛选和运用，注重团队合作意识的培养，形成沟通协商，踏实认真，精益求精的氛围和习惯，不断激发学生们的参与感和成就感。在科学表达与呈现设计上讲究灵活多样，可以通过科普报道稿、演讲、展板及其他自由创意等形式呈现，对语言、逻辑、姿态等方面都有相应的约束和要求，有力地提升了活动课程的综合效果。

四、实施方式体现灵活多样主动学习

校园科普活动课程与其他课程不同，它不是通过"课堂"这个载体来逐步学习的。而是"教学生做科普"的过程，既然这样，课堂就不是简单的老师讲、学生听的过程，而是老师和学生一起做一件事情的过程，在此过程中学生通过实践学会如何处理资料、怎样进行版面设计、演讲时要注意哪些问题、怎样把自己的观点表达清楚等，在做的过程中兴趣得到强化，自主性和创新意识得到锻炼、受到熏陶。与传统的教学方式相比，学生能够最大程度地亲自参与，积极主动创造性的学习形式是这门课程最大的优势和亮点。学生在活动中进行沟通与交流，切磋与合作，听取别人的建议，完善自己的想法，共同实施、完成一项任务，从中获得科普知识，形成科学态度，提高制作和传播科普的技能，提升团队合作意识，培养了创新情感和创新能力。

另外，这个课程的资源积累也非常丰富，既有相关课程规划方案、课程内容、教学设计、课程评价等文本资源，也有相关成果案例、实践基地、活动效果等固化资源，这使本课程具有示范和实际推广价值。

（闫顺林　海淀区教育科学研究院）

航空航天科技概论

北京航空航天大学实验学校

一、开发背景

《国家中长期教育改革和发展规划纲要》(2010—2020 年)明确指出："拔尖创新人才培养改革试点。探索贯穿各级各类教育的创新人才培养途径；鼓励高等学校联合培养拔尖创新人才；支持有条件的高中与大学、科研院所合作开展创新人才培养研究和试验，建立创新人才培养基地。""推进素质教育改革试点。建立减轻中小学生课业负担的有效机制；开展高中办学模式多样化试验，开发特色课程；探索弹性学制等培养方式。"

北京航空航天大学实验学校隶属于北京航空航天大学，地处北京航空航天大学校园内。作为一所具有航空航天特色和工程技术优势的多科性、开放式、研究型大学，北京航空航天大学具备高层次人才培养和前瞻性科学研究的条件，其丰厚的教育资源优势为北航实验学校落实《国家中长期教育改革和发展规划纲要》(2010—2020 年)指导精神，探索建立新型人才培养模式构筑了雄厚的基础。

在我国目前中学分科教学背景下，多数中学生缺乏多学科知识综合运用能力，在实际生活时主要表现为缺乏问题意识和创造性解决问题的能力；面对中学存在教师资源和实验室资源不足等问题，为了更好地培养学生，北京航空航天大学实验学校尝试运用大学、中学联动培养模式，进行了课程联合开发、学生联合培养和教师联合培养等研究和实践工作，力求更好地培养中学生探究意识和创新精神、促进大学开展大中学衔接工作和选拔优秀创新后备人才，为探索中学教育特色发展提供途径和依据。《航空航天科技概论－认识航空》就是在大学中学联动培养模式的框架下，以北京航空航天大学《航空航天概论》为依托，针对中学生的特点尤其是针对北航实验学校通航特色班专门开设的一门课程。

本课程的依托大学课程《航空航天概论》是航空宇航科学与技术学科的重点课程，是国家级精品课，获得过北京市教学一等奖，一直以来都受到学校和教师们的高度重视，在全国范围内也有很大的影响。自1952年北航建校以来，本课程就被列为全校的选修课。以史超礼、何庆芝、赵庸教授为代表的老一代名师都曾担任过本课的主讲工作，为本课的发展和建设奠定了良好的基础。经过几代人60多年的努力，《航空航天概论》无论是从课程内容、教学方法，还是组织形式等方面均有了很大的突破。随着航空航天科技的快速发展，1997年学校又把本课作为全校所有理工类、文史类和法律类大学一年级的必修课，本课程也被列为全校重点建设的工程概论性基础课。该课程在建设过程中一直注重教材建设和教学改革，课程开设早期，史超礼编写的《航空概论》影响了一代又一代的学子，作为介绍世界先进技术的课程，何庆芝编写的《航空航天概论》教材被评为普通高等教育"九五"国家级重点教材，此后出版的《航空航天技术概论》(谢础主编)，也是国防"十五"重点教材。

《认识航空》这门课程，重点是使学生初步建立航空航天技术的基本概念和掌握基础知识，拓宽学生的视野，扩大知识面，以期培养他们爱航空、学航空、投身航空事业的兴趣，使他们初步建立航空航天工程意识，激发他们对航空航天相关的高精尖知识的学习热情和对未来航空航天科技的求知欲，形成勇于探索、勇于创新的良好风气。

二、课程内容

本课程分为理论课和现场课两部分。

(一)理论课

本课程的理论课部分以飞机和直升机为核心，分别就其发展概况、主要组成系统、航空飞行等加以介绍，其主要内容包括：

1. 飞机为什么能飞

介绍飞行的三要素、航空器的分类、中国的航空五大发明、按任务进行的飞机和直升机分类。

2. 航空发展史

介绍航空器的发展历史，重点介绍飞机和直升机的发展历程，并通过"十次伟大的飞行"概括飞机和直升机的发展主线。分析未来飞机的发展方向。

3. 飞机的部件

介绍飞机的部件组成、机翼与机身的主要参数、机翼按平面形状的分类、飞机的舵面、襟翼的分类，并简要列举飞机的系统。

4. 飞机外形如此多娇

介绍飞机的气动布局（常规、鸭式、无尾、三翼面气动布局，上单翼、中单翼和下单翼，上反翼、下反翼和无上反翼）、尾翼的布局（单立尾布局、双或多立尾布局、V形尾翼布局）、发动机的布局、起落架的形式。

5. 飞行的终极奥秘

介绍航空器飞行所依赖的大气的特性、翼型的描述及分类、升力的公式、失速的现象与后果及成因、飞机阻力的分类、飞机的减阻方式、升阻比。

6. 卓越的飞行性能

从飞得多快、飞得多远、飞得多高来阐述飞行性能的表述，并在其中介绍地速与空速、马赫数、音障、热障、飞机的几种高度指标。还介绍飞机的起落、飞机的典型机动动作，飞得最快、最高、最远的飞机的情况。最后还介绍如何根据飞机的外形来判断飞机的飞行速度范围。

7. 我们一起开飞机

介绍飞机飞行的角度（姿态角、迎角、侧滑角）、飞机的操纵系统，以及飞机如何进行俯仰操纵、滚转操纵和航向操纵。还简要介绍自动驾驶系统。

8. 神奇的直升机

从旋翼入手介绍直升机的飞行原理以及直升机的布局形式（单旋翼直升机、共轴式双旋翼直升机、纵列式双旋翼直升机、横列式双旋翼直升机、带翼式直升机），并介绍直升机从多个角度的分类以及直升机之最。

9. 直升机的重要"器官"

介绍直升机的主要部件（旋翼、尾桨、机体、动力装置、传动系统、操纵系统、起降装置、机载设备与仪表等）的功用。

10. 带你飞直升机

介绍直升机飞行的参考轴系、直升机的力和力矩，并在此基础上介绍直升机的典型运动（悬停、上升、下降、前飞、后飞、侧飞、悬停回转)及如何通过操纵(总距操纵、变距操纵、脚操纵)实现这些运动。

11. 直升机竟然可以这样飞

介绍直升机几种典型的机动飞行(水平直线加速机动、水平转弯、垂直机动飞行),三种贴地飞行方式,直升机的起飞模式(正常垂直起飞、超越障碍物起飞、滑跑起飞)和降落模式(垂直着陆、超越障碍物垂直着陆、滑跑着陆旋翼自转下滑着陆)。

12. 航空发动机差别真不小

介绍航空航天发动机的分类概况,进一步重点介绍各种航空发动机(活塞发动机、涡轮喷气发动机、涡轮螺桨发动机、涡轮风扇发动机、涡轮桨扇发动机、涡轮轴发动机、垂直起降发动机、冲压喷气发动机),还简要介绍火箭发动机,并归纳各种发动机的飞行速度与高度范围。

13. 航空器的"四性"

介绍航空器的"四性"(安全性、经济性、舒适性、环保性)的定义及相关要求。

14. 安全飞行万里行

介绍飞机相对于其他交通工具的安全性、导致空难的主要原因、英雄飞行员临危时的出色表现、记录飞机状态的黑匣子。

15. 气象影响飞行

介绍气象对于飞行的影响,包括低能见度、雷暴、台风、低空风切变、结冰等因素的影响。

16. 航空还是一种运动

介绍通用航空的定义、航空运动的情况,依照国际航联对航空运动的划分介绍各种航空运动的基本情况。

(二)现场课

现场课在北京航空航天博物馆进行,带领学生参观航空博物馆,结合实物和讨论巩固课堂上所学的理论知识。

三、课程实施

本课程的理论课部分共20学时、现场课共4学时。各部分课时分配如表1所示:

表 1　课时分配

	内容	课时
理论课	(1)飞机为什么能飞	2
	(2)航空发展史	3
	(3)飞机的部件	1
	(4)飞机外形如此多娇	1
	(5)飞行的终极奥秘	1
	(6)卓越的飞行性能	1
	(7)我们一起开飞机	1
	(8)神奇的直升机	1
	(9)直升机的重要"器官"	1
	(10)带你飞直升机	1
	(11)直升机竟然可以这样飞	1
	(12)航空发动机差别真不小	2
	(13)航空器的"四性"	1
	(14)安全飞行万里行	1
	(15)气象影响飞行	1
	(16)航空还是一种运动	1
现场课	(1)参观航空航天博物馆及现场讲解与讨论	4

按照上述教学计划，面向通用航空科技教育实验班的高一年级学生开展两轮次的教学，该课程面向普通班学生开发，制定了课程申报、审批程序及课程管理相关制度。

此外，近几年来结合认识航空课程的内容，还先后邀请了多名知名科学家来校进行讲座，充分发挥了大学的资源优势(表2)，引领学生感受科学魅力、体悟创新精神，让学生在中学阶段就有与科学大师学习交流的机会。

表 2　近 5 年知名科学家讲课一览表

姓名	简介	主题
戚发轫 钟群鹏	中国工程院院士 中国工程院院士	通航实验班开班仪式讲话： 我与祖国的航空航天科技发展

续表

姓名	简介	主题
刘经南	中国工程院院士	北斗在中国
怀进鹏	北京航空航天大学校长 计算机软件专家	计算机技术的 昨天、今天、明天
房建成	"航空科学与技术" 国家实验室首席科学家	北航让我实现了人生的梦想
曹春晓	中国科学院院士、航空材料科学家	一代材料、一代飞机
杨超	北航航空科学与工程学院院长	航空发展与展望

四、课程资源

教材：本课程主要使用由万志强等编写并由化学工业出版社出版的《认识航空》和《飞机为什么会飞》。

教具：本课程以飞行器实物或真实航空器为教具。

教室：理论课在北京航空航天大学实验学校教室进行。

实践基地：北京航空航天博物馆是本课程的实践教学基地。

教学辅助资源包：本课程依托北京航空航天大学国家级精品课《航空航天概论》的教学资源与团队，《航空航天概论》的所有网上教学资源（精品课、MOOC 的资源等）均是本课程的教学辅助资源包。

五、师资队伍

本课程主要依靠北京航空航天大学国家级精品课《航空航天概论》教学团队开设，有固定的高水平师资队伍和教研团队，并能对外开展本课程的相关培训。

主要任课老师有：

万志强：北京航空航天大学航空科学与工程学院教授、博士生导师，美国航空航天学会 Associate Fellow 及自适应结构技术委员会委员，《航空知识》杂志社编委会编委，全国航空航天模型锦标赛（科研类）技术委员会主任，中国力学学会流固耦合专业委员会委员。

杨　超：北京航空航天大学航空科学与工程学院教授、博士生导师，航空科学与工程学院院长，《航空学报》编委会编委，中国力学学会流固耦合专业委员会主任。

六、课程评价

（一）课程管理

认识航空课程不同于国家必修课程，也与学校内部开设的一般校本课程不同，它依托于北航大学的师资、场地、实验室等教育资源，面向对航空航天知识感兴趣的同学及通用航空科技教育实验班同学开设，采取如下的管理方式。

1. 课堂学习与实践探究相结合

除基本的课堂学习外，通用航空科技教育实验班学生将通过"做中学"，把更多的时间分配到实践场所进行探究性学习。目前学校联系了北航大学各个科研院所作为学习基地，以满足实验班学生的学习需要。

2. 常规管理与学分管理相结合

实验班在常规管理的基础上实行学分制管理。普通班级选修该课程的同学只需要达到基础课程知识学习要求，获得相应学分。

通用航空科技教育实验班学生达到基础课程知识学习要求的基础上每人完成一个与课程内容相关的研究性学习课题，使通航班的学生可以致力于自己的学术志趣课程。

（二）课程绩效评估

校本课程学业成绩评价主要是对学生在学习过程中，知识技能，情感、态度与价值观，学习方法等方面取得的成绩作出评价，评价要有利于促进学生个性的发展。本课程评价以人为本，遵循规律，关注发展过程，让每一位学生都体验并享受自身成长的过程。

1. 评价方式

（1）普通班级学业评价：完成课程内容学习并通过考核

（2）特色班级学业评价：学校将建立学术专家、学科教师、学习导师和管理人员为核心的专项学习内容评价小组，对实验班学生的课程学习进行学分管理与指导。

（3）建立奖励机制：学校将对学习能力强、研究能力强且有较高价值研究成果的学生进行奖励。

2. 考核标准

(1)学生上课出勤率评价,计为学时学分。

(2)课业完成情况评价,计为课业学分。

(3)课程结业成绩,计为成绩学分。

对学生评价主要是发展性评价:一看学生在学习过程中的表现,如情感态度价值观、积极性、参与状况等,可分为"优秀、良好、一般、较差"等形式记录在案,作为"优秀学生"评比条件。二看学生学习的成果,学生成果可通过实践操作、作品鉴定、竞赛、评比、研究成果等形式展示,成绩优秀者可将其成果记入学生学籍档案内。通航班的学生还要进行相关课题研究。

七、课程效果

通过学习认识航空课程,学生初步建立了航空航天的基本概念、航空航天工程意识,掌握了基础知识,拓宽了学生的视野和知识面,不少同学逐步建立起了爱航空、学航空、投身航空的兴趣。

在教学过程中,学生对航空的发展史及各种飞机、直升机的介绍比较感兴趣,听课的注意力比较集中。上课过程中任课老师也注意调动学生的听课积极性,并注意引导学生,老师和学生具有较好的互动性。学生对于本课程的反映比较好。

本课程的讲授依托北京航空航天大学国家级精品课《航空航天概论》的教学团队,课程具有可持续性、能够进行推广,作为北航实验学校通航实验班的特色课程有成功的课例、课件、课辅资料等固化的教学资源,已经形成了一定的品牌效应。

附件:学生听课感受

作为北航附中首届通用航空科技教育实验班的学生,通航课程的学习让我走进了一片尚未了解的天地,学习到丰富有趣且实用的航天航空知识。

授课的是一位温和可亲的北航教授,他每节课都为我们准备内容翔实的幻灯片,偶尔还有关于空难的纪录片。他的讲述清晰连贯,简单易懂,常常使我托腮听得入迷,从而对航空知识产生了浓厚的兴趣。

通航选修对我来说还是很有意义的,它使我对航空航天这方面越来越喜爱。

（樊梦菲）

我对飞行方面的知识只是有浓厚的兴趣和大概的了解，理论讲解的课程，使我对其有了较为系统的了解。课程讲解了关于飞行的多方面知识，从基本的飞行原理，到飞行中遇到的各种问题及解决方法，再到飞行员需要具备的各种素质等，都大大地丰富了我对这方面的认识。这些颇有技术含量也通俗易懂的讲解，能够使我更轻松地了解知识，也使我对航空飞行产生了兴趣。在课程中，我也体会到，一次飞行任务的成功，需要的是严谨的态度和灵活的头脑，要做到一丝不苟、处事冷静。这种精神，正好是我的志向，从事物理研究所要具备的。所以我也要充分的学习和努力做到它。

课程还有制作模型，使我有机会亲自动手，体会制作过程中的辛苦与快乐，也有机会处理各种制作过程中的问题与挑战，提升能力。

这学期的收获，主要是系统地学习了一些基本的飞行知识和航空理论，并能将其进行运用，提高了自己的综合素质，接下来希望能够更深入地了解航空飞行的原理，了解科技的前沿。

（薛博文）

通用航空知识让我颇有收获，比如很深刻的关于人身体状态的问题，大概 25 天为一个周期，在状态好时，你会有更好的体能和精力，这有助于我们分配学习量和调整生活状态等。航空时纪是我们最喜欢的板块，老师会为我们找一些航空的灾难事件或飞行实录，曾经看过的法航的事务着实让我们心头一震，也确实让我们看到了飞行的艰辛。

很高兴能跻身航空选修课，我们学习的不仅是航空基础知识，同时也丰富了我们的阅历，希望下学期的选修课能带给我们更多的惊喜。

（史佳宁）

课程评述：

本课程依托北京航空航天大学课程《航空航天概论》开设。《航空航天概论》是航空宇航科学与技术学科的重点课程，是国家级精品课，获得过北京市教学一等奖，一直以来都受到大学和教师们的高度重视，在全国范围内也有很大的影响。

万志强老师是北航《航空航天概论》的骨干任课老师，具有丰富理论与实践教学经验。万老师应邀多次给全国中学生讲授航空航天基础知识，还专门编写了针对中小学生的教材《认识航空》《飞机为什么会飞》，深受青少年航空爱好者的喜爱。万老师还应邀在《航空模型》杂志上连载《万博士的航空讲堂》，受到全国航模爱好者的好评，并在中学生航模爱好者中具有较大的影响。

万老师针对北航实验学校高中部专门制作的教学课件，图文并茂，并附有大量的视频资料。万志强老师的授课深入浅出、通俗易懂。万老师在课堂上也注意调动学生的听课积极性，并注意引导和启发学生，老师和学生具有较好的互动性，学生听课的注意力比较集中，学生对于本课程的反映普遍比较好。通过学习该门课程，学生初步建立了航空航天的基本概念、航空航天工程意识，掌握了基础知识，拓宽了学生的视野和知识面，不少同学逐步建立起了爱航空、学航空、投身航空的兴趣。

本课程的讲授依托北京航空航天大学国家级精品课《航空航天概论》的教学团队，课程可持续性好，有助于推广，作为北航实验学校通航实验班的特色课程有成功的课例、课件、课辅资料等固化的教学资源，形成了一定的品牌效应。

（贾玉红　北京航空航天大学飞机系书记）

技术与创新领域

　　《国家中长期教育发展和改革规划纲要》(2010—2020 年)提出："支持有条件的高中与大学、科研院所合作开展创新人才培养研究和试验，建立创新人才培养基地"。教育改革既要努力培养具有通识教育背景的复合型人才，又要培养具有创新意识，具有专业知识背景的专业人才。而创新人才的智能开发，人格以及创新意识和创造能力，需要在基础教育阶段奠基和逐步形成，这既需要创新办学理念，更重要的是要改革课程设置、营造培养创新人才的氛围。

　　世界知识产权组织 1977 年给技术下的定义是："技术是制造一种产品的系统知识，所采用的一种工艺或提供的一项服务，不论这种知识是否反映在一项发明、一项外形设计、一种植物新品种，或者反映在技术情报或技能中，或者反映在专家为设计、安装、开办或维修一个工厂或为管理一个工商业企业或其活动而提供的服务或协助等方面。"这是国际上给技术下的最为全面和完整的定义，实际上世界知识产权组织把世界上所有能带来经济效益的科学知识都定义为技术。《普通高中通用技术课程标准》提出技术课程的 5 个具体目标：包括技术的理解使用改进及决策能力、意念的表达与理念转化为操作方案的能力、知识的整合应用及物化能力、创造性想象批判性思维及问题解决能力、技术文化的理解评价及选择能力。创新是指以现有的思维模式提出有别于常规或常人思路的见解为导向，利用现有的知识和物质，在特定的环境中，本着理想化需要或为满足社会需求，而改进或创造新的事物、方法、元素、路径、环境，并能获得一定有益效果的行为。创新是人类特有的认识能力和实践能力，是人类主观能动性的高级表现，是推动国家进步和社会发展的不竭动力。一个民族、一个国家要想走在时代前列，就一刻也不能没有创新思维，一刻也不能停止各种创新。从本质上说，创新是创新思维蓝图的外化、物化。

技术与创新是现代社会进步与经济发展的重要动力。技术是人们根据一定的工艺知识、技术期望、工具仪器设备、能源和材料去进行的社会实践活动。技术素养是科学素养的重要组成部分，它是指人们对技术的性质及历史的了解，具备技术的基本动手能力，以及能够严谨地思考有关技术发展问题的习惯。了解技术设计的过程和环节，并具有初步的技术设计能力，是学生具有技术素养的一个重要方面。技术设计能力是技术创新和实践能力的重要组成部分，为了给21世纪国家发展提供技术创新型的人才支撑，基础教育阶段必须注重培养学生的技术设计能力。

中国学生发展核心素养（征求意见稿）指出：核心素养综合表现为九大类，具体为社会责任、国家认同、国际理解、人文底蕴、科学精神、审美情趣、身心健康、学会学习、实践创新。这九大类素养涵盖面广，直接指向学生的综合素养。基础教育阶段充分关注这九大类核心素养，以及跨学科联结不同领域的要素，在促进学生的成长与发展过程中具有重大的意义。中学技术与创新领域的课程集中指向学生的实践创新能力的培养。主要是学生在勤于实践、敢于创新方面的具体表现。包括热爱劳动：重点是具有积极的劳动态度；广泛参加各种形式的家务劳动、生产劳动、公益活动和社会实践；具有动手操作能力等。批判质疑：重点是具有好奇心和想象力，敢于质疑；善于提出新观点、新方法、新设想，并进行理性分析，做出独立判断等。问题解决：重点是善于发现和提出问题；有解决问题的兴趣和热情；能依据特定情境和具体条件，选择制订合理解决方案；具有创客意识，能将创新理念生活化、实践化等。

海淀区是中关村国家自主创新示范区核心区，海淀教育必须服务于区域社会与经济发展，更好地适应区域科技创新与经济社会发展对人的素养的高要求，努力在基础教育课程改革中植入更多的技术与创新元素。技术与创新领域的课程是多年来海淀基础教育课程积淀与创新的结果，是学校教育创新在课程变革和结构创新上的新探索与新突破，此次选入的6门课程分别是：自行车中的创造发明、发明与创造课程、信息技术基础课程、智能机器人课程、3D打印技术与科技创新实践课程、创客空间课程。总体讲这些课程从领导决策层面具有战略眼光、从组织管理层面具有变革意识、从课程内容层面贴近科技前沿、从研发实施层面追求专业特征、从评价绩效层面指向创新发展、从课程影响层面富有推广价值。

第一，技术与创新领域的课程研发起步早，并且有持续跟进和学段衔接的特征。发明与创造课程已经实施了20余年，智能机器人课程也已有15年之久，除3D打印和创客课程，其他课程都有比较长的开设历程，这足以说明学校教育有很深的创新情节和发展活力，在努力贴紧时代脉搏，致力提供促进学生发展和适应未来社会需要的课程。随着时间推移，每一个课程都在跟进和更新，都在追求系列化和规范化，都在注重贯通下移上延和有机衔接。

第二，技术与创新领域的课程研发具有基于学科、超越学科的综合实践的特征。自行车中的创造发明课程秉持"从生活走向物理，从物理走向社会"的核心理念，通过探索物理现象，揭示隐藏在自行车中的物理规律，理解与实践自行车在造型设计、动力驱动、新型材料、传动方式、结构功能等多方面的改造与创新，并与创新思维相结合，培养学生以创新的视野看世界，具有乐于探索、喜爱创新思维、勤于科学实践的能力。信息技术基础课程基于理性认识信息技术发展历史现状与趋势，认识信息革命带来的深刻变革，在基于项目的学习中，经历发现问题、设计研究过程和方案、获取和评价相关信息、加工和表达信息、不断解决实际问题、培养了自主精神、发展创造能力、全面提升信息素养。

第三，技术与创新领域的课程实施重资源积累、重协同创新和领军人物的作用。人大附中围绕技术与创新领域的课程建设已经形成了协同创新的专业团队，有专职教师13人，平均年龄37岁，该课程配套资源丰富其专业涵盖了机械、自动化、化学、数学、美术、物理、工程力学、计算机、现代教育技术等学科，先后编写了不同年龄阶段的发明创造校本教材，先后建成13个专业教室，并且根据教学实际需要，配置了先进的实验室(例如无人机、机械电子工程、电子信息工程、光电技术、智能机器人、3D打印技术等实验室)。每个实验室都有专职负责人，所用器材及工具有专人管理与维护。每一门精品课程往往都有一个领军人物，比如以祖浩东为核心的交大附中智能机器人课程，形成了"四个一"的工作目标：构建一个网络，即"智能机器人课程立体教育网络"；打造一支队伍，即梯队式学生导师队伍；建设一个工作室，即项目模拟工作室；形成一种能力，即项目研究能力。多年来，也形成了小学、初中、高中衔接的目标体系：小学重了解→体验→学习；初中重体验→学习→掌握；

高中重学习→掌握→探究。

第四，技术与创新领域的课程研发必须有时代发展敏感性，确保课程动态更新。创客课程和3D打印技术与科技创新实践课程都是及时建设的满足学生个性需求的新课程，切实做到教育与社会经济科技发展密切联系。从方式方法上采用国际公认的项目学习法。形成了一套完整的创客团队和一整套完整的培养模式。包括创客团队培训课程——挑战极限学习课程；创客专业能力培训课程——创客马拉松；团队项目设计课程——STEM。

第五，技术与创新领域的课程价值注重立德树人，思创合一、知行统一，形成团队意识和锲而不舍、百折不挠的探索精神与科学态度。通过课程实践使学生了解在科学探索的过程中，前人如何处理竞争、利益与合作之间的复杂关系，如何处理道德与伦理规范、价值因素、社会责任、继承与发扬、成果共享和荣誉分配等现实问题，树立正确的人生观与行为准则，提高综合素养。

我们需要不断强化学生的综合素养，要在注重学业成绩的同时，逐步降低对考试分数的单一性关注，而把我们对教育的思考放置在社会发展的大环境中，为孩子创造更多的发展机会，让孩子在与他人的沟通交流中，与社会服务和劳动实践深入接触中，锻造出内心丰盈的完美人性和适应未来的创新素养，唯有如此，才能使每个学生身上的素养发挥整体的效应和合力。

基础教育课程改革需要不断深化，课程建设需要更好地贴近与实现全面育人、整体育人的理念。要坚持全面发展与个性发展相统一。一要着眼学生全面发展，重视培养个性特长，引导学生在优势领域卓越发展。二要坚持知与行相统一。加强基础学习，重视养成教育、实践教育、体验教育，全面提升学生实践和创新能力。三要坚持当下发展与长远发展相统一。适应学生身心成长的阶段特点和接受能力，循序渐进，避免短期化和功利化行为，促进学生终身发展。

课程是学生素养达成的重要载体，要加大实践课程的研究探索力度，通过学科内实践和跨学科内容整合，建立起校内学科学习与校外学生生活之间的密切联系，落实实践性、探究性和开放性，强化思维特质、道德品质和综合素质，积极构建学校整体课程结构与核心素养行为标准，努力实现立德树人和综合育人的整体效果。

自行车中的创造发明

中国人民大学附属中学

一、开发背景

长期以来的物理教育教学，学生被动限制于书本之中，学习的方法简单机械、空乏无味，学习过程动力不足、索然无趣；加之应试升学、功利辖制，造成教学方法单一，学生心理压力过大，从而忽略学生的思维发展和心理发展规律，忽略了物理学科的特点，扭曲了学生学习物理的心理。因此，摆脱教育不良现状，寻求物理教学改革已成为教育发展的一种必然趋势。

结合我校的教师资源、学生资源、社会资源状况，思考人大附中学生的发展、物理教学的发展以及人才培养模式，我们决定以学生的生活、学生的兴趣为切入点，选择生活中最常见的自行车为载体，开设一门校本课程，探索一条培养学生实践能力、思考能力、发明创新能力的有效途径。经过大家集体研究，确定课程的题目为《自行车中的创造发明》。

二、课程理念、目标、内容

（一）课程基本理念

1. 培养学生的创新意识，注重学生全面发展

素质教育是依据人的发展和社会发展的实际需要，以全面提高全体学生基本素质为根本目的，以尊重学生主体和主动精神，以培养学生的实践能力和创造力为核心。

学生的创造性思维有独特性、变通性、流畅性、深刻性、预见性和

跨越性，因此创造性思维的培养要遵循智能发展、心理逻辑、积极思维、探索求异、多样化和及时反馈的原则。我们认为通过对学生动手能力和观察能力的培养和锻炼，以及适当的思维方式方法训练，学生的创新能力和创新意识能够得到有效的提高。

2. 从自行车走向创新，从创新走向社会

自行车贴近学生生活，符合学生认知特点，激发并保持学生的学习兴趣，通过探索物理现象，揭示隐藏其中的物理规律，并将其与创新思维相结合，培养学生以创新的视野看世界，具有乐于探索、喜爱创新思维、勤于科学实践的能力。

学生以自行车作媒介学到其中的物理知识与操作技能，更重要的是学生能感受创新、见证创新、学习创新、服务社会，为以后的生活、学习和工作打下基础。

3. 注重科学探究，提倡学习方式多样化

学生经过科学探究的过程，学习科学研究方法，培养学生的探索精神、实践能力以及创新意识。引导学生多样化的学习方式，鼓励学生将信息技术渗透于学习之中。

自行车被誉为人类发明的最成功的一种人力机械，是由许多简单机械组成的复杂机械。经过数百年的发展，从最初富户贵族们炫耀的玩具，变成了大众日常出行的代步工具。随着社会发展、科技进步和人类审美观念的不断变化，自行车产品在近代和现代得到了迅速发展，造型日趋完美，功能日趋完善。在造型设计、动力驱动、新型材料、传动方式、结构功能等多方面不断改造与创新。

4. 培养学生合作意识，弘扬团队精神

合作体现出一个人的品质和素质，当今是科技竞争的时代，竞争的成败取决于人们的合作意识和合作精神。耐心培养学生的合作学习能力，科学地确定合作学习的内容，使合作学习趋于理性化、正规化。

英国戏剧家萧伯纳曾说过"倘若你有一个苹果，我也有一个苹果，而我们彼此交换这些苹果，那么你和我仍然各有一个苹果。但是，倘若你有一种思想，我也有一种思想，而我们彼此交流这些思想，那么，我们每个人将各有两种思想。"通过对学生合作学习能力的培养，不仅发挥了他们的学习主动性，而且增加了彼此间的了解，也让学生们在互助互学中，集思广益，取长补短，同时还扩大了他们的知识面和调动了学习的兴趣。

5. 构建新的评价体系

注重过程评价，构建多元化、发展性的评价体系，挖掘适合学生心理发展的，能不断激励学生敢于质疑、勇于创新的评价模式。

(二)课程目标

1. 知识与技能

(1)认识自行车的基本结构，说出主要部分及零件的名称。

(2)自行车各机械部分的工作原理，建立与物理知识的联系。

(3)了解在技术实践活动中的一些操作规程和劳动保护知识。

2. 过程与方法

(1)经历观察自行车的过程，能简单描述自行车的主要特征，能在观察和学习中发现问题，具有初步的观察能力及提出问题的能力。

(2)通过参与拆卸、组装自行车的探究活动，经历实验探究过程，学习从多种渠道收集信息、处理信息，有初步的信息收集能力。

(3)通过学习自行车物理知识，提高分析问题与解决问题的能力，学习科学探索中的研究方法，并能在解决问题中尝试应用科学研究方法。

3. 情感、态度、价值观

(1)有学习自行车知识的兴趣，有对科学、技术的求知欲、好奇心，乐于探索，能领略自行车的美妙与和谐，对发明、创新有强烈的情感。

(2)有将自行车知识与日常生活、社会实践联系的意识，乐于探究日常用品或新产品中的物理原理，乐于参与观察、实验、制作、调查等科学实践活动，有团队精神。

(3)有克服困难的信心和决心，能总结成功的经验，分析失败的原因，体验战胜困难、解决问题时的喜悦。

(4)关注科学技术对社会发展、自然环境及人类生活的影响，有保护环境及可持续发展的意识。

（三）课程内容

自行车的发展史	自行车发展的九个历史时期	思维及思维方法	感性（形象）思维
	不同地区的自行车发展状况		理性（抽象）思维
	当前世界各国自行车的发展状况		逻辑思维
自行车的结构与部件	自行车的结构		灵感思维
	自行车的解体步骤	创造性思维	扩散思维（思维训练）
	重要部位的解体须知		集中思维（思维训练）
	飞轮的解体		逆向思维（思维训练）
	自行车的零件		求异思维（思维训练）
	自行车的装配		横向思维（思维训练）
	自行车的调试		纵向思维（思维训练）
基于实践与体验的质疑式教学法	自行车中的力		联想思维（思维训练）
	自行车中的杠杆		直觉思维（思维训练）
	自行车中的摩擦	关于本课程的学习方法	通用工具
	自行车中的传动		专用工具
	自行车中的气压		有关劳动保护
	自行车中的弹力		实际操作必读
	自行车中的声学		岗位职责
	自行车中的光学		为"创新智库"不断提供"思想"
	自行车中的材料		学会不断地发现问题、提出问题、解决问题
创造就在我们的身边	创造、创新：需要跳出旧观念	课程作业	自行车零件、部件明细表
	思维是一种技术		对自行车上发现的物理现象开展实验
	创造		提出自行车的 100 个为什么
	创造性＝创新思想＋创新能力		
	创造的三要素		
	创造与能力		
	创造与方法		
	创造与人		

（四）课程的宣传词

你想通过本课了解创造发明吗？你想通过本课学习创造发明吗？你想通过本课收获创造发明吗？你想将创造性思维用于自己的学习吗？你想真正的从创造发明中获得乐趣吗？你想通过学习创造性思维提高考试成绩吗？10节课后会给你一个有趣的答案。本课所提倡的"教无定法，学有己长。"将给你一个全新的感受。发掘出你的潜能，激发出你的智慧。

三、课程的实施过程（2009. 9—2012. 12）

在本课程实施过程中，我们经历了前期准备和具体实施两大过程。在准备过程中进行了聘任主讲教师、编写教材、准备自行车、筹备授课场所等工作。在授课实施过程中，进行了激发兴趣、知识入门、实践引领、自主探究、思维培训等过程。课程主要实施过程包括：①根据课堂教学内容，逐一引导学生发挥创造力。②向学生和家长发放对课程意见的调查问卷用于分析。③制订教学计划。④实施课堂教学并收集课堂资料和学生作业。⑤编制课堂集锦和分析报告。⑥编制各类统计报告和课题报告。

（一）课程准备阶段（2009.10—2010.8）

1. 组建课程实施队伍，聘任主讲教师

在课程筹备之初，首先在我校初中物理教师中选定几位教师作为课程开发实施的核心成员，并成立了课程实施专项组。其后，在课程主讲教师聘任方面我们做了大量的工作，我们曾经想过修车的老师傅，也想过经验丰富的物理教师。由于学科内容的特殊性，教师聘任的难度很大，既需要有技术方面的阅历，又需要有教师方面的专业素养。在人大附中2010年60周年校庆活动中，偶然间遇到了曾在北京南口机车车辆厂工作过的朱辰同志，他本人是学机械的，又在全国总工会从事过发明创造的管理工作，又是创造发明研究专家，我们主动向他发出了邀请，他欣然同意承担下这项工作。

2. 进行课程设计，编写授课教材

在教材编写方面，我们首先进行了分工，从教材结构设计、资源查阅、整合成型、研讨调整、专家论证修改等几个方面做了大量的工作。

在教材结构设计之初，我们征求了北京大学、清华大学、北京航空航天大学、北京科学自动化研究、北京基教研中心等单位的学者、研究生、人大附中校友、学生家长等各方面的意见，并对这些意见进行了总结提炼，最终确立了教材的主体结构。在课程资源的准备过程中，课程组的核心成员分别从各大图书馆、互联网、博物馆进行了大量地搜集，还发动在美国、加拿大、日本、欧洲等国家和地区的校友、家属帮助收集，许多英文、日文的资料对于教材的编写起到巨大的支持作用。

3. 准备自行车

开设这门课程，自行车是必不可少的设备，而且需要的资金也不是一个小数目。首先我们向学校递交了申请，并上交了周密的可行性计划，又以课题的形式进行了立项，最终学校拨给我们3000元启动资金，我们用一部分钱购买了8辆新车，又用剩余的资金从废品收购站购置了20辆旧车，一部分校友、学生家长又支持了十几辆废旧的自行车，从而设备的问题得到了充分地解决。同时还购置了一些工具(常用的克丝钳子、尖嘴钳、改锥、活扳子、锤子等)。

4. 筹备授课场所

开设自行车这样的课程，需要的场地是很大的。人大附中开设的选修课共有150多门，不用说场地大小问题，有无场地就是一个难题。常规教室及实验室都有学生课桌椅，活动空间很小，自行车在那里无法拆装，一次课80分钟只能完成一部分工作，零散的零件和剩余的车架无法存放，经过多次实地考察，上课场地定在较为偏僻的地下教室及其楼道，这里地方相对较大，过往行人很少，便于操作，可以完成10辆自行车的拆装。自行车及零件便有序放在地下室楼道储备间。

5. 宣传动员招生

在一切硬件条件具备之后，招生的问题又迎面而来。最初，我们查阅了大量的资料，设计了精美的招生画面，订立招收的条件，并发布在校园网上。由于升学问题的客观存在，又因为很少有人了解这门课程，所以参加选修的学生寥寥无几。对此，我们想出了很多方法，吸引学生走进这门课程。我们发动学科教师到班级做动员，通过家长会向家长介绍课程，最终参加的学生由几个人增加到二十几个人，这样一个《自行车中的创造发明》的选修班级就成立了。

2010年人大附中初二"自行车中的创造发明"选修课部分师生合影
2010.12.22

(二)课程的实施阶段(2010.10—2013.1)

2010年10月,我校《自行车中的创造发明》的选修课程正式启动授课,胡展翅老师首先发表了开课致辞,其后主讲教师朱辰老师开讲了课程序言。课程的设置为每周一次课,时间为80分钟,一学期上10次课。2011年开设了早培生和普通生两个班的课程。从开课到现在我们已完成了十多期的学习工作。

1. 进行问卷调查实施课程的前测

在开课之前,我们先做了一次问卷调查,目的有两个方面:一是根据学生的实际状况安排适合的教学内容。二是为以后进行的后测做好基础性的工作。在第一次问卷中,我们共设立了32个问题,其中有如何看待主副科课程的问题;开展发明创造年龄问题;学生的发明;家长对孩子支持的状况设想等问题。这些问题的设计既有封闭性的又有开放性的。两年多的时间里,我们前后共进行了五次问卷,每次都进行了系统的统计和分析。问卷的进行为课程的顺利开展奠定了良好的基础。

2. 采用行动研究式的授课方式

在最初的过程中,我们按照编写的教材进行了七章内容的授课,从引入到发展史,从知识到实践,从能力到意识,从基础到创新,一步一步地深化课程的学习。在课程的实施过程中,根据课程的实际需要进行边实施边调整。

(1)课程内容的调整。在最初授课中,我们想让学生们在学习过程中掌握系统的理论知识,在创造性思维方面多做一些培养,而实施过程中运行的却不尽如人意。为此，我们对一些内容做出了积极地调整，删减了一些较难理解的内容。

（2）课程结构的调整。在课程设计过程中，我们安排的是先进行理论培训，然后是实践操作，而学生们却喜欢直接去动手。根据学生的这种特性，我们把学习的形式改变为边讲边操作，这样调整以后学习的效果就有了很大的改变。

（3）操作难易程度的调整。在实际操作过程中，由于对学生的实际情况掌握不足，有些学生操作起来非常不顺利。针对这种情况，我们首先安排了较为简单的实操项目，例如：前后轮、车闸、车把、脚蹬的拆卸，把飞轮、中轴的拆卸放在以后进行。这样调整后学生操作起来就比较适合了。

3. 利用多种形式调动学生学习的积极性

在课程实施过程中，我们采取了引导策略、激励策略、宽容策略、奖励策略以及宣传策略。

（1）引导策略。在课程实施过程中，对于不同年龄、不同程度的学生认真细致地引导，使每学习一次都有一定的收获，让他们学出兴趣、学出信心、学出动力。

（2）宽容策略。课程的开设对于所有学生采取的是一种宽容的形式，允许学生出错，充分利用学生出现的问题顺势引导学生反思自己、调整自己、提高自己。

（3）激励策略。对于平时学习突出、有好的设想、好的经验、遵守规程的同学进行必要的奖励，而且每期结束都召开一次隆重的表彰大会。

（4）宣传策略。为了提高课程的影响力，我们充分利用了学校的网站、墙报和各种媒体进行了大量的宣传，结果使参加的学生越来越多。2011年5月13日《北京青年报》登载了"在破坏中学习物理选修课还能这样上"的文章，顿时产生了巨大的影响，报名的学生由以前的十几人变成了上百人。此后，北京青年报多次进行了整版报道。

分校学生跑步赶来上课：人大附中选修课是对所有分校开放的，因为附中第一分校位于双安商场东侧，离人大附中本部有两站地的路程，很多分校学生选取本部选修课。我们经常看到背着书包满头大汗的学生冲进教室，因为他们等不及公交车，背着大书包，手里拿着外衣，跑步赶来上课，分校程研斌得到全勤嘉奖。

4. 建立"创新智库"

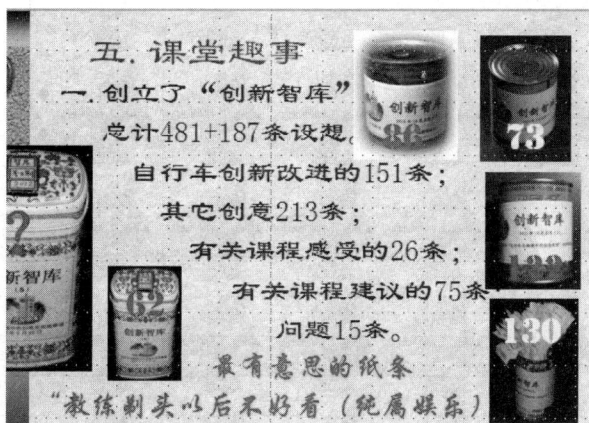

我们的"创新智库"为大家提供了一个平台来提出改进身边任何不足的建议，通过师生的建议让缺陷得到改进，使其更方便、更高效、更新颖。

这个密封的相貌普通的罐子上面只开了一个狭窄的口，吸引那些对创新感兴趣的同学每次上课前投进自己的创意思想小条。

也许，"智库"今天只聚集了同学们点点滴滴创新的思想火花；也许，由于它的启迪会成就未来的发明家。这个罐子里都投入了什么思想呢？神秘感将会随着"智库"内涵的增加而增加，而我们都是它的播种者。期待着开启"智库"的那一刻！

5. 创造性思维训练

在思维培养方面我们采取了多种训练方法，特别是联想发明法是最有意义的，也是学生最感兴趣的。

联想发明法　　姓名：

1. 请写出16个联想元素。其中要包括名词、动词、形容词、功能、形态、材料。
2. 将联想元素分别写在1-8、①-⑧的格子里。
3. 使各联想元素相互相交。
4. 在每个相交点上结合成新的组合，并进行强迫联想。
5. 逐个分析组合后新设想在现实中存在的意义。
6. 对联想结果进行判断，并做出标记：

×——无意义的联想

○——已有的物品

△——有意义的联想

空白——尚未确认的联想

		1	2	3	4	5	6	7	8?
	①								
	②								
	③								
	④								
	⑤								
	⑥								
	⑦								
	⑧								

6. 利用漫画形式进行教学

　　漫画是一种直观有趣的形式，在自行车的发展、各种新产品介绍等过程中我们将这些内容以漫画的形式展现给学生，这样既直观又生动，学生很愿意学，在教学过程中达到了良好的效果。

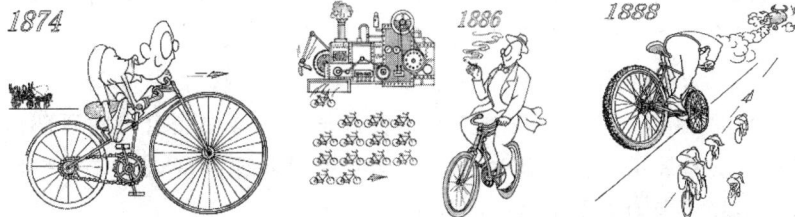

四、课程实践效果

(一)实践效果

1. 教学成果显著

近十年来共有 1000 多名师生参与本课程，发表文章作品 20 多篇，"创新智库"收集学生、教师、家长及来宾创意 668 条(自行车改进 151 条、有关课程感受 26 条、课程建议 75 条、其他创意 213 条、问题 15 条，有些创意学校已采纳)。学生家长相关博客转载千余次。制作课程记录展板 42 块，教材一本，录制视频资料共计 6 小时。为北京师范大学出版社物理教师用书光盘录制微课 5 节。得到学生、家长及教师的一致好评，在学校及相关教育部门，乃至社会反响强烈。

2. 社会反响强烈

(1)《北京青年报》多次整版报道：

2011 年 5 月 13 日 C2 版"在破坏中学习物理选修课还能这样上"。

2012 年 5 月 17 日 C4 版"在孩子心里种下创新的种子"。

2012 年 7 月 8 日七年级李骜选修课感言——选修"自行车"。

(2)2010 年 12 月 8 日我校在北达资源学校，参加北京市教研部组织的低成本实验展示、交流研讨会，参会专家对此课高度认可，市教研部负责人秦晓文老师给予了高度的评价。

(3)接待来访：2012 年 4 月，史家胡同小学"史家媒体"的同学们在老师的带领下来到我们的课堂进行实地学习与采访。

3. 学生发明创新情感的提升

通过这门课程的学习，学生对发明创新的情感发生了很大的变化，对于发明更加热爱，对于创新更有热情。如八(1)班蓝天放在学习感受中写道"这门课程是一门很新颖、很有个性的课程。它突破陈章、不再循规蹈矩。""这门选修课'好'就好在几点：新颖独特、开拓思维、培养意志、展现自我。这几点正是我们现在的学生所欠缺的。""最后，在拆车的过程中，我们要虚心向别的队学习，更要进行知识分享。"

八(7)班程可超写道"我们开始拆车了。怀着激动的心情，拿起工具，与伙伴们合作，终于完成了第一次。虽然很累，很难，很没经验，但是，合作，让过程更美好。""通过选修课，我锻炼了合作的能力、创新的思维，我想我可以从这个课中收获不少。"

人大附中09级 初二街班 杨子毕

4. 教师眼中的自行车课程

课程让教师眼界开阔，更让她们理念更新。八年级早培班物理老师田晓娜在课堂纪实中写道：一节有创意的选修课。"问题一个比一个深入，作为一名物理老师我感觉到很兴奋，通过自行车和物理这门选修课的学习，学生们思维得到了很好的训练，虽然是八年级孩子提出的问题，但已经很深入，很有创意了。"

"这不正是从生活走向物理，从物理走向社会吗？这不正是教学相长吗！从学生身上我感受到了勇于探索、敢于质疑的精神，其实这也是我们成年人缺乏的。我觉得自行车与物理中的创造发明选修课不仅同学们收获很大，我也收获颇丰。"

（二）理性认识

1. 十四五岁是激发创新意识的最佳时期

根据青少年心理发育特点，在十四五岁是理性感性交界线。根据人大附中早培班（十一二岁）与普通班（十四五岁）学生调查结果对比，后者更容易激发出兴趣，建立初步的理性认识。感性是创新的基础，理性是创新的目标；感性是起点，理性是动力。

2. 大力开展从动手能力引发发明创新，动手是诱发发明创新的重要因素

青少年发明创新始于动手，从动手入手、理论实践交互实施，是加快发明创新的重要模式。在七期的培训过程中，我们深感培养学生动手能力的重要意义，它是培养能力、诱发创新思维的重要基础。

3. 为学生搭建成功的舞台

激发学生兴趣，鼓励学生大胆设想，是激励发明创新的重要因素。人大附中学生陶安离她八年级时刚刚踏入自行车与物理的课堂已经有近三年的时间了，因为她各方面表现突出，曾多次被聘为助理教师。老师在"创新智库"中发现她很条创意的小条，主讲老师便鼓励她去把这项发明申请一项专利。待到放了寒假，她自己搜到了专利局的网站，下载了表格。在老师简单的指点下，花了几天的时间按照专利局的要求，写了专利说明书等一系列资料。为了保证万无一失，她多次自己骑车专门赶到专利局去咨询细节，回家后完善自己的申请资料。在陶安的艰辛努力下，她很快就收到了专利受理的通知文件。

陶安在感想中写道："我很感谢自行车与物理选修课的老师给了我若干帮助。如果不是朱老师给了我创新的机会和关键性的指导，我也不可能完成这项创造发明。在以后的日子里，我想把我的这个发明再次进行实用化的改进，以应用在日常生活中，给更多的人带来便利。"

五、课程管理与绩效评估

(一)课程管理

本课程不同于国家必修课程，也与学校内部开设的一般校本课程不同，它依托于动手操作而成，所以可采取如下的管理方式。

1. 教师管理与学生助教管理相结合

本课程实行主讲教师、学生助教相结合的"双导师制"。主讲教师由经验丰富的专家型教师担任，指导学生养成优秀的个性品质；学生助教由上期学术专长的优秀学生担任，并颁发聘书，帮助学生树立自信，为学生交流搭建平台。教师、助教及学生比为1：1：20，以保障教师对学生个性发展的充分关注。

2. 课堂学习与实践探究相结合

除基本的课堂学习外，学生将通过"做中学"，把更多的时间分配到实践场所进行探究性学习。目前人大附中已有自行车课程专用教室，学校配备普通自行车10辆及相应修车工具。同时收集了同学老师捐赠的旧车20余辆，以满足学生的学习需要。

3. 严格管理与各种奖励相结合

在常规管理的基础上，严格考勤，可请事假一次，不能迟到早退。

全勤同学获全勤奖。只要认真、不怕失败、积极思考、勤于动手，就可评为优秀技工、质检员、技工、队长等各种称号的优秀学员。不允许违规操作，在操作现场不能打闹，以保证人身安全、操作安全。以更大的自主性致力于自己的研究探讨。

4. 岗位职责与交流合作相结合

学生每组四人，自由认领职位，分别为队长、技工、材料员、质检员。

队长——设计并执行拆卸、登记、质检、存放流程，合理分配队员的工作，负责场地安排，协助技工进行操作，记录拆卸顺序，安排自行车、零件部件的存放，保证安全。出现问题及时与老师协调。

技工——正确的使用工具，注意劳动保护，禁止使用蛮力拆装，如拉、扯、掰、撬、晃等，合理地进行拆卸，防止车辆碰伤。操作时要保证手上干净，禁止带油污操作(容易因滑脱而受伤)。

材料员——认真填写"零件部件明细表"，熟悉各类零件部件名称，掌握数量，登记后逐一交付质检员检查是否完好，组装时能迅速找到(必要时做标识)。解体完成后要汇总明细表，统计出零件的总数和分类零件数量。

质检员——认真观察解体前状况，有效记录拆卸的顺序，必要时应影像记录，检查已登记的零件是否完好，并妥善放入存放地点，组装时与材料员一同按顺序提供零件给技工，书面回答有关自行车的40个问题。

(二)课程绩效评估

以人为本，遵循规律，评价机制以学习态度为导向，关注发展过程，让每一位学生都体验并享受自身成长的过程。

1. 评价方式

(1)常规学业评价：能按基本要求做，认真，无违规，课程结束时，颁发结业奖。

(2)建立奖励制度：教师将对学习能力、研究能力、动手能力、解决实际问题能力强及有一定创意成果的学生进行相应的书籍奖励，并附有教师的赠言。

(3)特色学业评价：创设有各种创意、突发奇想、脑筋急转、异想天开等奖励，并逐一实施，推荐相关书报或杂志，积极优秀者协助申请专利。

2. 考核标准

课程实行学分(1 学分)＋百分制(100 分)的考核标准。本着公平公开的原则，综合考核达到 85 分可获得 1 学分，修够 1 学分可获得课程结业证书，证书上标注成绩，85 分以上为"优"，75～85 分为"良"，65～75 分为"合格"。综合考核分为两部分：课堂表现(满分 60 分)和书面作业(满分 40 分，其中，感想 20 分，智库 20 分)。第一，课堂表现具体考核标准如下：(1)不允许无故请假，无故缺席一次劝退。事假可有一次。(2)违反劳动保护及实际操作必读规则者每人每次扣 5～10 分。(3)如果在课程中有其他优异表现，如岗位职责表现优异，对课程的完善做出突出贡献，等等，可以额外加分。第二，书面作业：本课程的五感(感知、感触、感想、感受、感悟)。智库中的有关自行车或学校及生活中的建议、设想与改进。

以下是劳动保护和操作必读：

有关劳动保护

1. 注意弹簧的危害性。(金属在受压或受拉的状态下所存储的势能，一旦自由释放会弹射出来伤及皮肉)

2. 女生要梳辫子，不能散着头发。(转动的危害性，惯性的危害，夹手、绞住头发)。

3. 牢固的把握工件后才可以操作。(作用力等于反作用力时，物体才能够平衡)。

4. 防止零件砸中手脚。

5. 尖锐物体的防护。

6. 用力时滑脱的擦伤、碰伤。

7. 工件的摆放要合理，不要发生倾倒、损坏。

实际操作必读

要求：

1. 进入工作场地后禁止嬉戏打闹，不得有突发行为及动作，以免他人因躲闪而出工伤事故。

2. 禁止在工作现场大声喧哗，禁止在工作时间做作业、玩游戏。

3. 不得在其他组别的工作现场穿行，避免零件的丢失。

4. 正确使用工具，用改锥时要用力压住后再转动，避免因滑脱而损坏螺栓开口处，不得将工具用作玩具，特别是改锥及尖锐类工具。

5. 正确传递工具，必须将工具的把手朝向被传递者。

6. 拆卸时要以一个人操作为主，其他人辅助，不得多人同时进行不同部位的拆卸。

7. 组员之间要团结一致，统一行动，相互合作。不得争抢拆卸或安装岗位，要听从队长吩咐。

8. 在拆卸过程中要使自行车保持稳定状态，避免倾倒碰伤人员。

9. 拆卸下来的每个零件都要进行登记，必要时用影像记录正确的组装位置和方向。

10. 自行车上的飞轮不要拆；凡是铆接的零部件不要拆；所有粘接的部件不要拆；车轮的辐条不拆卸。

11. 所有拆下的零件必须摆放整齐（初次操作者可以将耦合件按原组装顺序连接在一起，以免忘记或分不清），当天无法装回的零件要有固定的容器进行收存并标识。

12. 每次工作前，首先要检查车辆、工具是否完好齐全，场地是否整洁有序。

13. 拆装飞轮时，桌面上要铺小毛巾，以免滚珠滑落。安装时要格外小心，不得缺少零件及滚珠。操作现场要求光线充足、无杂物。

14. 操作中穿带好防护用品（为防止校服沾油污，可套外裤。女生不得穿裙子，长发需戴帽子）。

15. 每次操作结束前要清扫场地，恢复原状。

六、成果特色与创新

1. 生活器具与物理学科有机结合的课程，开创了典型范例

"从生活走向物理、从物理走向社会"，是新课标提出的重要标准。从科学走向技术，这是物理教学的一项重要推进。用生活技术支撑物理，用物理引领生活，这一理念在本课程中得到很好地体现，并取得了理想的效果，这也将是物理教学进一步深入的研究课题。

2. 本课程为校本课程的开发、管理、评价，初步探索出了一条良好的途径

校本课程开发什么，如何开发，开发到何程度，这是当前课程改革的一个重要问题。课程开发以什么为载体，如何激发学生兴趣，如何使课程得到可持续发展，是多所学校面临的重要问题。本课程在开发过程

中，通过探索、实践、总结、调整，找到了一条有效的途径，并总结出了较为成功的经验和方法，为新课程的开展奠定了良好的基础。

七、问题思考

1. 关于发明创造，处于探索阶段，还没有形成较大规模和较高的理论认识，有待于我们做进一步的积极探索。

2. 关于发明创新的模式和载体，还有待于开发和研究。目前我校是以自行车为载体，激发学生的兴趣，激励学生思维创新。至于其他模式还有待于我们继续开发和探讨。

自行车是一个简单的代步工具，学生从它的身上获得了知识、方法、能力、乐趣、团队精神、发明创新的意识。200 年来围绕自行车的创新从未间断过，从这些创新和发明中大家可以感受到发明其实离我们不远，创造就在我们的身边。

每个人都有创造潜能，发明的源泉寓于最简单、最朴素的东西之中。创造发明的实践证明：每个正常的人都能有所创造，创造并不都是惊天动地的。

课程评述：

此课程以先进的教学理念为指导，突出了"从生活走向物理、从物理走向社会"，以学生熟悉的自行车为学习载体，拉近了学习内容与学生认知心理之间的距离，从而使调动学生学习的积极性、培养学生的动手能力等方面的问题都可以得到有效的解决。

物理学是以观察、实验为基础的科学，通过做实验，养成勤动手、善思考的好习惯，因此物理学习过程中，每位同学都需要通过实践而感悟物理知识。通过本课程的开发与实施过程，我们高兴地看到了知识学习与能力培养都融入了以自行车为载体的主题活动之中，通过教师与学生的共同努力，给学生一个比较新的理念，那就是创造是伴随每个人一生的非常有趣的事，但是必须是那种"勤于思考、善于思考的人，才能从中受益"；在这个主题活动过程中，通过动手调动思维，每位同学因动手能力提高而自豪；通过动手激发创新，自信来源于遇到问题时有更多的方法，而方法来源于若干的创意，每位同学因有更多的创意而自信。

从应试教育向素质教育转变，教与学的方式需要适应学生发展的需要，这是教学改革非常重要的环节。我们的教学必须培养学生手脑并用的能力，不能只培养那些很"会"考试的能力，这就要求教师在教学内容的选取上、教学方法的设计上，思考清楚如何提升学生的创造思维，培养学生的动手能力；在教学过程中引导学生动脑、动手、动口，劳力时劳心，劳心时劳力。人大附中的《自行车与物理中的创造发明》这门课程践行了手脑相长，凸显了特色育人。主要体现在以下三个方面：

1. 这一教学方法，能够培养学生健全的人格。首先，发挥了学生的主观能动性，促使其解放思想、善于思考、敢于探究。其次，把学生的情感态度和价值观放在了首位，提升学生的审美情趣和人文素养。最后，培养了学生不怕困难、不怕失败、精益求精、敢于创新的品格。

2. 这一教学方法，能够提高学生的综合能力。一是提高了学生的学习自理能力，通过手脑并用式教学，引导学生在学习中探寻生活，在实践中探究知识。二是提高了学生的创新能力，通过手脑并用式教学，培养了学生的创新精神、创造意识。三是提高了学生的观察能力，通过手脑并用式教学，使学生通过动手又动脑地创作作品，逐步培养和提高学生的观察水平。四是提高了学生的审美能力，通过手脑并用式教学，使学生完成的是"作品"，而不是"作业"。学生通过创作过程追求美、表现美、创造美和享受美。

3. 这一教学方式，能够开发学生的潜在智力。首先，能够引导学生手脑结合，学生动手能力的提高，能有效开发脑功能，进而有效促进动手能力的提高，有利于开发学生的智慧和创造力。其次，能够激发学生的创新灵感，通过日常生活中普通的自行车，把许许多多的物理知识融入其中，促使学生思考。最后，能够培养学生的创新思维，每位学生面对的是共同的零部件，但在动手中动脑，学有所思，各得其法。

加强培养初中学生的综合素质，是我国国情和社会发展的客观要求。初中教育必须克服只注重理论知识和习题演练的现象，引导初中生开展综合实践活动，培养他们的综合实践能力、创新意识和探究能力，以及社会责任感，以适应社会发展的客观要求和初中学生终身学习的需要。从应试教育向素质教育转变，是提升国民素质的关键！在这方面，人大附中的以自行车为载体的主题实践活动课程，是一种手脑相长、特色育人的物理选修课模式，提供了一些好的教学方法，具有很好的借鉴意义。

（苏明义　海淀区教师进修学校物理教研员）

发明与创造课程

中国人民大学附属中学

一、开发背景

人大附中的《创造力拓展(发明与创造)》开设于 1994 年，是学校在技术课程教学的基础上，为培养一大批具有强烈创新意识、出色实践能力的优秀创新人才而开设的校本选修课。

《创造力拓展(发明与创造)》涉及人类生活的各个方面，主要以工程技术手段解决人们生活中遇到的实际问题。研究范围包括环境与能源、交通、电子、通信、建筑、生活创意改进、智能控制等。创新思维与动手能力的培养是课程的核心。

课程基于青少年善思考、爱动手的特点，以国内外最新发明，尤其是青少年的发明创新项目为载体，以创新思维培养为知识主线，通过动手实践、发明案例剖析、展示与交流等教学手段，综合培养同学们的创新思维与动手能力。

多年来，创造力拓展(发明与创造)课程培养了大批小小科学家和小小发明家，并在学校形成了浓厚的发明创造氛围，同学们的发明创造作品层出不穷，课程取得了丰硕的成果。课程致力于科技创新领域拔尖创新人才的培养。让青少年在创造力最旺盛、创造热情最高的时期就接触到科技发展的最前沿，掌握发明创造的技能，培养创新人才的优秀品质，引导同学们树立远大志向，感受科技创新带给人们的乐趣。

人大附中于 1994—1995 年在高一年级开设"发明与创造"必修课，每周一课时。1996 年至今从七年级至高二均开设"发明与创造"必修课，每周一课时。同时，开设"发明与创造"选修课，每周两课时，学生自愿选择。学校至今已形成"以发明创造为龙头，以金工、木工、电子为基础，面向全体学生，学有所长"的鲜明办学特色。

二、课程目标

1. 知识与技能

1.1 了解发明创造的常用技法，并熟悉专利等相关知识产权知识。

1.2 学会头脑风暴等创意产生的方法，并培养创造性思维。

1.3 学习金工、木工、电子等基本技术，并能够借助工具将创意转变为现实。

2. 过程与方法

2.1 通过一些发明案例的剖析与关键发明点的再现，感受发明创造的基本技能和方法。

2.1 经过对实际问题的提出与解决，培养发现问题、解决问题的能力。

2.3 经过展示与交流，培养同学们的表达与交流技能。

3. 情感态度价值观

3.1 通过发明创造活动，感受技术创新给人们带来的快乐。

3.2 了解技术发明给人类社会带来的进步，养成技术发明与创新的良好思维品质。

三、课程内容

本课程基于青少年善思考、爱动手的特点，以国内外最新发明，尤其是青少年的发明项目为载体，以创新思维培养为知识主线，通过任务驱动、动手实践、发明案例剖析等教学手段，培养同学们的创新思维与动手能力。本课程的重点在于项目遴选和对设计流程的把关，完成创新项目的论证和结构设计，为优秀作品的物化和选拔奠定基础。

例：《技术与发明》(初中版)教材目录(正在审稿中，2016 年 3 月出版)

第一章 发明的本质

　　　1. 人类的发明与发现——一个神奇的故事

　　　2. 技术的发明与革新

　　　3. 技术发明与知识产权

第二章 技术的表达

　　　1. 识图与制图

2. 常用加工技术

第三章　改变运动与力的技术

1. 自闭合页

2. 涡轮涡杆与齿轮齿条传动

3. 连杆传动

第四章　改善生活环境的技术

1. 阳光——太阳能的利用

2. 绿色植物窗帘

3. 太阳能应急净水器

第五章　与"红绿灯"相关的技术

1. 交通道口

2. 智能交通灯

3. 油门防误踩逻辑电路

第六章　面向未来的技术

1. 物联网技术

2. 激光技术

3. 航空航天技术

4. 导航技术

四、课程实施

4.1　教学安排

《发明与创造》选修课面向全校同学，每周 2 课时。同时在通用技术必修课程中渗透发明创造的思想，培养创新型人才。

4.2　教学策略

课程的核心任务是培养学生的创新思维能力。人的创造力，其核心是创新思维能力。下面是我们在《发明与创造》教学过程中采取的一些策略和方法。

策略：设置情境，激发兴趣

【案例 1】自平衡担架的设计与制作

自平衡担架是我校娄澜同学的发明作品，项目获得全国劳技创新大赛一等奖。娄澜同学在汶川地震的新闻图片中获得设计灵感，并经过巧妙设计发明了自平衡担架。

教学中，教师没有直接给同学们讲解发明思路，而是故意卖起关子，让同学们通过图片、视频重温汶川地震的震撼场景，在场景中思考如何帮助人们避震、减灾。经过紧张思考与积极讨论，同学们获得了很多创意，产生了新的设计思路。在此基础上引入娄澜同学的发明，同学们会对发明创造有更深的认识。

【案例2】圆弧半径测量尺

设计情境，经历创新发明的原始思路，是培养学生创新思维的有效方法。像这样的案例还有很多，如《圆弧半径测量尺》（上海一八年级学生的创新发明）。讲授过程中教师设计任务，组织全班同学测量楼道灯罩所在的半径。同学们使出浑身解数，用数学、物理等方法给出数据，还有同学用相机和电脑软件进行测量。在种种测量方法产生后，教师拿出吴天际同学的作品，鼓励同学们通过动手将创意变成现实。大家会将自己的创意和吴天际同学的设计相比较，从而发现解决问题的新方法。

【案例3】电动遥控高压线除冰器（作者：周宇涵，作品获北京青少年科技创新大赛一等奖）

该项目的创意来源于2008年南方冰灾。让同学们课前观看冰灾的场景，思考：同学们遇到这种自然灾害，你们能做些什么？当看到工人师傅艰难除冰的场面时，设计一个除冰机器人的想法就自然产生了。

当然，在情境设计时，应该注意情境不能游离于所要学的知识，又要与学生的生活实际相联系，才能做到与学生产生情感共鸣，情境才会起作用。如我们曾在教学过程中引入一个《新型锁扣》的发明作品，也设计了一些情境让同学们体验，可效果并不好。后来我们发现现在的学生很少见过这种老式锁扣，他们会问：谁还用这种家具呢？显然没有创作的愿望。虽然作者的发明思路很好，可是大家还是不感兴趣。

策略1：诱思导入，探究设计

在同学们的创造热情被点燃后，教师们就要引导同学精心设计，寻找解决方案。同学们每次上《圆弧半径测量尺》这节课，都会产生大量的研究方案，教师根据学生的创意，有针对性地指导。下面这些作品都是同学们课后发明出来的。

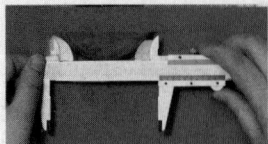

一种新型的圆弧半径测量尺
作者：李爽
获奖情况：亚洲发明展览会金奖

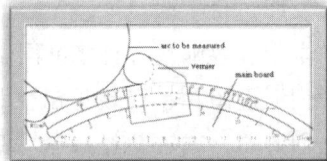

圆弧半径测量尺
作者：吴天际
获奖情况：明天小小科学家评选活动
全国一等奖

策略 2：立足实践，且做且思考

创新的想法一定是在实践中获得的，脱离了实践的创新就会成为无源之水，无本之木。学校3D打印小组在进行打印实践时，发现现有的桌面级3D打印机有很多缺点，比如打印尺寸非常小，不能满足大尺寸打印的需求。在老师的鼓励下，他们就针对这个问题展开了研究。最初设想用无人机带着喷头打印，经过一个学期的研究最终放弃了这种设计。后来就改成吊索悬挂喷头打印的方式。经过一年多的研究现在他们已经初步设计出打印喷头，并编写了控制程序。创新之路在实践中得以延伸，同学们在实践中获得创新的快乐。

策略 3：创新有道，方法引领

世界上最有用的知识就是关于方法的知识。创新有道，需要方法引领。教师在教学过程中积累了丰富的创新方法的经验，如缺点列举法、检核表法、组合法、和田法、635头脑风暴法、TRAZ理论等，这些方法都能启迪学生的创新思维，为梦想实现插上翅膀。

策略 4：学生的课堂，学生做主

在课堂上，教师应大胆放手，让学生做主。一些课堂甚至可以让学生来设计引导。发明创造领域涉及生产生活的方方面面，教师很难做到万事通，很多方面学生研究的更深入一些。放手让学生设计，让学生给大家讲解，一方面会极大提高孩子的学习积极性，增强自信心，另一方面会锻炼孩子的表达能力。学生将想法讲出来，也会得到同学们各种各样的建议和批评，一定会更好地丰富自己的设计。

策略 5：延展创新，带着问题走出课堂

一节好课的标准不是教师把问题说的多清楚，相反，下课后学生能带着自己发现的问题不断追问老师才是教师应该追求的目标。人大附中的发明与创造课程将课堂延伸到课外，学生在课上激发创造性想象，发现与提出问题，课后在实践中解决问题。学生们根据兴趣组织了很多社团组织，同学们一起在课后研究，很多创造性问题都是在课后得到解决的。

创新是一个民族进步的灵魂。人大附中的发明与创造课程一直本着培养创造性人才这个核心目的，不断发展与丰富教学内容，不断改进教学方法，取得了显著的成绩。

五、课程资源

1. 校本教材

十几年来，通用技术教研组全体老师从教学实际需求出发，先后编写了不同年龄阶段的发明创造校本教材。

2. 实验室资源

为了给学生的发明创造提供良好的条件，教研组先后建成 13 个专业教室。根据任课情况，每个实验室设一位专职负责人。负责人负责实验室的器材整理与工具维护，并可以根据自己的喜好设计教室的风格，根据教学需求提出申请增置相关仪器和设备。

表1　各实验室功能介绍

序号	实验室名称	设备	功能简介	开设课程	开课年级
1	汽车模拟驾驶教室	14台汽车模拟驾驶仪 4个电教板 1个整车透明模型	了解汽车的主要构造、主要系统及其应用，了解发动机的工作原理和工作过程，初步学会汽车驾驶技术和例行保养的基本方法，增强交通安全意识和环保意识。	《汽车模拟驾驶与保养》	高一年级必修、高中国家选修
2	机械与电气实验室	激光雕刻机2台、数控钻铣床等机加工设备 电脑12台	以北京交通大学机构创新与机器人学实验室在移动机器人方向多年的科研成果为载体，与中学生的物理、数学以及信息技术课程充分结合，设置的课程内容包括：理论讲授、实验拆装、上机操作以及项目实践四个部分。其中，理论讲授内容包括：移动机器人的机械组成及力学原理、电气及单片机控制技术，实验拆装对象为北京交通大学研制的具有自主产权的数种新概念机器人，上机操作课程讲授计算机辅助三维绘图软件，项目实践部分把学生分成项目开发小组设计制作展示及比赛机器人作品。	《简易机器人》《发明与创造》等课程	高一必修、高中国家选修、全校校本选修

续表

序号	实验室名称	设备	功能简介	开设课程	开课年级
3	光电技术创新实验室	电脑12台 摄像头6个 标志点打印机6台 地投1台	1. 了解增强现实技术的关键技术。 2. 了解增强现实技术在现代社会中的应用。 3. 能利用三维建模软件SketchUp设计出虚拟模型。 4. 结合增强现实技术，能以小组的形式完成一个创意作品设计。	《增强现实与虚拟现实技术》	高一必修、高中国家选修
4	电子与信息工程实验室	电烙铁、电子元器件、焊锡	进行简单的电子制作	《电子技术》《电子技术基础》	高一必修、八年级必修
5	金工技术教室1	金属锉、台钳等	进行金工制作	《金工工艺》	八年级必修
6	金工技术教室2	金属锉、台钳等	进行金工制作	《金工工艺》	高二必修
7	木工技术教室	工作台、木锉、曲线锯、直线锯、砂纸、电钻等	进行木工制作	《木工工艺》	七年级必修
8	综合创新实验室1	剪刀、锯、乳胶、钳子、锉刀、电钻、护目镜、手套等	进行木工制作，机器人制作，小发明、小设计的初步实现	《发明创造》《技术与设计2》	七年级早培班、八年级早培班、高二必修
9	机加工教室	台钻、磨床、铣床、电锯等	教师交流备课、作品进行机加工		全校
10	综合创新实验室2	剪刀、锯、乳胶、钳子、锉刀、电钻、护目镜、手套等	进行木工制作，机器人制作，小发明、小设计的初步实现	《发明创造》《技术与设计2》	七年级早培班、八年级早培班、高二必修

续表

序号	实验室名称	设备	功能简介	开设课程	开课年级
11	制陶技术教室	拉胚机、展示柜等	制作陶器及相关作品	《陶工工艺》	七年级必修
12	3D打印实验室	12台3D打印机 13台电脑 1个三维扫描仪 20套3D打印组装套材	进行3D打印的教学与实验研究	《结构及其设计》《3D打印技术与科技创新实践》	高二必修、高一研修
13	无人机科学与工程	无人机 北斗导航设备 钻床等机加工设备 线切割机	无人机科学与工程、空间信息等相关实验和教学	无人机科学与工程、空间信息等相关实验和教学	全校选修

六、师资队伍

通用技术教研组现有专职教师 13 人，平均年龄 37 岁。其中博士 2 人，硕士 8 人，北京市骨干教师 1 人，海淀区骨干教师 3 人。专业涵盖了机械、自动化、化学、数学、美术、物理、工程力学、计算机、现代教育技术等各个方面，文、理、工兼备，使得人大附中的发明创造教育能够兼顾技术和人文两个方面。

姓名	专业	学历	职务/职级	年龄（岁）	特长与分工
李作林	数学、科技传播	硕士	教研组长、中教高级、北京市骨干教师	40	主持教研组全面工作
马勇	化学、电子	本科	八年级备课组长、高级教师	48	电子技术竞赛

姓名	专业	学历	职务/职级	年龄（岁）	特长与分工
韩嘉强	美术、陶艺	本科	七年级备课组长、高级教师	41	模型竞赛
高茹	教育技术	硕士	高一备课组长、高级教师	35	金鹏论坛、科研
苏晓静	机械与电子	硕士	高二备课组长、高级教师	31	机器人竞赛
恽竹恬	农业机械	博士	中教一级	31	金鹏论坛、少科院
郑晓	自动化	硕士	科研科技秘书、中教一级	28	科技创新大赛
施一宁	光电技术	硕士	中教一级	29	建筑竞赛、科研
刘长焕	电子控制技术	博士	中教一级	31	电子技术竞赛
姜凤敏	机器人	硕士	中教一级	28	金鹏论坛
温明男	工业设计	硕士	中教一级	29	DI
何玲燕	美术设计	本科	中教一级	30	电脑设计
竺豪桢	物理	本科	校长助理 中教高级	66	发明创造

此外，学校每年还从校外聘请专兼职科技辅导教师，有来自大学、科研院所的专家，也有来自公司的科技创新人才。校内校外的教师队伍，为同学们的创意实现搭设了很好的桥梁。

七、课程评价

创造力拓展（发明与创造）课程是一门综合性、创新性、实践性很强的课程，教学过程中采用过程性评价、终结性评价相结合的评价方式。

评价方式	具体内容	分值	备注
过程性评价 （60%）	考勤	20%	要求在研究过程中有详细的研究记录。对于有创造性的活动可以根据情节进行加分
	课堂表现	30%	
	值日	10%	
终结性评价 （40%）	展现形式：项目展示与交流、研究报告		

八、课程效果及创新点

"发明与创造"研究的过程和成果是以技术学科作为主题，兼顾其他学科，具有突出的综合性。开展课内外教学活动时，注重承传"发明与创造"研究的综合性方向与特色，以技术创新设计为主线，综合数理化和人文地理、环境生物等多门类文理学科，使学生能够通过活动真正体验到"学以致用"的乐趣。

1. 培育了大量的科技创新人才

截至目前，参与"发明与创造"的学生人数已达数千人。1994年以来，通用技术教研组老师辅导学生参加科技类竞赛共获得国际奖50余项；国家奖85项。先后有14名学生获得"明天小小科学家"一、二、三等奖；11名学生获得"北京市市长奖"，3名学生获得"北京市市长奖提名奖"；3名学生参加"英特尔国际科学与工程大奖赛"，分别获得二、三、四等奖。

2. 引领与辐射

人大附中的发明创造课程也录制了一系列网上课程，供全国中小学生下载观看，收到了非常好的效果。

2010年教师节前夕，国家领导人胡锦涛主席来人大附中，第一站就是走进通用技术课堂，与发明创造的同学亲切交谈，并且鼓励学生要"勤动脑、勤动手，掌握更多真才实学，将来一定能成为建设国家的高素质创新型人才！"

附：中国国家知识产权局官方网站的文章《向上吧，少年发明家》

——第 41 届日内瓦国际发明展人大附中参赛团队特写

4 月 19 日下午，中国人民大学附属中学（以下简称人大附中）机械与电气工程实验室，一堂别开生面的发明与创造课正在进行。

通用技术教研组组长李作林老师没有站在他熟悉的讲台位置，今天他和 20 多个孩子们坐在一起，聆听着台上颇具专业功底的演讲。演讲者不是科技专家，也不是教授学者，而是赴日内瓦参加国际发明展的 5 位早培班七年级学生。他们中年龄最小的才 12 岁，最大的不过 13 岁。在刚刚结束的第 41 届日内瓦国际发明展上，正是这群小发明家发明的"桥牌无线计分系统"击败了众多国内外强队，获得了展会颁发的特别金奖。

他们还清楚地记得，参加这次比赛，源于校长刘彭芝在赛前的某天晚上 12 点打来的电话。在关注青少年创新的刘彭芝看来，这次日内瓦的展会是锻炼学生的一次难得的机会。分管早培工作的高江涛副校长对发明创造特别重视，他亲自听取孩子的报告并参与指导。在孩子们回国的途中，指导老师吴月江、王璐等还早早地来到首都机场迎接这些满载而归的小发明家，鼓励他们在科技发明的道路上做出更大成绩。

源于桥牌　发明创新改变生活

这是一个关系融洽而又讲求分工合作的研发小团队。12 岁的王晨冰是这个团队的队长，也是参加本届展会的年龄最小的发明人。别看他年龄小，在讲台上他却是最"拉风"的。王晨冰介绍说，以往桥牌计分都是人工的，不仅麻烦而且容易出现失误，他们在人大附中桥牌社老师的启发下产生了发明一种自动计分系统的想法，5个人开始利用科技选修课集中研发，仅用一个学期就攻克了单片机等技术难题，自己设计制作完成了整个计分系统。

同为12岁的徐海博负责参赛文件的撰写。据他介绍，"桥牌无线计分系统"主要由两部分组成，分别称为选手端和裁判端。其中，选手端由TFT触摸屏和无线模块等构成，是供牌手录入比赛信息用的。当录入完成后，无线模块会将比赛信息传至裁判端接收器。裁判端由接收器和主机软件构成，会自动计算生成比赛结果。徐海博说，这套系统可以同时计算最多100桌的桥牌比赛，他们目前已经准备提交专利申请，而他也已经开始撰写相关申请文件。

13岁的彭子卓从小学习计算机编程，他负责的是裁判端编程与网页设计。"当时距离展会还有两周，我们已经完成了所有程序的封装实验，这个时候才发现我们的界面与桥牌比赛不能完全匹配。"于是，彭子卓几乎将8000多行代码全部推倒重来，终于赶在展会之前完成了这个"大手术"，保住了团队的研发成果。

13岁的李睿潜负责电路设计与绘制，展会当天，他也遇到严峻考验。当时在最后展示阶段，很多零件都进行了备份，唯独电路没有备份，没想到偏偏此时电路出现了问题。在时间紧迫、来不及在技术层面进行解决的情况下，孩子们集中精力把视频讲解好，有效地弥补了这一遗憾。

13岁的盛翊伦负责软、硬件调试和后期美工，他也是桥牌社的小选手。此次参加国际顶级发明展会的经历也让他大开眼界。在展会现场众多的发明创新项目中，盛翊伦对来自法国的"TRIO"印象很深，这是一个风扇状的装置，利用它可以同时快速制作出3种不同口味的奶酪。"这让我深刻地认识到，发明创新与生活息息相关。创新不是挂起来让人参观的，而是真正运用到生活里去，让更多的人体会到它的妙处。"盛翊伦说。

回到北京，5个孩子俨然成了人大附中的新星。然而在课堂上，台下的同龄人可没半点追星的架势，听完了他们的介绍，小同学们纷纷提出质疑。"为什么不在安卓智能手机上开发？还可以利用3G网络传输信号呢！""如果牌手故意输错怎么办，算不算犯规？""你们的设备成本是多少，能商业化推广吗?"面对尖锐的提问,团队成员镇定自若,分别给予了回答。"我们在展会期间遇到的提问比这更多",王晨冰表示。展会上,同行的国家知识产权局专利局专家还给他们提出改进意见,鼓励他们把这套系统推广到其他牌类比赛。

3 金 2 银,这是人大附中的 5 个项目参加此届日内瓦国际发明展所取得的成绩。在 11 个特别金奖项目中,来自我国国内的有 3 项,人大附中即是其中之一。此次亮相日内瓦的人大附中其他参赛项目,也都闪耀着创新智慧,准确便捷的"三维牙齿模型测量成像装置",高科技含量的"自主导航球形轮避障机器人",自动与人保持同步的"智能跟光摄像系统",人大附中这些发明项目在新奇创意中融合着现代科技成果。

"孩子的发明全是来自于生活中遇到的问题,很多想法非常可贵。借助人大附中这一平台,孩子们可以站得更高,看得更远。学校不仅有科技课,还有很多的社团,如生命科学院、科技俱乐部、少年科学院等,每个社团都传递着创新的意识。"谈到如何开展创新教育,李作林表示,学习不仅是学到书本知识,更多是将书本知识与实践相结合。"学校尽可能提供各种条件,让学生实现自己的想法。孩子的东西成功了,也会有更多的乐趣去创造。"

多年从事发明创造教育的竺豪桢老师告诉记者,人大附中累计提交了国内外专利申请近 50 件。"从 2006 年开始,我们就尝试进行中学生知识产权普及教育的实践研究,同时,人大附中也在技术课上讲授专利知识。从小注意培育孩子们的知识产权意识,他们就会知道,自己的智慧成果可以得到法律保护,这有助于增强他们的创新荣誉感。"

人大附中学生的创新能力和知识产权意识,在此次参展过程中也得到国家知识产权局领导的高度评价。"孩子通过项目获取知识产权只是个开始,下一步就是面向社会,将这些创新成果的价值挖掘出来。等以后孩子长大了,他们就会更加感受到知识产权的作用了。"老师们表达了这样的共识,"在人大附中,社团活动虽然占据了很多时间,但是孩子们的学习却没有受到影响,反而还激发了他们的学习兴趣,提高了他们的学习能力。高水平学校不仅要在国内增进交流,还要积极走向国际,若能形成合力,中国的创新教育会有新发展。"

课程渐近尾声,举目四望,人大附中花园草坪上的玉兰花迎风招展。春的气息弥漫在 4 月的校园里,年轻的身影在球场和楼宇间跳跃追逐。

创新与知识产权，从未缺席人大附中这个梦想舞台，它们就像空气一样，在孩子们周围自由流淌。

课程评述：

人大附中开设的创造力拓展（发明与创造）课程至今已有 20 多年。该课程是本校教师精锐团队自主研发的校本课程，不但已形成完备的课程体系，而且经过从 1994 年至今列入学校课程计划、有固定课时的教学实践，已形成学校特色。

该课程实施以来培养了大批小小科学家和小小发明家，使学校形成了浓厚的发明创造氛围，发明创造作品层出不穷，促使学生的创新思维和动手实践能力得到长足发展，同时也促进了学生良好品质的形成和个性特长的发挥，课程的实施取得了有效的教学效果及丰硕的成果。

该课程是基于学生的兴趣与发展需求设立的，特别关注学生思维和综合能力的发展，突出学生综合应用知识能力、实践能力和创新能力的培养。它以通用技术学科为主，与数学、物理、化学、信息技术、美术等学科密切相关。其教学内容的选择科学、规范，难易适度，符合青少年的心理特点并容易被接受，而且能够启发学生在学习过程中产生创意并在教师指导下实现创意。课程内容关注社会发展，在创造教育中渗透育人功能，无数发明案例都是引导学生用自己的智慧和双手去解决实际问题，去为人们的生活带来便利和力所能及地帮助需要帮助的人。

该课程配套资源丰富。现在人大附中通用技术教研组有专职教师 13 人，平均年龄 37 岁，其专业涵盖了机械、自动化、化学、数学、美术、物理、工程力学、计算机、现代教育技术等学科，为技术课和创造力拓展（发明与创造）课程的实施并兼顾技术与人文相融合创造了良好条件。教研组老师从教学实际需求出发，先后编写了不同年龄阶段的发明创造校本教材，先后建成 13 个专业教室，并且根据教学实际需要，配置了较先进的实验室（例如无人机、机械电子工程、电子信息工程、光电技术、智能机器人、3D 打印技术等实验室）。每个实验室都有专职负责人，所用器材及工具有专人管理与维护。这些实验室还用于老师与学生一起进行课题研究。

该课程具有较完善的评价体系，以综合育人为最终目标，终结性评价与过程性评价相结合，并能够根据学生的项目完成情况，给予灵活的奖励政策，鼓励和吸引学生们进行发明创造，整个教学过程中关注学生思想方法的形成和情感体验。

　　总之，人大附中的创造力拓展（发明与创造）课程目标明确，教学内容设置合理，教学资源丰富，教学策略恰当适用，评价方式合理可行，实施后取得了丰硕的成果，是值得推荐和推广的精品校本课程。

（于慧颖　中国教育科学研究院）

信息技术基础课程

北京大学附属中学

一、开发背景

自从 2003 年新课程标准出现以来，信息技术的教学目标更改为提升学生的信息素养。经过十多年的教学实践，信息技术课程的教学在逐步规范。但在实际的教学中，还存在许多问题。

1. 新课标以培养信息素养为主要目标

新课标明确提出以培养学生的信息素养为总目标，通过高中信息技术教育要使学生能够"选择合适的信息技术进行有效的信息采集、存储和管理；能采用适当的工具和方式呈现信息、发表观点、交流思想、开展合作"[1]。必修模块"更多关注课程的深层内涵。该模块所依托的信息技术内容不宜过分提高""将课程重点转移到适合高中学生认知水平的信息素养的培养上"[2]。也就是说，在新课标下我们教学的重心不能只停留在讲解什么技术，什么工具能干什么、怎么干，不能只教会学生这个技术怎么用，那个工具如何操作，而是要教会学生在什么情况下选择什么样的技术、工具和方式"对信息进行获取、加工、管理、表达与交流"[3]。当然这首先要求学生对各种相关的信息技术和工具达到熟练的程度。

因此，在新课标的教学中，我们面临的第一个问题就是转变观念，将教学重点转移到如何培养学生的信息素养上，而不再是操作技能。

---

[1] 中华人民共和国教育部. 普通高中技术课程标准(实验). 北京：人民教育出版社，2003，第 12 页.

[2] 走进新课程丛书. 普通高中技术课程标准(实验)解读. 武汉：湖北教育出版社，2004，第 54 页.

[3] 中华人民共和国教育部. 普通高中技术课程标准(实验). 北京：人民教育出版社，2003，第 12 页.

2. 新课标要求学生具备一定的信息技术应用技能

课标解读的第 54 页还指出"关于各学段课程任务的轮廓性分野是这样确定的：小学——初步接触信息技术，形成感性经验；初中——提高信息技术应用技能，开始学习用信息技术解决生活与学习中的问题；高中——在持续经历信息技术的基础上，形成个性化发展，追求自由于信息文化的能力"，必修模块"所依托的技术内容不宜过分提高，可以在初中经验的基础上注入一定的实用技巧，注重对方法的归纳与总结"，由此看来，新课标下的教学就技术内容而言是非零起点，已经假定学生具有一定的信息技术应用技能。

但在 2001 年指导纲要中小学、初中的信息技术课没有被列为必修课，义务教育阶段又将信息技术教育放在综合实践活动领域，因此，我们面对的学生究竟学过了哪些基本的知识与技能还需要我们进一步的分析。

所以，在新课标的教学中，我们面临的第二个问题就是需要界定教学对象已经掌握了哪些知识与技能，哪些知识和技能还需要进一步加强（或补课），需要归纳总结哪些技术上的方法，采用什么样的教学方法和策略来让不同水平学生的信息素养都能有所提升。

3. 新课标强调培养学生的评价能力

新课标还强调了学生评价能力的培养。要求学生要"能评价信息的真实性、准确性和相关性""能对自己和他人的信息活动过程和结果进行评价"[①]。新课标中提到的评价，是一种判断能力的培养。而在过去的信息技术教学中，有关这方面的内容是很少的，对学生学习结果的评价也是少而又少的。

因此，在新课标的教学中，我们面临的第三个问题就是教师如何去评价学生的学习过程与结果，如何教会学生对自己与他人的信息活动过程和结果进行评价。

4. 新课标强调学生要有与信息社会相适应的价值观和责任感

如何在教学过程中渗透与信息社会相适应的伦理道德与法律法规，信息技术所蕴含的文化内涵，以培养学生形成与信息社会相适应的价值

①中华人民共和国教育部. 普通高中技术课程标准(实验). 北京：人民教育出版社，2003，第 12 页.

观和责任感，是一线信息技术教师感到困惑的问题。

北大附中自 2003 年 9 月就开始尝试按新课程标准来进行信息技术课程教学，其间当然也遇到了上述的几个问题。我们采取了项目导向的教学方式来突出信息素养的教学和提升；采取了项目导向＋个别辅导＋教学资源＋教学网站来解决学生的水平不一致的问题；采取了作品互评的方式来提升学生信息作品评价能力；采取了实际项目制作过程中的体验和冲突来增强学生的价值观和责任感，取得了不错的教学效果。

二、课程性质

信息技术基础课程目标在于引领学生结合时代发展全面认识信息技术以及信息社会，认识信息革命带来的深刻变革，掌握基本的信息技术为生活和学习所用，全面提升信息素养，适应时代发展。

第一，本课内容既有信息技术，又有信息文化的内容。这门课引导学生科学理性地认识信息在人类社会发展中的重要作用，认识信息技术的发展历史、现状、趋势、对人类社会的影响，引导学生对信息技术与社会发展、信息社会与人类生活等方面进行关注和思考。

第二，本课在实践中提高学生处理信息的意识和能力。在基于项目的学习中，学生要经历发现问题、设计研究过程和方案、获取和评价相关信息、加工和表达信息使问题得以解决的实践过程。经历了这样的学习过程，学生发展了创造力，培养了自主精神，丰富了应用信息技术解决问题的经验。

第三，本课进一步养成和提升信息素养。信息技术基础课重视培养学生养成良好的习惯，包括恰当进行个人信息管理的习惯、对信息问题研究和发现的习惯和意识、遵守信息社会的法律道德和规范的习惯和意识。

三、课程目标

初步掌握信息技术学科的基本知识与技能，具有敏感的信息意识，较强的解决信息问题能力，规范的信息道德，能够利用信息技术学科的思维方法对实际问题进行分析、解决，整体提升学生的信息素养是该必修模块的主要价值和目标。课程回答什么是信息，什么是信息技术等问题，教会学生信息分类的知识，以及如何合法地、恰当地选择工具，并利用工具去获取、存储、加工、表达信息的技术。

学完本模块，学生能够深层次理解信息及信息技术的概念，进而理解信息及信息技术对人类社会的重要性，能够理性地看待信息技术的两面性，能够利用多种工具对图像、声音、视频等各种媒体信息进行加工处理，能够选择恰当的信息工具和形式表达自己的思想，能够利用信息技术工具去解决学习和生活的问题。具体成果包括：

➢ 信息研究报告一份。

➢ 信息技术应用报告一份。

➢ 搜索研究报告一份。

➢ 自助游计划一份。

➢ "我的校园我的同学"多媒体视频短片一个。

四、信息技术基础课程实施

（一）课程安排

信息技术基础课程以一系列相对开放的实践项目为核心，依托教师自己的教学网站，形成"项目实践＋学习资料＋拓展资料＋教学评价＋作品展示"等系统的综合课程平台。具体安排如下：

每周 4 学时，每次课 2 学时连堂。共 36 学时，9 周完成。学习合格得 2 学分。

课次	课程主题	项目实践活动	设计意图
1～2 次	信息与信息技术	以"我对信息的理解"为主题制作一件电子作品，内容至少包括： 1. 个人简介。 2. 用你自己的语言谈谈你个人对信息概念的理解。 3. 你对信息的无处不在一定深有感触，请结合实际谈谈你感受最深刻的某个信息特性。 4. 写写你对信息技术课的希望。	抽象的思维课起始课，首先，阐述为什么要开设该模块，该模块的上课模式及评价方案，其次，在教师引领下主动建构信息与信息技术的概念。

续表

课次	课程主题	项目实践活动	设计意图
3~4次	信息的获取与整理	制作"搜索研究报告" 就以下问题用 word 写一篇研究报告: 1. 搜索引擎有怎样的历史,又经过了怎样的发展? 2. 搜索引擎的分类及工作原理?列出各类搜索引擎的典型代表。 3. 常用的搜索技巧。 4. 搜索引擎的评价标准。 5. 搜索研究任务。 　　通过搜索以下内容,对两个以上搜索引擎进行比较(如准确率和速度等),并总结这些搜索引擎的特点。 搜索内容 (1)当前世界上营业额最高的 5 个公司以及中国营业额最高的 5 个公司名称及目前为止的营业额。 (2)自助游需要事先做哪些方面的准备。 (3)血红素(血红蛋白)是人血液中的重要组成部分。请搜索血红素的分子结构。 (4)许多白领反映所使用的文件夹没有保密功能,不能加锁。你新开了一家办公用品商店。请找两家生产这种文件夹的企业的联系方式。 (5)我国有多少种名字中包含"鹿"的濒危珍稀动物,它们的保护等级分别是什么。 (提示:用相应的网络科学数据库,搜索结果权威且全面) 研究成果: (1)列出每个问题所使用的关键词及得到的实测数据,如速度,准确率等。 (2)通过上面的搜索对两个以上搜索引擎进行比较,得出你自己的结论,如各搜索引擎的特点及你的新发现等。 6. 经过以上的学习和研究,你有什么发现与心得体会。	自主探究课 利用网络和教师提供的资源对搜索引擎的历史、原理及使用方法进行系统研究,同时学习如何利用 word 制作大文档,包括封面和目录的制作。

课次	课程主题	项目实践活动	设计意图
5~6次	获取信息的一般方法和过程	制作"自助游计划"任务 两人一组，撰写一份《自助游旅行计划》。就旅游的衣、食、住、行、费用等收集信息并进行规划，预先了解目的地的人文景观、自然景观、风土人情、特产等。 活动总要求： 1. 旅行计划可以用自己喜欢的方式呈现，如 word 文档，PPT 演示文稿，网页或其他。 2. 要有标题、作者信息、制作时间；word 和网页 8 页以上，PPT 文稿 15 页以上。 3. 至少包括三个旅游地点(可以是国内/国外，不要在同一个城市)； 4. 用你认为最好的形式表达信息(如文字、表格、图片、声音、视频等)。 5. 旅行计划书一般应包含内容： • 旅行地点及旅行天数安排 • 旅行日程具体安排(每日食宿地点、交通工具) • 旅行造价表 • 景点介绍、景点图片、门票价格、风土人情、交通线路、特色小吃、土特产…… 6. 在计划书的最后写在撰写计划过程中，遇到哪些困难，你们是如何解决的。 7. 注明每个信息的来源及收集的方法。	两人一组的小组合作课。体验学习获取信息的一般方法和过程。
7次	多媒体信息简介	首先围绕"我的校园我的同学"确定小组主题，然后撰写故事梗概，撰写脚本，根据脚本采集图像、声音与视频素材。	第 7 次开始将是一个 4 人小组的长期合作，制作一个多媒体小组作品。 体验信息的获取、存储、加工、表达全过程
8~11次	图像信息处理	围绕各小组的主题作品，利用当堂所学内容，针对脚本中的图像信息进行处理。	
12~13次	视频信息处理	围绕各小组的主题作品，利用当堂所学内容，针对脚本中的视频信息进行处理。	

续表

课次	课程主题	项目实践活动	设计意图
14 次	动画制作	围绕各小组的主题作品，利用当堂所学内容，针对脚本中的动画信息进行处理。	
15 次	声音处理制作	围绕各小组的主题作品，利用当堂所学内容，针对脚本中的声音（如配音）信息进行处理。	
16～17 次	小组作品合成	利用视频工具将每个人平时对脚本内容的处理合成一个文件。	
18 次	作品汇报与评价	各小组作品汇报、交流与评价。	

（二）《信息技术基础》的课程实施

信息技术教学的实践告诉我们，学生在自己的探索和思考中获得的体验，探索过程遇到的问题及其处理的方法会成为他们的知识与技能的一部分，会是他们正在发展的能力的一部分。所以信息技术基础课程强调教师引导下学生的探索、思考。探索的过程也是实践的过程，实践是这门课程活动的主要形式。

以合作的方式去创作，是《信息技术基础》课程要采用的学习方式。在后面的课程规划中，"自助游""我的校园我的同学"两个活动都是小组合作的项目，前者应用网络工具协同创作，后者在现实中成为一个团队。

作为想要传递给学生信息思想和情感的一门课，简单的说教和知识传授远远不够，所以这门课需要学生去思考。在"信息及其特征""信息技术及其应用"两次的任务里，都强调学生思考、谈体会、谈感受，在"自助游"单元中，也要求学生写出研究过程的发现、体验，并分享。

1. 教学模式

总结以往教学经验，结合新课标的目标与内容，以培养学生的信息素养为主线，同时兼顾学生信息技术应用能力的培养，采用基于问题解决的项目活动为线索的模式进行教学，辅以丰富的学习资源，详细的学习指导和有针对性的技术支持，如下所示：

➤ 发现问题，确定学习主题

➤ 提供资源

➤ 学习指导

➤ 提供技术支持

➤ 实践交流

(1)发现问题，确定学习主题

为了让学生在学习过程中体验信息处理的全过程，培养其获取、管理、存储、加工、表达、交流信息的能力，项目主题的设计是关键，一个好的项目主题不仅能够让学生体会并经历信息处理的全过程，还可以学习总结一些技术、技巧和方法，加深学生应用信息技术的能力。

案例一：项目主题："我的校园我的同学"

活动内容：围绕"我的校园我的同学"确定一个具体主题，以影像的形式进行表达交流。

活动目的：以图片等分体处理为载体体验信息处理的过程。

活动形式：小组协作。

活动时间：8 次课。

课时分配：采集信息 1～2 课时，制作 4～5 课时，汇报交流 2 课时

活动过程：

①老师说明活动内容。

②分组，每 5～7 人一组。原则：自愿组合的基础上由老师调整(主要协调技术强弱的搭配)后确认。

③每组选出一位组长。组长负责制，由于需要外出采集素材，所以要负责组员与设备安全，并协调组员的分工与合作。

④围绕"我的校园我的同学"，小组讨论确定本组所要表达的主题。

⑤每组分配一台数码相机(老师提供或学生自带)外出采集本组所需要的照片素材。要求：每个人至少拍摄 2 张照片。

⑥将照片输入计算机，并保存在本组文件夹里。

⑦通过网上电子教材认真学习 Photoshop 使用基础与技巧。

⑧组长组织小组成员讨论本组反映主题的主要思路及做法，然后分工，每人负责一部分内容的编辑(每人编辑处理至少 2 张照片)，最后合成一个作品。作品要求：有创意，主题突出，内容连贯，并有一定的图片处理技术含量。

⑨完成作品后每个组汇报交流各组的作品，每位组员都要发言。汇

报的主要内容：主题、整体设计思路与每个人的工作及实现过程。

⑩汇报交流的过程中进行小组间的互相评价工作。评价参考标准见下表。

评价参考标准

	创意	主题	技术	讲解	合作
5分	作品内容和效果立意新颖并设计精彩	选题符合要求并有独特的见解，取材恰当	灵活应用图片处理知识，每张图片均有不同的艺术效果	准备充分、态度认真，讲解清楚，小组每个成员均有发言	每个人都有具体的任务，且配合默契，互相帮助，组长具有一定的组织能力
3~4分	有一定的创意并贴切主题	选题符合任务要求，选材一般	每人只有一张图片处理，组内图片设计差异小，艺术效果一般	态度认真，讲解清楚，个别人没发言	每个人都有任务
2分	创意一般	选题基本符合任务要求，选材不够充分	图片处理量少，不够认真	讲解不够认真	个别成员没有参与

说明：

该案例以图像处理为载体，以学生最熟悉的校园与同学为主题，让学生体验如何根据任务的要求，确定所需信息的类型和来源，并选择合适的信息技术对所需信息进行有效的采集、存储和管理，采用适当的工具和方式呈现信息、发表观点、交流思想、开展合作。能让学生体验信息处理的全过程。

实践结果表明，这样的项目主题活动学生是欢迎的，在活动中学生的主动性被大大地调动起来，大多数学生都积极主动、全身心地投入到学习过程中，去采集素材、互相切磋技艺，尤其是汇报交流，各个小组各显神通，以各种方式把本组最精彩的技巧展示在同学面前。

（2）提供丰富的学习资源

信息素养需要学生在不断的实践中体验提升，学生在开放性的实践活动中需要大量的学习资源。当然，我们可以让学生上网去查找，但教师仍需要针对不同的学习主题提供针对性较强的学习资源，如我们就在校园内部网上为学生提供了丰富的学习资源。

某一方面的专题网站是学生比较喜欢的资源，学生在进行以图片处理为主题的学习活动中，我们提供了图片处理入门和图片处理技巧两个专门网站，供学生活动过程中使用。

一些硬件资源也需要教师事先进行准备或布置，如数码相机，扫描仪等。

(3)给出详细的学习指导

对于学生接触较少的一些知识与技能，教师还应该以范例的形式给出较详细的学习指导。下面为信息技术基础课程中一个范例的学习指导。

案例二：美丽的吉他

把风景图片加到普通吉他的表面，使其更具有个性化。

操作要点：

①同时打开风景图片和吉他图片，并解开图层上的锁。

②改变风景图片大小：切换到风景图片，(Ctrl＋A)全选，使用"图像"菜单下的"图像大小"将风景图片的大小变为原来的1/3。

③将改变大小后的风景图片拖放到吉他图片上，生成一个新的图层。

④利用(Ctrl＋T)选中风景图片，再次调整它的大小至合适大小。

⑤切换到吉他所在的图层0上，使用魔棒选中吉他以外的区域。

⑥单击"选择"→"羽化"，在弹出的对话框中将羽化半径设置为5个像素。

⑦切换到风景图层上，按两次 Delete 键，消除"风景"位于吉他以外的部分，(Ctrl＋D)去掉选区。

⑧单击图层调板上模式选择组合框上的下拉按钮，选择"叠加"方式。

说明：

①魔棒是常用工具，它可以选中图像中颜色相似而且连接在一起的所有像素，使用魔棒工具时容差值的确定是一个关键，容差的范围是 0～255，数值越小对颜色相似的判断要求越高。例如，容差是 0 时只有颜色完全相同才会被认为是"相似"的颜色。

②羽化是使选区与周围产生一个淡化的过渡区，经过羽化处理的两幅图片能很融合地叠加在一起。羽化半径决定羽化的程度，数值越大，淡化效果越明显。

(4)提供有针对性的技术支持

新课标中不以信息技术应用技能为主线，而是在它基础上培养学生的信息素养。但在学习过程中，信息素养是在学生的实际学习活动中养成的，而学习活动中又时时刻刻在应用信息技术。这样一来，如何处理技术与工具的学习就成为新课标教学实践研究的一个重要问题。我们的解决方案是，将不需要教师过多讲解的技术操作和工具的使用写成"技术支持"，供学生查阅使用。在课程的教学网站中，每节课都提供了技术支持。下面摘录一例。

案例三：技术支持

技术支持 1：在 ACDSEE 中编辑图片

首先到编辑状态

①改变大小→image→resize

②修剪→view→main toolbar→crop，然后双击—另存

③调整方向→image→rotate 和 image→flip

批量改变文件大小：

①先选中欲改变大小的文件(可以使用 Shift 或 Ctrl 多选)

②单击"工具"→"调整大小"命令，然后在打开的窗口中确定大小

技术支持 2：使用 ACDSEE 制作相册

①建立存放图片的文件夹，并将制作相册需要的图片复制到该文件夹中。

②选中文件夹中的全部图片。

③单击"工具栏"的共享按钮，再单击出现在它下方的"HTML"按钮，在弹出的对话框中输入网页标题"×××的相册"，选择缩略图的大小和输出文件夹的路径。

④单击"确定"即可。

（5）实践、交流与评价

实践、交流与评价是以学生为主体的一系列活动。在实践的过程中，教师的直接指导是非常重要的，及时地鼓励学生，让学生有信心把自己的想象实现。

汇报交流与评价这一环节在主题学习活动中也占着非常重要的地位，让学生上讲台讲演自己的作品不仅为锻炼学生的表达能力提供了机会和场所，同时也是对学生潜力的一个挖掘，对其实践活动的一个督促。当然教师需要做好评价工作的各个环节，如评价标准、汇报场面的主持、评价结果的评价等。在多年实践中我们体会到，重视交流与评价环节是教学效果提高的一个重要原因。

2. 教学环境的搭建

教学环境是信息技术教学过程中非常重要的环节，是实现教学目标的根本保证，也是长期困扰信息技术教师的许多问题的根源。

中学信息技术课的教学环境不同于其他任何一门课程，无论是早期的"教室讲授＋机房实践"模式，还是目前的直接在计算机教室上课模式，学生面对的不仅仅是信息技术教师，还有更吸引更"好玩"的计算机。信息技术教师不仅要教好信息技术课，还肩负着计算机教室软硬件系统的管理与维护。今天硬件坏了，明天软件系统又被搞瘫痪了，计算机教室天天都有新问题；学生上课玩游戏的现象屡禁不止。在新课标教学中教学资源的建设，教师教学资源和学生学习资源的管理等，诸多教学环境问题时刻等待着信息技术教师去解决。如果没有一个良好的教学环境势必要影响正常的教学工作。

下面是我们在多年教学实践中探索出来的一套教学环境管理办法：

（1）采用域环境管理软硬件系统

对于信息技术教师而言，管理好信息教室的软硬件系统是首要任务，是上好课的前提。学生使用学校的计算机主要是学习，没有必要拥有修改系统软、硬件的权限。其实，除了管理者其他教师也不应该拥有修改系统软、硬件设置的权限。学生、教师人员众多，身份不一：学生有不同的年级、班级，教师教不同的课程……，所以应该有一种统一的权限管理机制。在使用 Windows 的信息教室中，采用域管理就是一种不错的方法。

为了解决这个问题，北大附中在硬件上采用不安装光驱、软驱的方法，并且在 BIOS 设置中禁止使用 U 盘启动并设置密码。在软件上则采用 Windows 的活动目录（也称 AD-Active Directory），利用域管理全校计算机和使用者。它可以灵活设置使用者对所用计算机系统各种资源的权限。具体做法是：

①选一台适当的服务器作为域控制器，在其中安装 Windows 2008 Server 系统，然后在上面安装 AD 域，确定域名。

②为每位学生确定一个用户名，并添加到已建立的域上。通常使用学号作为学生的用户名。为了便于管理还可以把不同的用户放置到不同的组织单位（OU）中，如一个班设置为一个 OU，或一个年级设置为一个 OU。

③通过对组织单位设置域安全策略，确定用户在域上的权限。通常是 USER，这种权限的用户是不能更改任何软、硬件设置的。

④学生所用计算机系统一律安装 Windows 7 Professional。

⑤使用本机管理员身份将每台计算机加入设置好的域中。

⑥在本机上不设置学生用户，学生用户只能登录到指定的域上。

这样，学生对本机的使用权限就会与域设置的权限同步，即为 USER 用户，也就不具备对本机进行任何软、硬件设置的权限了。

为了便于管理，通常设置学生对本机的硬盘只有读的权限，没有写的权限。对于教师用户和教师所用计算机也可以进行同样的管理。这样管理之后，计算机系统的维护工作量大大下降。只要用户名及密码正确，师生可以登录并使用校园内任何一台计算机。

（2）与域结合设置学生的共享空间

通过与域结合，可以为共享的资料设置权限，这样可以既保证数据的共享，又同时保证数据的安全。

为了便于集中管理，也为了师生所用数据安全，我们在服务器的硬盘上为全校师生每人开设了数据空间，并以他们的用户名命名，同时设置文件夹的访问权限为相应的用户。这样，只要用正确的用户名及密码登录计算机，每个人都会有一个网络驱动器，对应着服务器上的一个文件夹。我们把它们称作网盘。

具体做法如下：

在域控制器上运行"开始"→"程序"→"管理工具"中的"Active Directory 用户和计算机"，打开用户的属性，如图 1。

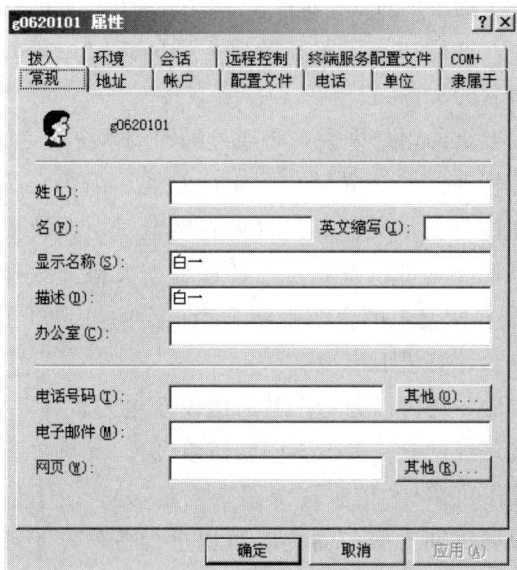

图 1　域账号属性

选择"配置文件",如图 2。

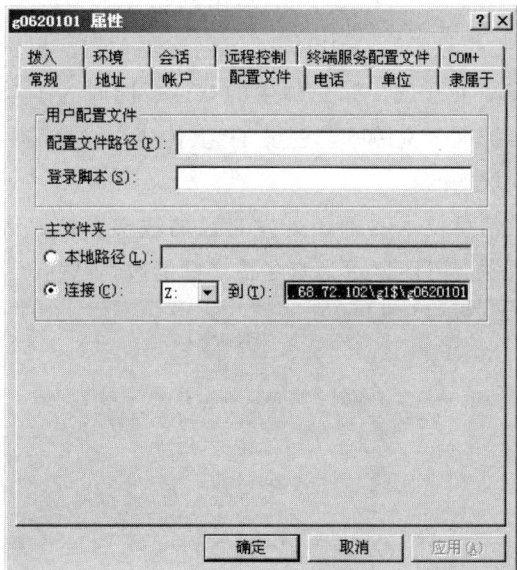

图 2　配置文件对话框

在"主文件夹"的下面选择"连接"，并在"到（T）:"的对话框中填写网络文件夹的路径。这样在指定路径的服务器的指定位置就会自动创建一个以该用户名命名的文件夹。

通常对于大批量的用户来说，是通过编写脚本统一完成。

多年来这种管理方式深受学校师生的欢迎，因为有了网盘，老师在办公室写好的课件或演示文稿，只要放在网盘里，在教室计算机上用自己的用户名登录，仍然可以看到自己的课件或文稿。教师们既不用软盘也不用 U 盘。放在网盘中的资源是随着用户走的，用户在哪台计算机上登录，它就在哪台计算机上出现。

用同样的方法，还可以为每个教研组设置组内教师间交流用的网盘；为每个班级设置班级网盘；为各不同教研组设置"组间共享"网盘。

使用网盘除了可以让"信息资源跟着人走"外，由于信息资源均保存在服务器上，只要定期对服务器上的数据进行备份，就可以保证信息资源的安全性。

(3)学习资源的建设与管理

新课标的教学要求为学生提供大量的学习资源，如素材、案例、学习指导等内容。我们在教学实践中利用网络文件夹为学生提供了"resource(资源)""初中教学""高中教学"等网络驱动器。提供内容丰富的各类资源，对全校师生开放，深受师生的欢迎。同时为了丰富资源还动员全校师生共同维护这个资源库，创设了"上传区"，这些资源都是动态的，不断更新，不断增加的。

此外，每位信息技术教师还开发自己的教学网站，从另一个侧面为学生提供学习资源。下图所示为李冬梅老师的教学网站。

从学习资源的建设过程中，我们已经看到一些对资源的管理办法，所有的网络文件夹都设置了相应的权限，如某位教师的教学文件夹只有他自己和他所教的学生才能够打开，教师拥有所有的权限，学生只能读。学生提交作业的文件夹只有学生才拥有所有权，教师只能读，等等。学生优秀作品展示区的文件由各位任课教师提供，其他人只能阅读。

长期以来，学生作业的管理一直是信息技术教师头疼的问题。在 AD 域用户下为每位学生建立作业提交的网络文件夹，并设置只有学生本人有完全控制权，任课教师有访问权限，这样既方便了学生提交，也方便了教师批作业。

此外，我们还为全体学生设计了优秀作品展示区，方便同学们开阔思路。

教学环境的设置在信息技术教学中占有重要的地位，以上是我们的一些尝试，效果很不错。

3. 评价方法及实施

传统的教学评价过分强调了对学生的选拔与甄别作用。在新课标的教学评价中我们要以促进学生学习为原则，应用灵活多样的评价方式激发学生的学习兴趣，鼓励学生去创新实践，引导学生学会学习。下面是信息技术基础课程的评价设计。

(1)把形成性评价用于平时作业管理

在各种评价方法中，形成性评价对学生的学习起着重要的作用，它引导学生掌握所学内容，激励学生去学习，并发现学习过程中的错误，从而及时采取因人而异的补救措施。这是信息技术教学过程中的一个重要环节。

在信息技术基础课程的教学中，每次课学生都有明确具体的实践内容。并且都必须在下课前提交实践结果(作业)，教师会及时对学生的实践结果进行评价(批作业)，并把评价结果在下次上课前提交给学生。每次上课前学生都会仔细地查看老师对他(她)作业的评价，并询问有疑问的每一个细节。

为了将形成性评价与作业管理相结合，我们对每次课堂实践都设计合理科学的评价项目，并对学生作业进行评价，下图为某班的作业管理表。

平时作业管理与评价

评价项目的设计要从知识技能、信息素养、创新能力等方面全方位考虑。上图中为评价学生是否会正确使用电子邮件，我们设计了"发件人是否正确"、"邮件主题是否正确"、"是否有附件"、"附件文件名是否正确"等几个方面来检测学生对电子邮件的掌握程度。这些项目通常要在连续的几次作业中都列为评价项目，目的在于就使用电子邮件这一环节让学生养成一个良好的信息习惯。当大多数同学在这些项目都达标后，在以后的实践中我们会撤去这些评价项目，再着重评价另一些项目。

在每一次作业的评价过程中都把"创新"、"个性"作为一个鼓励加分项目，刚开始很少有同学在这些项目上得到笑脸，但经过一段时间的训练与激励后，有创新、有个性的作业越来越多，学生的创造欲望也越来越高涨，这种评价起到了引导学生学习的作用。同时还在网上开辟了"优秀作品展示区"，凡是有创意有个性的作业均上传到这个区域，让全体学生浏览。这种做法也极大激励了学生的学习热情。

每一次作业评价中"老师的话"也从另一个方面沟通着师生的关系，激励着学生，引领着学生朝着正确的学习方向前进。

此外，表格中定量的评价也从整体上让学生对自己每一次课的学习有一个整体的了解。

（2）评价量规与作品考查

在课程的整体评价方案中，除了对平时作业进行严格管理外，还设有模块结束时大作业，下面是"信息技术基础"模块的大作业考查内容：

综合活动：我的校园我的同学

活动的大主题为"我的校园，我的同学"，各组同学自选一个小主题。

用多媒体的形式来展示自己的主题。要求用数码设备记录所选主题的相关素材，然后用 Photoshop 进行图像处理、合成，最后综合应用音频、视频、动画等展示自己的主题。最后进行展示、作品互评。

活动过程：

①分组

分组并确定本组组长。

3～5 位同学一组

②讨论主题

在组长组织下，讨论本组作品主题、内容提要，并在 word 中形成小组活动计划书。具体内容包括：

组长：

组员：

作品标题：

内容提要：（可长可短，说清楚即可）

计划采集的素材：（写写计划采集哪几方面的照片、DV 等）

写剧本：用怎样的线索、怎样的形式来表现自己的主题。

要求：主题明确，内容积极向上，反映北大附中校园生活，主题不要太大。

③采集素材

根据主题，以小组为单位在校园内精心采集多媒体素材。

要求：

素材要包括符合小组的主题需要。

小组同学间友好、团结，相互帮助；小组每位同学均要参与拍摄。

每个小组围绕主题至少拍摄 20 张照片。

小组要有合影照片。

要有视频和录音。

拍摄可在课间或其他时候，请自带相机读取设备或在家里先转移到U盘中并把照片素材带到学校。

④输入计算机

采集结束即回教室，将采集到的多媒体素材输入计算机。

⑤简单处理

使用 Photoshop 对采集的图片进行简单的编辑，如重命名：根据自己的需要为采集到的素材命名。

调整图片方向和大小可以将过大的图片大小调整为 1024KB×768KB。

可以对一些图片进行剪切。

⑥加工处理

根据主题，对多媒体素材进行加工处理。

⑦作品合成

对加工后的多媒体信息进行合成，可以用 PPT、网页、Flash 动画等作为合成的作品配解说词。

⑧作品展示

向全班同学汇报并演示作品，各位同学对该作品进行评价。

汇报作品时小组组长先做总的介绍，每位组员都要承担一定的汇报任务。

注意：

· 每次课都有技术讲解学习。

每人从小组素材库中选取所需素材，应用新学技术进行适当的处理，并标明制作者姓名与时间，作为本课的课堂作品。

应努力让每次课的作品都成为大活动的有机组成部分。

· 这个活动将大约持续 8 次课，请同学注意作品思路的连续性，保存好自己的素材及中间作品。

保存与提交要求

①计划书以"13 届 31 班＋组长名＋组＿小组主题＿计划"为文件名（例如：13 届 31 班李芊组＿课间时光＿计划）保存在各自电脑的 Z 盘中，并由组长复制一份到提交作业区"我的校园我的同学"文件夹下，自己所在组文件夹中。

②在提交作业区中自己班的"我的校园我的同学"文件夹中，找到自

己的组，并在这个文件夹里建立"素材"文件夹，将采集的素材存放其中。

学生的模块成绩由平均成绩和模块大作品构成。在第一次课上会告诉学生成绩的评定办法是：平时成绩占60%，大作品占40%。平时成绩即为每次作业成绩的平均。平时作业的形成性评价是学生一步步的学习过程，作为教师只是把这个过程记录下来。

一套完整的教学评价方案是教学得以顺利进行的保障，是促进教学，引导学生向着正确的方向进步的重要环节。

五、课程实施效果

通过学习信息技术基础课程，学生们掌握了信息技术学科的基本知识与技能，具有敏感的信息意识，较强的解决信息问题能力，规范的信息道德，能够利用信息技术学科的思维方式对实际问题进行分析、解决，提升了学生的信息素养。相对课程学习之初，学生利用信息技术解决问题的能力有了显著提升。许多学生的作品已经相当规范、精美。以下是一些学生在模块结束时所写的感言：

【学生感言1】

一学期的计算机课很快就过去了，回想第一节课，长篇大论式的写作仍会令我不寒而栗。然而，计算机课却不像我想的那样乏味，反而越来越有趣了：有自制旅游计划、课外拍照、搞笑PS、校园故事、Flash动画……

每节课都十分自由、有趣，我的兴趣也一点点提高了，这和以往我印象中的信息课一点也不同，我想，这才是真正的信息魅力吧！呵呵！

——［摘自10届1020137同学信息技术学科第一学期期末总结］

【学生感言2】

经过学习，我不仅收获了使用计算机的基本技能，更喜欢上了这门看似简单、实质上大有学问的科目。

上了高中，同样是信息技术课，我发现课程不只停留在对于计算机屏幕上几个按钮的功能的使用上了，而是真正深入到"信息"与"技术"层面，是名副其实的"信息技术课"。

《信息技术基础》模块让我印象深刻。在这个模块中，老师先后带我们认识了信息及其特征并尝试应用信息技术，研究搜索引擎并撰写研究报告，大量搜集信息组织一场自助游，通过编写剧本、处理图像、处理评价标准：

项目	效果	创意	主题	技术	合作	讲解
5分	• 精彩，吸引人 • 布局合理 • 色彩和谐一致 • 风格一致 • 作品完整流畅	• 内容新颖 • 设计新颖 • 见解独特 • 其他创意（技术的巧妙应用等）	• 主题突出 • 主题健康向上 • 内容丰富，选材恰当 • 技术应用恰当	• 照片取景好，构图合理，图像清晰（拍摄技术） • 应用了 Photoshop 的图层效果 • 应用了 Photoshop 的滤镜 • 有自绘图形，合理应用 Photoshop 的工具 • 作品数目大于 5 张且不雷同 • 幻灯片制作技术好	• 每人都认真完成具体任务（有分工） • 配合默契，相互合作（有合作） • 每人作品都是整个组作品的有机组成部分（有组织和协调） • 组长具有一定的组织能力	• 准备充分，态度认真 • 重点突出，思路清晰 • 语言流畅，讲解清楚
4分	• 比较吸引人 • 布局合理 • 风格一致 • 作品完整	• 以上任意三个	• 以上任意三个	• 以上任意四个	• 每人有分工 • 有相互合作 • 有组织和协调	• 以上任意两个

续表

项目	效果	创意	主题	技术	合作	讲解
3分	• 作品表现一般 • 有一定的布局和色彩搭配 • 作品松散	• 以上任意两个	• 以上任意两个	• 应用了 Photoshop 基本工具、图层、滤镜等技术表达主题	• 有成员没有按要求完成任务 • 某人的作品与其他人作品不统一、不协调	• 以上任意一个
2分	• 作品乏味平淡 • 布局和色彩搭配不美观 • 作品仅凑在一起	• 没什么创意	• 没主题或内容不健康	• 技术应用少 • 没有表达主题	• 个别成员没有参与	• 不知所云 • 讲解几乎进行不下去
0分	• 没有作品					

视频完成综合作品……在每个作品的制作过程中，我好像都获取了大量的信息，熟悉的、陌生的……我发自内心地感受到快乐。最后一个作品——《我的校园我的同学》，相比之下花费了我最多时间和精力。Photoshop我不知使用过多少回了，可是若将多种处理方法融会贯通，在我看来却是很难的事情；视频的合成却是我在那之前从未接触过的，老师讲解时，看似简单好用，可若要做出效果"炫"、"带感"的作品来，真的是需要充分的创造能力和专业技术了……当然，在几次的练习下，我和同学还是有了很大的进步。这份作品进行了很长时间，融入了我们三个小组成员的心血。我们开了个小会，理清头绪，详细地进行了分工，并决定抽出几个中午和放学的时间来到机房，事先整理好在技术处理上遇到的问题，请教老师。于是工作的方向和心态好像一下子明朗了起来，我真心感激自己和组员，当然还有刘宝艳老师——她的声音总是甜甜的，听课超舒服；一节课从头到尾都举着扩音器，真的有够辛苦；还有她主动邀请我去办公室找她辅导视频的合成并充分考虑到我们临近考试时间紧张的难处，留校到很晚等待我们视频合成的结果……《信息技术基础》的学习很快过去，留给我的是超出课本的启示。

——［摘自14届二单元关楚凡同学期末总结］

六、课程创新

北京大学附属中学的信息技术基础课程围绕新课标提升信息素养、培养问题解决能力、倡导运用信息技术进行创新实践的理念经过多年的探索实践，总结出一套高中信息技术新课程的系统性的教学模式：

➤ 从培养信息素养出发，基于问题解决设计教学情境

➤ 根据教学内容选择恰当的教学方法

➤ 为学生的创新实践提供丰富的学习资源

➤ 写出详细的学习指导，便于学生自学

➤ 提供有针对性的技术支持，便于学生查阅

➤ 布置难易适中的开放性实践内容，激发学生创新实践

➤ 及时给出评价反馈，并进行交流

本课程精心设计了有利于学生动手动脑的创新教学案例。"我的校园我的同学——图像信息的获取、存储、加工与表达"，让学生以加工处理过的图片展示"我的校园我的同学"，借助图像处理，体验信息的获取、

存储、加工、表达全过程。本案例采用小组协作，首先，每个小组围绕"我的校园我的同学"确定本组的小主题；其次，小组成员使用数码相机在校园里围绕小组主题采集图片素材，并将采集的素材存储在计算机里；再次，使用图像处理工具围绕小组主题对图片素材进行加工，表达主题；最后，将加工处理的图片集成为视频或动画并在全班交流评价。经过5年的教学实践，这个教学案例深受学生的喜爱，在每届学生的作品中都充满着他们丰富的想象力、闪烁着他们智慧的光芒、凝聚着他们辛勤的汗水。其他一些精彩的教学案例，如让学生智力高度碰撞的"信息及其特性"；让学生大开眼界的"信息技术及其应用"；锤炼学生获取信息能力的"自助游计划"等。根据项目活动进展，每节课还设计了开放性的实践内容。这些案例和实践内容也深受全国各地教师的喜爱。

本课程设计了创新性的信息技术过程性评价方案。教学评价是教学中一个很重要的环节，而信息技术教学中最重要的又是过程性评价。通过一堂课的学习学生是否达到了既定的目标，是需要及时检测的，最常用、最有效的方法就是作业，它不仅可以及时反馈学生学得怎么样，还可以反馈教师教得怎么样。所以，规范及时的课堂作业及评价是非常重要的。首先，根据教学内容的不同，本着实践性创新性原则，为每次课设计一个切合学生实际的具有开放性和创意性的实践内容，实践时间为讲课时间的2倍。实践内容的开放性保证每个学生都有事可做，实践内容的创意性保证学生在实践作品中充分发挥想象力，展示个性。其次，针对每个实践内容量身定制评价量规，设置多个评价项目，从三个维度对每个学生的实践作品进行认真的评价，并及时给出反馈。下表是实践内容"搜索研究报告"的评价量规。

基本分内容																	加分内容					总得分		
发件人	主题	附件	文件名	封面	目录	页码	页数	三级标题	行间距	基本内容	搜索结果	搜索比较	心得体会	内容筛选	文字编辑	字体字号	态度	排版	见解	心得	创新	笑脸	得分	上榜
☺	☺	☺	☺	☺	☺	☺	☺	☺	☺	☺	☺	☺	☺	☺	☺	☺						25	5	

其中基本分内容中的前三项检测学生是否能够规范地使用电子邮件（态度），加分内容中的"见解"和"创新"检测学生的创新意识和创新能力，等等。

多年的教学实践证明，这套过程性评价方案，不仅可以及时反馈教与学的基本情况，还可以细化到每一个知识点的掌握情况，跟踪测量一些难以测量的情感态度价值观方面的内容，激发学生的创新意识，培养学生的创新能力。学生们也都非常喜欢这套评价方案。

课程评述：

该课程能够将学科培养方向从"技术"转向"信息文化"，从以往的技术性内容学习转变为信息素养的提升，体现了对信息技术学科核心素养的认识与实践。在体现信息文化方面，课程采用了项目导向的方式，引导学生认识信息技术的应用价值，从学生活动中突出信息的获取、甄别、管理、加工、表达、交流的内涵，解决了传统信息技术单纯教授软硬件知识技能问题，在意识和能力培养上有所突破。

课程所设计的五个学生成果中，学生活动具有一定的开放性，内容覆盖面较广，课时安排紧凑。通过开放的学生活动能够有效地融入学生个性化思维，体现学习的自主性、个性化和创新性，学生活动中有机地蕴含了信息技术与社会内容。

课程的实施策略中注重了小组协作、学习资源建设、学习过程评价。在小组协作中注重了协作的计划性和功能性，使学生在协作过程中感受大型信息活动的实施过程，体会信息社会中社会群体活动的组成。课程所设计的学习支持网站中，涵盖了较丰富的技术性学习资源，有利于学生自主选择学习；同时，在校园内使用域管理对学生的相关学习资源进行统筹，在课程实施中加强了教师管理的保障；课程的评价采用了形成性评价，评价内容包含设计、创新、常规习惯等方面，并结合教师评语，综合地对学生进行学习过程、认知程度评价，在及时对学生反馈中让学生能够有综合的自我认识。

该课程具有较深远的信息素养培养的认识，课程方案的实施、评价详实可行，对学生能力培养的设计充分、具体，具有较高的实践和推广价值。

（马涛　北京市信息技术特级教师）

智能机器人课程

北方交通大学附属中学

一、开发背景

21 世纪科技发展突飞猛进，高科技、智能化、信息化已经成为现代社会的主要载体。机器人技术是当今前沿高技术研究最活跃的领域之一，机器人技术的迅速发展，不仅是一个国家科学技术水平和国民经济现代化、信息化的重要标志，也是打开 21 世纪大门的钥匙。机器人技术作为战略性的高技术，可大力推动国防军事、智能制造、资源开发等产业的发展，欧美各主要国家都极其重视发展机器人技术，大力抢占这一前沿科技的制高点。习近平同志在 2014 年 6 月 9 日中国科学院、中国工程院两院院士大会上明确指出，机器人革命有望成为第三次工业革命的一个切入点和重要增长点，将影响全球制造业的格局，而且我国将成为全球最大的机器人市场。习近平总书记说："机器人是制造业皇冠顶端的明珠，其发展、制造、应用是衡量一个国家科技创新和高端制造业水平的重要标志。机器人事业，有望成为世界的'第三次工业革命'。"目前，我国的机器人产业正根据国家安全、民生科技和经济发展的需求，着力突破制约我国机器人技术和产业发展的关键技术，推出具有应用价值和市场前景的机器人产品，把机器人产业培育成我国未来战略性新兴产业。

随着机器人技术的发展，其在教育领域的应用也逐步得到重视。习近平总书记指出，教育是民族振兴社会进步的基石，我们需要通过教育不断培养社会需要的人才。在中学阶段开展智能机器人教育是势之所趋，育之所需。而教育机器人成为中小学开展智能机器人的重要载体，主要应用于课内外教学和参加各级各类科技创新活动，表现出了无可比拟的教育价值和发展前景。

本课程由交大附中祖浩东老师及其团队研发与实施。

二、课程性质

智能机器人课程是在中小学课程建设中的必要补充，是多学科和多领域的综合，涉及人工智能、机器视觉、自动控制、机械加工、传感器、通讯、系统工程和信息等一系列学科。

整个课程设置强调培养学生研究能力和合作能力等核心素养。课程实施过程中，在重视技术学习与应用的同时，着重养成学生良好的科学研究习惯，包括对工具、器材的规范管理，对相关软件的规范操作与编制，对项目研究中过程性记录与评价的总结等，使学生初步养成科学研究与实践活动的良好习惯。再者，团队合作是项目研究的工作方式，能够培养学生独立工作能力与协作能力，特别是能够在工程解决过程中让学生在角色扮演中充分体验每个角色的作用与价值，如项目负责人、软件工程师、机械工程师、发言人等。

智能机器人是以必修课和选修课两种课程形式相结合而开展的课程，目前各学校是以科学课、劳动技术课、通用技术课、信息技术课为载体因地制宜、各具特色地开展。课程的开设，以情境设置为背景，以项目成果为目标，以专题研究为内容，以问题解决为手段，以小组合作为方式，以交流展示为平台。课程实施发展性评价，从教学过程、教学效果、学生发展等进行多维度课程效果考核。

三、课程目标

智能机器人课程总体目标是培养学生研究能力和合作能力。十多年来，随着智能机器人课程在中小学的蓬勃开展，智能机器人课程体系已初见端倪，从小学到初中直至高中学段，课程目标也自成体系：

小学：了解→体验→学习

初中：体验→学习→掌握

高中：学习→掌握→探究

具体来说，在小学阶段，智能机器人课是从兴趣出发，让学生初步了解机器人的相关知识，体验机器人制作的全过程，再到学习基本的方法，初步形成小组合作的习惯。在初中阶段，通过机器人制作过程体验，学习相关的科学知识，掌握制作方法与技能，深化学习兴趣，形成制作能力，初步形成小组合作的能力。在高中阶段，学会智能机器人知识与技能，及时了解前沿动态发展，掌握智能机器人研究的技能与方法，形成智能机器人制作的探究与创新能力，形成团队凝炼团队精神。

简而言之，我校开展的高中智能机器人课程目标是"四个一"：构建一个网络，即"智能机器人课程立体教育网络"；打造一支队伍，即梯队式学生导师队伍；建设一个工作室，即项目模拟工作室；形成一种能力，即项目研究能力。

四、课程实施

(一)课程实施途径与要素

1. 智能机器人课程的实施途径

智能机器人课程的实施途径有四：一是特色课程，二是地方选修课程，三是社团活动，四是社会培训课程。作为特色课程，可以利用中学阶段的科学课、劳动技术课、信息技术课和通用技术课等课时实施机器人课程教学，有利于课程的普及。作为地方选修课程，其课程实施的空间和自由度更大，便于学生自主选择，有利于特长学生的专业化发展，发现人才。作为社团活动，课程实施的主要目的是为特长学生搭建专业发展的专项实践平台，培养人才。另外，社会培训课程作为智能机器人教育的重要补充形式，为机器人教育注入了新的活力。

我校机器人课程是多渠道实施，多层次开展，多方向发展，多学科交叉的一门综合性技术类课程。首先，课程是建立在高中通用技术和初中劳动技术课基础上而开展的。从 2001 年至今，机器人课程在我校已经开展了 15 年，基本形成了较为合理的教学体系，收到了良好的教学效果，得到了广泛的社会认可。在此基础上，开设了机器人选修课程，使得全校各年级感兴趣、有基础的同学得以深入学习。智能机器人学生社团为有特长的学生进一步展示才能搭建了实践和探究平台。同时，也充分利用大专院校、科研院所等优质社会资源，为学生进一步深造创设了专业发展的条件。

2. 智能机器人课程的实施要素

智能机器人课程的实施要素包括三个方面。第一，教学研究。它是指在课程实施中，如何建立学习情境，设置课程内容，合理安排学习梯度与密度，使得课程衔接合理化，理论知识体系化，科学方法系列化，达到一种学生好学、教师易教的目标。

第二，课程交流。课程交流是指校际之间以智能机器人课程为主题的一种交流。主要内容包括课程的进度安排，小学、初中、高中的课程内容衔接，教学方法的研讨，听评课等活动。

第三，课程开发。为了使得智能机器人课程能够随时代的发展，进行不断的充实，让学生始终通过该课程了解科技发展的前沿，以及机器人在实际生活中的应用，而不断设计和开发适合学生发展的专题项目，从而对课程进行不断地改造和丰富。

(二)课程安排

1. 必修课程

章	节	机器人百科	涵盖知识点
第一章 简单 机械	本章前言	机械与机器人的概念，历史发展和用途	
	1. 杠杆	机器人的定义：概念的产生	1. 杠杆的概念和原理 2. 杠杆五要素：支点，动力，阻力，动力臂，阻力臂的概念 3. 杠杆平衡的条件及杠杆原理 4. 省力杠杆与费力杠杆的区别以及生活应用举例
	2. 直齿轮	机器人按功能的分类：示教再现机器人、特种机器人	1. 直齿轮的概念，齿轮传动的概念和原理、优点、缺点 2. 齿轮速度、力量、数量、方向的概念 3. 传动比的概念，减速齿轮和加速齿轮的概念与力量、速度的传动差异 4. 惰轮的概念与作用
	3. 锥齿轮，伞齿轮，圆齿轮	机器人按领域分类：工业、教育、农业、军用等	1. 锥齿轮的概念，与直齿轮的区别，优点、缺点 2. 伞齿轮的概念，与其他齿轮的区别和优缺点 3. 圆齿轮的概念，与其他齿轮的区别和优缺点 4. 锥齿轮、伞齿轮、圆齿轮的应用 5. 各种齿轮生产制造加工难易度以及制造成本的基本认识

续表

章	节	机器人百科	涵盖知识点
第一章 简单 机械	4. 涡轮与涡杆，齿条，皮带轮传动	机器人按体积分类：微型、小型、中型、大型	1. 涡轮与涡杆的概念和传动特点 2. 自锁的概念和好处 3. 齿条的概念 4. 皮带传动的概念
	5. 滑轮	机器的定义	1. 滑轮的概念，动滑轮、定滑轮、滑轮组的概念和原理 2. 力的方向和传递
	6. 平面连杆机构	机器的组成	1. 四杆机构的概念和原理，多杆机构的原理 2. 曲柄摇杆机构，双曲柄机构，双摇杆机构，曲柄滑块的概念和实现原理 3. 死点的概念和克服方法 4. 平行四边形的升降结构的原理及自锁的原理
	7. 单向机械结构	中国智能机器产生：中国智能机器发展史	1. 棘轮、棘锁、单向阀的概念、工作原理及优缺点 2. 棘轮、棘锁、单向阀的主要应用
	8. 探究与实践	国外智能机器产生：国外智能机器发展史	1. 涡轮涡杆知识的应用 2. 利用控制器简单电机控制界面，设计一款可以夹取和放下物品的机器人
	9. 探究与实践	机器人名词的产生	1. 齿轮与齿轮组机构的应用 2. 利用控制器的简单电机控制界面，设计一个可以运动的模拟爬虫机器人

续表

章	节	机器人百科	涵盖知识点
第二章 硬件基础	本章前言	智能机器人的产生；什么是硬件，与机械区别是什么	
	1. 电机	图灵试验：著名的图灵试验开启了人工智能的研究	1. 电机的概念、产生、发展史、分类、用途 2. 套件中电机的种类、功能区分、基本参数 3. 转速、圈数、方向的概念 4. 发电机与电动机的区别与应用 5. 简单的使用控制器电机测试界面使用按键控制电机转动
	2. 控制器	人工智能：使计算机做只有人才能做的智能工作	1. 控制器的概念、发展史、分类、功能 2. 控制器的基本了解，电机端口、传感器端口、按键、下载接口、存储卡插槽、喇叭等外部设备的概念和了解 3. 控制器开关机方法，电量的判断 4. 显示器界面功能了解（程序选择界面，传感器数据测试界面，电机控制界面，控制器功能设计界面）
	3. 传感器	人机互动：人工智能背景下的人机对弈	1. 传感器的概念、发展史、使用的原材料、用途 2. 触碰传感器的概念、状态、应用场合，连接到控制器并在控制器的传感器测试界面检测触碰传感器的状态 3. 声音传感器的概念，分贝值的概念，噪声的概念，不同音量的感受 4. 温度传感器的概念，温度与温度值的概念，摄氏与华氏温标以及其他温标的区别 5. 颜色传感器的概念，颜色识别、反射光（灰度）、环境光的概念和区别

章	节	机器人百科	涵盖知识点
第二章 硬件 基础			6. 超声测距传感器的概念，超声波的概念和原理，超声波测距的概念和原理 7. 陀螺仪传感器的概念，原理，角度和速率的测量方法
	4. 探究与实践	机器人的产生：机器人的产生历程	1. 传感器的综合应用 2. 利用控制器的传感器测试界面对照各种电子测量装置
	5. 探究与实践	机器人与人类劳动：代替人类的体力劳动	1. 齿轮与齿轮组机构的应用 2. 电机的应用 3. 利用控制器的简单电机控制界面，设计一个可以传送物品的传输带装置
第三章 编程 基础	本章前言	编程的概念，与硬件、机械的联系	
	1. 编程和工具	机器人与生产效率：提高效率昼夜不停	1. 程序编写的语言、工具，机器语言、汇编语言、高级语言的概念和差异 2. 套件中图形化编程软件界面、工具栏和基本使用方法介绍 3. 实践：编写一个简单程序，控制电机的旋转
	2. 内部命令控制	机器人与产品质量：质量保持一致	1. 程序时序控制的概念 2. 内部命令的概念，常用内部控制命令 3. 延时模块、显示模块的使用，时序程序的编制 4. 实践：使用内部控制命令在显示屏上分时显示不同的图形或文字
	3. 外部命令控制	机器人解决危险工作：替代人类操作有危险的工作	1. 传感器测量数据与电机反馈控制方法 2. 触碰传感器模块、大型电机模块的使用，使用触碰传感器的状态值控制电机的正反转

续表

章	节	机器人百科	涵盖知识点
第三章 编程基础	4. 循环	机器人可以拓展人类的视野：机器人参与科学探索	1. 程序循环的概念，跳出循环的条件 2. 无条件循环与有条件循环的区别 3. 有条件循环中内部命令与外部命令判断控制的区别 4. 实践：使用循环模块以声音传感器的测量值作为跳出循环条件，改变程序状态灯的颜色
	5. 条件判断	机器人与社会：影响人与人之间的关系	1. 程序条件判断、判断结果真假的概念 2. 实践：使用切换模块的条件判断功能，以设定的温度传感器的阈值为判断条件，利用声音播放模块，播放不同的声音文件
	6. 分支判断	机器人三原则的历史背景：1950 年阿西莫夫提出机器人发展三原则	1. 程序分支的概念，不同分支的判断方法 2. 实践：使用切换模块的分支判断功能，以颜色传感器的不同颜色作为不同分支，利用多个不同电机分别置于不同分支中，进行不同颜色的状态下的电机运动
	7. 循环的嵌套	机器人第零定律：对社会的影响（美国）	1. 循环嵌套的概念 2. 无条件循环与有条件循环的结合与程序持续运行的方法 3. 实践：利用循环嵌套实现重复双重或多重循环判断任务
	8. 循环判断嵌套	机器人的组成：机械本体、驱动伺服、计算机控制、传感、接口	1. 循环中嵌套判断的应用方法 2. 判断中嵌套循环的应用方法 3. 实践：利用循环与判断的相互嵌套实现较复杂的持续判别程序

章	节	机器人百科	涵盖知识点
第三章 编程 基础	9. 探究与实践	足球机器人之梦：2050 年与人类同场竞技	1. 巡线的基本概念和方法 2. 利用颜色传感器与电机反馈控制实现小车按照地面黑线的路线运行 3. 了解路径规划的基本方法
	10. 探究与实践	生活中的机器人 1：全自动洗衣机	1. 时序控制、循环、判断的综合应用 2. 利用不同传感器实现碰碰车的应用
第四章 综合 实践	本章前言	机器人在生活、工业等方面应用的介绍	
	1. 智慧之门	生活中的机器人 2：扫地机器人	1. 自动门的原理 2. 触碰传感器与电机的反馈控制 3. 了解不同类型的自动门锁装置
	2. 运输安全	生活中的机器人 3：自动售货机	1. 自动运输车的原理，通过程序控制不同电机实现差速运动和转向 2. 巡线机器人的工作原理，颜色传感器的反射光模式功能 3. 了解 AGV 机器人的应用
	3. 物品分拣	生活中的机器人 4：地铁闸机	1. 智能分拣的原理，机械臂的原理 2. 颜色传感器的颜色识别模式功能，颜色传感器与电机的反馈控制 3. 了解工业机械臂和分拣机器人
	4. 动物世界	生活中的机器人 5：ATM 机	1. 仿生机器人的原理 2. 利用传感器和电机的反馈控制实现某种动物习性的模仿 3. 了解仿生壁虎、机器鱼
	5. 用眼健康	生活中的机器人 6：服务机器人	1. 正确的阅读距离 2. 控制器三色灯的控制，测距传感器与控制器播放声音的反馈控制 3. 了解谷歌眼镜、VR 技术

续表

章	节	机器人百科	涵盖知识点
第四章 综合 实践	6. 桥梁设计	仿生机器人	1. 桥梁的种类和开启桥的原理 2. 利用传感器与电机的反馈控制模拟开启桥的功能 3. 了解开启桥的不同活动方式，伦敦塔桥、天津金汤桥
	7. 机器人运动员	人形机器人	1. 机器人仿人运动类型 2. 利用角度传感器与电机的反馈控制模仿人的双足竞步 3. 了解舞蹈机器人、表情机器人
	8. 智能工具	几何机器人	1. 机器操作工具对效率的提升 2. 利用温度传感器与电机的反馈控制设计晾水机器人 3. 了解服务机器人、语音控制
	9. 机器人避障	并联机器人	1. 避障的基本概念和方法 2. 利用测距、触碰、颜色等传感器与电机反馈控制躲避障碍运行 3. 了解避障的路径规划
	10. 助残机器人	虚拟机器人	1. 智能助残设备的概念和设计方法 2. 利用各类传感器与电机的反馈控制 3. 了解霍金的助残设备，肌肉控制设备

2. 选修课程

序号	课题题目	具体内容	评价标准
1	传动装置制作	做出六种传动装置，最后要把六种传动机构连接起来	转一轴其他结构都要随动
2	传送带的制作	直角转弯传送(只能用一个电动机)	有一定机械强度
3	机械手	四连杆的使用	结构合理
4	棘锁装置	单向传动装置	棘锁种类数量

续表

序号	课题题目	具体内容	评价标准
5	四秒小车	让小车在电源只提供 4 秒钟的电能情况下运动到所能达到的最远处	运行距离
6	跳舞机器人	利用软件使机器人跳舞	软硬件配合效果
7	智能门	可利用触动传感器，光感，角感制作自动门	灵巧性
8	流水灯	灯泡接在输出接口上，让它们依次循环发亮	程序的合理性
9	智能传送带	传送带可以自动开启或停止	对传感器的应用
10	单触感循线车	触感按下后，小车开始寻找路线，找到后就前进；当再次按下触感，小车重新开始寻找正确路线	机器人整体设计
11	双触感车	当按下左边触感，小车左转；按下右边触感，小车右转；两触感同时被按下，小车直线前进；触感被松开，小车停止	程序设计
12	单光感循线	利用一个光电传感器使小车沿黑线前进	传感器位置设计
13	双光感循线	两种情况： ①一光感在黑色区域，一光感在白色区域。 ②两个光感都在白色区域，黑线在中间。	程序设计
14	三光感循迹	利用三个光感使小车沿黑线前进	程序设计
15	三光感漂移车	利用任务 12 制作的小车，使小车飞出线路后可以很快返回来，偏离回归	程序设计
16	单光感追光	小车左转，右转找到周围最亮点（一个光电传感器，利用软件中的"变量"的使用）	程序设计

续表

序号	课题题目	具体内容	评价标准
17	双光感追光	任务同 16（利用两个光感）	程序设计
18	三光感追光	任务同 16（利用三个光感），考虑到偏离回归	程序设计
19	密码锁	制作出可以保护自己财产的密码锁（锻炼使用"容器"）	程序设计
20	走方格小车	小车可以沿方格走（使用两个光感，利用子程序）	软硬件配合
21	反应速度测试	测试你接受指令到按下触感的反应时间的装置	软件的应用
22	抢答器	两个或三个人使用抢答器，多事件使用	软件的应用
23	温度曲线	利用邮件的发送和接收测试并绘出周围环境的温度变化与系统机通信	软件的应用
24	双胞胎相对运动	两个机器人之间的互相通信	软硬件配合
25	无线遥控小车	利用一个控制器与另一个装有控制器的机器人	软硬件配合
26	高速单光感循迹	利用自控理论，建立光感的数学模型	软硬件配合

五、课程实施效果

案例 1

会跳舞的机器人

教学目标：通过学做简单易学的机器人，使学生学会传动结构的平面图示。

教学目的：把学过的元件连接和齿轮传动的相关知识应用到机器人的具体制作当中，增强学生的实践动手能力。

教学手段：多媒体设备演示、教具演示、课堂讲授及学生动手实践相结合的方式

教学课时：1 课时

教学难点：将柱齿轮、伞齿轮的传动应用到跳舞机器人的核心部分

教学重点：教会学生如何从平面图上判断和表示齿轮的转动方向

教学内容：

导入：通过一段时间的学习，同学们对于乐高设备的各种元件已经掌握了它们的命名及使用方法。其中包括了元件之间的连接，简单的传动结构。并且也学会了制作电动车和弹力车。可以说同学们对于机器人的制作已经有了一定的基础。

但是我们还没有制作过具有人类特征的机器人，这节课我们就要来学习制作一个会动的机器人。当它的手与脚配合起来时，它就是一台会跳舞的机器人了。

复习：跳舞机器人的核心部分就是由齿轮的传动结构所组成，首先我们先复习一下，我们学过的几种齿轮传动。（1）柱齿轮传动，（2）伞齿轮与柱齿轮传动，（3）锥齿轮传动，三种传动所具有的特点。

引出：从实物传动结构引申到平面图形齿轮传动的画法，教会学生通过平面图设计制作模型

一、齿轮传动平面图

点划线：介于实线与虚线间的一种线

点划线首末两端为线段，中间用圆点隔开相等的线段长度

—— · —— · —— · —— · ——

1. 齿轮平面图画法

（1）正面

齿轮用圆形表示，齿用点划线来表示

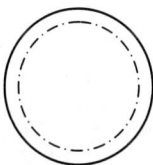

（2）俯视

齿轮用矩形框表示，齿用直线隔开

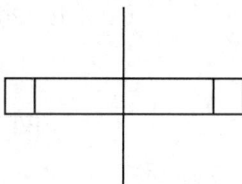

2. 齿轮传动的平面图

(1) 正面

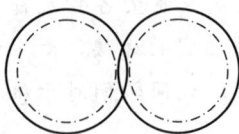

(2) 俯视

A. 180°传动

B. 90°传动

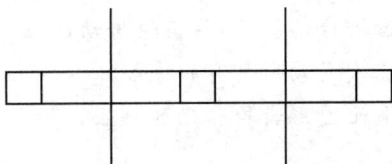

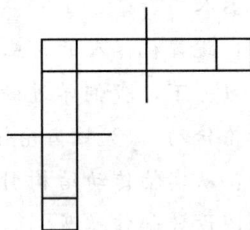

3. 传动中齿轮的转动方向

矢量：是一个具有方向与大小的量(数学角度)

矢：就是箭的意思

可以用箭头来表示，如图 ➡

正视图：

箭尖从纸面指向自己，用圆点表示 ●

箭尾从纸面指向自己，用叉号表示 ✕

(1) 正面

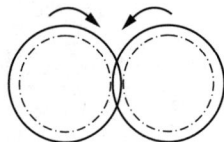

(2) 俯视

A. 单个齿轮转动方向

B. 180°传动

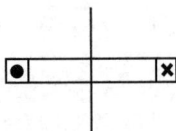

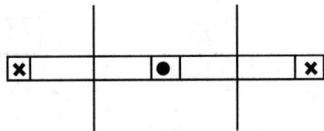

C. 90°传动   D. 同轴传动

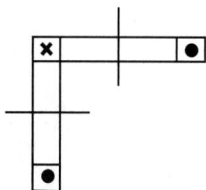 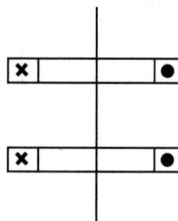

4. 练习：（学生见学习单）

(1) 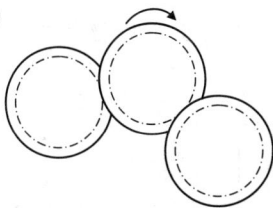   (2)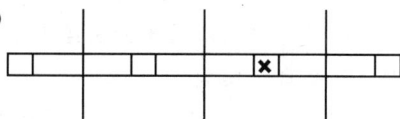

(3)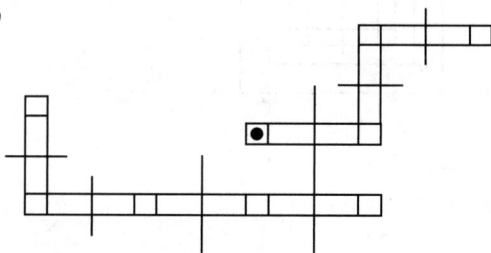

二、跳舞机器人的制作

1. 制作机器人的注意事项

(1)功能设计合理

(2)结构牢固

(3)合理搭配、节约资源

(4)外形美观

2. 机器人的设计

核心：齿轮组

根据学过的各种齿轮传动结构，由学生自行搭配齿轮组

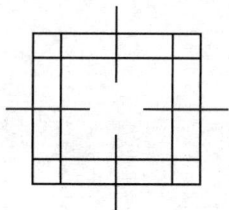

齿轮箱：用于放置大型齿轮传动结构的箱体

大小要适应齿轮组

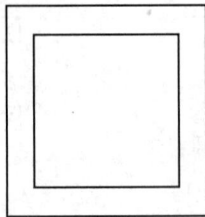

3. 平面图的绘制

把跳舞机器人的平面图绘制出来，老师只给出齿轮箱部分，头、手、脚由学生自行绘制

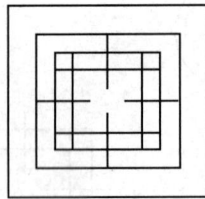

4. 实际制作

(1)制作齿轮组、齿轮箱

(2)加装头部(电动机)和手

(3)加装双脚

(4)连接电池盒、导线

小结：

齿轮的平面图画法及方向标注

制作机器人的过程

齿轮箱的应用及跳舞机器人的制作

课后思考：

(1)如何加装跳舞机器人的双腿

(2)对于齿轮箱与齿轮组的应用你有什么新的想法

(3)试着完成跳舞机器人的全身平面结构图

案例 2

创新之门——奥斯本检核表法

现代教育随着社会的飞速发展,不再把掌握知识作为教育的首要目标,而是要求把更多思考的时间和空间还给学生,让学生到主动参与学习的过程中去,让他们有一个更广阔的思维领域,从而促进学生潜能的开发。从创新教育学的角度看,学习是一种"自我实现的创造性",学生凭借自己已有的知识、技能独立地"发现"未曾学习过的知识,未曾掌握的研究方法,以及对某些知识运用的拓展,实验的改进,实践能力的提高,对自身的超越等,均可以认为是一种创新。

教育心理学家的研究表明:具有高度创造性的人,他们的智力测验分数和创造性之间并没有什么联系,也就是说:一个人的创造性与其所拥有的知识量之间并不成正比的关系,知识多的人创造性不一定就强,知识少的人创造性也不一定就弱。知识的多少,智力的高低,可以决定的只是一个人在创造中可能达到的层次与深度。这些研究成果说明,培养创造意识并不完全在于已经具备了多少知识,这也正是培养创造意识可以从小抓起的理论依据。

一、背景资料

1. 知识背景

门:

(1)一个相对独立环境的出入口。

(2)能够开关的障碍物。

作为教师,选择的活动载体,一定要既具有普遍性,同时又能够突显出教育目标。在活动过程中,学生的主要精力应放在对方法的掌握和运用上,尽量避免过难的知识对主要教学目标的达成产生较大的干扰和阻碍。本次科技活动方案选择"门"作为活动的载体,有两层含义。从现实生活中看,门是通道,是一种限制和条件;在精神生活中,门又代表着神秘和未知。

门在现实生活中处处可见,又种类繁多,这一特点为调查和研究提供了良好的活动基础。随着科学技术的发展,门的外形、功能等都在不断地发生着变化,对学生而言,这是具有很强吸引力的。

让学生在完成活动的过程中,深化对现实中"门"的理解,并能够迁移到精神层面的认识上,不要让学校的大门成为学习的限制和阻碍,而是成为他们通向未知世界的通道和桥梁。

2. 方法背景

调查法：调查研究是一种描述研究，是通过对原始材料的观察，有目的、有计划地搜集研究对象的材料，从而形成科学认识的一种方法。

调查研究属于经验性方法，是在搜集科学事实，获取经验材料基础上进行研究。第一，它着重研究的是现实情况，因而区别于以过去发生的历史事实为研究对象的历史研究法。第二，它搜集的是自然状态下反映事实情况的材料，对研究对象不加任何干涉，从而区别于实验研究法。调查研究的价值取决于问题的选择以及科学的方法和技术的应用，是社会科学研究中广泛应用的一种基本方法。

本次科技活动方案的实施之所以选择调查法，是因为目前中学生在获取知识的过程中，一般都缺乏对有利的科学方法的掌握和应用。他们获取知识大多是以教师教、学生学为主要方式，在途径上比较单向。而在当今的社会发展进程中，要求学生具有主动获取知识的能力。这决定了现代教育提倡以学生为中心，主动地、立体地、多渠道地进行学习。

调查法可以将课堂引向社会；让学生在现实生活中体验如何搜集信息、处理信息，提高信息素养；并经过信息处理后，在已有的基础上进行创新。

学生通过对调查法进行学习、掌握并最终应用，在实践过程中体验到大量知识、数据、现象的主动获得的过程。通过学生之间相互交流、总结和提高，达到对研究对象的一种比较全面的认识，从而为发明创新提供了有利的条件。

奥斯本检核表法：将检测的事物中各种属性归纳分类，按一定的条件改变属性，创造出新的事物。

奥斯本是美国创造教育基金会的创始人，是世界第一个创造发明技法"智力激励法"的发明者。奥斯本在《创造性想象》一书中，指出："一个国家的经济增长和经济实力，与其人民的发明创造能力和把这些发明转化为有用产品的能力紧密相关。"他在《发挥独创力》一书中介绍了许多创意技巧。美国麻省理工学院创造工程研究所从书中选出九项，编制成了《新创意检核表》，就成了人们现在常提到的奥斯本检核表。运用这个表去提出问题，寻求有价值的创造性设想的方法，这就是奥斯本检核表法。

每个人在学习的过程中，都有开发自己创造力的潜质，要达到这一潜质的发掘，就需要创设一种开放的教育教学环境。通过奥斯本检核表法的教学，可以让学生在已有资料的基础上，相互交流、沟通、理解、启发、补充，在这个教学过程中，教师与学生分享彼此的思考、见解和想象，交流彼此的情感、观点与认识，达成一种教与学、交往和互动的过程，从而让学生体验创造发明的过程，最终达到创新教育的目标。

二、活动方案

1. 问题的提出

创新教育在现代教育中的较高地位已经逐渐被人们所认识，然而学生对创新的手段、方法和途径却了解得不多。创新思维，并不是一种突发的、无规律可循的思维过程，它的教育教学是可以按照一定的科学方法和规律来进行研究和实践的。

基于让学生了解和掌握一些创新方法，并培养学生创新意识的指导思想，我设计了"智慧之门——奥斯本检核表法"的科技活动方案。

2. 适用对象：适用于初中、高中的教育教学。本次科技活动方案以高一的教学为例。

3. 活动时间：

第一课时：

(1)提出本次科技活动的题目；

(2)强调社会发展对创新意识和能力的迫切要求；

(3)教师在观念上帮助引导学生，使他们认识到人人都可以进行创新活动；

(4)教师向学生介绍调查法；

(5)作业——对生活中的"门"搞一次调查活动，获取一手信息。

第二课时：

(1)学生交流调查报告的结果——交流"调查表"，小组发言人在"信息交流会"上说明调查对象的地点、功能、特点以及使用方法；

(2)教师教授奥斯本检核表法，引导学生产生理想的设计方案；

(3)以小组为单位汇总，总结出一个实验的方案——立"军令状"；

要求不能太复杂，要新颖，并注意实验方案的可行性、价值性、可靠性。

第三课时：

(1)按个人的特点分工，合作完成硬件作品的组装和软件的编制工作；

（2）在制作过程中，以小组为单位，逐渐统一思想，完善作品；

（3）根据设计的方案组装作品，进行实验、观察效果并记录。

第四课时：

（1）以小组为单位，交流制作经验，取长补短，相互帮助，实现创新目标；

（2）完成作品软、硬件的基础上，对其进行可靠性、实用性、新颖性、美观性等诸多方面的完善；

（3）对实践过程进行有效的记录，并推荐出小组发言人，准备向老师汇报作品的制作过程、功能和特点。

第五课时：

（1）以组为单位，进行作品展示；

（2）对每一个小组的作品进行评估和记录；

（3）让学生对整个创新过程、实践、思考活动进行反思和拓展。

4. 活动目标

科学态度：养成严谨求实的研究作风，激励学生根据事实大胆设想、勇于创新的科学精神。

知识技能：了解、认识"门"的结构和功能。

方法能力：学生运用调查法和奥斯本检核表法，提高获取信息和处理信息的能力，提高解决问题的创新能力。

行为习惯：养成通过多种手段、途径，获取信息的研究习惯。

让学生体验通过对信息创造性的再加工，努力形成创新的意识。

5. 活动资源

教学材料：一套适合学生操作和学习的教育机器人，具有较高科技含量的智能化科学教育系统。特点是用计算机编程，单板机控制，多种传感器检索，电动机、灯泡、喇叭输出的智能化系统。它可以由学生制作的硬件和软件来控制各种结构，最大限度地、迅速地实现学生的科技设想。

电教设备：大屏幕电视、计算机、视频投影机

三、活动过程

第一课时：

（1）强调社会发展对创新意识和创新能力的迫切要求；

在科技高速发展的信息时代，人类知识增长与时间成指数增长关系。知识更新周期越来越短，这使我们必须树立新的、科学的学习观念。爱因斯坦说过："发展独立思考和独立判断的能力应放在首位，而不应把获得专业知识放在首位。"奥斯本在《创造性想象》一书中，指出："一个国家的经济增长和经济实力，与其人民的发明创造能力和把这些发明转化为有用产品的能力紧密相关。"创造是做出前所未有的事情，创造活动的顺利完成，要依赖于创造性思维的运用。而要锻炼创新能力，就必须在具有创新性特征的活动中展开。

（2）教师在观念上帮助并引导学生，使他们认识到人人都可以进行创新活动，树立信心。

人人都有创新的潜能和机会，这与人所掌握知识的多少关系不大。只要我们认真学习并努力体验创新的方法，在实践过程中，积极寻找创新点，我们就会品尝到创新的成功和快乐。

（3）提出本次科技活动的题目。

在我们生活中，要开启和通过一扇又一扇的大门。门在我们的生活中处处可见，它的种类繁多，功能和特点还在不断随着科学技术的发展而发展。就门的定义而言，它是一个相对独立环境的出入口，也是能够开关的障碍物。

现实中门是从一个环境进入另一个环境的通道，是屏障、约束和条件。在我们的思想意识中，它又代表着神秘和未知，也代表着人类对奥秘的不断探索。只要你敢于敲开陌生之门，智慧之门就会一道道地为你开启，奥妙世界的大门也会为你敞开！

（4）教师向学生介绍调查法。

调查研究是一种描述研究，是通过对原始材料的观察，有目的、有计划地搜集研究对象的材料，从而形成科学认识的一种方法。

调查的形式丰富多样，如访谈、问卷、列表、追踪记录、检测、观察等。对于了解某一个特定的事物，采取的调查形式越多，工作越细致全面，所得到的信息就会越翔实，处理起来科学性越高，所能蕴含的创新点也就越多。

（5）作业——以小组为单位，对生活中的"门"搞一次调查活动，获取一手信息（要求每组至少用两种形式进行调查）。

附表1：调查表

编号	地点	功能	特点	名称	思考

第二课时：

学生交流调查报告的结果，以小组为单位交流"调查表"，小组发言人在"信息交流会"上说明调查对象的地点、功能、特点以及使用方法。教师教授奥斯本检核表法，引导学生产生理想的设计方案。

（1）奥斯本检核表法定义

将检测的事物中各种属性归纳分类，按一定的条件改变属性，创造出新的事物的方法。奥斯本是美国创造教育基金会的创始人，是世界第一个创造发明技法"智力激励法"的发明者。他在《创造性想象》一书中，指出："一个国家的经济增长和经济实力，与其人民的发明创造能力和把这些发明转化为有用产品的能力紧密相关。"他在《发挥独创力》一书中介绍了许多创意技巧。美国麻省理工学院创造工程研究所从书中选出九项，编制成了《新创意检核表》，就成了人们现在常提到的奥斯本检核表。运用这个表去提出问题，寻求有价值的创造性设想的方法，这就是奥斯本检核表法。

	加	减	扩	缩	变	改	联	代	搬	反	定	用
名												
形												
动												

（2）奥斯本检核表法的教学基本步骤：

A. 举例示意奥斯本检核表法——电风扇的创新

加、减、扩、缩、变、改、联、代、搬、反、定、用

B. 门的属性

名词：整体、部分、材料、制法

形容词：性质——轻、重

状态——形状、体积

动词：功能——防盗、防火、保密

（3）用奥斯本检核表具体操作：检核表→属性分类→改变属性创造新作品

以小组为单位汇总，总结出一个实验的方案立"军令状"，要求实验方案不能太复杂，要新颖，并注意实验方案的可行性、价值性、可靠性。

附表2："军令状"

班级、组别	方案名称	方案简述	备注

第三课时：

按个人的特点分工，合作完成作品的硬件组装和软件编制的工作，以小组为单位讨论和研究本组的作品所具有的创新性和可行性。按照组内分工来共同完成软、硬件的制作任务。在制作过程中要注意软、硬件工程师之间的相互合作与交流，以保证最终作品的正常工作。

在制作过程中，逐渐统一思想，鼓励创新，完善作品。一件作品的完成要经过千锤百炼、不断创新，才能更好地了解和掌握科学方法，为今后的学习和生活培养出良好的科学思维能力。我们鼓励不同意见，更希望能提出建设性的建议，从而不断完善我们的作品。根据设计的方案组装作品，进行实验、观察效果并记录。

附表3：实验单

班级、组别	作品名称	制作过程摘要	备注

班级、组别	作品名称	制作过程摘要	备注
作品介绍：			

第四课时：

小组间交流制作经验，取长补短，相互帮助，实现创新目标，任何一个科技作品都需要软件和硬件的良好配合，任何的科研群体都需要合作的精神。在当今社会中，一个人几乎不可能独自完成某一项任务，所以小组中人与人之间的合作关系在某种程度上决定着作品的水平。对作品的质量要求是在完成作品软、硬件的基础上，对其进行可靠性、实用性、新颖性、美观性等诸多方面的完善。另外，推选出中心发言人也是小组分工合作的一部分，中心发言人在作品产生过程中要有详实的记录和简单的描述过程，准备向老师汇报作品的制作过程、功能和特点。

第五课时：

以组为单位，进行作品展示，每个小组委派中心发言人到教师面前讲述并展示其作品，说明作品的创新特点、功能特点和使用方法（可以指定一位同学辅助操作）。对每一个小组的作品进行评估和记录。

活动方案与结果评价表：

组别：	可行性	实用性	创新性
设计方案的生成			
设计方案的改进			
设计结果			

注：可行性——问题是能够被研究的，存在现实可能性。

实用性——经过实践的验证，设计方案确实有效。

创新性——有自己独到的见解和独特的解决方式。

让学生对整个创新过程，实践、思考活动进行反思和拓展，以家庭作业的形式，每位同学写出一篇对本组作品实践过程的总结和拓展，要明确指出创新点，并说明个人在集体当中的作用。

四、教学成果与评价

1. 几种学生设计方案

在本次科技活动方案的教育教学活动中，学生在指导下设计出的方案丰富多彩，体现了他们在整个活动中的积极而活跃的思维，也反映了他们亲自参与创新活动的高涨热情。在这里随机列出几项设计方案：①全自动道口控制杆；②带自定义密码锁的门；③超级自动伸缩传送门；④光感自动开关门；⑤重量控制门；⑥温控电动门。

2. 活动评价

学生方法掌握评价表：

	萌生	运用	施用	评价
调查法				
奥斯本检核表法				
总评				

注：萌生——指学生与外界接触中初步产生的能力外显。

运用——指学生无把握完成某一具体任务时，对方法的运用。

施用——指学生有把握地使用方法去实际完成某一具体任务。

评价——指学生对任务完成状况的判断。

使用评价方法的指导：

①以班为单位，在进行一系列问题的处理后给予评价。

②在授课过程中，以某几个小组为研究对象给予评价。

③在评价过程中，注重对学生掌握方法的评价，尽量避免新知识对掌握方法的干扰和阻碍。

④对于创造性的设计给予足够的注重。

⑤在活动过程中能够运用科学方法迁移出新方法的为佳。

3. 改进建议

①实践活动中每个学生小组要保持在 2～4 人。

②每个活动小组最好男女生搭配——异质分组。

③在整个活动过程中每个小组都要有发表见解的机会。

参考资料

1. 裴娣娜著.《教育研究方法导论》. 安徽教育出版社. 1995 年版.

2. 于占元著.《发明创造学原理与方法》. 沈阳出版社. 1992 年版.

3. 康健、赵大悌、吴颖惠编.《教育环境优化与学生个性发展》. 广西师范大学出版社. 1999年版.

4.《2001—2005年中国青少年科学技术普及活动指导纲要》实施项目总课题组编.《科技教育创新在行动》. 学苑出版社. 2002. p59.

5. 宋子成著.《突破思维定势是科技教育创新的关键》.《上海教育科研》. 2003年1月.

六、课程管理与绩效评估

(一)课程管理

1. 课程的行政管理：我校智能机器人课是在课程建设中心领导下的一门技术类校本课程，由科技艺术中心负责实施。本课初中通过劳动技术课，高中通过通用技术课为平台开展，师资力量雄厚，辅导员队伍稳定。

2. 课程实施管理：机器人校本课程是以普及的形式开展，该课程按学校常规班级管理，每周两节连堂（80分钟）隔周上课；机器人选修课按照团体管理，每周一小时，学生组成打破年级、打破班组，网上选课，课程由一线专职老师、外聘专家和辅导员承担；北方交大附中机器人学生社团有着15年的发展历史，已经形成了良好的体系，各项目有专业老师和辅导员负责，管理严格、有序。

3. 教学资源管理：专业教室、活动室器材有专人管理，定期维护补充，在学校的大力支持下，能够保证设备的先进性和实用性，能够完成课程中不断提升的教学要求，能够适应各种活动的年度变化保证学生高端发展的需要。智能机器人课程的教师资源是开好课程和活动的关键，学校经过长时间的探索和积累，目前拥有了一支水平较高且稳定的师资队伍。在课程的进行过程中始终重视各类档案的积累和管理，对学生的发展过程记录、课程发展记录、活动成长记录和成绩的产生记录有着详细的档案，这已成为了课程发展的财富。

4. 活动管理：我校的智能机器人课程实施项目负责制，每个层级的课程管理、活动管理都有专人负责，每学期课程或活动结束后都有总结和简报，随时反映课程的发展情况，为下一步工作提供了依据和指导。

5. 评价管理：任课教师在本校课程实施过程中负责班级评价；选修课评价是任课教师和辅导员负责；学校的"思源智控"机器人社团中分有

多个项目，每个项目的发展是由辅导员负责评价。

(二)课程绩效评估

机器人课程是以学生为主体，按项目管理的特点进行综合评估，让个体学习和团队作用共同得到提升。注重过程性、发展性、创新性评估，特别是对科学素养和团队精神的绩效进行科学合理的评估。

1. 评价方式

(1)校本课程学业评价：与其他普通班级学生保持一致，体现学生个体的学业成效和项目研究中团队合作的效能。

(2)选修课程学业评价：学校建立机器人学术专家、专业学科教师、辅导员和管理人员为核心的专业学习内容评价小组，对学生的普及性学习和特长学生课程学习进行学分管理与项目指导。

(3)建立助学金制度：学校将对项目研究中学习能力、研究能力和展现能力有一定成果的机器人社团学生进行奖励。

2. 考核标准

机器人课程按照初中劳动技术课和高中通用技术课的评价标准记录学分。课程记录按百分制实施，平时课堂成绩占40%，以每个项目研究和学习成效评定；课程学年考核占30%；课程研究小论文占30%。85分以上为"优"，75～85分为"良"，65～75分为"合格"。

课堂成绩的产生是由学生形成项目小组后按课题开展和研究的过程与水平综合评定，一学年安排8～10个小的研究项目，2～4人一个小组，每个项目5分制，经全年学习综合评价每个学生的成绩，提倡小组互评和专业老师评定综合考虑。全年专业考核安排在学期末，主要对学生个体学习水平进行评价，题目的产生要具备机器人专业的特点，对专业基础知识的加强，强调随时补充机器人的前沿动态，设计具备创新性的开放性课题。课程研究小论文在学期中安排，让学生有充分的学习、调查、总结的时间，题目的产生是在课程实施过程中经过头脑风暴出现的，内容只要与智能机器人有关就可以，杜绝剽窃行为，树立学习中的诚信意识，加强专业学习的严肃性。

七、课程创新

我校开展的智能机器人课程在课程管理、课程内容、课程实施途径、教学方式、课程资源方面等有所创新。在课程管理中，成立科技艺术中心，下设了几个教研组。课程内容方面，自主设计教学内容，目标等，实现了课程内容的三贴近。课程实施途径方面实现了一课四层级，即智能机器人课程利用劳动技术课和通用技术课进行全员普及教育，利用选修课打破年级班级限制为学生提供专业深入培养的有利平台，智能机器人社团为学有特长且具备一定专业能力的学生提供了展现才华的实践平台，社会资源的有效利用给学生的专业化发展注入了不竭活力。教学方式的创新主要在以学生活动为中心，以项目解决为目标，实行实习导师制。建设了多个机器人专项活动室，充分利用大专院校和科研院所开展专题研究，参与中国科学院、中国航天中心、中国农业科学院、北京交通大学、北京航空航天大学、北京理工大学等国家级、市级实验项目研究，取得良好效果，曾获得世界机器人大赛金奖，全国青少年大赛多项金奖，以及两个北京市青少年科技教育市长奖等一大批奖项。

在北方交大附中幸福学校建设的理念下，在三有课堂教育方针指导下，学校的智能机器人课程充分体现立体网络育人的特点，实现了"学会观察、学会思考、学会表达、学会创造、学会合作"即"五个学会"的智能机器人课程总目标。有千余名学生被知名大学的相关专业录取，为高等学校输送了大量专业人才；有百余人次学生在各级各类比赛中获得市区、国家及国际级奖项百余项；我校的祖浩东老师作为课程负责人，参与了国培计划，为北京、上海、西安、成都等多个城市做专题讲座、专题指导，培养了大批专业教师。祖浩东老师常年担任海淀区、北京市以及全国的青少年机器人比赛总裁判长，为全国开展中小学智能机器人活动和课程的推广、课程的发展做出了贡献。

课程评述：

北方交大附中开设的智能机器人迄今已有15年，2001年在全国率先把智能机器人课作为初一和高一学生的必修与选修课程，作为学校科技类校本课程的特色窗口，并且在没有先例可借鉴的情况下，独创了一套较为完善的智能机器人教学模式、教学方法。此课程充分体现了学校立体网络育人的特点，在课程目标、课程管理、课程内容、课程实施途径、教学方式、课程资源方面等皆有所创新。课程尊重学生主体发展、尊重科技教育规律，探索可持续发展方向，在幸福学校的教育理念指导下，为培养学生的科技素养拓展更为广阔的空间。课程目标明确，着眼学生终身学习、素养提升，把"放眼未来，着眼发展"作为教育指导思想，让学生做到"五个学会"的科技教育目标，即学会观察，学会思考，学会表达，学会创造，学会合作。此课程目标自成体系，初中阶段，从体验出发，以学习知识，掌握技能，深化兴趣，形成制作能力为主要目标，初步形成小组合作的能力。高中阶段则提出形成智能机器人制作的探究与创新能力，形成团队凝炼团队精神的较高的课程目标。课程的开设以学生活动为中心，以情境设置为背景，以项目成果为目标，以专题研究为内容，以问题解决为手段，以小组合作为方式，以交流展示为平台。课程在实施方面探索了普及课、选修课、学生社团、社会机构课程等多层次、多途径有机结合的课程实施体系。北方交大附中"思源智控"机器人社团自成体系，实行导师制、项目制，管理的严格有序为教学质量奠定了坚实的基础。北方交大附中智能机器人课程的成功开设，也得益于学校专门的组织机构建设，此课程是在学校课程建设中心领导下的一门技术类校本课程，由科技艺术中心负责具体实施，使得课程的开设既能借力于学校幸福教育、网络育人的整体教育理念，又能在科技艺术中心这样一个充分的发展空间中逐渐形成智能机器人课程的校本特色。课程的发展性评价，从教学过程、教学效果、学生发展等方面进行多维度课程效果考核，从评价的角度进一步贴合课程理念和课程目标，课程以学生为主体，按项目管理的特点进行综合评估，让个体学习和团队作用共同得到提升，注重过程性、发展性、创新性评估，特别是对科学素养和团队精神的绩效进行科学合理的评估，这对学生的科学素养等核心素养的发展具有很强的引领作用。高素质的科技教师队伍，是此课程实施的有力保障。科技艺术中心负责人祖浩东老师作为国培计划的专家，积极组织本区和外区县相关教师进行教研活动，在市区乃至全国范围带动了课程的发展。北方交大附中以智能机器人项目为代表的科技教育工作取得了优异的成绩，并形成了自身的品牌优势，正逐步为海淀区科技教育凝练出具有海淀自身品质和特色的精品课程。

（吴颖惠　海淀区教育科学研究院）

3D 打印技术与科技创新实践课程

中国人民大学附属中学

一、开发背景

3D 打印(3DP)即快速成型技术的一种,它是一种以数字模型文件为基础,运用粉末状金属或塑料等可黏合材料,通过逐层打印的方式来构造物体的技术。3D 打印通常是采用数字技术材料打印机来实现的。常在模具制造、工业设计等领域被用于制造模型,后逐渐用于一些产品的直接制造。该技术在珠宝、鞋类、工业设计、建筑、工程和施工(AEC)、汽车,航空航天、牙科和医疗产业、教育、地理信息系统、土木工程、枪支以及其他领域都有广泛应用,被誉为"能够改变人们生活的技术",也被称为"引领第三次工业革命"的代表。

3D 打印机是一个庞大的系统工程,涉及软件开发与应用、新材料,还涉及打印装备、自动化控制系统。其最突出的优点是无需模具就能够成型,也不需要机械加工,就能直接从设计好的计算机图形数据中生成任何形状的物体。而传统的制造业最核心的一个环节就是要造模,很多高端产品能够设计出来,最大的困难是生产不出来成品,原因就出在造模环节,且耗时很长。而 3D 打印机则跨越了造模这个环节。

英国经济学家最近指出:3D 打印技术势必成为引领未来制造业趋势的众多突破之一。这些突破将使工厂彻底告别车床、钻头、冲压机、制模机等传统工具,改由更加灵巧的电脑软件主宰,这便是第三次工业革命到来的标志。

毋庸置疑,从事 3D 打印技术研发的科研单位和企业已经成功地将这一重要发明运用到生产实践中,并改变了我们的生产方式。美国 3D 打印服务企业 Shapeways 已拥有 15 万个会员及超过 6000 个用户,已为顾客打印过上百万件产品,其打印材质包括陶瓷、塑料和钢化玻璃等 30 余种材料。目前国内华中科技大学、北京航空航天大学、西北工业大学、西安交通大学在产业化方面迈出了一定的步伐。3D 打印技术已经成功地将传统复杂的生产工艺简单化，将材料领域的疑难问题程序化，并开始渗透到我们生产、生活的方方面面。

从国家的综合实力来讲，3D 打印技术也是继第一、第二次工业革命以来，中国和西方国家基本站在同一起跑线上的技术，而这项技术在未来具有重要的价值。在这种意义上来讲，在中国 3D 打印要从娃娃抓起。这将影响到未来国家的发展和战略。

2013 年年初，3D 打印技术的相关信息频频见诸媒体报端，这引起了老师和学生的广泛关注，早培七年级的几个同学一起商量要自己做一台3D 打印机。在这种强烈的学习需求下，中国人民大学附属实验中学李作林老师带着 14 个孩子就开设了一个《3D 打印技术与 DIY》的选修课，和孩子们一起研究 3D 打印机的相关技术。同学们在老师指导下网上查阅资料，学习相关技术，购买零配件，下载源程序并进行组装，不断地调试，终于在 2013 年 12 月 17 日组装成功两台 3D 打印机。这个消息在全校引起了轰动，引来不少同学围观。

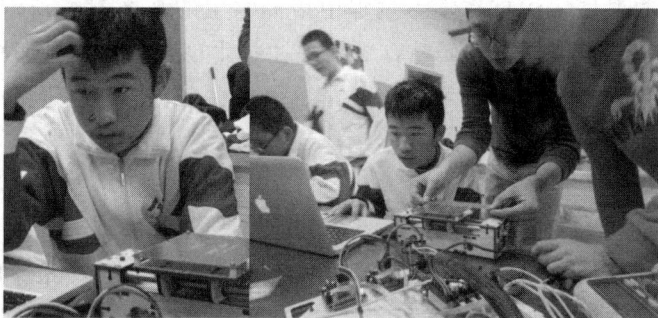

同学们学习制作 3D 打印机的过程

为了进一步在全校师生推行"3D 打印就在我们身边"的理念，12 月 24日同学们在学校举办"激情圣诞——3D 打印体验"活动，向全校师生介绍3D 打印的相关知识。学校领导也非常支持这项活动，购买了 16 台 3D 打印机，分发给通用技术、信息技术、物理、数学、化学、生物、地理等学科用于教学、科研。通用技术教研组建立了专门的 3D 打印实验室，并面向全校开设《3D 打印技术与科技创新实践》选修课，2014 年 9 月在高一年级开设研修课，并研发了校本教材《3D 打印技术与科技创新实践》。

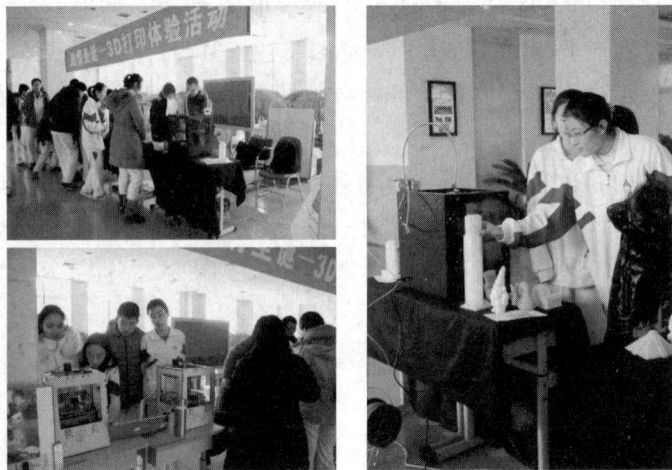

激情圣诞，3D 打印体验活动

二、课程目标

中国人民大学附属实验中学《3D 打印技术与科技创新实践》课程关注学生的全面发展，注重在学习过程中培养学生的技术素养与创新能力。课程设在学校通用技术教研组，更加关注技术创新。《3D 打印技术与科技创新实践》课程与数学、物理、化学、信息、生物等学科紧密配合，具有很好的综合性、创新性、实践性。

其具体课程目标如下：

1. 知识与技能

1.1　了解 3D 打印技术的相关知识，包括 3D 打印的技术原理、打印机的工作原理、未来发展趋势等；

1.2　能熟练使用一款三维设计软件进行计算机辅助设计，将创意通过打印机变成现实；

1.3　能够运用 3D 打印技术与其他学科知识相结合，设计制作相关作品并应用于实践。

2. 过程与方法

2.1　通过动手组装 3D 打印机，了解打印机的结构原理、机械原理，并能够进行结构创新，提高动手能力；

2.2　了解并掌握 FDM3D 打印技术，能够将创意变成现实，培养设计理念和技术素养；

2.3 通过 3D 打印技术与科技创新实践项目的结合，培养创造性解决问题的能力。

3. 情感、态度与价值观

3.1 了解 3D 打印技术的发展以及给人们生活带来的变化，感受技术创新的魅力。

3.2 了解我国 3D 打印技术的发展以及 3D 打印技术对人们未来生活带来的影响，激发时代责任感。

三、课程内容

章节	主题	内容
第一部分	3D 打印技术的时光隧道	简述 3D 打印技术的由来与发展，让同学们了解 3D 打印技术。
第二部分	3D 打印的技术详解	了解当前 3D 打印常见的技术原理。也许我们并没有机会亲自验证各种原理，但至少可以从总体上理解 3D 打印机的发明与应用领域。
第三部分	3D 打印机的使用	学习 3D 打印机最好先从使用开始。使用流程及注意事项。用过之后你会发现，3D 打印机使用竟然如此简单！
第四部分	3D 打印机的结构	了解常见桌面型 3D 打印机的结构，掌握结构构成及工作原理。
第五部分	动手制作 3D 打印机	本章内容为 DIY 发烧友准备。当你想拥有一台 3D 打印机的时候，最好的办法是亲自动手做一台，尽管现在 3D 打印机已经走上普通用户的写字台，价格也可以接受，但 DIY 的乐趣不是每个人能够享受到的。
第六部分	3D 打印机的自我复制	克隆！人们已经克隆了多莉羊，克隆了很多生物器官。但机器自身复制，自我克隆绝对是一个充满挑战和想象力的世界。本章教你如何用 3D 打印机自我复制 3D 打印机。

续表

章节	主题	内容
第七部分	3D 打印技术与科技创新实践	本部分以人大附中师生开展 3D 打印活动的作品为案例，介绍了 3D 打印在数学模型、物理模型、建筑模型、工艺品、智能机器人创造、机械模型、医疗器材等相关领域的应用。你会发现 3D 打印居然可以帮助同学们实现各种各样的愿望。3D 打印真的可以打动未来。
第八部分	3D 打印未来遐想	本部分简要阐述 3D 打印技术的发展与未来。谁知道未来 3D 打印技术能创造出什么奇迹呢？

四、课程实施

《3D 打印技术与科技创新实践》课程的实施与开展形成了社团互动、学校选修课、高级研修相互补充、普及与提高相结合的实施途径，关注广大同学的学习需求，同时注意课程的层次性，使得学有余力的同学在技术创新方面能够得到及时的辅导，实现创意。

1. 社团活动

组织同学自发成立 3D 打印社团，现已发展成员 60 余人。其宗旨是在全校范围内推广 3D 打印技术，3D 打印社的同学建立了微信群及公众号，并定期推送相关信息和培训内容。现任社长由高二(9)班的李九思同学担任。他组织同学们进行相关设计软件的学习，并不定期组织学校的相关活动，如科技嘉年华、3D 打印创意设计竞赛等相关活动，扩大 3D 打印在同学们中的影响和知名度，从而吸引更多同学参加社团。

社团管理相对自由，学习内容也由同学们自己拟定。

通用技术教研组 13 位教师担任社团的义务导师，为他们排忧解难。

2. 校本选修

《3D 打印技术与科技创新实践》校本选修课程，每周三下午两节课，主要招生对象是初中学生，授课教师由郑晓老师担任。

校本选修主要的教学任务是普及 3D 打印的相关知识，让同学们能够熟练使用 3D 打印机，了解打印机的基本工作原理以及结构常识，并能够学会用一款三维软件进行计算机辅助设计。

在《3D 打印技术与科技创新实践》选修课上，3D 打印技术是作为一种创意实现的工具，同学们能够利用 3D 打印机进行创意表达。

附：校本选修课程计划(2013—2014 学年度第一学期)

课程名称	3D 打印技术与 DIY	
任课教师	李作林　郑晓	
课程领域	通用技术	
教学目标	每组同学 DIY 一个 3D 打印机！并有可能创造一个新的打印机。通过 3D 打印机的设计、制作、组装与调试，了解 3D 打印技术的历史与发展，并学习结构设计、电路设计、激光切割技术等技术知识。	
选修条件	高一年级、早培班学生，有电子技术基础、有编程经验者优先(限 15 人)	
教学设施	电子与信息工程实验室	
教学时间	周五 16:30—17:50	
教学计划		
第一次课	序言、3D 打印技术介绍	
第二次课	3D 打印机的组成与核心技术	
第三次课	打印机框架的设计与制作	
第四次课	机械结构设计	
第五次课	电路设计	
第六次课	程序安装与调试	
第七次课	组装	
第八次课	组装与调试	
第九次课	组装与调试	
第十次课	展示与交流	
评价标准	过程性评价 60%，其中考勤 20%、课堂表现 30%、值日 10%；终结性评价 40%。	
备注	自带电脑	

3. 高级研修

《3D 打印技术与科技创新实践》高级研修课每周四下午三节课，主要面对高一、高二同学展开相关教学任务。相对于校本选修课，《3D 打印技术与科技创新实践》高级研修课更注重 3D 打印技术本身的技术创新。

课程以项目驱动为主要的教学方式，由教师指导学生自主研究。

研修课上同学们需要广泛了解 3D 打印技术的基础知识，自己选择研究方向并制订研究计划。目前同学们的主要内容有大尺寸 3D 打印机的设计与探索、巧克力打印机的研制、三维扫描技术应用、3D 打印与数码影像等相关专题。每个专题有 3～5 个同学为研究团队，定期进行项目进展汇报，体验科学研究的整个过程。

《3D 打印技术与科技创新实践》高级研修课由李作林老师担任校内指导教师，还聘请清华大学、西安交大、北京航空航天大学等专家教授作为学生的指导专家，为同学们创新研究提供支持。

《3D 打印技术与科技创新实践》从 2013 年 9 月开课以来，由点到面，并逐渐成熟。课程注意普及与提高相结合，关注不同学生的学习需求，逐步确立了相对科学、完善、有特色的课程结构，为课程的实施奠定了很好的基础。

五、课程资源

1. 硬件资源

2014 年，学校为了推进课程的建设，建立了 3D 打印专用教室。教室内配备了 16 台 FDM 桌面级 3D 打印机、16 台电脑、1 台三维扫描仪、20 套自我组装 3D 打印机套材，一系列与 3D 打印相关的硬件设施。

3D 打印专业实验室基本能够满足全校同学教学、科研的需求。

2. 校本教材

2014 年 11 月，通用技术教研组出版了校本教材《3D 打印技术与科技创新实践》校本教材，教材由清华大学出版社出版，国务院参事、当代教育家刘彭芝校长写序。

该教材曾获第九届海淀区科研创新成果一等奖。

3. 微课程

2014 年通用技术教研组承担了海淀区科协科普专项课题《基于创新人才培养的技术类精品微课程的开发与建设》。课题研究过程中，老师们为《3D 打印技术与科技创新实践》课程开发了系列微

课程，放在网络上供同学们学习。

微课程目录如下：

模块名称	序号	课程名称
3D 打印技术	1	3D 打印的技术原理
	2	常见打印机的使用与维护
	3	FDM 打印机的结构
	4	为 3D 打印设计模型
	5	创意实现
	6	DIY 一个 3D 打印机（1）
	7	DIY 一个 3D 打印机（2）
	8	大尺寸 3D 打印机的设计与制作

六、师资队伍

通用技术教研组组长李作林老师带领教研组部分教师参与了《3D 打印技术与科技创新实践》课程的开发与建设工作。郑晓、施一宁、姜凤敏、苏晓静、刘长焕、何玲燕等老师都参与了校本教材的编写工作，制作了很多《3D 打印技术与科技创新实践》相结合的实际案例。具体分工如下：

案例	参与研究教师
3D 打印与数学模型	李作林　郑晓
3D 打印与物理模型	施一宁
3D 打印与机器人创意设计	刘长焕　苏晓静
3D 打印与建筑模型	施一宁
3D 打印与日用工艺品	何玲燕
3D 打印与乐器	苏晓静
3D 打印与机械传动	姜凤敏

现在这些老师们已经能够在自己的教学领域熟练应用 3D 打印技术进行教学、科研工作，并经常讨论相关问题，形成学校 3D 打印技术的教研团队。

七、课程评价

《3D打印技术与科技创新实践》是一门综合性、创新性、实践性很强的课程，教学过程中采用过程性评价、终结性评价相结合的评价方式。

评价方式	具体内容	分值	备注
过程性评价 （60%）	考勤	20%	要求在研究过程中有详细的研究记录。对于有创造性的活动可以根据情节进行加分。
	课堂表现	30%	
	值日	10%	
终结性评价 （40%）	展现形式：项目展示与交流、研究报告		

附：大尺寸3D打印研究小组的部分研究记录

2014/2/25 第一轮讨论

1组

专家点评：一定要有工程目标，如桥梁，几米？材料？

开拓思路：足球场上跟踪技术，三一重工用线条控制三维定点目标。燕子搭窝。打印格点是乒乓球，或者是蜂窝体，用502作为打印材料。

自我复制：复制的百分比是多少？这要有一个量化。

2组

伸缩机械臂　用极坐标控制位置

第一要打什么？桥梁

第二怎么打？方法一：断面撒粉末，一次成型；方法二：激光电子束焊接。

什么材料？铝型材　考虑经费问题

美国实验室：蜘蛛、蚕本身都是3D打印机。

专家点评：时间轴工程进度；经费预算；方法，创新点。

2014/3/18　第四次课

学生工作报告：

发动机组

涡轮喷气式发动机

具体结构：6～8级轴流式压气机分为两组（低压压气机、高压压气机)两组压气机力矩相同、转子叶片旋转方向相反，向蜂巢式加热组件施加电压，加热气流。

改进与不同：使用电阻加热气流、取消涡轮，改为使用电动机驱动压气机、进气口改为完全开放。

技术指标：向上推力：150N[(5kg 载重、2kg 打印机、7kg 机身)×10N/kg＋10N 机动冗余]发动机直径(10cm～16cm)、喷气嘴形状、＊气流速度用于确定功率(0.5m/s～2m/s)、扇叶形状、加热需要电阻大小、材料均未定

主要优势：功率大、体积小、效率高、可随时提供热气流、机械结构简单。

主要不足：排气速度太快，需要特殊喷管、结构相对复杂、需要相对精确的温度控制。

下一步工作：

研究各个形状喷嘴提供的升力大小。

方案：

使用电脑风扇提供气流

(网址：http：//detail.1688.com/offer/1166368066.html)

(电源接口可能需要主板)

用硬纸板做长方筒，(用三秒胶)和风扇黏合；

(a)用硬纸板条和球面型喷嘴插接，另一端(用三秒胶)黏合

(b)(用三秒胶)黏合圆锥形喷嘴

(c)不加喷嘴。用弹簧测力计悬挂测量长方筒受力的变化量，选择最佳喷嘴。

该部分困难：风扇电源、特殊接口、骨架的气密性与坚固度

材料组(高羽雄)：尚未找到合适的材料

结构组(冯思特)：桥梁厚度 60cm，金属钢架比较薄

定位组(王晨冰)：三个激光器　1400 转/分

2014/4/1

总结：倒计时——还有 6 周时间

有点迷茫——每个组都不知道该干什么了，项目进行到攻坚阶段，结构组该表扬。

今天结构组只做了一个桥梁模型，定位组对切片问题还没有落实，结构组设计出一个结构，定位组就可以对它进行切片。

动力组：至关重要。要转入到实验状态，需要什么器材？控制器：不正常，开发板一旦到了就组织实施。

定位组：

利用两个三层激光转塔的转动和上下移动实现对飞行器的精准定位。

实验方案：

初步利用一个简单的一层激光转塔进行精度的测试和调试。

附：所需购买物品

Cortex-A8　开发板（1 个）

激光传感器（3 个）

激光发射器（2 个）

杜邦线（20 个）

马达（1 个）

步进电机（1 个）

单片机（3 个）

变压器（1 个）

Wifi 模块（1 个）

八、课程效果及创新点

1. 课程开设以来学校先后有 400 余名同学熟练掌握了 3D 打印技术并能够进行创意设计

很多同学因为接触 3D 打印技术，从而产生了浓厚的兴趣，在研究的过程中克服种种困难，他们收获的不只是知识，更是更深层面对科技创新的情感体验。就像杜星莘同学在创客嘉年华上说的：

……

我所在的项目组曾是学校中第一个自己组装出一台 3D 打印机的小组，于是在这之后，我们大胆设想，希望再拓宽 3D 打印技术的应用，设计制作出能用于大尺度打印的 3D 打印机。我们就这样开始了真正意义上的创客之旅，一直进行到现在，已经有两年。两年可以让我们经历很多，我们也确实成长了很多。我们现在已经基本完成了所有的设计，控制系统的调试即将完成，硬件加工制作即将开始，但相信在座同学以及帮助我们的敬爱的老师们，一定能够从自己的创客经历中想象到，这中间的过程并不一帆风顺。我们如何面对那些困难，如何解决，又是什么让我们始终坚持，不懈努力？我想，创客活动对我来说是一个挑战，也是一个机会，更重要的是，这是我们喜欢的事情，在为我们的目标奋斗的过程中能够收获许多。

挑战性自不必说了。我们脑洞大开，想出以前没人试过的点子，正因为你是一个先锋，所以没有人帮你找到答案。这不像学校里的学习，有老师上课教你知识点，然后你在作业中再应用就好了，如果不会还可以问老师问同学，总能得到答案。在项目里，经常会发现你所需要的知识和技能没有人之前传授给你。例如在我们的项目中，遇到了物理学（工程学）方面的问题，自然要自己读英文维基，再去尝试计算分析；控制方面，编程语言都是我们自学的。遇到问题，解决方案往往是自己去找，而且永远是"答案不唯一，合理即可"。如果找不到，那进展就停滞不前，这是你应该负起的责任。创客项目有一部分是在练习知识的应用，但更多的是书本上学不到的东西，我认为这些能力的锻炼对我们走出学校后的生活非常有帮助，因此我享受这个挑战，享受做项目的过程。

项目研究让我们敢想、敢做、超越自我，让我们关注身边，关注这个世界。它能给我们带来巨大的收获，但我们又得在项目和课业之间平衡，我们需要学会时间管理和压力管理。我们还要学会坚持，有时又要学会放弃，甚至主动放弃自己努力很长时间的一个想法，另辟蹊径。我们还处在青春时代，这是我们进行研究的劣势，也是优势——我们经验不足，有时会做出幼稚的决定，但我们却没有思想的局限，也许能依靠自己的努力开创出一番新的天地。我总是觉得，将来回想起自己青春时代，曾经为一件事尽全力地认真付出过，无论最终结果如何，都是很美好的事情。

是的，我们都是因为"做自己喜欢的事"这句话的魅力而在各自的项目中不懈努力。这个过程就是在不断遇到困难、解决困难，如果我们只是为了最终能做出成果而快乐，那我们将不断经历喜悦和沮丧失望的交替。这两年以来，我们最开始的热情和自信随着项目持续时间越来越长渐渐有些消退，再加上中间有中考的压力等因素，我们曾一度怀疑过设想的可行性，犹豫过项目是否应该直接放弃。但我们最终还是继续了，而在这之后我便觉得我更加坚定、更加投入，越来越注重研究的过程，因为我相信在做自己喜欢的事情时不论结果如何，总会有收获，收获总是专属于自己的。

2. 引领与示范

人大附中 3D 打印课程同样也引起了社会各界广泛的关注，在社会上产生了一定的影响。主要媒体报道：

2014 年 1 月 5 日《现代教育报》专版报道"中学生制成 3D 打印机"

2015 年 2 月 9 日《教育新闻》网报道"3D 打印技术走进人大附中　让学生创意变成现实"

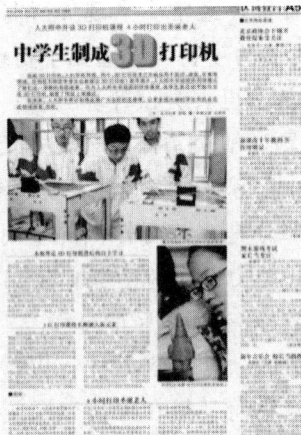

3. 课程的创新点

3.1　该课程是建立在学生的兴趣和学习需求基础上的

当学生们对某些方面有了浓厚的兴趣和学习愿望，人大附中就会积极创造条件帮助孩子们实现梦想。这充分体现了学校的"尊重个性，挖掘潜力，一切为了学生的发展，一切为了祖国的腾飞，一切为了人类的进步"的办学思想。

3.2　课程的建设由点到面，注重普及与提高相结合

课程建设之初只是在有十几个学生的情况下以选修课的形式进行，在取得一定经验后，抓住时机造势宣传，面向全校师生介绍 3D 打印就在身边的理念，得到广大师生的喜爱，这就为全校范围内开展选修课打下很好的基础。在选修课程全面展开的基础上，学校又尊重一些同学的需求开设高级研修课，尽最大可能做到普及与提高相结合。由点到面，普及与提高相结合是这门课程开发与建设的重要特点，课程本身也逐步丰

富并科学发展，成为广受学生喜欢的一门校本课程。

课程评述：

人大附中开设的《3D打印技术与科技创新实践》课程，以近些年广受关注的 3D 打印技术为载体，系统介绍 3D 打印的技术原理、打印机的结构组成及相关机械、电子控制知识，在动手实践中获得新知。课程将 3D 打印技术与数学、物理、乐器、机械、工艺设计等学科相联系，以生动案例启发同学们的想象力和创造热情，在教学实施中收到非常好的效果。

《3D打印技术与科技创新实践》课程是基于学生的兴趣与发展需求开设的，以学生创新精神和实践能力培养为核心目标。课程起源于同学和老师的共同兴趣：动手组装一台 3D 打印机。在这个朴素的需求下，老师和同学展开研究，并最终在课堂上成功组装两台打印机。在此基础上，人大附中将此项目研究扩大到全校，为各个实验室配备 3D 打印机用于教学与科研，传播 3D 打印就在身边的理念。同时，课程应不同学生的学习需求进行了分层教学，一方面满足广大学生的学习需求，依托 3D 打印机进行创意设计；另一方面，学校满足学生对 3D 打印技术的研究兴趣，开设了《3D 打印技术与科技创新实践》高级研修课，在课上进行 3D 打印技术的创新研究。

课程在教学实施中注意广度与深度，普及与提高相结合，并出版了专业教材，使得教学活动科学、规范、高效。学校不仅有面向全体同学开设的校本选修课，还有面向部分同学的高级研修课，使不同需求的同学都能最大程度上受益。通用技术教研组的老师还录制了一系列微课程，实现了教学效益最大化。

课程的配套资源丰富。人大附中有 13 位专职通用技术教师，这些老师多来自中科院、北京理工、北航、北方交大等高校的理工科博士、硕士，具有较强的数字化设计能力和技术素养。老师们在教学中自然地渗透数字化设计与制作的概念，3D 打印已经广泛走入各个模块课程，实现了与各个课程深度融合的效果。此外，人大附中还创建了 3D 打印技术实验室，便于同学们进行相关课题研究。

《3D打印技术与科技创新实践》课程以综合育人为最终目标，确立了较为完善的课程评价体系。课程注意终结性评价与过程性评价相结合，并能够根据学生的项目完成情况，给予灵活的奖励政策，让每个孩子在活动中树立自信心，在整个过程中得到情感体验。

总之，人大附中的《3D打印技术与科技创新实践》课程目标明确，教学内容设置合理，教学资源丰富，教学策略恰当实用，评价方式合理，取得了丰硕的成果，极具推广价值。

（赵薇　北京教育科学研究院技术教研室主任）

创客空间课程

清华大学附属中学

一、开发背景

当今是大数据时代，在移动互联网平台上，人们通过点、触、滑就可以找到自己想要的信息，在这个信息爆炸的时代，我们不禁要问："学生在课堂中习得过去的知识，能否应对未来的挑战。"21世纪能力这本书列数了学生为应对未来挑战必备的技能，而学生的学习与创新能力是在中学时代必须重视和夯实基础的。

孔子曾说过："学而不思则罔，思而不学则殆。"思赋予当今时代的新含义就是创新，这里的创新不一定是像乔布斯发布苹果手机那样改变时代的革新，这里的创新可以是一种改善哪怕只是微创新。学习与创新是相互依存、相互促进的。所以让学生能在两者之间平衡发展尤其重要。

就科学技术方面，在学生、老师、学校的共同努力下可以实现最优平衡发展。为培养学生科学素养、创新能力，我们的老师致力于把活动课程化、课程特色化，学校为学生的发展提供、引入各方资源，建立课程阶梯平台，助推学生的发展。

清华大学附属中学（以下简称清华附中）为学生科学素养与能力的发展提供阶梯式的平台。针对不同学生的不同需求，清华附中有以下四个平台：科技活动俱乐部、科技社团、创客空间、高研实验室。科技活动俱乐部面向全体学生开展最基础的科学活动，力求通过活动类科学活动激发学生的研究兴趣，培养学生的科学素养，让每一个学生都从中受益；科技社团对有研究兴趣、好奇心的学生，开设拓展类科学活动，以满足学生发展需求；创客空间和高研实验室，面向不仅有研究兴趣且有研究潜力的学生，开展科学课题研究，通过项目设计研究等提高学生研究能力。

创客空间起始于 2013 年暑期，科技活动办公室的老师带着 5 个高中学生参加清华大学的 lego to nano 活动。学生在不到一个星期的时间内完成一份 5000 字的英文任务书并且做出了一个原子力显微镜的原理机，学生们不断挑战自己的能力，证明了他们的创造力的极限是远非我们能想象的。他们知道了什么是创客。

参加活动的学生非常享受他们实现创意的过程，也特别希望在清华附中有这样的地方可以继续实现他们的创意。

二、课程目标

清华附中建立创客空间，就是为学生的创意提供一个可以实现的平台。我们希望进入创客空间的学生可以成长为创客。创客具有好奇心、想象力的基因；具有独立思考、分享创意的特质；具有以言立行、团队合作的精神；具有自由而不逾矩、借鉴而不抄袭的风骨。清华附中创客空间的定位是培养以解决具体问题为基础的创新产品推向市场的创业团队。通过在创客空间的学习和实践，促使学生全面发展、学有专长。因为完成项目不是一个创客能做到的，而是一个创客团队。在整个团队中，有创意、软件、硬件、管理、平面设计、制片、科学探究、公关、财经九种需求。只有真正的全面发展，学有专长才能使团队的能力远大于个人能力的加法。假设我们的学生只是全面发展的，并用上述 9 种能力分布的图形描述，那么你看到的将是一个圆，而由他们组成的团队，也只会是一个相同的圆，他们全都交叠在一起了，最后对团队没有增益。相反的如果他们只是学有专长的话，他们的最后也只是孤立的个体，没有交叠团队无法运转。只有每个成员都在发挥自身一个或几个特长并与他人合作中最优化团队，才能高效完成项目。通过学生在创客空间的学习实践，可以使学生由学海中的一叶扁舟，变为航母军舰集团。我们的创客都是在团队中成长的，正因如此我们才以培养创客团队为课程目标。

三、课程内容

清华附中的创客课程有一套完整的创客团队，有一整套完整的培养模式。对应创客团队每个阶段的发展都有相应的课程内容，可以分为三大板块：创客团队培训课程——挑战极限学习课程；创客专业能力培训课程——创客马拉松；团队项目设计课程——STEM。挑战极限学习过程针对创客团队组建初期，通过集中的课程实现让学生在团队之间发挥自己的专业优势、协同合作。创客马拉松更关注学生的专业技术成长，通过和彼此之间交互信息和运用能用的资源达到完成项目目标。STEM 是国际公认的项目学习法，清华附中的 STEM 课程由两方面构成：一是通过学生已经完成的项目让新生通过一或两个学期的学习掌握项目实践的具体方面，二是学生自主选定完成自己的项目。通过这一环节可以让学生真正成长为一个可以把想法变成现实的创客。

(一)创客团队培训课程

清华附中创客空间有针对创新团队特殊的培养模式——挑战极限学习过程。挑战极限学习过程(Extreme Learning Process，简称 XLP)，旨在培养一个创新的团队，建立一个群体性认识模式，运用分布式工作流，以数字化身份记录个人工作信息，提供确切过程性，并能给出一个数据化的评价。XLP 由清华大学顾学雍教授于 2012 年首创，并在清华大学首次举办，其后，XLP 在很多高等院校开展。XLP 首先为参与学习的学生模拟了一个真实的社会环境。参与 XLP 课程的成员可以分为挑战方和任务方。由 XLP 的挑战方组成的银行、市场(材料、技术)、法院、专利局、风险投资行、黑市、过程性管理者(简称城管)等机构为任务方创设了一个真实的社会环境。这点满足创新能力的条件：在现实条件和现有资源。任务方以团队的单元参加 XLP，个体成员按职能分工，如行政总监、财政总监、技术总监、创意总监、平面设计总监、制片总监等。任务方正是团队创新能力被评测的主体。在一个真实的主题下，任务方需要在挑战方模拟的社会环境中，创立项目，完成主题。XLP 是一个综合性的跨学科性的学习过程。XLP 的主题涵盖科学、工程、艺术等，是一个完全开源无界限的。创设项目的过程是他们发现新问题的过程，完成主题的过程是他们回答、解决问题的过程。他们提出项目的视角和深度，以及他们完成项目的程度都可以作为他们创新能力。在 XLP 中，这些评价过程都由挑战方完成，而且评价方式是较为系统全面，并且是数字化的。XLP 的挑战方通过 git、teambition、smartsheet 等数字化的网络平台记录检测任务方的行为。XLP 通过数字化的手段，记录的是学生终身学习的过程。XLP 的学习结果可以通过大数据的分析给出科学的证据。挑战方和任务方在共同的数字平台上记录彼此交易的信息。挑战方根据任务方提出的项目的创意程度，项目的进展程度由相关部门在数字平台打分，最终对每组的评定，直接可以根据数字平台上的数据分析，分项目创意、主题完成情况，所用资源、可用资金、交易频率、产出专利等。这样的评价不仅可以评价团队的创新能力，同时可根据每个成员在每个方面的贡献度对该成员的能力进行评价。

挑战极限课程不仅是一个创新能力的评价，而且是创新能力培养的导引课。XLP是一个群体认知学习过程。中学开展这样的群体性认识学习，会让学生更清楚地认识自己的优势与潜能，更好地与他人合作，在团队中发挥自己的能力，涉猎提升自己其他方面的能力。

(二)创客专业技能的培训——创客马拉松

创客马拉松一般要在一到两天的时间内完成项目，与XLP不同的是创客马拉松没有挑战方模拟的真实环境，只有有限的器材，团队在当前条件下，完成自己的创意。创客马拉松可以有效地培养学生创意、软件、硬件领域的专业能力和团队协作的融合力。

(三)STEM课程

清华附中创客空间对新加入的创客有一系列以项目为驱动的学习课程，通过一系列项目实践过程，让学生可以掌握必要的知识与基本的技能。当学生完成了项目引导课学习后，他们已经具备自己开发项目的能力。为了让他们掌握科学规范的项目进程，清华附中创客空间先后开设了"精兵破阵"和"DIY飞行器"两门STEM选修课，项目来自创客空间学生自己已经完成的项目。通过一个学期的项目实践让新生掌握开展项目所需的各种知识和技能。更为重要的是清华附中创客空间设计了系统的创客项目申请流程和审核制度，可以让创客更为有序地开展自己的项目。学生需要首先填写我们提供的项目申请书模板，网上提交给系统。由创客组委审核，通过的进一步交给老师审核，然后开展项目研究。如果在哪个阶段没有通过，学生需要根据反馈意见改写自己的申请书，直到通过。

清华附中创客项目申请报表(范例)

项目名称：笔记本电脑散热垫。申请人：刘孟桢(先申请项目，再组建小组)

(项目申请成功并组建小组后，需要写一份组员信息表补充至此)

选题依据：

目前的笔记本散热垫仅由几个风扇组成，对笔记本的冷却完全靠空气对流来完成，而且每台笔记本的热源位置不一样，因此不可能会进行特别有针对性的散热，于是造成了散热垫效果极差的结果。如果散热垫能够将被动散热改为主动制冷，并且对热源有针对性的制冷，效果相信会比单纯的风扇散热好很多，因此我就想制作一个位置完全针对单一笔记本设计，利用半导体制冷片对热源进行制冷的笔记本散热垫。(这个部分是次重点，但同时是最需要详细描述的地方)

目标：

提高散热垫对整机的散热效果，让散热垫发挥实质性的作用(这个项目要做成什么样子，能起到什么效果)

方案：

散热垫主体由亚克力板组成，核心为半导体制冷片。亚克力板上针对笔记本热源进行开孔以放置制冷片，同时利用笔记本的热管散热器对制冷片的热面散热，以尽可能降低冷面的温度。制冷片供电采用12V电源，风扇部分采用12V降压至5V供电，整体结构简单，仅需开关控制，因此电路也会比较简单。亚克力板由激光切割机完成，制冷片机散热模组在网上采购，因此可行性大，制作简单。(如何做这个项目，这部分决定了这个项目的可行性，如果主题通过但是方案不通过我们会要求重做方案。)

创新点：

将笔记本散热垫原有的被动散热改为主动制冷，达到更好的散热效果。(至关重要，直接决定了项目是否通过)

预期结果：

十一假期之前将尺寸确定，亚克力板制作完成，利用十一假期完成电路调试以及零件装配，计划在十一假期结束后拿出成品(同"方案"部分一样，这一部分内容如不合格也有可能会被要求单独重写)

财务：

半导体制冷片	20 元 * 2
12V 6A 72W 开关电源	35 元 * 1
亚克力板	20 元 * 1
T420s 独显版散热器	95 元 * 1
12V 转 5V 降压板	6 元 * 1
总计	176 元

（初期财务报告，大致的预算。当项目通过后会有详细的财务要求，如上限等，到时再详细写财务报表。）

四、课程实施

经过两年的实践，编著了《中学挑战极限学习过程指导》丛书，并设计了完整的一系列创客培养体系。

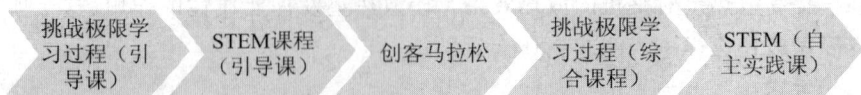

挑战极限学习过程（引导课）→ STEM课程（引导课）→ 创客马拉松 → 挑战极限学习过程（综合课程）→ STEM（自主实践课）

通过量体裁衣的培养系统，使学生的创新创意动力得到最大程度的释放。挑战极限学习过程每学期一次，每次完整的 4 天，共 40 课时。STEM 每周一次，每次 2 课时。创客马拉松每学期一次，每次完整的 2 天，共 20 课时。项目实践过程平均每周两次，每次两学时。

创客空间课程学习安排：

课程单元	时间	内容	课程评价
挑战极限学习过程（引导课）	第一学期开学初期	由学生建立的挑战方给出一个真实的主题，该主题具有现实背景，并基于任务方当前知识与技能的基础，目标是在由挑战模拟的真实环境中，让任务方的成员尽快在团队中定标自己的位置，更好地实现团队协作。任务方的对象是刚刚进入创客空间的学生，他们还不具备如工程学、计算机科学等方面的技术，因此当前时期的挑战极限学习过程定义团队训练引导课。主题的设置也更倾向于社会科学：如我校在 2014 年 10 月 1—4 日开展的	在 4 天的时间内挑战方会对任务方的成员进行多维度的评价，其中包含任务方团队的评价如：团队资产、团队交易次数等，进而对团队中每个成员所履行的职能评价。

续表

课程单元	时间	内容	课程评价
		XLP 的其中一个主题为："创客宪章"。"创客宪章"：结合中国和其他国家的宪章或其他区域机构的法令以及一些机构、公司等公约和规范，面对当前每个成员数字身份的权限等制定创客这个自由世界的宪章。这个主题是一个涵盖计算机、人文、法律等学科的跨学科的问题，是对刚刚进入创客的学生是一个极限的挑战。	
STEM 课程（引导课）	第一学期中期到第二学期末期	STEM 是涵盖科学、技术、工程、数学以项目为引导的跨学科综合课程。面对的是可以相互协作的团队，但缺少相关专业领域技术的学生。创客空间为这些团队设计了相关的导引课。 1. 利用乐高搭建"原子力显微镜原理机器"。让学生利用乐高的基本配件、电机、传感器和 EV3 主机编程模拟原子力显微镜的工作原理。 2. 精兵破阵：让学生利用 makeblock 机构组建和 Ardiuno 编程实现一个最优的战车阵地攻防组合。 3. DIY 飞行器：让学生利用 3D 打印和单片机自制设计飞行器。 4. 将"形独"这一数学问题转化为像数独一样可视化的数学游戏。	根据项目的每个阶段性成果和成员在每个阶段的表现评价学生。
创客马拉松	第一个学期期末	对团队中的技术总监在相关领域的技术上实现一个深造过程。 清华大学主办的创客马拉松：灵动重组的创意。学生在两天的时间内与其他相关领域的专家合作完成一个虚拟和现实交互结合的项目。学生在能力极大突破的同时，又实现多种技术的整合。	根据学生完成项目的等级和技术突破的领域进行评价。

续表

课程单元	时间	内容	课程评价
挑战极限学习过程（综合课程）	第二学期结束	与挑战极限学习过程（导引课）不同的是，此时的学生已经掌握了基本的工程学、计算机科学等方面的基本技能，并且有非常高效的团队，而且有了开展项目的经验，因此需要对他们设置相关领域却又开放的主题，让他们可以自主设定自己的项目。 如2015年7月19—22日，创客空间设定的主题为："智能空间"	在4天的时间内挑战方会对任务方的成员进行更多维度的评价，其中包含任务方团队的评价如：团队资产、团队专利个数、诉讼成功个数、团队与市场交易金额、团队之间的交易次数等，进而对团队中每个成员所履行的职能评价。
STEM（自主实践课）	第三学年开始	经过以上几个单元的学习，创客的团队已经完全具备了独立开展项目的能力，缺少的是规范这个过程，提出创新型项目能力还有待提高。 创客空间的第一个项目来自学生最熟悉的环境——课堂。如在数学课堂上，清华附中的杨青明老师开创了一个新数学分支：形独。在给定的正方形网格里有一条折线 $ABCDEF$，求作另一条折线 $AGHIJF$，满足 AB 垂直于 AG，BC 垂直于 GH，CD 垂直于 HI，DE 垂直于 IJ，EF 垂直于 JF，当求作的折线唯一存在时，就称这个题目为一个形独。我们可以看到，题目与答案围成了一个封闭图形。学生以形独的可视化的教学游戏软件为选题开展自己的项目。在清华大学顾学雍教授、科学和技术计算中最重要的革新者斯蒂芬的指导下，学生在电脑上实现了形独的教学游戏。将"形独"的教育游戏在手机的APP上实现，是八年级的学生胡泽涵	学生申请项目的规划性、可行性、可推广性、项目的阶段性成果、最终成果、学生在项目每个阶段的表现评价。

续表

课程单元	时间	内容	课程评价
		团队完成的。清华大学计算机系的学生每周给胡泽涵和其他两名八年级的学生上安卓的编程课。经过几个月的学习与设计，胡泽涵这个团队做出了"形独"手机版的雏形。在 2015 年 10 月 16 号，清华附中举行了"形独"的新闻发布会，这也是中学创客空间发表的第一个作品	

五、课程资源

清华附中分享了非常多清华大学的优质资源。2014 年寒假时，组织学生参加清华大学"我的空间，我做主"活动，学生学会 3D 全息技术。学生用新的技术描绘清华附中的校园。在宇航员 John 和 Rusty 参观创客空间时，都等不及学生拿起全息盒子，就想一窥究竟。

除了大学资源，学生的项目还吸纳了很多社会资源，如绿色电子挑战赛高三学生做的智能宠物箱、北京青少年创新大赛高二学生做的半导体散热器、八年级学生 2016 年 3 月参加 FRC 国际比赛获得新秀冠军奖和评委奖的机器人。此外，他们非常感兴趣的眼控技术和乐高实验室也都在筹措之中。清华附中的友好学校托马斯·杰弗逊科技中学也和我们共享了他们的脑控技术。

清华创客空间拥有近 200 平方米的专属空间随时向学生开放，拥有10 台打印机，3 台高配电脑，一台平板电脑可以让学生自由使用。清华附中创客空间还自编了一本创客团队训练 XLP 的教材：《中学挑战极限学习过程指导》，用于指导学生。

六、师资队伍

清华附中创客空间涵盖了各个领域的指导老师：
数学领域：扬青明、徐荣等老师为代表的团队
物理领域：罗雷生、俞家新、王田、邱楠等老师为代表的团队
化学领域：袁劼等老师为代表的团队
生物领域：罗莎、刘洋等老师为代表的团队

通用技术领域：孙振杰等老师为代表的团队

计算机领域：孙书明等老师为代表的团队

同时创客空间还聘请了很多校外指导老师、单片机领域专家胡天硕老师、计算机领域专家清华大学计算机系教授胡事民先生、猫头鹰实验室张剑南、龚杰老师等。正因为创客空间涵盖各个方面的专家团队，才能让学生可以在跨学科的综合问题上有专业的指导，通过学习和实践提升创新能力。

七、课程评价

创客空间的成员通过报名、面试等一系列完整的流程开展创客空间。进入创客空间的学生要经过创客课程的每个单元的学习，每个单元有不同的评价标准，结合学生的表现在每个单元的实践中做过程性、标准量化评价，根据评价结果给予学生不同的权限包括资源的可调配程度等，最终的评价结果会以团队的评价的结果给出，每个成员再根据团队评价及团队分工给出评价，以下是 2015 年暑假清华附中创客团队培训课程所使用的量化多维指标和对其中一个团队的评价。

计算公式

常量

市值评估公式共包含以下常量：

- k_j 为存在潜在需求 j 的人数

- c_p 为决定公司持有资产占估值比重，由 THmaker 根据当前市场活跃程度决定。

  ■ 在当前市场环境下，$c_p = 50$

变量

市值评估公式共包含以下变量：

- p 为公司持有的财产

- Ω 为公司所有产品的集合，其中 $\forall <p_i, E_i> \in \Omega$：

  ■ p_i 为销售单个产品 i 能为公司赚取的利润。保证 $p_i > 0$

  ■ E_i 为第 i 个产品满足的各项需求评分的数列，$e_j \in E_i$，$e_j \in [0, 1]$ 为对第 j 种需求的评分。当市场中存在直接竞争时，此评分会被其他竞争公司的产品影响。e_j 的计算方法为需求对目标人群的驱动力乘以售价对人群购买欲望的影响。

估值

定义评价函数 f 为评价公司估值的函数，有

$$f(p,\Omega)=p\times c_p+\sum_{<p_i,E_i>\in\Omega}\left(p_i\sum_{e_j\in E_i}e_jk_j\right)$$

产品属性量化

根据您的演讲，我们认定您的产品的目标用户为：

- 住户

您的产品单价为 110 000CNY，我们预计对于目标人群购买兴趣造成的影响因数定为 0.00001

共解决了以下需求：

- 自动开门
- 自动开灯

我们对这些需求的评分如下：

需求名	评分	目标人群容积
自动开门	0.4 * 0.000 1	100 000
自动开灯	0.4 * 0.000 1	100 000

您的产品共用到了 Makeblock 等零件，加上生产线建设及人力成本，总成本估计为 2 500CNY，产品单价为 110 000CNY，单个产品盈利 107 500CNY

公司财产量化：根据 THmaker 市场的数据，您的公司目前共持有 57 400的财产

总结：根据以上数据，我们计算得到您公司的估计为 3 945 000CNY

八、课程效果

创客空间在 2013 年年底建立，经过近两年的发展培养了 30 余名有创意创造能力的创客，近 10 个创客团队，20 个创客项目产品，培育了有潜力成为创客的学生 70 余名。学生在创客空间的成长不仅在于他们做如手表超控器、智能台灯、网瘾背包改变生活方式的产品，更在于他们的社会服务意识。他们的成长不仅在于他们胸有成竹的创意自信，如我们的学生面对丹麦首相镇定自若、侃侃而谈自己的作品所表现的那样，更在

```
形独 ─── Mathematics版 ─── 安卓手机版 ─── 苹果手机版

乐高版原子力
显微镜

自动壁障车 ─── 手环超控器

疏压打拳击器 ─── 运动型闹钟

伪全息清华附
中校园 ─── 3D历史人文影像

四轴飞行器

THmaker项目 ─── 智能台灯

防爆排雷
机器人

防网瘾背包                      自动控光温度
                               监测灌溉装置

肢体感应仿真                      绿智
机器手
                               植物自动护理
智能生态园 ───                   方案

                               极简智能
3D打印机                        生物园
组装
                               智能生态
植物幕帘                        环境

                               智能花盆
```

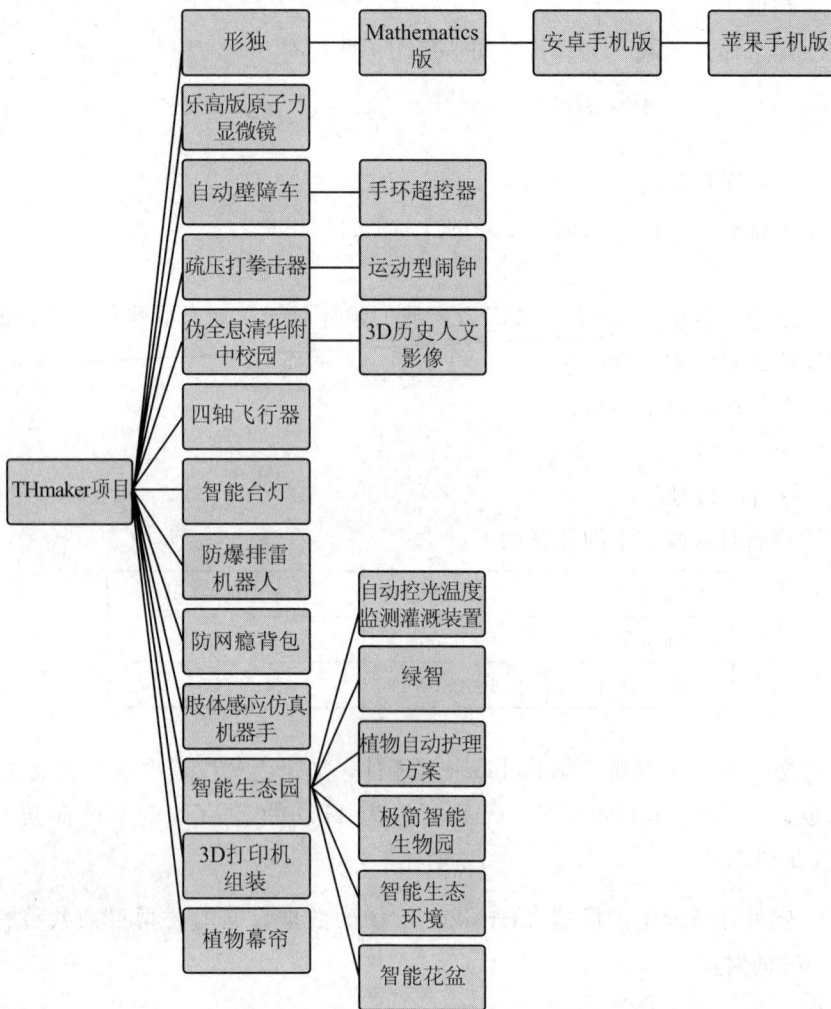

于他们把创客空间的收获分享给他人，引导他们走进创客的世界，例如他们自己开设 DIY 飞行器等选修课。他们的成长不仅在于创客群体惠及本部的学生，更在于他们辐射到清华附中教育集团各分校。从清华附中上地学校学生参观创客空间，到清华附中创客助力清华附中永丰学校的"创客科普日"都在传递这种力量。就在 2015 年 4 月 1 日，上地学校的辛校长还安排学生来创客空间开展项目。2015 年 7 月 18－22 日，清华附中、清华附中永丰学校、清华附中上地学校、清华附中丰台学校教育集团校的挑战极限学习过程"智能空间"。这种创新培养模式逐步系统化，并由本部发展到清华附中的教育集团。可见这是一个日久弥深的过程。

以下分享一些学生心得和 2014 年 10 月 1—4 日挑战极限课程实录：

THmaker 清华附中创客空间：这里有属于我们的世界

C121435 张亦弛

THmaker 创立，也约有一年了。从创建至今，从狂放无畏到冷静沉着，从单打独斗到团结协作。一路的风雨历程，回首，虽如过眼云烟，亦感触颇深。

初生牛犊不怕虎

"'创客'这个名词近来已不再陌生，而清华大学附属中学在不久前，把'创客'这一与科技紧密相关的名词引入了中学的校园。"

一个新兴的事物总是极其红火的，我依稀还记得 THmaker 初建时的夺人眼目、一鸣惊人。虽然那时只有二十个同学，没有完整的体系，没有完美的设备，没有优秀的人才和想法，但总有一种"初生牛犊不怕虎"的干劲与百折不回的精神。

还记得第一个项目，我把它取名为"极简指南手电筒"。换言之，一个手电筒前面粘一个透明指南针。这便是极简单的了，甚至可以说是简陋。令我们哭笑不得的是，拿它参加比赛，居然还胜于许多多功能小车，甚至各种高大上的设计。

回想起来，顿时觉得也些许有理。事物总是有着它的两面性，这点我深信不疑。这手电筒虽然平常，却简单、实用。反复斟酌，或许这也便是当今社会所需的吧。

初升如朝阳，浩荡如鸿鸣。渐渐地，不知不觉，他们正在接受挑战的洗礼，也正在给附中的校园生活带来勃勃的生机。

风·雨·雪

"其刚愎自用，骄傲自满者，终自食其果。"

那时成员们在自学了 Arduino 和 EV3 等硬件编程后，便开始突发奇想，想做些真正有用的机械项目，却是好高骛远了。

两个项目，平衡智能车和四轴飞行器。

第一个算是较为成功的了，其中囊括了避障、遥控、巡线等基础的移动功能。即便如此，距离项目设计中的"智能抓取，方便工作"等目标却是可望而不可及。

四轴飞行器，无法抹去的痛。从项目规划申请到试飞，用了约两个月的时间；从项目开始到失败，也不过两个月。总结其原因：首先是准备不够完善，包括控制、平衡，甚至飞行器的拉力，如此必要而普通的数据，也从没有仔细调查过；再者，试飞时的保护以及准备工作不够充分，导致机体直接摔毁。项目便以失败告终。

失败有时就是如此突然，过于自信、骄傲自满就是彼时失败的主要原因。我也渐渐明白了，坚持不懈和无所畏惧是极好的，而这些应该建立在脚踏实地和细致稳重之上。

不经历风雨，不会有彩虹，这些失败带给我们无数的挫折与无奈，但更重要的是，这些便是最宝贵的经验与警示。以失败为戒，它便是成功之母。

塞翁失马，焉知非福

"我们是中学生，但我们也有属于自己的责任要承担。"

种种失败带给我们的挫折也是不言而喻的了。各处搬家的动荡生活更让我们不安。

失败，我们需要克服失败；成功，从制定规则开始。创客准则、活动时间、材料使用、项目审核、宣传推广，一应俱全。从此，我们懂得了踏实地工作，稳重地进步。

同时，我们开始对外宣传 THmaker。从托马斯·杰弗逊中学校长，到"Lego to Nano"实验室，以及美国 NASA 宇航员，再到丹麦首相，先后来访 THmaker。我们，也在如此努力后获得一致好评。匆忙于更多新的项目，准备着各种不同的演讲。放飞，即将破茧成蝶。

在新学期的伊始，新的面孔与知识。而我们早已有条不紊地，按照计划开始了第一次招新。使用量化评比的方法，对慕名而来的同学们逐一面试，分为"八大能力"进行记录，并根据各项能力评分选拔，而后将硬件、软件、美工合理分配，搭配成组。

近一周的繁忙后，又有二十余名新面孔出入于 THmaker。无限的潜力，渐渐优秀的团队合作。显然，如此夜不能寐的忙碌，绞尽脑汁，也便是值得的了。

坚韧、责任，在逆境中成长；细致、稳重，在成功中淡然。

渐入佳境

"他们有着无限的想法与创意，懂得亲手制作自己的产品与项目；他们走在技术的前端，引领着如'3D 打印''全息投影'等世界前沿的技术；他们有着开玩笑式的工作方式，能在忙碌中放松心情；他们从不'单打独斗'，总有着默契的团队配合。"

THmaker 便如此稳固地发展下去。其中，他们也许面临失败，面对挫折，却总能以勇敢机智的心态面对困难，解决困难。而与此同时，我们也在渐渐壮大：制作各种各样新兴的产品，举办世界瞩目的活动。我们走在了世界的前端——而我们只是中学生。

2014 年 10 月 1 日，清华附中 XLP(极限学习过程)活动顺利举办。四天，六十余人，七个小组，在各个团队紧张激烈的竞争，与技术方面的合作中，最终完成了"智能生态园"这一大主题。这一活动的召开无疑是引领世界的。它受到了国外同行的广泛关注，同时，这更是世界上第一例中学生自己举办、参与的 XLP 活动。

THmaker 从创立时的一无所有，在近一年的发展历程后，取得如今的成果，不仅需归功于创客们新颖的想法和不懈努力的态度，同时那更是团队合作精神的结晶。

这里有属于我们的世界

"因为这里有我们所爱的，为了我们所爱的。这里有属于我们的世界。"

同学们有着无限的创意和遐想，这里便是创想实现之地。

智能小车是 THmaker 的传统项目之一。遥控、巡线、跟踪，再配合机械臂的操作，这便是一套简易而实用的体系。这套体系可在如学校、超市等场所发挥作用，有着极强的普遍性。它预示着智能机械的不断发展，为人们日常生活带来的便利。

被称为 ∀-Door 的智能开锁器为 THmaker 的活动地点提供了安全保障，实现智能开门锁门。通过密码、手势或人体感应控制，为创客们和其他来宾提供人性化的体验。

拳击器，作为一个创意项目，它的作用是在娱乐的同时锻炼身体，同时也是我们工作之余的放松利器，在休闲中促进友谊，受到广泛好评。

再就是极简的原子力显微镜原理机。它使用乐高搭建，EV3 作为核心控制。我们从设计、绘图、采购一步步自己实现，历时 4 个月，使用最简易的材料搭建出一个本极其昂贵的原子力显微镜的原理机。这也正符合了我们从未改变的对产品的态度——以认真为基础，使用最简易的材料，实现新颖或实用的产品。

初中三年、高中三年，这里或许对我们来说只是匆匆过客。但是在这里，我们要学会的是如何思考问题，如何团队协作，跟随世界科技发展的大潮流；不要让传统的模式化的思想，禁锢了我们正值青春年华的，富有创意的大脑。

几番悲喜，几度寒暑。谨以此篇，匆匆记之。

谈创客
——创客空间的崛起与发展

细细数来，加入附中的创客空间也已有半年光景。面积扩大了四倍，人数也从最初的数十人发展到了如今的数百人，不得不让人感叹发展之快。

回忆起空间最初的模样，一间不足 40 平方米的教室，几台 3D 打印机便是近乎全部的家产。成员也仅有数十人，播放了数天的宣传视频却几乎颗粒无收；每日都自备材料，窝在小小的空间里做着项目。感觉与真正的创客空间截然不同，似乎那间屋子只是一个满载着梦想的工作坊；有意思的是，我目前唯一的一个获奖作品就是在那个时候做成的，摘得了绿色电子大赛（一个面向全国所有创客的比赛）的三等奖；或许是那种环境更加能使人努力的缘故吧。每个人都幻想着有朝一日能建立一个真正的"创客空间"，用自己的努力使这个虚幻的梦想逐步走向现实。

再回忆起当时每日的心情，对在空间内几个人窝着写代码、做项目有种莫名的渴望，每日除了吃饭上课写作业，在学校的其余时间都在这件小小的屋子内度过，相比于今，有过之而无不及。直至现在，也未完全弄清这其中的缘故——当时来这里做项目要背着沉沉的电脑，各种模块几乎都只有一块，坏了就得等一周才买；而现在，电脑、模块一应俱全，哪怕身上只带了一块磁盘，也能愉快地工作（虽然用自己带的电脑方便一些）。在脑海中，只能模模糊糊地想出两点原因，一是心态，二是时间。升入九年级，时间少了，学习压力大了，热情自然就不是那么饱满了。我自己在内心中给出自己一份如此敷衍的回答。

很快，我们的空间迎来了第一次的转折：价值不足 2000 元，写代码都略微有些卡的电脑换成了价值万元的顶配一体机，并且还是 2 台；"领地"也由不足 40 平方米的教室换成了近 200 平方米的大厅。后来才知道，因为刘延东副总理要回校视察，特地加强了硬件配置，我们自然获得了如此厚待。总理来之前匆匆忙忙准备了一个月，从布置桌子、展台、所谓的"工作位"（因为曾经面积很小的缘故，工作台拿走小的碎零件和电脑就是展台），到每个芯片、每个电脑、甚至每个零件的摆放都是一点一滴精心策划。总理匆匆而来，面带微笑匆匆而走。全体一阵欢呼，一起吃了顿披萨，继续匆匆工作了一个月。期间校领导视察了几次，感觉很满意；总理满意，校领导自然很满意，又通过几次视察，"眼见为实"，于是乎，我们获得了更大的教室、大厅，经费也更足了。又匆匆忙了几个月，装修了空间，参加了清华大学的 XLP 学习活动，不少项目也小有所成。地有了，钱有了，资本有了，宣传材料也有了，铺天盖地的宣传片、海报倾巢而出，半月之内竟招得百余人，创客空间的规模不知扩大了几倍！各种规章制度应运而出，体制被渐渐地完善，从原先的 3 级分层增长到如今的 5 级分层（其中有一层是老师，也就是说等级增加了一倍），"空间"的意味有了，但"创客"的意味少了。这里倒不是说这种改动有多么的不好，之前的"工作坊"丝毫没有"空间"的意味，却是一间不折不扣的"工作坊"——蕴含着过多的"创客"的意味，却"无组织、无纪律"，规章制度并不完善。如此一改，恰到好处。

这一段时间虽然没有做出多么大的成果，却是我在创客空间过得最充实、最快乐的一段时间。每日的午餐变成了卷饼，晚上坐车回家时一轮明月早已挂于天边。每天许多人一起为着同一个目标而奋斗是一件十分快乐的事情，每当看到有分毫进展，内心都一阵狂喜，或许这就是创客精神所在吧。

再往后述，便是十一自己举行的 XLP，从我们能得到的消息来看，这是中学生第一次自己举办 XLP 活动；我所在的团队在期间精雕细琢写出了一份创客宪章，这是第一份创客宪章，亦是中学生第一次写宪法，即使这份宪法作用范围很小，也很不规范。三个第一，创新路上，来之不易。

当时我是把这些东西当作做项目，却没有意识到一个问题——创客空间变了。创客空间从原先的"工作坊"变成了实实在在的创客空间，无论是硬件配置或是对外宣传、内部活动策划，都算得上一个实实在在的创客空间。从最初的"创客工作坊"（很早的校报上的确是这么写的）——只提供经费、少数公用材料和一个场地的不足百人的工作坊，并且对外自主性的宣传极少，对内的活动策划也几乎没有；变到一个五脏六腑一应俱全，除了根本的性质——以学习为最终目标与各大创客空间有所不同和项目数量之外，完全可以和大的、知名的创客空间所媲美。谈及硬件倒是次要，主要的是，我们懂得自己策划活动、自己对外宣传、自己为自己争取更好的条件，这是以前从未有过的；我们懂得了如何经营属于我们的创客空间、制定宪法将空间管理的井井有条……我们懂得了创新，我们将成为真正的创客！

漫步于创客空间内欣赏这里有的一切，空间虽小，却内有乾坤，这是以前所不曾有的。

打开电脑用手指点击着鼠标浏览一切，文件虽多，却分类有致，这是以前所不曾有的。

翻阅空间内记录在案的文件中的一切，意虽深远，却言简意赅，这是以前所不曾有的。

半年以来，我们这些创客用辛勤，用汗水，用心中如火的热情，让创客空间发生了如此的改变，这亦是创新。创客空间的风帆，将载着每名创客的梦想，愈航愈远。

回首半年来创客空间点点滴滴的改变，感触良多，便写下了这篇随笔式的感想，来纪念每个创客做出的每一点努力。

（谢卓凡）

创客宪章活动总结

前几天跟着清华大学的顾教授一起做了一个给创客世界建立宪章的过程。

一开始大家谁都没当真。

十四岁的小孩写宪章？开玩笑！这是在玩吧？是吧？是吧？

顾教授讲述了自己被清华大学校长派到深圳去参观三诺集团的一个28层楼的建筑，从照片上看简直是从上往下的闪啊！土豪的是，这整个建筑基本上都是创客空间！从一层的巨大展示屏，到台阶立面上的显示屏幕，再比如一层的设计团队……

很震撼，是不是？

但是教授说这个不够颠覆性。

比如说让一些14岁的小孩子给"创客"这个新兴群体写宪章，这个叫颠覆性。

而且，身为14岁的我们，有着一个普通大人或知名人士没有的好东西——我们只是一群孩子，所以哪怕有错，我们依然可以拿着"我们只是小孩子，有问题很正常"的挡箭牌来改。

顾教授曾经搞过许多 XLP(extreme learning process)的活动，对创客有很多感悟，其中一个就是，创客其实是一个过程，它可以用来训练一个可以灵活重组的人才团队，需要注意的是，不是"可以重组的灵活人才团队"而是"可以灵活重组的人才团队"！

在教授反复强调了这个概念多次以后，我们下午开始找资料，动笔了。

下午开写，分析了一些诸如《共同纲领》、the Constitution of America，the bill of rights，declaration of independence 之类的东西后，我们把结构抄下来，往上照搬，感觉差不多完事了。

先是序言，然后是内外两方面，内对成员的制度，外对各个空间之间的交流，以及对其他的外部设施和资源的规划和概念的强调……

后面就是不停地改了。

我们进入了一次又一次的改稿，审稿，改稿，审稿的无限循环之中……

先是太死板，没有吸引力。

于是我们就不停地在每一条里面加上能够得到的资源，和绝对的权利。

被说是照搬，没有自己的独立的特殊的东西。

于是我们就不停地思考创客的真正意义。

被说是太实体化，宪章应该是比较粗线条的。

被说创客的独立内涵没有挖掘出来。

……

中间，我们不停地招人过来找茬，审问题，再进行修改。过程是枯燥无味的，只是不停地码字罢了。而能够坚持下来，我感到很骄傲。最后，在第四天，做了一个阶段性的汇报。我们分完组，出了一稿以后，每个组都有将近 10 个版本的改稿。看着最后的成果，我们不得不承认，还是稍稍有一些小小的得意，嘿嘿。

然而，在改的同时，我对"创客"这一概念的内涵有了天翻地覆的认知。

一开始我们参考的资料都是建立在土地意义上的区域性国家宪法，而创客的不同，就在于它是一个分布式的结构，全世界各地都分布着各种各样的创客空间，它是一个绝对国际化的组织。所以"创客空间"并不是区域性的一个地理意义，而是一个分布式结构的组织存在，与我们的地域性政治需要的宪法有着截然不同的要求和背景。

而且创客空间又叫 hacker space，它的实质意义其实还有一个很重要的组成部分，我们之前根本没有考虑过的——数字化，以及网络。

只要摆一台电脑，连上网，哪怕是在几千里外发生的东西，都可以等同他亲临。在网络上的谈话交流，数字身份 ID，数字货币……当这个世界越来越数字化，网络的便捷使得跨越万水千山的交流也许只需要几秒，几乎是瞬间就能够到达很远的地方，把人们共通在一起，这就是网络的力量，数字化的力量，这种技术和平台，在未来，将会有着翻天覆地的变化。而其他组织多是地域性小群体，不管移动再如何迅速，也永远达不到几乎是瞬移的虚拟世界的效果，这也是创客的一个与其他组织不同的力量。

以前看有些人评论 3D 打印机，说 3D 打印技术并不会改变社会实体的基本潮流，因为它只是"创客"这个小部分群体捣鼓出的受众面很小的一个尖端机器，会操作、懂原理的人并不多，而大家对它的认知也只是停留在了表面。"创客"的影响力太小，无法遍及社会。我以前总这么认为，但现在不一样了。

"创客"影响力小，但支撑"创客"发展的最大凭借——网络呢？还有它所有规则的建立基础——共享的力量呢？它的精神——"团队合作"呢？

很多尖端创客都很厉害，所以，有着丰富的各种高端科技资源能够享用。

而且，"创客空间"是一个对所有创客都开放的巨大资源协作平台。网络使得大家的相处模式越来越国际化，也越来越"共产主义"。而在"创客空间"，大家有着绝对的资源共享的意识，什么东西基本上都是可以登记了以后直接拿过来用的，而并不限于"这是我的"、"那是你的"、"你不许用我的东西"这类事情的存在：空间是开放的，空间也是平等的。空间里的资源真的是最大限度地达到了"共享"这一理念，所以，凭着我们的数字以及实体共享平台，以及平台上所共享的一切资源，我们很强大。

3D 打印机确实力量很小，但是这并不代表"创客"影响力就小。

Gitbook，GitCafe，3D 打印机……我们有着各种各样的软件硬件，外部经济资源，内部研发产品的技术，以及在数字平台上发行产品，数字化平台的身份、货币……凭着《开源协议》和空间内共享的一切技术资源和硬件设施资源，一个完备的"创客空间"（物质＋虚拟），已经足够强大到可以代替一条产业链的任何一个部分，"创客"并不只是浅显的一个"一群技术宅聚到一块，大家闷起头 high 一 high，爬进象牙塔里不出来"，而是一个真正拥有着强大到让商业结构彻底发生改变力量的存在，这，才是创客的真正意义。

谁说"创客"力量小，我们正在改变世界！

We have changed the world.

We are changing the world.

We will change the world！

第一天：

在第一天的活动中，各组的主要任务是对新成立的团队进行建设，通过搭报纸塔的活动让组员之间相互熟悉，设计组名、LOGO，并且熟悉 XLP 规则和政府各部门职责及行政范围。

任务方这边，首先在上午进行了搭报纸塔比赛。规则就是用 15 张报纸和一卷胶带和一个纸杯搭塔，综合防风性能以及高度进行评比。在比赛中第一组夺得了冠军，在活动的开始先拔头筹。在比赛过程中，第四组本来把塔搭得很高，搭完之后发现还剩两张报纸，于是决定在现有的基础上继续加高，结果塔基在加高的过程中不堪重负被压塌了，最终垫底。第五组部分成员由于此前参加过 XLP 活动，根据之前的规则是不允许将塔用胶带粘到地面的，于是就有了惯性思维，没有采用这样的方案，但实际上本次比赛并没有对此进行明确要求，因此第五组的成绩最终也不是非常理想。搭塔比赛结束之后，各组成员之间也相互有了一定的了解。随后各组开始设计组名和 LOGO，并注册相应的专利。在此期间，第三组通过一些途径得知了其他组的名称和 LOGO 设计方案，于是抢在他们之前仿制了一个 LOGO 并和组名一起抢注了专利，于是使得被抢注的组不得不更换组名和 LOGO。下午，各组就开始对项目进行一个初步的规划和设想，为将要进行的风投汇报做准备。由于第三组和第五组在项目设计上相对于其他组进度更快，因此在风投汇报时都获得了 2 万的投资(各组起始资金为 6 万)，并列全场第一。

　　挑战方这边，大多数机构处于准备工作和磨合阶段。计分组主要工作就是统计搭塔比赛中各组的评分，专利局主要处理各组的专利事宜，值得一提的是当天只有六组申请了技术专利。投资行主要是在下午的风投汇报中向各组投资，市场在为下午的第一次开市做定价等准备，政府首先在早上向大家介绍了 XLP 的概况、规则及各政府部门职责及行政范围，并组织各组创建团队。但法院和银行可以算是第一天最忙的两个部门。法院在第一天下午就受理了第四组被告玩手机游戏的官司。被告时，四组辩称当时在查看手机截图，但是由于后来他们出示的手机截图时间晚于被举报的证据，于是四组无法自圆其说，败诉并遭到罚款。但实际上在第一天，禁止玩手机游戏的规则并没有出台，所以第四组也算是被坑了。银行在一开始印了 90 万左右的现金，给每个组和法院发了 6 万现金，然后流动资金就只剩下了一半，但后来各组开始存钱，于是资金开始回笼。同时政府给投资行批了 200 万，但并没有印出相应数额的现金。一开始各组都不知道银行可以直接转账支票，于是就各种提现，然后银行流动资金又开始告急。同时由于货币面额比较分散，因此数钱也成了一件痛苦的事情。

图为任务方在讨论组名及 LOGO 方案

第二天：

有了第一天的磨合和准备，XLP 的各项工作开始有条不紊地走上正轨。在这天，各组主要的事情就是采购材料和设计项目。

任务方们都已经开始了项目的制作。第一组由于在第一天已经购买了不少材料，因此不仅节省了时间，还规避了市场的物价上涨。但第一组在制作项目的时候进度相对于其他组稍显落后，因此第一天建立起来的自信心稍有点受挫。第二组首先从程序入手，并附带讨论了一些灌溉系统的设计，在下午的风投汇报中汇报了阶段性的成果及对此后的阶段规划，随后又为产品加入亮度、温度、湿度的测量与显示功能。第三组从机械结构开始入手，并在风投汇报中争取到 10 万投资。在第二天结束的时候第三组成为了市值第一的小组，由开始的 30 万飙升至 240 万，但在拍卖会中试图通过恶意抬价坑掉另外一个组，却自食其果。第四组由于 CEO 迟到因此没能赶上早上的材料市场，好在最后赶在市场下班之前买齐了需要的材料，并在中午将主体结构搭建完成，下午准备市值评估、风投汇报等材料，并做出雨水过滤器的设计，写好专利文件，因专利局已经下班所以准备第二天早上申请专利。第五组将整体产品的底座、湿度和光控的程序完成，但因水泵工作电压高于 Arduino 输出电压而遭遇瓶颈。在当天第五组还利用捡到的 3 万元在黑市垄断了所有棚膜，并通过向其他组转手而获利，同时组员抓了不少其他组的违法行为，也获得一部分资金。

挑战方们在这天也开始忙碌起来。计分组由于暂时无事，因此悲剧地成为采购人员外出采购零件。技术市场也开始收到来自第一组和第二组的订单，同时修复了一个温度传感器并成功拍卖。专利局由于上午没有上班，因此在下午各组在两个小时内把一天的技术专利全都申请完毕。投资行下午举行第二次风投汇报，看到各组都基本完成了产品原型，并在汇报结束后要求各组进行自身估值，风投准备入股，在当天下午购买第一组 20% 股份。城管在第二天也开始活动，并且是以城管和黑市快递员的双重身份存在，在上午一次黑市交易中买方没交钱就想拿货，于是被城管大队现场查水表。市场由于第一天没有准备好合同，也没有维持好秩序，因此工作有些混乱，所以早上开市的时候花了不少时间维持秩序调整记录体系。这一天打了第一场官司，由于吃了第一天统计不当的亏，出师不利被判败诉。同时由于下午各组物品基本买齐，但风投汇报刚开始，因此资金流入却不流通，于是开始出现通货膨胀，市场只得将物价升至原来的 4 倍以应对通胀。法院则受理了几个案子，其中出现第一个假币案。假币案由于被告人第七组在使用假币的时候恰好被法官目击，加上证据确凿，因此七组败诉，并被要求限期 24 小时内交罚款 1.5 万元。银行在处理完假币官司后由于投资行给各组批了不少钱，各组又要求提现，因此银行现金各种亏空。同时彩票也在当天开售，但只有第七组购买。开奖后第七组中奖，于是其他组也开始购买彩票。政府则在上午扮演黑市进行交易，然后在各政府部门之间帮忙，下午发布招标项目。

图为法院正在审理案件

图为各组在进行产品设计

第三天：

今天各组的主题就是项目制作，各项工作也渐入佳境。

在这天，任务方们的制作进度都比较乐观。第一组由于上午被特批外出购买材料却空手而归，因此项目进度落后，但下午技术总监和全组共同努力，项目进度奋起直追。在第三天结束时，第六组破产，于是第一组趁机并购第六组，在获得的资产中正好有之前没有买到的湿度传感器，帮助推进项目。第二组开始对金属结构进行设计并购买材料，同时在软件方面优化数据显示，并编写手机端控制程序，使用户在手机上就可以观察测量数据并控制 LED 灯的照明亮度。第二组下午完成了框架结构的搭建，并开始设计电路及布线。第三组当天已经完成项目主体，在加入超声波传感器之后开始进入项目的细节完善和收尾阶段，并为第四天的演讲开始做准备，同时攒钱准备购入奢侈品。在后来的一场官司中，通过巧妙的手段规避了罚款，以极低的成本并购第七组。第四组早上去专利局打算申请第三天时完成的雨水收集器的专利，却在申请专利的时候发现作品已经被其他组申请了，以为与其他组不完全一样就不算侵权，于是还是做出了成品，竞标成功。下午雨水收集器的成品被发现对抢注方的另一份专利构成侵权行为，于是被抢注方告上法庭，被判罚款 2 万，基本就没有现金了，于是宣告破产，被挑战方的一位自由人收购。几乎与此同时，由于之前在黑市买的棚膜摊在地上被城管大队没收，于是被告上法庭，但由于此时已经宣告破产被收购，于是就没有开庭。第五组在当天把除了水泵之外的机械结构都完成了，同时友情赠送了其他组不少装备，因此搞好了与其他组的关系。下午在测试水泵的时候，发现水泵的允许工作电压最低值恰好满足 Arduino 的输出电压最高值，于是装配、走线并测试，结果在后来遭遇全教室停电，于是不得不在没电的情况下制作项目。

至于挑战方，计分组在当天仍旧在四处帮忙，技术市场也收到一部分订单，同时还买彩票中了奖，然后又从市场上买了点材料制作成成品并拍卖，赚取了一部分资金。专利局接收到的申请仍旧以技术专利为主导，但已经从第二天的零散部件专利转变为整体构架的专利申请。投资行开始协助控制通货膨胀，回撤资金，并在上午完成各组入股。但由于六组涉及黑市交易，于是撤回 51％ 股份，六组暂时宣布破产。下午主要在利用股份协调各组之间的专利等买卖，并帮助推进各组项目进度。市场继续控制通货膨胀，情况有所好转，因此调低物价。城管则正式投入黑市运营，在黑市交易中不忘自己的城管身份，进行证据留存。由于棚膜在第二天下午就被垄断，因此所有的棚膜都是不合法的存在，于是因此查抄两个组。由于在七组进行黑市交易之前事先取得情报，于是有针对性地进行取证，交易时没有阻拦，放长线钓大鱼，于是后来起诉时他们直接败诉。而银行由于被六组当成钱包，各种零钱的存取，因此开始每次加收 100 元的手续费，于是很多组都把存款提现。同时各组开始购买彩票，因此银行调整了一下规则，提高了奖金和中奖概率。下午市场因为被告需要转移资产，于是来银行提 22 万现金，导致银行再次亏空。到晚上快结束的时候银行只有 9 万现金，于是引来各组试图收购银行，但被政府拒绝。当天晚上政府要求银行加印 12 张 20 万面额的货币，于是瞬间变成大款。法庭由于在对第七组下达判决书的时候出现失误，忘记把限期执行写入判决书，于是本来可以针对第七组超时而翻倍的罚款只能按照原数目罚。六组从黑市购买棚膜被城管抓到各种证据，然后被告上法庭，因无力偿还巨额赔款而破产，于是被一组以"收购零件"的名义将六组并购。然后二组告四组侵犯专利权，四组败诉，但由于挑战方自由人持有四组 49％股份，并在条款中提到一旦违法就会被撤资，于是四组破产被挑战方自由人收购。第七组也因为黑市交易被城管起诉，同样因罚款而破产。后来法院清算七组资产，发现七组只剩下 30 个螺母。其实在被罚款之前七组已经被三组收购，但在下达判决书的时候七组与三组撕毁全部合同，断绝关系，于是三组巧妙地避开罚款，然后再在七组宣告破产之后接纳七组的成员。还有一个官司是政府起诉市场上班时间玩游戏，当时诉讼请求是没收市场所有资产，于是市场花了 22 万买了个螺丝钉来转移资产，但法院最终只判了 5 万罚款。由于市场在交罚款的时候故意使用零钱，在没有零钱的时候还去银行换，不仅导致银行资金亏空，还让法院很崩溃。政府则在这一天由于黑市身份暴露，于是金盆洗手转为纯政府人员，提供简易咨询工作。

第四天：

当天作为 XLP 活动的最后一天，任务方各项目组的产品也基本完成，因此主题自然就是收尾总结。

任务方当天主要在对产品的细节、功能、美观进行完善，并为下午的报告准备 PPT、录制视频等。但第三组想办法搞到了货币的 psd 源文

件，于是开始疯狂地印制假币，但最后几乎没用，只是在最后的奢侈品
拍卖中使用了一部分假币拍得奢侈品。

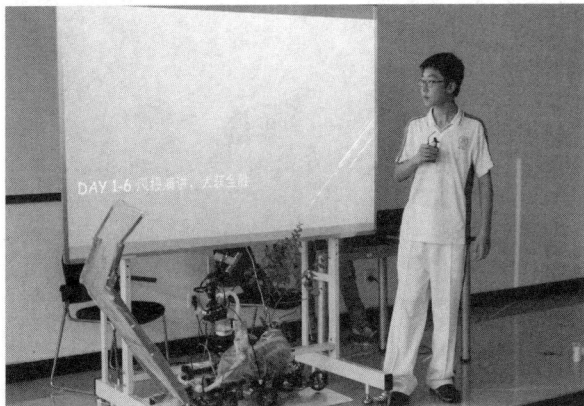

图为项目组在作报告

挑战方这边，计分组终于开始忙了起来，看各组的视频和报告，综
合评价各组四天中的表现并统计分数。技术市场在最后一天仍旧接到了
来自第二组的订单，并且工作量较大，因此赚得一笔收入。专利局则停
业清算，统计出各组一共申请了 17 个专利，发生了 3 次专利转移。投资
行则为了保证各组完成任务，于是收尾性地给一些组投了点钱。后来给
法院投资用来联合买彩票，投了 2 万返了 5 万。一开始签的好多投资协议
在最后一天被各组集中兑现，于是投资行的账户金额急剧下降。清算时
撤回各组的股份，于是收回 240 万。城管也在进行各组清算，同时查抄
第三组拍卖时使用的假币，市场和法院利用彩票抽号程序的漏洞合资购
买彩票，于是从银行坑得奖金 50 余万，导致银行资金不足。政府上午开
始着手对 XLP 项目进行总结，为下午的报告做准备，并且审核各组项目
完成情况，督促各政府部门进行总结及准备下午的报告。

部分感想与总结：

第四组：市场如战场，如果以后能够真正地涉及经营方面，这次
XLP 的经历一定会非常有帮助。一定要把自己应得的东西保护好，行动
要迅速，一定要先人一步，法律无情。

第五组：不要有思维定式，应该有一些新奇的想法。细节很重要。
七年级的组员们有许多自己的想法，包括黑市垄断、抓违法行为等，挺
好的，能够有自己独立的想法并付诸行动。进行机械设计时把"在实用的

图为各组申请的专利

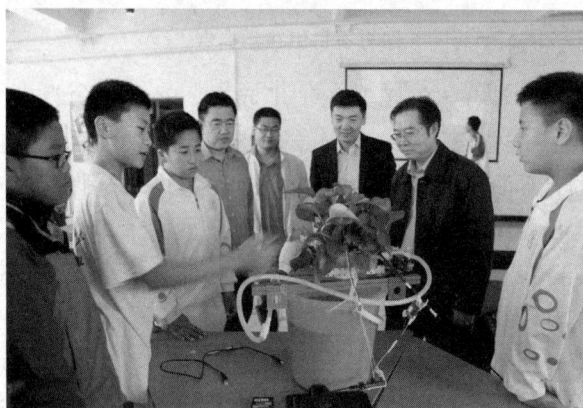

图为项目组在向王殿军校长、顾学雍教授介绍产品

基础上做到美观简洁"作为设计理念。

城管：通过双重身份，体验了两种对立的社会角色，学习到了不少经验。

政府：本次 XLP 总体上来讲情况还是可以的，但是还是有些地方失误了。首先是最后一天的时间没有安排好，个别组的宣讲时间过长，导致结束时间推迟。此外由于准备工作过于唐突，因此货币的防伪工作没有做到位，导致市场上出现大量假币。同时由于之前的计算失误，导致发行的货币大于货物总价值，于是在第二天就开始出现严重的通货膨胀，并且由于对风险投资行监管不力，导致风投数额过大，银行险些无力支付投资额现金。同时本次活动反映出一个问题，就是各组的法律意识不够强，导致专利被其他组抢注，面临巨额罚款。

部分数据统计：

共计发行货币：3249030 元

彩票销售额：238060 元

黑市交易总额：137000 元

技术市场交易总额：28080 元

彩票共开出奖金：630800 元

风投共计投资：2000000 元

法院共计判罚：1148000 元

法院共计受理案件：10 件

城管共计查收物品：水泵、棚膜共 3 次

任务方共计申请专利：17 件

共计专利转移：3 次

第一组：

组名：五芒星

产品名称：自动控光温度监测灌溉装置

产品设计思路：

光线传感器——卷帘升降

温度传感器——LED 显示屏

湿度传感器——自动灌溉

产品介绍：

整个结构底层由五根蓝梁和四根连接装置组成，底层上方是由六根蓝梁组成的架构主体，最顶部由一根银梁横向搭建成为顶部。装置后方由五根蓝梁及一根短梁组成了配重，同时起到了摆放单片机等原件的作用。装置外部由棚膜整体包装，顶部安装了电机实现卷帘效果。

装置内部，通过光线传感器，检测架构内植物生长环境的光线强度，将检测数据返回单片机中进行比较：若光线强度高于原设定值（绿萝生存所能接受的最高强度），则启动电动机单向旋转，卷帘降下以此减少透光率；若光线强度低于设定值，则启动电动机单向反向旋转，卷帘升起以增加透光率。

同时，我们安装了温度传感器。利用温度传感器，对外界温度进行监测，并将内部的温度实时通过 LED 显示屏清晰反映出来。

另外，我们安装湿度传感器，通过监测植物所在土壤的湿度实现对植物的自动灌溉。如果湿度过低，则程序会自动命令水泵启动，对植物进行灌溉；达到一定湿度时，程序则命令水泵停止运作，供水停止。

第二组：

组名：绿智

产品介绍：

在科技快速发展的今天，能够脱离人类的劳动而实现自动化生产早已不是梦想，越来越多的技术被逐渐应用到日常生活中。然而，在家庭园艺方面，却鲜有智能产品的身影。随着人们生活水平的不断提高，对于一款能够实现自动化培植的产品的呼声也越来越强烈。

基于这种趋势，我们设计了一款能够全方面监测植物生长环境，并能够让人们直观地获得各项数据的产品。本产品除了具备必要的温湿度监控之外，还设有光控 LED 照明设备，使植物在天气不佳时也能进行光合作用；我们为产品连接了数码管，能够将各项环境数据直观地显示在电子屏上；出于方便管理的考虑，我们还设置了蓝牙模块，使用户可以通过手机软件了解各项数据；本产品还配有太阳能板，能够源源不断地为装置提供能量，保障了装置的续航能力。

第三组：

组名：锤击者

产品名称：植物自动护理方案

产品介绍：

模块一：自动调光器

自动调光器通过感应环境光，然后相应地调节我们项目 1 中灯光的亮度。当环境光暗下去时，我们电子光就会增强亮度，当环境光更亮时，我们的电子光就会降低亮度。这样就能保证植物所接受的光的稳定性，避免植物受光过少等情况的发生。

模块二：自动浇水器

自动浇水器原理与自动调光器的原理相似，都是通过感应某变量而调节另一个量。而与自动调光器不同的是，自动浇水器感应的是植物所在土壤的湿度。它通过湿度感应器来感应，然后令水泵运作出水增加土壤湿度。这样能避免植物缺水。

第四组：

组名：技术宅

产品介绍：

我们组模拟了一个小的生态环境，有水生植物及陆生植物和金鱼及无数的微生物构成，通过水泵以及简单的钢架完成。水生和陆生植物为生产者，金鱼为消费者，微生物为分解者，模拟了一个不需任何人为因素影响的智能生态系统，整个机器把金鱼的排泄物抽进过滤系统，运用微生物将排泄物发酵，再将有机物带入植物中，植物把土渣掉到水桶内，金鱼可以吃土壤里的营养，完美地做出了动植物互相依赖，互相配合的生态系统。

我们的项目在不影响质量，甚至提高质量的情况下减少劳动力，在将来会成为一个有效的农业生产链。

第五组：

如何在不影响质量，甚至提高质量的情况下减少劳动力，是人类长久以来的话题，这关乎到一个国家的可持续发展性以及更多元的发展空间。

我们组在现有基础的其他技术上做出提升，用现有的条件开发我们的新产品——一个带自动光照、温度调节的红外自动平台，在现有的产品的基础上进行改进，例如加装自动控光、控湿、浇灌的装置及设备，使平台拥有移动能力的红外遥控装置等。该产品能够实现对于植物生长的部分自动化控制，从而达到不需人为控制的智能生态园的效果。而在此基础上加装的移动功能则进一步实现与提高了产品的灵活性与可观赏性。

第六组：

我们的产品是智能花盆。植物放到里面后可以通过光感、温感、湿感来感测植物所处环境并在必要时开启 LED 灯、灌溉、排风扇，让植物处在最舒适的环境中。能量来源是电池。本产品可以使养殖植物达到自动化，让主人不必再将时间花在养殖上。产品占地小，一个可摆多个小植物，开销低，零件可以随意拼装更换。设计新，采用模块化设计。实用好，可以根据植物大小变大变小（只要材料够）。本产品创意新颖，制作简易，成本较低，可以说是简约不简单。

（陈亚楠）

课程评述：

创客的培养应该有一个系统化的模式，旨在能让学生连续、阶梯式、自主成长，重在能让学生完成群体性认知、跨学科合作。清华附中的创客课程是一个相对系统化的培养模式，突出创客团队的培养。他们设计的创客培养模式：挑战极限学习过程、STEM 课程、创客马拉松、学生自主项目研发对应了创客团队成长各个阶段发展所需要的要素，非常有针对性。挑战极限学习过程是我首先设计，并在清华大学完成的课程，它可以作为一个项目团队成长的导引课，在模拟的现实情况中，激发团队各个成员的专业潜能，使他们之间能跨学科合作，达到群体性认知的目的，并运用数字身份记录他们的学习过程。清华附中在 2014 年 10 月 1—4 日举办了主题为"智能生态园""创客宪章"的挑战极限学习过程，这个课程是清华大学的挑战极限学习活动向高中部、甚至初中部渗透的非常重要的一步，我作为"创客宪章"主题的指导教师，见证了学生们在这 4 天中的成长过程。在这 4 天里 60 多个完全不认识的同学正在进行一次智能生态园的开发，8 名九年级的孩子制定创客宪章，12 名学生做为挑战方为任务方模拟了一个真实的社会。他们从真正意义上，在这样的 4 天的时间内完成了微型的社会重组，这是到目前为止最为复杂的，而且最为完整的一次，我们看到每一个人的潜力及其技能得到了很大程度的提升，在我指导的 8 名学生制定创客宪章的过程中，他们在宪章中对创客的行为进行有效的规范已经明确奖惩这些不同人的行为，非常明确地指出他们制定创客宪章的原因，完成自我个体到互联网时代的虚拟区域和现实群体的认识和规范性意识。清华附中的挑战极限学习过程与清华大学的挑战极限学习过程一脉相承，通过挑战极限学习过程的引导课让学生成功地理解并运用互联网时代的三个定律：择优率，成长率，组合率，运用互联网科技手段，实现创客团队的组建培养。STEM 课程是国际上非常认可的一种创新人才培养课程，基于项目的 STEM 课程，可以培养学生跨学科解决实际问题的能力。清华附中的 STEM 课程是创客团队自己的项目，用一个学生的项目去引导其他学生团队熟悉提出问题、收集信息、建立模型、试验测试、数据分析、原型机测试、完成项目成品等必经的科学阶段，对刚组建团队的专业成长非常有益处。创客马拉松是创客技术的终极挑战，我们在清华大学设计过多次这样的课程，每次都对学生是一次创意的爆发期，提升了资源灵活重组的能力，完成了自我能力的升华。最后一个阶段尤为重要，学生经历了前几个阶段的培养后已经具备了相应的能力，他们需要的就是一个实现自己能力的创意的平台，完成专属于自己的项目，蜕变为一个真正的创客。

（顾学雍 清华大学工业工程系，联合国教科文基金会(UNESCO)工程教育改革特聘顾问）

后　记

　　课程是学校教育的核心，从知识价值取向、活动经验取向，到核心素养创新发展取向，学校教育已进入课程品质提升的新阶段，在这一积累、积淀、实践、创新的动态过程中，各中小学积极探索，认真回答"培养什么人"和"怎样培养人"的根本问题，在课程观念的变革、课程资源的重组以及课程自主权的落实上重新定位，不断思考学校课程整体育人，增强课程的适应性与个性化，集中呈现了特色和精品课程建设成果。

　　《今日海淀课程》分为小学版和中学版。其选题内容聚焦新课程理念下的特色和精品课程研究与实践，反映了多年来学校课程建设的实际成果。小学版的特色和精品课程范例共 25 个，指向学生人文、科学、艺术、体育和综合素养提升，每一个课程分课程信息、开发背景、课程目标、课程内容、实施建议、课程评价、实践课例、课程评述 8 个版块；中学版有 22 个精品课程，指向学生核心能力、思维发展和创新品质，每个课程共包括开发背景、课程性质、课程目标、内容结构、实施效果、管理评价、课程创新、课程评述 8 个版块。《今日海淀课程》突出核心素养导向下的特色和精品课程实践成果，落实立德树人、整体优化和创新发展的价值理念，具有基础教育课程探索的丰富性、针对性、融合性、创新性特征，对拓展课程视野、促进整合衔接、落实共建共享、提升课程育人品质，提供了高标准、可操作的课程范式与实践经验。

　　在此，我们要衷心感谢以这些课程研发实践团队为代表的广大学校校长和干部教师，是你们顺应学生发展和社会前进的主流价值，展现了时代责任、历史担当、卓越才能与创新智慧，努力让课程为每一个孩子的发展提供可能。我们也要真诚感谢各位专家学者对我区课程改革和学校课程建设的指导、帮助和支持，长期以来，我们依托专家学者的智力资源，形成了专业优势和支撑课程建设的人才培养模式。我们更要感谢各级领导的关心和帮助，是你们的远见卓识和鞭策鼓励给我们方向和信心，特别是在两委一室的正确领导下，近年来进一步加快了精品课程共建共享的进程和工作力度，形成了首批精品校本课程资源库，今后还会不断推出一批又一批精品课程资源，以期共享和创生。另外还要特别致谢社会各界，尤其是各资源单位对海淀教育的鼎力支持和帮助，这使有形的课程实现了无边界的实施与效能的扩展；还要真诚感谢我们的学生和广大家长，多年来大家的理解、认同、支持，形成了良好的课程改革与创新氛围，我们共同经历了变革与成长，使学校、家庭和社会愈来愈结成同盟，凝聚了推动发展的强大力量。

真诚期待与大家交流分享，也期望得到指教，提出意见和建议，共同促进特色和精品课程建设越做越好。